UTB
FÜR WISSEN
SCHAFT

Uni-Taschenbücher 1994

Eine Arbeitsgemeinschaft der Verlage

Beltz Verlag Weinheim und Basel
Böhlau Verlag Köln · Weimar · Wien
Wilhelm Fink Verlag München
A. Francke Verlag Tübingen und Basel
Paul Haupt Verlag Bern · Stuttgart · Wien
Verlag Leske + Budrich Opladen
Lucius & Lucius Verlagsgesellschaft Stuttgart
Mohr Siebeck Tübingen
C. F. Müller Heidelberg
Quelle & Meyer Verlag Wiebelsheim
Ernst Reinhardt Verlag München und Basel
Ferdinand Schöningh Verlag Paderborn · München · Wien · Zürich
Eugen Ulmer Verlag Stuttgart
Vandenhoeck & Ruprecht Göttingen
WUV Wien

Friedrich Rost, Lern- und Arbeitstechniken für pädagogische Studiengänge

Friedrich Rost

Lern- und Arbeitstechniken für pädagogische Studiengänge

mit zahlreichen Abbildungen sowie Informationen zu Auskunftsmitteln und (Internet-)Adressen

2. durchgesehene und mit einem aktualisierten Anhang versehene Auflage

Leske + Budrich, Opladen 1999

Hinweis: Der Abdruck auf S. 164f. erfolgt mit freundlicher Genehmigung von Prof. Dr. Flitner und des Piper Verlages.

Gedruckt auf säure- und chlorfreiem. altersbeständigem Papier.

ISBN 3-8100-2374-4
ISBN 3-8252-1994-1 (UTB)

Einbandgestaltung: Alfred Krugmann. Stuttgart
Satz: Leske + Budrich
Druck: Presse-Druck, Augsburg
Printed in Germany

UTB-Bestellnummer: ISBN 3-8252-1994-1

Inhaltverzeichnis

Danksagung und Bitte um Verbesserungsvorschläge

Ich möchte mich ganz herzlich bei all denjenigen bedanken, die durch ihre aktive Mithilfe, beispielsweise durch Anregungen, Hinweise, Probelektüre, Korrekturlesen etc., dazu beigetragen haben, daß das Buch in dieser Form erschienen ist. Inzwischen haben mich etliche lobende wie konstruktiv-kritische Zuschriften erreicht. Daraufhin habe ich den Text für diese Auflage gründlich durchgesehen und einige Aktualisierungen vorgenommen. Verbliebene Schwächen und Fehler sind wiederum allein mir anzulasten. Falls Sie solche entdecken bzw. Verbesserungsvorschläge haben, erbitte ich Ihre Hinweise an:

Dr. Friedrich Rost
Freie Universität Berlin
Erziehungswissenschaftlicher Fachinformationsservice (SE EWIFIS)
Arnimallee 10, 14195 Berlin
Tel.: (030) 838-5888
FAX: (030) 838-5889
E-Mail: fuewifis@zedat.fu-berlin.de
Homepage: http://userpage.fu-berlin.de/~fuewifis/rost

Mein besonderer Dank gilt aber auch denjenigen, die diese Arbeitshilfe weiterempfohlen haben, und natürlich auch den zahlreichen Studierenden, die dies Buch gekauft haben, so daß nach gut eineinhalb Jahren eine Neuauflage möglich wurde.

Berlin, den 11.2.1999 Friedrich Rost

1 Erfolgreich studieren – die neuen Lernchancen nutzen

Worum geht es im 1. Kapitel?

> Die meisten von Ihnen kommen direkt von der Schule auf die Hochschule. Dort verlangen Dozenten von Ihnen, daß Sie wissenschaftlich denken und arbeiten können bzw. solches sehr schnell lernen. Auf der anderen Seite erwarten *Sie*, daß sich Lehrveranstaltungen der Hochschule vom Schulunterricht unterscheiden. Erwartungen hegen Sie auch in bezug auf dieses Buch: Es soll Ihnen klar und präzise sagen, wie zielorientiert studiert und effektiv wissenschaftlich gearbeitet wird.
>
> Doch es genügt nicht, ein Buch zu den Studientechniken zu lesen, um ein Studium erfolgreich abzuschließen. Aus welchen individuellen Gründen im einzelnen: Jährlich brechen in der Bundesrepublik Deutschland rund 60.000 ihr Studium ab, im Schnitt nach sechs Semestern. Die meisten von ihnen klagen über die abstrakten, weltfremden Studieninhalte und daraus resultierende Motivationsprobleme.
>
> Studierfähigkeit entwickelt sich nicht von allein. Viel hängt z.B. von Ihrer Initiativkraft und Lernbereitschaft ab, denn für den Studienerfolg sind Motivation, Fleiß und Ausdauer wichtiger als eine überdurchschnittliche Begabung und Intelligenz. Darüber hinaus müssen bestimmte, wissenschaftsrelevante Kompetenzen erworben und angewendet werden. Letztlich kommt es darauf an, daß Sie sich einleben in der Wissenschaftskultur und sich zunehmend wohlfühlen an „Ihrer“ Hochschule.

1.1 Neue Eindrücke – wechselseitige Erwartungen

War die Situation während der Schulzeit geregelt – die meisten wohnten bei ihren Eltern; man ging mehr oder weniger gern zur Schule, das Kurssystem der gymnasialen Oberstufe bot keine riesige Auswahl an Veranstaltungen –, so ist dies nun anders. Die Freude über die akademische Freiheit, die Hoffnung auf zahlreiche Kontaktmöglichkeiten mit interessanten Menschen schwindet schnell angesichts der Anonymität an den (Massen-)Universitäten und der Vielzahl individuell zu treffender Entscheidungen: Was soll ich belegen? Welche Dozentinnen und Dozenten sind die besten? Wer kann mich dabei beraten? Wie stelle ich mir einen zweckmäßigen Stundenplan zusammen? Was sollte ich zum Anfang lesen? Wo und wie kann ich Geld hinzuverdienen? ... Die Liste der Fragen läßt sich beliebig fortsetzen.

Sie fühlen sich vielleicht „wie in einer fremden Welt", in der Sie sich erst einleben müssen. *Das gelingt etlichen nicht.* Rund ein Drittel aller Studierenden bricht sein Studium ab – aus vielerlei Gründen, die wissenschaftlich untersucht wurden. Die meisten Studienabbrecher klagen über die praxisfernen, abstrakten Studieninhalte und eigene Motivationsprobleme. Verblüffenderweise ist außerdem herausgefunden worden, daß Studierende, die *nicht* in ihrem Heimatort bleiben, in der Phase des Studienbeginns besser zurechtkommen als jene, die zuhause wohnen und auf ihre alten Beziehungen (Eltern, Freundeskreis) zurückgreifen können. – Die „Fremden" *müssen* wohl die neue Situation aktiver angehen, sich selbst um alles kümmern, selbst für neue Kontakte sorgen usw. – Ob Sie noch zuhause wohnen (müssen) oder in einer anderen Stadt: Bewußt sollte Ihnen sein, daß es an der Zeit ist, sich aus der manchmal so bequemen Abhängigkeit von anderen Menschen zu befreien und die eigenen Angelegenheiten, insbesondere die des Studiums, selbstverantwortlich zu regeln.

Sie wollen Lern- und Arbeitstechniken kennenlernen, sonst hätten Sie sich dieses Buch nicht gekauft oder ausgeliehen. Es will eine spezielle Arbeits*hilfe* sein für Studierende der pädagogischen Studiengänge. Dieses Buch möchte Sie jedoch nicht nur über Studien- und Arbeitstechniken informieren; sondern Sie dazu animieren, diese auch anzuwenden. So hege ich z.B. die stille Hoffnung, daß Sie manches noch genauer wissen wollen, als es hier für Einsteiger dargestellt werden kann, und dann die weiterführende Literatur zu Rate ziehen, wenn Sie bestimmte Teilbereiche vertiefen oder auch nur nachprüfen wollen.

Solche Initiative erhoffen sich Dozentinnen und Dozenten Ihrer Hochschule für die Themen und Inhalte ihrer Lehrveranstaltungen. Darüber hinaus erwarten sie, daß Sie selbständig denken und lernen, wissenschaftlich zu arbeiten. Lernen kann prägnant umrissen werden als Vorgang der Aneignung bzw. der Änderung von Verhaltensweisen und kognitiven Strukturen. Das Ergebnis dieses dynamischen Geschehens aus Wahrnehmen, Erkennen, Bewerten, Entscheiden, Verhaltens- und Handlungssteuerung sowie Wirkungsspeicherung (KLIX 1993) wird als immer erneuerte Erfahrung im Gedächtnis gespeichert.

Insofern ist Lernen das Ergebnis des Auseinandersetzungsprozesses eines erkennenden und handelnden Menschen mit der äußeren Welt, wobei dieser Mensch seine inneren Vorstellungen von der „Welt" entwickelt, an der „Wirklichkeit" erprobt und ggf. seine Schemata, sein Verhalten und/oder seine Umwelt verändert. Auf Wissenschaft bezogen bedeutet das u.a., auf Erfahrungen und Erkenntnissen einerseits aufbauend, andererseits diese immer wieder prüfend,

- Probleme erst einmal wahrzunehmen, also Problembewußtsein zu entwickeln,
- Fragen zu stellen und ihnen nachzugehen,
- die bereits geschulte Wahrnehmung zu schärfen sowie Aufmerksamkeit und Neugier zu steigern,
- Sachverhalte genauer und systematischer zu beobachten sowie differenziert zu beschreiben,
- Bezüge zu den bisherigen eigenen Erfahrungen herzustellen,
- jedoch auch zum Wissen anderer Menschen, indem man mit ihnen darüber spricht,
- oder ihre Schriften zur Kenntnis nimmt,
- diese kritisch liest und versteht,
- über deren Aussagen und Implikationen nachdenkt,
- Fakten und Zusammenhänge erkennt,
- das, wovon die Rede ist, benennt, ordnet und vergleicht; Begriffe und Eigenschaften aufgreift oder bildet, begründete Relationen zwischen ihnen herstellt, Hypothesen in Aussagesätzen formuliert,
- Theorien aufstellt über eventuelle Problemlösungen, diese durchdenkt und auch deren möglicherweise unerwünschte Nebenwirkungen reflektiert,
- Wichtiges schriftlich fixiert und damit gegen das Vergessen sichert sowie
- Wesentliches durch Übung, Wiederholung und Anwendung im Gedächtnis behält.

1.2 Studieren ist vor allem Denk- und Lernarbeit

Viele Fragen scheinen – nach dem jeweiligen Stand der Wissenschaft – beantwortet, manche Probleme gelöst. Studierende müssen die wichtigsten dieser Antworten und Problemlösungen für ihr Studienfach erst einmal im Rahmen von Lehrveranstaltungen oder durch

Lektüre zur Kenntnis nehmen und sich einen Überblick verschaffen. Diese Übersicht zu gewinnen, ist wichtig für das weitere Lernen und erfordert den Besuch von einführenden Veranstaltungen bei erfahrenen Dozenten. Darüber hinaus bedeutet Studieren *mit-, nach- und selbständig denken, sich auseinandersetzen* mit Vorgetragenem, Gelesenem, selbst Geschriebenem, d.h. erst einmal vom Anteil her mehr zu rezipieren und zu reproduzieren als selbst wissenschaftlich zu arbeiten. Sie werden im Studium vertraut gemacht mit bestimmten theoretischen Denkweisen, die in „Ihrem" Fach üblich sind. Diese sollten Sie jedoch durchaus hinterfragen. Sie lernen die Anwendung von Methoden und die kritische Reflexion Ihres Denkens und Handelns. Und sie begleiten das Handeln und die Äußerungen anderer rational und kritisch.

Glauben Sie auf keinen Fall alles, was Sie so hören oder lesen! Denken Sie nicht nur mit, sondern denken Sie eigenständig. SESINK (1994, S. 9f.) beschreibt dies wie folgt:

> „Sich seine eigenen Gedanken zu machen", heißt zunächst einmal nicht einfach die Gedanken anderer zu übernehmen und wiederzukäuen. Es heißt zum zweiten, diese Gedanken als „Eigenes" zu betrachten und zu behandeln, also sich nicht zu ihnen wie zu einer Sache zu verhalten, derer man sich nach Belieben bemächtigen oder entledigen kann. Es heißt zum dritten, Gedanken aus eigener Kraft und eigenem Vermögen hervorzubringen und ihrer Bildung Aufmerksamkeit und Anstrengung zu widmen.

Knüpfen Sie an Ihre eigenen Erfahrungen an, machen Sie diese aber nicht zu einem generellen Maßstab. Seien Sie dazu bereit, Ihr Wissen in Frage zu stellen, es ggf. zu modifizieren und zu vertiefen. Andererseits sollten Sie eine so skeptische Distanz und Eigenständigkeit bewahren, daß Sie sich nicht ohne weiteres den Behauptungen anderer (Autoritäten) anschließen, schon gar nicht, bevor Sie diese geprüft haben. (Wie Sie dabei vorgehen können, lesen Sie in den Kapiteln 7, 8 und 9.)

Doch nur ein kleiner Teil eigener Gedanken ist potentieller Wissenschaftsstoff, und zwar derjenige mit *Objektivitätsanspruch*; d.h. der Teil, der eine Geltung beansprucht,

> welche die Innenwelt des Individuums übersteigt. Dazu müssen sie [die Gedanken; F. R.] auf ihren Realitätsgehalt geprüft und der Diskussion ausgesetzt werden, Vorgänge, die ebenfalls aus der Alltagspraxis aufgeklärter Bürger vertraut sind. Ein Wissenschaftler unterscheidet sich von einem normalen *selbständig* denkenden

> Menschen nur darin, daß er seine eigenen Gedanken systematisch auf ihre objektive Geltung überprüft, also zu Erfahrungsgehalten und den Gedanken anderer in Beziehung setzt und mit ihnen konfrontiert. Er macht sich also nicht nur seine eigenen Gedanken, sondern auch die Erfahrungen und Gedanken anderer zu eigen. Er vollzieht sie nach und prüft, welche Bedeutung sie für seine Gedanken haben. Dies würde ich individuelle Theoriebildung nennen. Und er versucht, anderen seine Gedanken zu übereignen und so seinen Anteil zu leisten zur kulturellen Bildung einer Gesellschaft. (SESINK 1994, S. 10; Einfügung: F. R.)

Ein Studium sollte zur differenzierten Theoriebildung befähigen; was allerdings den Mut erfordert, eigene Gedanken zu bilden sowie das Selbstbewußtsein, diese zu äußern und argumentativ zu vertreten. Und das nicht mit dogmatischer Überheblichkeit, sondern durchaus mit der Einstellung, die eigene Position in Zweifel zu ziehen und die von anderen hoffentlich angemessen vorgetragene Kritik zu tolerieren. Dies gelingt in einer kleinen Gruppe sicherlich besser als in einer Massenveranstaltung.

Studieren erfordert sowohl die Arbeit im stillen Kämmerlein bzw. in der Bibliothek als auch das Zuhören, Mitdenken und Mitdiskutieren in Lehrveranstaltungen (s. Kapitel 7) sowie im persönlichen Gespräch. Ein anregendes soziales Umfeld mit anspornenden, positiv gestimmten Menschen ist enorm wichtig für das eigene Wohlbefinden. Insofern kann eine miteinander harmonierende Lerngruppe sehr motivierend wirken (s. Kapitel 4). Wir alle sind auf soziale Anerkennung ausgerichtet; wem diese versagt bleibt, verkümmert, wenn er sich nicht aktiv ein anderes Umfeld sucht – und findet. Suchen Sie von sich aus den Umgang mit anderen Hochschulangehörigen und leben Sie sich gut ein an „Ihrer" Hochschule!

1.3 Wovon ist Studienerfolg abhängig?

Wichtig ist erst einmal die Berücksichtigung des persönlichen Interesses und der eigenen Begabung für das gewählte Studienfach. Wer durch sein Interesse zunehmend Spaß am Studium und seinen Inhalten entwickelt, hat weniger Schwierigkeiten, sich zu motivieren und zu konzentrieren. Die Vorlieben für bestimmte Wissensbereiche und Aufgabentypen entwickeln sich individuell seit frühester Kindheit und schlagen sich biographisch nieder in Motivationen sowie charakteristischen „Techniken" des Umgangs mit sich selbst und seiner Umwelt. Solche länger anhaltenden persönlichen „Eigenschaften" oder „Charakterzüge" wie Neugier, Zielstrebigkeit, Fleiß, Ausdauer und Sorgfalt scheinen für den Studienerfolg wichtiger zu sein als eine besonders hohe Intelligenz (vgl. KAZEMZADEH/SCHAEPER 1984, KAZEMZADEH u.a. 1987).

Abgesehen davon, daß solche „Eigenschaften" menschliche Konstruktionen sind (vgl. SADER/WEBER 1996), mit denen man von anderen „charakterisiert" wird bzw. sich selbst einschätzt: „Studierfähigkeit" (auch so ein Modell) entwickelt sich im Laufe der Zeit, allerdings nicht von selbst. Einerseits muß die Hochschule durch geeignete Lehrangebote dazu beitragen, doch in erster Linie ist es *Ihre* Aufgabe, u.a. folgendes Verhalten bzw. die dazu notwendigen Kompetenzen zu entwickeln:

- *Arbeitstechniken/-verhalten.* Dazu gehören Fähigkeiten zur selbständigen Problemanalyse und eigenständigen Zielsetzung; zum Planen, Ausführen, Kontrollieren von Arbeiten und der Entwicklung von Strategien, z.B. die Befähigung zur Informationsbeschaffung, Materialanalyse, -verarbeitung und -kritik; die Fähigkeit, in den jeweils dazu notwendigen Arbeitsprozessen sachorientiert, ausdauernd und konzentriert arbeiten zu können.
- *Weiterentwicklung von Persönlichkeitseigenschaften.* Verbesserung der Frustrationstoleranz, mithin die Fähigkeit, Fehlschläge zu verkraften und Schwierigkeiten zu überwinden; Entwicklung von Ambiguitätstoleranz und somit die Befähigung, komplexe, widersprüchliche, schlecht überschaubare Situationen aushalten zu lernen und daraus nicht vorschnell einseitige Schlüsse zu ziehen; die Fähigkeit zur Feldunabhängigkeit, d.h. situativ erregte Affekte kontrollieren zu können und sich nicht von ihnen leiten zu lassen; den Vorsatz, Vorurteile abzubauen und neue kritisch abzuwehren; den Willen zur Selbstbestimmung, mithin das Bestreben, durch eigenständiges Denken zu rationalen Aussagen und begründeten Urteilen zu gelangen.
- *Verbesserung der sozialen Kompetenzen;* vor allem der kommunikativen und kooperativen Fähigkeiten; Einbindung des eigenen Handelns in ein ethisch fundiertes Bewußtsein sozialer Verantwortung; die Fähigkeit, andere zu respektieren und sie unabhängig von ihrer Herkunft, sozialen Position und Weltanschauung als Mitmensch zu akzeptieren; den Willen, für andere einzutreten und eventuell altruistisch zu handeln.

- *Erweiterung der kulturellen Kompetenzen.* Ausbau des Sach-, Fach- und Wissenschaftswissens.

Wer aber neu Gelerntes nicht wiederholt, es nicht in Bezug bringt zu früher Angeeignetem und das Hinzugelernte nicht anwendet, vergeudet praktisch im nachhinein die vorherige Lernanstrengung. Er vergißt das neu Gehörte, Gelesene und Gedachte. Wichtig ist, daß Sie akzeptieren, daß alles Wahrnehmen und Lernen biophysische und motivationale Grundlagen hat, und daß Sie daraus die notwendigen Schlüsse ziehen. Insofern sollten Sie sich sehr intensiv mit den Themen Lernen, Vergessen und Behalten beschäftigen (s. Kapitel 3). Als vernunftbegabtes Wesen werden Sie Ihre Lern- und Arbeitsgewohnheiten reflektieren und nicht zu selbstzufrieden sein. Doch auch das Gegenteil, eine *zu* selbstkritische Einstellung, hemmt Ihre Weiterentwicklung.

Nehmen Sie sich für den Anfang nicht zuviel vor. Aber gehen Sie daran,

- Ihre Arbeitsweisen zu beobachten,
- neue Techniken kennenzulernen und ggf. eine längere Zeit auszuprobieren
- und – bei Erfolg – beizubehalten.

Dazu ist auch *Geduld* notwendig; manches braucht seine Zeit und will geübt sein.

Studienerfolg ist demnach zu einem großen Teil abhängig von den so genannten „Studiertugenden“ und der erfolgreichen Anwendung der im Laufe des Studiums entwickelten Kompetenzen. Neugier und starkes Interesse am Studienfach gehören selbstverständlich auch dazu.

1.4 Ist das gewählte Studium das richtige für mich?

Ich gehe davon aus, daß Studienerfolg in erster Linie von der Bereitschaft des Studierenden abhängt, an Themen und Problemstellungen ebenso zu arbeiten wie an seinen Arbeitstechniken und sich selbst. Arbeit wird oft assoziiert mit Schweiß und Säuernis; doch sie kann auch befriedigen und Sinn stiften, besonders wenn sie *selbstbestimmt* ist. Und dies ist ein pädagogisches Studium in vielen Bereichen der Studien- und Prüfungsordnungen immer noch. Letztere geben zwar gewisse Anforderungen vor. Deren formale Einhaltung wird jedoch erst kontrolliert, wenn sich jemand zur (Vor-)Prüfung anmeldet. Aber gerade dieses Faktum, daß wenige Veranstaltungen obligatorisch sind und selten Rückmeldungen zum eigenen Lern- und Leistungsstand gegeben werden, macht vielen Schwierigkeiten: Sie kommen mit der Umstellung der Lebensgewohnheiten und der neu gewonnenen akademischen Freiheit nicht sofort zurecht, zumal es wenig konkrete Hilfestellungen durch das Hochschulpersonal gibt. Kein Studienanfänger weiß so recht, wie man sich einen eigenen Stunden- und Studienplan aufstellt und welchen der z.T. widersprüchlichen Informationen er trauen kann. Lesen Sie deshalb unbedingt und gründlichst die *Studien- und Prüfungsordnung*, die für Ihren Studiengang an „Ihrer" Hochschule gilt. Bei Verständnisschwierigkeiten suchen Sie bitte *kompetente Beratung*, am besten bei der entsprechenden Studienberatungsstelle oder dem für Sie zuständigen Prüfungsamt. Doch selbst deren mündliche Auskünfte bieten nicht die Gewähr des amtlichen Textes; nur auf den können Sie sich im Streitfall juristisch stützen.

Manche beginnen gerade wegen dieser geringeren „Verschulung" ein pädagogisches Studium, ohne allerdings genauere Vorstellungen von dem gewählten Fach zu haben oder ein besonderes Interesse an ihm. Ich kann hier nur davon ausgehen, daß Sie bei der Berufs- und Studienberatung Ihre Möglichkeiten und Interessen abgewogen haben mit Hilfe des *allgemeinen* Informationsmaterials für Abiturienten zu den Studiengängen, z.B. anhand möglichst aktueller „Blätter zur Berufskunde" der Bundesanstalt für Arbeit und den Veröffentlichungen des Lexika-Verlags (s.a.: LENZEN 1999 und im Internet: http://www.berufswahl.de). Je mehr Sie vorher schon wissen,

- über „Ihr" Fach bzw. „Ihre" Fächerkombination,
- die besten Studienorte zu diesem Fach resp. zu dieser Fächerverbindung,
- über die dort jeweils geltende Studien- und Prüfungsordnung,

desto weniger enttäuscht und irritiert werden Sie beim Studienbeginn sein. Neben den schriftlichen Informationen ist vor der Immatrikulation ein Ortstermin zweckmäßig, um festzustellen, ob Sie sich an dieser Hochschule wohlfühlen könnten. Sollte dies ein Jahr nach Studienbeginn immer noch nicht der Fall sein, wäre ein Studienplatzwechsel zu prüfen.

Da die Auffassungen kontrovers sind, inwieweit und in welcher Form ein Studium auf die spätere Berufstätigkeit vorbereitet bzw. vorbereiten sollte, wird diese Frage hier nur angeschnitten, damit Sie sich mit diesem Problem individuell auseinandersetzen und sich einen adäquaten Studiengang und -ort aussuchen, je nachdem, ob Sie eher theorieinteressiert oder praxisorientiert sind. Ganz allgemein ist die Praxisnähe bzw.

-distanz einerseits von Fach zu Fach unterschiedlich, andererseits vom angestrebten Abschluß abhängig, d.h. von Studiengang zu Studiengang, und letztlich vom konkreten Lehrangebot der jeweiligen Hochschule. Grundsätzlich qualifizieren Diplomstudiengänge stärker für eine spätere Berufstätigkeit als der Magisterabschluß, der jedoch die Kombination verschiedener individuell gewählter Fächer und Schwerpunkte erlaubt (vgl. GALLIO 1995, STOBER 1990). – Manche Studienfächer wie z.B. die Psychologie sind stärker kanonisiert, d.h. deren Professoren vertreten z.B. über ihre Berufsorganisationen einheitlichere Standards zu ihrem Fach und seinen Anforderungen. Noch differenzierter geben aktuellere (kommentierte) Vorlesungsverzeichnisse der jeweiligen Hochschule Auskunft: Wenn Sie sich die Titel der Lehrveranstaltungen anschauen, besser noch die Erläuterungen in einem kommentierten Vorlesungsverzeichnis, dann können Sie meist schon erahnen, ob es sich eher um theorie- und/oder praxisorientierte Veranstaltungen handelt. Außerdem kann man die Dozentinnen und Dozenten auch fragen. – Mit dem eigenen Theorie-Praxis-Problem setzen Sie sich möglichst vor bzw. bald nach Studienbeginn auseinander. Sollten Sie ein eher praktisch denkender und arbeitender Mensch sein, werden Sie eventuell Motivationsprobleme bekommen mit Seminaren, die ausschließlich theorieorientiert ausgerichtet sind. Aber dieses Problem sollte eigentlich schon entschieden sein mit der Antwort auf die Frage, ob ein Ausbildungsberuf gewählt wird oder ein den Interessen entsprechendes Studium an einer Universität oder Fachhochschule. Letztere bilden deutlich praxisorientierter aus.

Wenn Sie jedoch merken, daß Ihnen das Studieren überhaupt nicht gefällt, dann sollten Sie Ihr Studium abbrechen. Wenn Sie sich zu diesem Schritt nicht erst nach 20 Semestern entschließen, wird Ihnen dies bei Bewerbungen auf eine Lehrstelle oder eine andere Ausbildung keine speziellen Probleme bereiten. Elf von zwölf Studienabbrechern haben nach einem halben Jahr eine Arbeit, einen Praktikums- oder Ausbildungsplatz, überwiegend im Handel oder im Dienstleistungssektor. – Auf der anderen Seite lohnt sich ein abgeschlossenes Studium bis heute im zeugnis- und zertifikatgläubigen Deutschland. Daß Akademiker auf dem Arbeitsmarkt *weniger* Probleme haben als Absolventen anderer Ausbildungsgänge, läßt sich noch immer empirisch belegen. Allerdings sind die Zeiten vorbei, in denen akademische Abschlüsse einen der Ausbildung entsprechenden Arbeitsplatz und ein überdurchschnittliches Gehalt garantierten.

Wenn Sie studieren wollen, sich für „Ihr" Fach mehr als für andere(s) interessieren und mit den gestellten Anforderungen nach einer gewissen Anlaufzeit klarkommen, dann sollten Sie sich nicht allzu große Sorgen machen, sondern Ihr Studium als ein Privileg begreifen, das es Ihnen ermöglicht, Ihren Horizont zu erweitern und Ihren Lerninteressen nachzugehen. Wer durch sein Interesse Freude am Studium und seinen Inhalten entwickelt, verspürt auch wenig Mühe, sich zu motivieren. Wer sich für die Arbeit an einem Thema begeistert, hat kaum Schwierigkeiten, sich zu konzentrieren. – *Zeitweise* Zweifel an der Studienentscheidung und eventuelle Zukunftsängste sind durchaus „normal" und lassen sich mit einer optimistischen Grundeinstellung überwinden.

Disziplin und Selbsterziehung sind im Studium (wie im Berufsleben) ebenso vonnöten wie der Wille, Probleme meistern zu wollen. Wer eine professionelle Einstellung zur Studienarbeit entwickelt (dazu gehört eben auch, einige Stunden am Tag zu *lernen*) und selbstgesteckte realistische Ziele verfolgt, die in Teilschritten erreicht werden sollen, wird sich das Studium nicht verleiden lassen von den teilweise ungünstigen Studienbedingungen.

Zusammenfassung

Ein persönlich an die Leser gerichteter Schreibstil ist im Wissenschaftsbetrieb relativ „unüblich", um es vorsichtig auszudrücken. In der wissenschaftlichen Literatur fehlt vor allem die Ansprache und das Einbeziehen des Lesers in die Gedankengänge. Um Ihnen den Unterschied deutlich zu machen, will ich dieses eine Mal das Wichtigste der vorigen Seiten „wissenschaftlicher" zusammenfassen:

Vier Gruppen von „Variablen" (= veränderliche, nicht statisch festliegende Größen) beeinflussen vor allem das studentische Lern- und Arbeits*verhalten*, und zwar:

- *affektive* (vor allem Gefühle, z.B. zur neuen Situation, aber auch Interessen und Motivationen betreffende),
- *arbeitstechnische* (vornehmlich die Lern- und Arbeitstechniken betreffende),
- *kognitive* (die Wahrnehmung, die Intelligenz und das Gedächtnis betreffende) sowie
- *soziale* (d.h. kommunikative Aspekte des Individuums und Aspekte seines gesellschaftlichen Umfeldes betreffende) Bedingungen.

Die genannten Faktorenbündel sind interdependent (beeinflussen sich wechselseitig). Jeder Mensch hat zwar seine eigene Lernvergangenheit, die sein weiteres Verhalten beeinflußt, doch kann beispielsweise eine anregende menschliche Begegnung oder eine neue Erkenntnis eine *tiefgreifende Veränderung* seines Lernens und seiner Weltsicht auslösen. Deshalb steht Studienerfolg, selbst bei unterschiedlichen Studieneingangsvoraussetzungen, immer im Zusammenhang mit der Frage, inwieweit die Enkulturation des einzelnen Studierenden gelingt. *Enkulturation* wird definiert als Prozeß des Hineinwachsens und des Sichaneignens von Verhaltens- und Interpretationsmustern sowie normativer Orientierungen einer (Sub-)Kultur, in diesem Fall: des Teils des Wissenschaftsbetriebs, den Geistes- oder Sozialwissenschaftler in Gang halten.

Welche Erwartungen hegen Sie bezüglich Ihres Studiums?
Haben Sie ein Studienfach gewählt, das Ihren Neigungen und Begabungen entspricht?
Haben Sie sich eingehend mit Ihrem Studienfach, seinen Anforderungen und möglichen Berufsperspektiven auseinandergesetzt?
Sind Sie eher praxisorientiert oder theorieinteressiert? Inwieweit „paßt" Ihre Orientierung bzw. Erwartung zusammen mit den Lehrangeboten an der von Ihnen besuchten Hochschule?
Kennen Sie die für Sie geltende Studien- und Prüfungsordnung und haben Sie deren Inhalte völlig verstanden? – Anderenfalls suchen Sie sich bitte kompetente Beratung!
Wie selbständig sind Sie schon?
Gehen Sie Probleme aktiv und optimistisch an oder neigen Sie eher dazu, den Kopf in den Sand zu stecken?

🕮 Bei aller Problematik von Persönlichkeitsmerkmalen als menschlichen Konstrukten: Welche besonderen Voraussetzungen Studienanfänger nach der Meinung von Experten (Hochschullehrer der entsprechenden Disziplin) für die verschiedenen Fächer mitbringen sollten, darüber gibt das Buch „Studierfähigkeit konkret" Auskunft (vgl. HELDMANN 1998). – Zur Studienfachwahl im Hinblick auf eine spätere Berufstätigkeit informieren Sie sich bitte anhand aktueller Ausgaben der „Blätter zur Berufskunde", die über die Berufsberatung der Arbeitsämter erhältlich sind, oder über Internet (http://www.berufswahl.de) (vgl. auch LENZEN 1999).

2 Was ist Wissenschaft? – Was ist wissenschaftliches Arbeiten?

Worum geht es im 2. Kapitel?

Für Sie als angehende Akademikerinnen und Akademiker stellt sich die Frage, was Wissenschaft eigentlich ausmacht und was wissenschaftliche Arbeit von anderen Arbeitsformen unterscheidet. Und damit schaffen wir uns – durch Verallgemeinerung – schon ein Problem: *Die* Wissenschaft und *den* Wissenschaftler gibt es offenbar nicht (mehr). Über die letzten Gemeinsamkeiten, die die Einzeldisziplinen lange Zeit miteinander verbanden, – wie „Objektivität", „Intersubjektivität", „Rationalität" und „Wahrheit" –, herrscht keine Einigkeit. Dennoch wird munter Forschung betrieben, herrschen Hektik und Aktivität allenthalben. Die Publikationsflut überrollt selbst die Spezialisten, so daß es zunehmend schwieriger wird, Forschungsergebnisse zur Kenntnis zu nehmen oder gar zu prüfen. Obwohl die Skepsis gegenüber den Wissenschaften zunimmt und sie kein ganzheitliches Weltbild vermitteln können, wäre es gesellschaftlich fatal, wichtige Erkenntnisse und Forschungsergebnisse zu ignorieren. *Wissenschaft verursacht einerseits Verunsicherung, denn all unser Wissen ist „Vermutungswissen" (Karl R. Popper), von dem sich später herausstellen kann, daß es falsch oder fehlerhaft war. Nach allem, was wir erkennen können, kann Wissenschaft uns keine Gewißheit geben. Andererseits können wir unsere „Theorien" kritisch überprüfen, Fehler finden und aus Irrtümern (eigenen und fremden) lernen.*

Daß man auch forschen kann, ohne studiert zu haben, beweisen immer wieder Teilnehmer des Wettbewerbs „Jugend forscht". Neugier und Ehrlichkeit scheinen jedoch unabdingbare Voraussetzungen im Forschungsprozeß. Wie Wissenschaftler die Beantwortung von Fragen bzw. die Lösung von Problemen im Idealfall systematisch und methodisch angehen, wird in diesem Kapitel dargestellt. – Fazit: Wissenschaft kann nur ein Wissen erzeugen, das „gehobene Ansprüche an Plausibilität und interne Konsistenz erfüllt" (ROTH 1997, S. 363).

2.1 Stellenwert und Funktion der Wissenschaften in der Gesellschaft

Darüber, was Wissenschaft ist, streiten die Gelehrten. Einige versuchen noch einen Minimalkonsens zu der Einheit der Wissenschaft argumentativ herzustellen (vgl. STRÖKER 1994), andere widersprechen diesem Versuch aus ebenfalls guten Gründen (vgl. WESTMEYER 1994): Während Elisabeth STRÖKER (1994, S. 423) die These vertritt, daß es „ein bestimmtes, für alle Wissenschaftler prinzipiell zustimmungsfähiges Konzept von Rationalität" gibt, zu dem „die Suche nach Wahrheit als grundlegende Bedingung wissenschaftlichen Forschens" ebenso gehört wie „der Anspruch, Erkenntnis durch rationale, intersubjektiv explizierbare Methoden zu erreichen", stellt WESTMEYER (1994, S. 475) diesen „von ihr geltend gemachten Grundkonsens in Frage". Er weist darauf hin, „daß die zentralen Begriffe der Wahrheit, Objektivität, Kohärenz, Konsistenz, kritisch-rationalen Prüfung usw. in unterschiedlichen wissenschaftstheoretischen Ansätzen unterschiedlich bestimmt werden" (ebd.) und bezweifelt, ob „die Suche nach Wahrheit tatsächlich ‚grundlegende Bedingung wissenschaftlichen Forschens' " (ebd.) ist. – Diese zwei konträren Positionen einer Diskussion in der Zeitschrift „Ethik und Sozialwissenschaften", an der sich weitere Wissenschaftler mit Beiträgen beteiligt haben, sollte Ihnen exemplarisch aufzeigen, daß selbst unter Insidern keine Übereinstimmung mehr zu erzielen ist, ob es noch etwas, die Einzeldisziplinen Verbindendes gibt oder nicht. Wir werden uns wahrscheinlich daran gewöhnen müssen, daß es keine Einheit der Wissenschaften, sondern statt dessen *verschiedene* Wissenschaftskonzeptionen geben wird. Das geht über die einfache Unterscheidung von Natur-, Geistes- und Sozialwissenschaften hinaus und reicht bis zu der (erkenntnistheoretischen) Frage, was Menschen eigentlich wissen können. – In der Erziehungswissenschaft (oder muß man auch hier schon von Erziehungswissenschaf*ten* sprechen?) gibt es neben einer großen Gruppe eher geisteswissenschaftlich Arbeitender viele erfahrungswissenschaftlich orientierte Wissenschaftlerinnen und Wissenschaftler, die quantitative wie zunehmend qualititative empirische Forschung betreiben. Daneben werden phänomenologische, psychoanalytische, strukturalistische, systemtheoretische u.a. Theorie- und Methodenkonzeptionen angewendet.

Von der oben dargestellten wissenschaftsinternen Auseinandersetzung abgesehen, schwanken auch Normalbürger zwischen Wissenschaftsgläubigkeit und Wissenschaftsskeptizismus; oft je nachdem, ob ihnen bestimmte Einzelergebnisse „in den Kram passen“ oder nicht. Das liegt m.E.

1. an einem unreflektierten Bild in bezug auf die Wissenschaften, ihre Entstehungsgeschichte und ihre Funktionen,
2. an der Form des derzeitigen Wissenschaftsbetriebs,
3. an der Übermittlung wissenschaftlicher Ergebnisse durch die Wissenschaftler selbst wie durch die Medien.

Wie ist es zu diesem Schwanken zwischen Wissenschaftsgläubigkeit und -skeptizismus gekommen? – Lange Zeit fungierte Wissenschaft in unserer Gesellschaft fast als Religionsersatz, denn manches Forschungsergebnis revolutionierte, erleichterte oder verlängerte das Leben unzähliger Menschen. Besonders diese bahnbrechenden Erfolge, man denke beispielsweise an die der Medizin, faszinierten auch die Laien und ließen sie an die Wissenschaft glauben. Doch der durch Forschung geförderte Modernisierungsschub führte in den industrialisierten Gesellschaften zu massiven Problemen (Umweltverschmutzung, Landflucht, Verelendung des Proletariats in den Städten), auf die man mit Maßnahmen reagierte, u.a. mit einer Professionalisierung des Sozial- und Ausbildungsbereichs. Bildungsökonomen stellten die These auf (und überprüften diese), daß die Höhe der Ausgaben für Bildung und Wissenschaft in einem unmittelbaren Zusammenhang stehe mit der volkswirtschaftlichen Entwicklung des entsprechenden Landes. So strebten in der Bundesrepublik Deutschland von 1965 bis ca. 1975 Politik und Wissenschaftssektor gemeinsam eine Bildungsreform an, wonach z.B. das Unterrichtsniveau angehoben werden sollte, indem sich die neuen Curricula an den zukünftig notwendigen Qualifikationen orientierten und keine wissenschaftlich unhaltbaren Dinge im Unterricht mehr gelehrt werden sollten. Hierzu wurden neben der Lehrerbildung auch andere Ausbildungsgänge „verwissenschaftlicht“, z.B. handwerkliche. (So lernt beispielsweise ein Bäcker auf der Berufsschule Grundlagen der Backchemie auf theoretisch anspruchsvollem Niveau.) Ein anderes Ziel der Bildungsreform war es, Begabungsreserven in der Bevölkerung zu mobilisieren und das mit Erfolg: Noch nie haben bei uns so viele Menschen studiert wie heute – jedes Jahr beginnen über 265.000 Personen in der Bundesrepublik Deutschland ein Studium; auf der Grundlage des Mikrozensus vom April 1995 wurden statistisch über 6 Mill. Bundesbürger mit Fachhochschul- bzw. Hochschulabschluß errechnet (vgl. STATISTISCHES BUNDESAMT 1997, S. 62, S. 71). Dem Anstieg der Studentenzahlen entsprechend wuchsen auch die Hochschulen und deren Personal.

Ein höherer Anteil der Bevölkerung als je zuvor hat also eine Innenansicht der Institution Hochschule erlebt, dementsprechend wissenschaftliche Arbeitsweisen kennen- und deren Ergebnisse zu interpretieren gelernt. Vor allem dieser Personenkreis trägt dazu bei, kritische Distanz und Skepsis gegenüber Wissenschaft zu verbreiten, denn sie haben erfahren, daß auch Wissenschaftler ganz normale Menschen sind mit Stärken und Schwächen. Nicht nur, daß sich etliche Bände mit Geschichten wissenschaftlicher Irrtümer (und Fälschungen) (vgl. z.B. PRAUSE/V. RANDOW 1985, DITROCCHIO 1995) schreiben ließen; abgesehen von spektakulären Fällen, die auch durch die Presse gingen, funktionieren interne Kontroll- und Kritikmechanismen des Wissenschaftsbetriebes nicht immer. Auch das hat mehrere Ursachen: Zum einen hängt es mit dem Anpassungsdruck zusammen, dem junge Wissenschaftler ausgesetzt sind, wenn sie Karriere machen wollen. Sie müssen einerseits originäre eigene Forschungsleistungen erbringen und sich dabei der Kontrolle und Kritik der „scientific community" stellen; andererseits tun sie gut daran, ihre akademischen Lehrer nicht öffentlich bloßzustellen, indem sie deren Forschungsergebnisse angreifen (weil die Professoren als Vorgesetzte bzw. Mitglieder des Fachbereichs bei Einstellungen, Verlängerungen von Zeitverträgen, Promotion, Habilitation, Berufung zum Professor entscheidenden Einfluß haben). Im Gegensatz zu WAGNER (vgl. 1992), der darin eine Besonderheit des Hochschulsystems sieht, läßt sich m.E. konstatieren, daß Anpassungsdruck (zumindest in Zeiten hoher Arbeitslosigkeit) auch in anderen Betrieben herrscht. Bewerber und neue Mitarbeiter werden wohl fast überall daraufhin taxiert, ob sie zu dem vorhandenen Arbeitsteam „passen". Eigensinnige Abweichler mit herausragenden Qualifikationen haben es da schwer. Für den Wissenschaftsbetrieb (wie für jeden kreativen Job) bleibt jedoch festzuhalten, daß dies keine guten Voraussetzungen sind für Angstfreiheit, unbefangenes Fragen und eine entsprechende Kreativität bei Problemlösungen. Da Professoren auf ihrem Karriereweg i.d.R. selbst diese Verhaltensmuster erfahren haben, gibt es, neben der Anpassung an die karriereentscheidenden Personen, eine egozentrische Konzentration auf die eigene Arbeit (und Karriere). Da es so vielfältige Gegenstandsbereiche in den Wissenschaften gibt, differenzieren sich Schwerpunkte, Inhalte und methodische Zugangsweisen immer mehr aus. Das hat Vorteile, weil neue Gegenstände erforscht und Methoden verbessert werden, aber auch Nachteile, weil Themen teilweise wenig systematisch besetzt und wieder fallengelassen werden, bevor ein tieferes Verständnis und Wissen erzeugt wurde, welches eine längere Beschäftigung mit dem Gegenstandsbereich erfordern würde. Dabei spielt auch die Befürchtung eine Rolle, daß ein anderer das gleiche Thema bearbeiten und mit seinen Ergebnissen früher aufwarten könnte, zumal der Wettbewerb ein internationaler ist. Weltweit kommen immer mehr Kollegen hinzu, mit denen über Kongresse, Publikationen und andere Medien wie das Internet ein Austausch erfolgt. *Keinem* Wissenschaftler gelingt es mehr, die Publikationsflut des eigenen Fachgebietes zu bewältigen, geschweige denn die des Faches. Das hat zur Folge, daß auch eine Vielzahl von Ergebnissen publiziert wird, die wissenschaftlichen Standards nicht entsprechen. Darüber hinaus können selbst ordentlich publizierte Forschungsergebnisse nur noch punktuell und indirekt überprüft werden, z.B., wenn ein anderer im gleichen Bereich forscht oder ein Wissenschaftler beauftragt wird, die Arbeit eines Kollegen oder eines Teams zu begutachten.

Vieles von dem bisher Geschilderten hängt also – national wie international – mit der Größe und Hektik des Wissenschaftsbetriebes zusammen, mit seiner Ausdifferenzierung in immer mehr Spezialgebiete und Fachrichtungen (186 zählt derzeit die Deutsche Forschungsgemeinschaft, eine Selbstverwaltungsorganisation der Wissenschaft). Die Wissenschaften als Segment der Gesellschaft haben sich mit ihrer Ausdifferenzierung einerseits auch verselbständigt, u.a. durch eine gesellschaftlich gewollte Unabhängigkeit des Wissenschaftssektors (Grundgesetzgarantie der Freiheit in Lehre und Forschung; Spezialgebiete, in denen sich andere nicht mehr auskennen). Andererseits besteht jedoch eine erhebliche Abhängigkeit der Lehr- und Forschungseinrichtungen von öffentlichen und – vermehrt – von eingeworbenen „Dritt"-Mitteln, die Firmen, Mäzene oder Stiftungen zur Verfügung stellen. Obwohl unsere Bundesrepublik prozentual nicht mehr so viel Geld vom Bruttosozialprodukt für die Wissenschaft aufwendet wie noch in den 70er und 80er Jahren, begegnet sie dem Teilsystem durchaus noch mit Hochachtung, versucht allerdings über Leistungsvergleiche eine Markt- und Wettbewerbssituation zu erzeugen, die z.T. aberwitzige Formen annimmt. Da kommt es oft nicht mehr darauf an, wie qualitätvoll die Forschung ist, sondern wieviele Aufsätze mit wievielen Zeichen pro Seite man geschrieben hat. Weil kaum einer jedes Jahr ein neues Buch fertigstellen kann, publizieren Vielschreiber – dank PC – mehrere Aufsätze zum gleichen Thema, die sich in der Überschrift, im Text und seinen Aussagen jedoch nur geringfügig unterscheiden.

Oder es werden die Zitationen ausgewertet: Ausgehend von der Auffassung, daß bedeutende wissenschaftliche Veröffentlichungen allenthalben zitiert werden und die Zahl der Namensnennungen *ein* Maß für die „Reputation" eines Wissenschaftlers darstellt, wird z.T. nachgezählt, wer wo wie oft zitiert wurde. Die Idee ist an sich nicht schlecht, insbesondere diejenige, die Ausbreitung von Forschungsergebnissen zu betrachten; doch manche Resultate, vor allem solche, die von der „herrschenden Lehre" abweichen, brauchen u.U. lange, bis sie sich durchsetzen. Andererseits kann der Ansatz, Zitationen zu zählen, strategisch konterkariert werden: Schließen sich einige Personen, wie dies besonders in der Psychologie üblich ist, für ganze Aufsatzserien zusammen und zitieren sich auch noch fleißig gegenseitig (sog. „Zitierkartell"), so kann man es schon auf etliche Publikationen *und* Zitationen bringen. – Kein Vorwurf an diese Wissenschaftler: Die Spielregeln kommen nur z.T. aus den Hochschulen selbst, sie sind von den Wissenschaftsverwaltungen übernommen worden aus den USA, um Gelder nicht mehr „per Gießkanne" zu verteilen, sondern nach angeblich objektiven Maßstäben. Damit sollten Anreize zu erhöhter Forschungsleistung geschaffen werden.

Forschen braucht jedoch Zeit. Darüber gerät manchmal die Lehre ins Hintertreffen, was sich in schlechterer Ausbildungsqualität und längeren Studienzeiten niederschlagen kann. Dann werden politisch einige Finanzmittel für besonders gute Lehre ausgelobt. – Kurz: Es geht im Wissenschaftsbereich auch um Einfluß und Macht, Hierarchien, (verweigerte) Anerkennung und (verletzte) Eitelkeiten, Karriere und Geld. Doch mittlerweile ist letzteres für die Geistes- und Sozialwissenschaften so knapp, daß vielerorten Zeitschriften abbestellt und kaum neue Bücher mehr angeschafft werden. Und Professoren haben ihre „Leistung" nach o.g. Spielregeln zu quantifizieren, um Copykarten zu erhalten.

In der Hoffnung, Anerkennung zu finden oder gar „groß herauszukommen" und eventuell mehr Geld und Personal für die eigene Forschung zu erhalten, verbreiten Wissenschaftler ihre Auffassungen und Forschungsergebnisse auch über die Massenmedien Fernsehen, Rundfunk, Zeitung, Publikumszeitschrift usw. Dabei werden Sachverhalte oft unzulässig vereinfacht, wichtige andere Aspekte, die aber nicht Gegenstand der Untersuchung waren oder nicht in die Sendung oder den kurzen Beitrag passen, ausgelassen und somit der Inhalt aus dem Zusammenhang gerissen. Durch Zeitdruck bei der Vorbereitung von Interviews oder Sendungen, durch unpräzise und am Thema vorbeigehende Fragen des Moderators, Aufgeregtheit des Interviewten, durch schlechte, z.B. auf Sensation schielende Kürzung von Pressemitteilungen etc. werden Wissenschaftsergebnisse falsch kolportiert.

Natürlich gibt es auch mustergültige Beispiele von Wissenschaftsjournalismus, doch die sind eher die Ausnahme.

Abgesehen davon, daß die Informationen, die die Zuhörer, Zuschauer oder Leser erreichen, oft so nicht stimmen, wie sie verbreitet werden, haben nicht nur Laien Schwierigkeiten, wissenschaftliche Ergebnisse richtig zu interpretieren. Denn selbst Akademiker kennen sich meist nur in dem Bereich aus, den sie einmal studiert haben und das auch nur, wenn sie sich regelmäßig auf dem laufenden halten. Die Arbeitsweisen und Denkansätze anderer Disziplinen bleiben ihnen und auch den meisten Abiturienten fremd – trotz des wissenschaftspropädeutischen Anspruchs des Gymnasiums und der wissenschaftlichen Ausbildung der dort unterrichtenden Lehrer. Forderungen nach neuem Denken in Form von rationalitätskritischen Ansätzen (vgl. VESTER 1980), die sich am Erhalt des artenreichen Lebens auf diesem Planeten als oberstem Ziel orientieren, Forderungen nach interdisziplinärer Lösung globaler Problemlagen und einer neuen Ethik für Wissenschaftler werden zwar in Festreden beschworen, doch die Forschungspraxis sieht meist anders aus.

Haben die Wissenschaften früher den Glauben genährt, eines Tages die Welt insgesamt wissenschaftlich erklären zu können, so sind sie heute wesentlich bescheidener geworden: Die Wissenschaften *allein* können das menschliche Bedürfnis nicht befriedigen, die Welt im ganzen zu verstehen wollen. Die „Orientierungskrise" *(Ströker)* der Wissenschaft(en) hängt auch damit zusammen, daß sich aus der Vielzahl kleiner Forschungsergebnisse, die zudem durch Konzentration auf kleine Ausschnitte von „Wirklichkeit" und damit Ausgrenzung aus anderen Zusammenhängen zustandegekommen sind, kein widerspruchsfreies „wissenschaftliches" Weltbild ergibt bzw. herstellen läßt.

> Selbst ein [...] Forscher lebt nicht allein aus seinen wissenschaftlichen Überzeugungen oder lediglich dem, was ihm die Wissenschaften als Struktur und Geschehen der Welt zu erkennen geben. Auch abgesehen davon, daß es die fortgetriebene Spezialisierung der modernen Wissenschaften zunehmend schwieriger und wohl auch unergiebiger machen dürfte, deren Erträge zu ‚Weltbildern' zu synthetisieren, existieren wir Menschenwesen, und zwar theoretisch wie praktisch, generell aus Sinnbezügen – und ihren Gefährdungen –, für die uns Fragen und Antworten nicht erst aus der Wissenschaft kommen. (STRÖKER 1994, S. 429; Auslassung: F. R.)

Wissenschaften haben insofern Weltbilder, Religionen und Ideologien *nicht* überflüssig gemacht; es besteht vielmehr die Gefahr, daß Ideologien und Weltanschauungen wieder stärkeren Einfluß gewinnen als das rationale Denken. Andererseits: Aus der Aussage, daß das menschliche Bedürfnis nach ganzheitlichem Weltverstehen nicht durch die Wissenschaften befriedigt werden kann, darf nicht im Umkehrschluß angenommen werden, daß nichtwissenschaftliche Deutungsmuster überlegen seien. Angesichts der Orientierungskrise von Wissenschaften besteht durchaus die Gefahr, daß ein verbreiteter Wissenschaftsskeptizismus umschlägt in antirationales oder gar irrationales Denken und Verhalten; *denn Wissenschaften verursachen auch Verunsicherung und Desorientierung, weil sie keine Gewißheit und damit auch keine Sicherheit vermitteln können. Auch das von den Wissenschaften erzeugte Wissen bleibt „Vermutungswissen" (Karl R. Popper), d.h. es kann sich trotz aller Sorgfalt und Prüfung späterhin als falsch erweisen.* Auf der anderen Seite sind mir wissenschaftliche Ergebnisse lieber als irgendwelche ungeprüften Spekulationen, Glaubenssätze oder Vorurteile.

☞ Überlegen Sie für sich einmal, welche Implikationen antiwissenschaftliche und antirationale Strömungen haben könnten.

Haben Sie sich schon *kritisch* mit den Wissenschaften und ihrer Praxis auseinandergesetzt? – Dazu sollten Sie vielleicht ein wenig in andere Bereiche der Universität hineinschnuppern: Ringvorlesungen oder sogenannte Studium-Generale-Veranstaltungen der Hochschulen, aber auch Vorträge, zu denen wissenschaftliche Gesellschaften einladen, sind oft auch für interessierte Laien konzipiert und eine passende Gelegenheit, die Standpunkte und Denkweisen anderer Wissenschaftler kennenzulernen. Darüber hinaus kann man sich über Zeitschriften wie „Universitas", „Bild der Wisssenschaft", Spektrum der Wissenschaft" oder „Science", die auch in Bibliotheken und Stadtbüchereien zu finden sind, über Themen und Entwicklungen in anderen Disziplinen informieren.

2.2 Wer ist Wissenschaftler und worin unterscheidet sich wissenschaftliche von anderer Arbeit?

„Wissenschaftler ist, wer wie ein Wissenschaftler handelt", behauptet der Nobelpreisträger Sir Peter B. MEDAWAR (1984, S. 15). Auch Krämer hat recht, der am Beispiel des Wettbewerbs „Jugend forscht" aufzeigt, daß man keineswegs eine wissenschaftliche Ausbildung benötigt, um wissenschaftlich zu arbeiten. Ehrlichkeit und Neugier genügen, wenn man nicht gleich den Anspruch habe, den Nobelpreis zu erringen (vgl. KRÄMER 1995a, S. 7, S. 8). – Wie das, werden Sie sich jetzt vielleicht fragen: Gibt es doch etwas, was allen Wissenschaften gemeinsam ist? Wie schon gesagt sind Wissenschaftler auch nur normale Menschen mit Stärken und Schwächen. Sie unterscheiden sich von anderen Personen am ehesten vielleicht dadurch, daß *sie Dingen auf den Grund gehen wollen.* Da unterschiedliche Auffassungen darüber bestehen, *was* eigentlich Wissenschaft sei, gibt es – völlig abgesehen von seinem Fachgebiet – auch nicht *den* Wissenschaftler. Je nach der Weise, wie sie ihre Arbeit verrichten, nennt MEDAWAR (vgl. 1984, S. 17) sie Sammler, Klassifizierer, Detektive, Forschungsreisende, Künstler, Handwerker, Poeten, Philosophen, Mystiker – oder auch Schwindler. So gibt es in der Erziehungswissenschaft geisteswissenschaftlich arbeitende Forscher, die ihren Forschungsgegenstand „verstehen" wollen und mit der hermeneutischen Methode der Interpretation von Texten und anderen Quellen arbeiten. Andere machen mit dem PC Inhaltsanalysen von Interview-Texten. Wieder andere wollen durch quantitativ empirische Untersuchungen Zusammenhänge und Wirkungen „erklären" und folgen dem induktiven Verfahren der Naturwissenschaften, wollen also „Gesetzmäßigkeiten" herausfinden. Dieses bereitet allerdings in den Sozialwissenschaften erhebliche Schwierigkeiten, weil sich Menschen in sozialen Situationen höchst unterschiedlich verhalten und daher keine festen Vorhersagen gemacht werden können, wie Menschen künftig reagieren werden.

Manches, was Wissenschaftlerinnen und Wissenschaftler im einzelnen tun, ließe sich vielleicht besser nachvollziehen, wenn man ihnen bei der Arbeit zusehen dürfte. Ein Problem des Mediums „Buch" ist es, daß dies in ihm nicht sichtbar gemacht werden kann wie mit einer Film-Aufnahme. Aber auch bewegte Bilder helfen kaum; was in den Köpfen der Forscher vor sich geht, kann keiner sehen und ist meist das Entscheidende. Hilfreich sind manchmal Selbstdarstellungen oder Interviews mit Wissenschaftlern zu ihren Arbeitsweisen und ihrem Denken. In ihren Publikationen bekommen Sie – wie in den Lehrveranstaltungen auch – Ergebnisse vorgesetzt und keinen Einblick in die Forscher-Werkstatt.

☞ Suchen Sie selbst aktiv Gesprächskontakte zu Wissenschaftlerinnen und Wissenschaftlern und fragen Sie sie bei passender Gelegenheit aus. Die meisten fühlen sich – trotz Zeitproblemen – geschmeichelt und erzählen gerne, womit sie sich gerade beschäftigen. Manchmal werden auch Forschungsseminare angeboten, so daß man in den Forschungsprozeß theoretisch wie praktisch einbezogen werden kann.

2.3 Der Forschungsprozeß

Selbst wenn wir nun davon ausgehen, daß es weder eine *Einheit* der Wissenschaften noch *den* Wissenschaftler gibt, so gibt es doch Gemeinsamkeiten im Forschungsprozeß, nämlich in der Abfolge der einzelnen Schritte: Zumindest bei ordentlichen Forschern stehen die Ergebnisse nicht schon vor der Untersuchung fest. – In vielen Fällen, vor allem den anwendungsbezogenen Wissenschaften, geht es um die Beantwortung von (praktischen) Fragen. Es können sich aber auch (theoretische) Probleme stellen, die dann keine mehr sind, wenn sie erst einmal gelöst wurden und die Lösung allgemein bekannt ist (und nicht wieder in Vergessenheit gerät). Ausgangspunkt jeglicher Forschung sind demnach Fragen und Probleme (vgl. Abbildung 1). Wer keine Fragen stellt, kann keine Antworten finden. Deshalb ist das Fragen-können so enorm wichtig für die wissenschaftliche Arbeit (s. dazu S. 111). Wer kein Problem hat, wird kaum eine Problemlösung suchen. Will man sich nicht umsonst den Kopf zerbrechen, ist eine sorgfältige Recherche in Bibliotheken und Datenbanken erforderlich, um Doppelarbeit und Zeitverlust zu vermeiden. Denn oft sind Problemlösungen schon bekannt, aber nicht dem, der vor dem Problem steht.

Wissenschaftliche Erkenntnis beginnt demnach nicht mit Wahrnehmungen, Beobachtungen oder der Sammlung von Daten, sondern mit *Fragen* bzw. *Problemen* (auf die man allerdings erst stößt, wenn man sie als solche gestellt bekommt bzw. selbst wahrgenommen hat und das kann man oft nur mit einem speziellen *Vorwissen*. Manchmal kann einen aber auch zuviel oder zu einseitiges Vorwissen behindern.). Das Problem führt zu der Frage, wie es genau beschaffen ist. Beschäftigt einen solch eine Fragestellung, dann ist das ein ziemlich „rastloses Bemühen“, wie Kant es ausdrückte, um an die „Wahrheit“ der Sachverhalte näher heranzukommen (bei allen Zweifeln hinsichtlich der Fiktion „objektive Wahrheit“). Dazu muß Spezialwissen vorhanden sein, in der Kooperation mit anderen Wissenschaftlern zu Rate gezogen oder selbst angeeignet werden, um Probleme (theoretisch) lösen zu können. Das heißt konkret, es muß die entsprechende Literatur beschafft und studiert werden, es werden Kontakte zu Kollegen aufgenommen. Doch Spezialwissen reicht nicht aus: Zumindest Durchhaltevermögen ist auch erforderlich, um Probleme zu lösen bzw. Antworten auf die gestellten Fragen geben zu können. Im Forschungsprozeß muß man Enttäuschungen und Erfolgslosigkeit aushalten lernen, kann aber auch Glücksgefühle und Befriedigung empfinden, wenn kleine Fortschritte gemacht, neue Erkenntnisse und Einsichten gewonnen werden – und seien sie auch nur für sich persönlich, indem man für sich etwas dazugelernt hat (u.a. auch aus seinen Irrtümern).

Der „Wahrheit“ der Sachverhalte kann man sich wie gesagt nur nähern; und das auch nur, wenn man aufgrund von Spezialwissen ein Vorwissen hat. Mit dieser „Ahnung“ und probeweisen, theoretischen Annahmen ausgestattet, muß die Fragestellung systematisch weiterverfolgt bzw. das Problem eingehend beobachtet und analysiert, sprachlich oder formalisiert dargestellt werden, wobei auf passende Forschungsergebnisse anderer aufgebaut wird. Dabei wäre es unökonomisch, dem eigenen Ansatz widersprechende Ergebnisse einfach außer acht zu lassen. Gerade sie müssen besonders sorgfältig geprüft werden. Eventuell wandeln sich dadurch die eigenen Vorstellungen. Daraufhin müssen *Hypothesen* (s. unten) entwickelt werden, indem auf die Fragen zu dem Untersuchungsgegenstand mit vorläufigen Behauptungssätzen geantwortet wird. (*Beispiel:* „Gibt es einen Zusammenhang zwischen den Merkmalen A und B und welchen?“→„Es gibt einen kausalen Zusammenhang zwischen A und B: A verursacht B.“) Hypothesen sind wichtig, um dem Forschungsprozeß eine eindeutige Richtung zu geben sowie ihn später für Überprüfungen nachvollziehbar zu machen.

Für die Wissenschaften sind – wie im Kapitel 1 schon ausgeführt – aber nur solche Gedanken bedeutsam, die eine über die Innenwelt des einen Forschers hinausgehende Geltung beanspruchen. Für eine Sozialwissenschaft geht es dabei nicht um eine Geltung in Form von All-Sätzen („Alle Menschen sind aggressiv“), weil Menschen sich höchst unterschiedlich verhalten können, und somit universell gültige Aussa-

gen über sie (z.B. Verhaltensprognosen) wie solche über Gruppen und Sozietäten nicht möglich sind. Aussagen über Mengen, Eigenschaften und Variablen lassen sich nur in der Form von Teils-Teils-Sätzen machen („Zwei Drittel der Schüler in Deutschland, die 19.. das Abitur anstreben, wollen studieren [, ein Drittel nicht].“). Eine wissenschaftliche, d.h. verallgemeinerbare Gültigkeit von Aussagen wird angenommen, wenn diese Sätze für andere, d.h. intersubjektiv, verstehbar sind – vielleicht auch nur von wenigen Experten! – und die Aussagen dieser Sätze nebst den genannten *Randbedingungen,* die gelten sollen (z.B. die *Bundesrepublik* Deutschland vor oder nach dem Beitritt der neuen Bundesländer) von diesen Leuten in ihrem Wahrheitswert bisher nicht widerlegt werden können (vgl. zum Induktionsproblem in den Sozialwissenschaften: SEIFFERT 1991a, S. 201-257). Obwohl WESTMEYER (vgl. 1994, S. 476) aufzeigt, daß es unterschiedliche Begriffe von Objektivität gibt und daß die Forderung nach Intersubjektivität keine harte Bedingung mehr sein kann für die *tatsächlich stattfindende wissenschaftliche Praxis*, so kann doch behauptet werden, daß die Überprüfung von wissenschaftlichen Ideen und Aussagen gebunden bleibt an – wie auch immer definierte – Vorstellungen von „Wirklichkeit“ und „Wahrheit“, wenngleich Forscher das mit diesen Begriffen Vorgestellte, d.h. die jeweilige erkenntnis- bzw. wissenschaftstheoretische Grundposition, oft nicht hinreichend reflektieren (und Leser das Ganze nicht nachvollziehen können, weil Aussagen dazu in den Untersuchungen meist fehlen).
Betrachten wir das über *Hypothesen* Gesagte noch einmal genauer: Wissenschaftliche Aussagen müssen – trotz der gemachten Einschränkungen – rational nachvollziehbar und kontrollierbar sein,

und zwar *formal:* durch (Behauptungs-, Protokoll-, Aussage-)Sätze,

- die semantisch, d.h. in ihrer Bedeutung, eindeutig und
- in ihren syntaktischen Verknüpfungen logisch widerspruchsfrei sind sowie eine
- möglichst große Exaktheit aufweisen;

und *material:* durch die

- Angabe des jeweiligen Bedingungs- und Geltungsrahmens für diese Sätze.

Ist die Hypothesenbildung abgeschlossen, braucht man geeignete Methoden, um den Forschungsgegenstand zu untersuchen. – Es leuchtet vielleicht ein, daß es wenig sinnvoll ist, beispielsweise die Gewaltbereitschaft von Rechtsextremisten mit einem Fragebogen herausfinden zu wollen. Hier wäre die Methode der teilnehmenden Beobachtung sicher angebrachter, bei allen Problemen, die auch hierbei bedacht werden müssen. – Nicht immer sind Sachverhalte direkt beobachtbar oder erschließbar. Wie kann ich feststellen, ob jemand „das Abitur oder ein Studium anstrebt", welches Verhalten werte ich als „Gewaltbereitschaft" und welches nicht? Theoretische Konstrukte wie „Rechtsextremismus" müssen transformiert werden in *operationale Definitionen*, d.h. umgewandelt werden in *Beobachtungssprache* („Wenn ein Proband – auf Menschen bezogen – mit dem Begriff der ‚Rasse' argumentiert sowie eine bestimmte ‚Rasse' [meist die der er selbst angehört] für höherwertiger hält, Personen des deutschen Nationalsozialismus lobt, den Holocaust leugnet oder gutheißt, ..." etc.). Dieser Prozeß muß so weit fortgesetzt werden, daß bei der Beobachtung bzw. der Auswertung von Fragebogen oder Interviews eine klare Zuordnung „trifft zu, trifft nicht zu" erfolgen kann. Aber was ist, wenn das ein oder andere Merkmal der Operationalisierung bei dem Probanden nicht festgestellt werden kann, weil er sich verstellt oder dem Konstrukt bzw. seiner Umwandlung nicht entspricht?

Bevor man an eine größere empirische Untersuchung geht, wird man sich in einem Pre-Test von der Brauchbarkeit der Operationalisierung und der Methode überzeugen. Oft müssen dann noch Verfeinerungen vorgenommen werden. Je nachdem, ob beobachtet wird, ein Experiment bzw. eine Befragung durchgeführt oder Materialien hermeneutisch oder inhaltsanalytisch untersucht werden: Danach müssen die beobachteten, erfragten, gemessenen Daten bzw. die Quellenbefunde und -interpretationen methodisch sauber verarbeitet und die Ergebnisse im Sinn der anfangs gestellten Untersuchungs-Hypothesen überprüft werden. Die Fragestellung, der Untersuchungsgang und dessen Ergebnisse werden dann in einer für andere Experten verständlichen Sprache dargestellt und veröffentlicht, damit diese die Gelegenheit haben, Ausgangspunkt, Hypothesenbildung, methodisches Vorgehen und die Ergebnisfindung zu überprüfen und gegebenenfalls zu kritisieren. Eventuell sind Nachuntersuchungen oder die Erforschung weiterer Fragen notwendig.

Dieser Prozeß läuft nicht derart chronologisch ab, wie es dieser Text linear schildern muß. Es wird wie im Handwerk an vielen Ecken gearbeitet, mal fehlen noch Materialien, die nachbesorgt werden müssen, manchmal wird „geschlampt", dann muß nachgebessert werden. Das Ergebnis sollte allerdings nicht schon zu Beginn vorliegen. Täuschung der (Fach-)Öffentlichkeit – durch Übertünchen von Mängeln, durch Fälschung von Daten oder Ergebnissen, durch das Abschreiben bei anderen ohne Angabe des eigentlichen Urhebers –, kann, sofern dieses entdeckt wird, unangenehme Folgen haben: Akademische Grade wie das Diplom, der Magister oder der Doktorgrad können aberkannt werden.

Abbildung 1: **Der Forschungsprozeß**

Ein Auftraggeber/Wissenschaftler hat ein Problem, das er bzw. andere bisher nicht gelöst haben bzw. eine Frage, die er bzw. andere bisher nicht beantworten können und deren Beantwortung „interessiert"

Wissenschaftlerinnen und Wissenschaftler

wollen Probleme lösen bzw. Fragen beantworten

- haben bestimmte wissenschaftlich relevante Werte internalisiert
- haben (Vor-)Wissen, Erfahrung, Kompetenz (u.a. fundiertes Spezialwissen)
- nehmen (Spezial-)Wissen anderer zur Kenntnis
- grenzen das Problem/die Fragestellung durch Analyse, Beschreibung, evtl. auch Beobachtung ein
- bedienen sich dabei bestimmter Begrifflichkeiten, die dem Gegenstand angemessen sein sollten und oft an dazugehörige Theorien gekoppelt sind
- kommen durch Wissen, Erfahrung und Nachdenken zu Einfällen, welche Richtung für die Problemlösung bzw. Beantwortung der Frage lohnend sein könnte (mit dem Risiko des Fehlschlags)
- formulieren Untersuchungs-Hypothesen im Zusammenhang mit theoretischen Vorannahmen in Aussagesätzen, die formal und material bestimmten Anforderungen genügen müssen (s. S. 33)
- setzen theoretische Konstrukte um in operationalisierbare Definitionen
- wenden geeignete Methoden an bzw. passen diese in einem Pre-Test an ihren Untersuchungsgegenstand an
- gehen (nicht immer!) planvoll und systematisch vor
- dokumentieren ihre Ergebnisse
- überprüfen ihren Ansatz und ihre Resultate *mehrfach*
- stellen ihre Ergebnisse in einer für andere (Experten) verständlichen Form dar und publizieren diese
- stellen sich damit der (fach-)öffentlichen Überprüfung und Kritik
- müssen – nach Kritik – ihre Arbeit verteidigen, u.U. durch weitere Forschung erhärten, vielleicht Änderungen vornehmen

Zusammenfassung

Die Wissenschaften haben in ihrer zunehmenden Verselbständigung als Teilsystem der Gesellschaft und in ihrer zunehmenden Ausdifferenzierung in immer kleinere Spezialgebiete ihre Einheit offensichtlich verloren. Der explosionsartigen Zunahme der international produzierten Wissenschaftsliteratur, selbst für ein Fach oder ein Fachgebiet, kann keiner mehr Herr werden. Diese Publikationsflut resultiert aus einer hektischen Betriebsamkeit, in der zählbare Veröffentlichungen für die Karriere und für Mittelzuweisungen wichtiger sein können als ein tatsächlicher Wissens- und Erkenntniszuwachs. „Absolute Wahrheit" gibt es in keiner Wissenschaft. Wissen ist immer „Vermutungswissen", hat, weil wir uns irren können, immer nur vorläufigen Wert. Erhebliche Gefahren für Wissenschaften und Gesellschaft lauern, weil Kritik und Überprüfung von Forschungsergebnissen selbst in den Einzeldisziplinen nur noch punktuell zu bewältigen sind. Insofern tragen die sich in einer Orientierungskrise befindlichen Wissenschaften zur allgemeinen Irritation, Skepsis und Ratlosigkeit bei, denn wie sollen wir adäquat handeln, bei so vielen widersprüchlichen Ergebnissen? – Anderseits kann Wissenschaft aus erkenntnistheoretischen Gründen nicht die von vielen erwartete Sicherheit und ganzheitliche Weltsicht stiften, so daß antirationale Strömungen mit ihren Heilsversprechungen vermehrten Einfluß gewinnen könnten. Aber ist das die Lösung? – Mir ist bei allen Ärgerlichkeiten lieber, mich auf hinreichend plausible, in sich konsistente und kohärente Annahmen zu stützen, auch wenn ich nicht alles selbst überprüfen kann, als irgendwelchen Gurus zu folgen. Was Wissenschaften ausmacht und welchen idealtypischen Verlauf der Forschungsprozeß haben sollte, wurde in einem eigenen Abschnitt beschrieben, wobei die besondere Rolle des Fragens und Problemlösens für die Entwicklung einer eigenen Forschungsperspektive betont wurde. – Obwohl wissenschaftliches Arbeiten nur gelernt werden kann, indem man es einübt, bedingt es die Aneignung von Fach- und Spezialwissen, bevor bzw. während man selbst forscht.

🕮 Zu den Problemen des Studiums, besonders des Studienanfangs, und zur Wissenschaft allgemein gibt es einige empfehlenwerte Bücher, die Ihnen u.a. auch Mut machen können bzw. eine möglicherweise zu große Hochachtung vor Wissenschaft ankratzen (vgl. BUDDRUS/STURZENHECKER 1987a, b; MEDAWAR 1984; WAGNER 1992). Darüber hinaus sollten Sie sich möglichst schon im Grundstudium mit Wissenschaftstheorie befassen (vgl. SEIFFERT 1991a, b; 1992, 1997). Eine sehr interessante Brücke von seiner Wissenschaft zur Psychologie und Wissenschaftsphilosophie baut der kognitive Neurobiologe Gerhard ROTH (vgl. 1997). Er vertritt eine konstruktivistische Erkenntnistheorie: S. E. ist eine wie auch immer geartete Realität für Menschen nicht erkennbar. Realität hat bei ihm die Funktion einer logischen Hilfskonstruktion, um einige Paradoxien des Konstruktivismus lösen zu können, wonach jedes Gehirn sich seine Wirklichkeit konstruiert. Demgemäß gäbe es so viele Wirklichkeiten wie es reale Gehirne gibt. Wenngleich es s.E. keine objektive Wahrheit geben könne, gäbe es einen konsensuellen Bereich, können Menschen sich qua Kommunikation untereinander verständigen und testen, ob sie in etwa Ähnliches meinen. Selbst wenn viele Menschen über einen langen Zeitraum gleichartige Erfahrungen und Beobachtungen sammelten, sage dies lediglich etwas darüber aus, wie Menschen im allgemeinen ihre Welt sehen, nichts jedoch über eine objektive Gültigkeit dieser Eindrücke. – Obwohl verständlich geschrieben, handelt es sich um ein anspruchsvolles, vielleicht für Studienanfänger nicht ganz einfaches Buch. Wer den Inhalt akzeptiert, muß einen sehr bescheidenen Anspruch einnehmen hinsichtlich der Reichweite der bisherigen Wissenschaftskonstruktionen.

3 Das Lernen

Worum geht es im 3. Kapitel?

Bitte überschlagen Sie diese Seiten nicht! – Unsere Lernfähigkeit ist uns zwar selbstverständlich und eine Grundvoraussetzung des menschlichen Lebens. So lernen wir – hoffentlich – aus Fehlern, die wir gemacht haben, und Sie könnten jetzt nicht studieren, wenn Sie nicht schon etliches in der Schule gelernt und entsprechende Leistungen erbracht hätten. Insofern haben Sie Ihre eigene Lernbiographie, Ihre individuellen Lerngewohnheiten und sind damit nicht schlecht gefahren. Dennoch gibt es einige spezielle Probleme des studentischen Lernens, von denen in diesem Kapitel ausgegangen wird, so z.B.,

- daß (hoch-)schulisches Lernen einerseits traditionellen Mustern folgt, die eine weitgehende Passivität des Lernenden fördern,
- daß andererseits *die Fähigkeit zu eigenständigem Lernen* vom Studienbeginn an von den Dozenten vorausgesetzt wird, obwohl die Schule oft versäumt hat, ihren Schülern dieses selbständige Lernen beizubringen,
- daß Lern- und Leistungskontrollen in vielen Studiengängen selten und für den eigentlichen Lernprozeß oft zu spät stattfinden, d.h. es gibt zu selten und meist zu spät eine Rückmeldung über Lernerfolg und Leistungsstand.

Zahlreiche, z.T. unklare und widersprüchliche Anforderungen der Dozenten, eine Studiensituation und -organisation, die dem Lernen nicht gerade förderlich ist, die akademische Freiheit, mit der nicht alle zu Rande kommen, ein zeitaufwendiger Job, der den Lebensunterhalt sichert – all diese und andere Faktoren bedingen mehr oder minder manifeste Probleme mit dem eigenständigen Lernen.

Dies Kapitel ist jedoch nicht nur für diejenigen geschrieben, die möglicherweise unter Lern- und Arbeitsstörungen leiden. Denn aufgrund der abendländisch-philosophischen Trennung von Körper und Geist sowie dem Festhalten an traditionellen Lehrverfahren (z.B. Frontalunterricht, Vorlesung) werden eklatante Fehler beim Lehren und Lernen gemacht, so daß manch einer die „Lust am Lernen" verliert. Etliche Akademiker sind so „verkopft", daß sie vergessen haben, daß der Mensch ein biologisches Wesen ist, das wie alle anderen Lebewesen aufgrund von Stoffwechselprozessen funktioniert! – In diesem Kapitel werden Sie nicht nur darauf hingewiesen, daß Sauerstoff, Ernährung und Erholungspausen eine wichtige Rolle für das Lernen spielen. Da ein Lernen unter Streß das Abspeichern von Informationen be- oder gar verhindern kann, sind körperliches wie psychisches Wohlbefinden Grundvoraussetzungen für ein optimales Lernen. Darüber hinaus erfahren Sie einiges über Wahrnehmungs- und Gedächtnisphänomene sowie über die Rolle von Aufmerksamkeit und Konzentration.

Lernen kann Freude, aber auch Qual sein. Grund für das eine ist die menschliche Neugier, Grund für das andere ein „Fremdeln" vor Unvertrautem, das Angst und damit Probleme beim Abspeichern von Informationen auslösen kann. Insofern muß der Organismus – z.T. mit Hilfe von „Tricks" – davon überzeugt werden, daß der Lernstoff interessant und sinnvoll ist und daß es Freude bereitet, ihn zu lernen. Doch nicht alles, was man z.B. für eine Prüfung wissen muß, interessiert einen. Was dann? – Es gibt noch andere Motivatoren als „Freude am Lernen" und sicherlich fallen Ihnen jetzt Ihre Belohnungsstrategien für solche „schweren Fälle" ein. Soll der „Stoff" ins Gedächtnis und dort – zumindest bis zum Bestehen der Prüfung – behalten werden, wäre es nicht schlecht, einiges über den rechtzeitigen Beginn, kleinere Lerneinheiten sowie den richtigen Kontroll- und Übungsrhythmus zu wissen, um – durch Mehrfachspeicherung, Elaboration und Anwendung – das Gelernte dem Vergessen zu entreißen, – doch für wie lange?

3.1 Lernen – Freude oder Qual?

VESTER (vgl. 1996, S.144) zeigt in einem Experiment mit Säugetieren die Ambivalenz, die diese befällt, wenn sie mit „Neuem" konfrontiert sind:

> Im Tierpark Hellabrunn legte unser Kamerateam einen buntgestreiften Ball in ein Antilopengehege. Sobald die Tiere den ungewohnten Gegenstand erblickten, stoben sie auseinander. Das gleiche geschah bei den Gazellen, beim Zebra, ja sogar beim Nashorn. Nachdem dann der Ball einige Minuten dort lag, näherten sich die Tiere zögernd, sprangen gelegentlich zurück, näherten sich wieder und beschnupperten ihn schließlich.

Dieses Phänomen – ein durch *Angst vor Unbekanntem* ausgelöster Fluchtreflex *kombiniert* mit einer ebenfalls vorhandenen und hier obsiegenden *Neugier* – kennzeichnet ein Hauptproblem auch menschlichen Lernens: Einerseits sind wir gierig nach Neuem (daher unsere Sensationslust), andererseits sperrt sich einiges in uns *gegen* das Kennenlernen von Unbekanntem. Wissenschaftlich Tätige müssen aber neugierig sein. Deshalb sollte unsere Wißbegier durch positive Erfahrungen so gestärkt sein oder werden, daß wir unsere (stammesgeschichtlich tief verwurzelte) Abneigung gegen Fremdes überwinden. – Dazu ein Beispiel:

> Eine Einsetzung von Konstanten ist zulässig, wenn es sich um Konstante der entsprechenden Bedeutungskategorie handelt, die die Variable andeutet. So dürfen z.B. für eine Individuen-Variable x nur Individuenkonstante wie z.B. a, b, c eingesetzt werden. Eine Formel kann ohne Beweis als Axiom oder mit Beweis als Theorem behauptet werden. (MENNE 1991, S. 21)

Signalisiert Ihr Organismus nach Sätzen dieser Art über Streßhormone, daß das zu Lernende „unbekannt" und „schwierig" ist, kommt es mit ziemlicher Sicherheit zu *Lernhemmungen*, denn Ihr Körper will nur eines: weg aus dieser unangenehmen Situation! Da Sie aber wissen, daß keine Gefahr für Leib und Leben droht, bleiben Sie vor dem „schwierigen" Text sitzen. – Doch Ihre Lernenergie wird abnehmen, weil ein Teil Ihrer Energie dafür „draufgeht", die (Lern-)Widerstände zu überwinden, denn Sie wollen das Geschriebene ja verstehen. Damit wird ein Teil der eigentlich vorhandenen Lernenergie vom „Stoff" abgezogen. Der „Lerngegenstand" (hier: formale Logik) wird gleichzeitig noch mit unguten Gefühlen assoziiert, so daß er deutlich schlechter gelernt und behalten wird als Lerngegenstände, die kein starkes Befremden auslösen. Zudem schlagen sich solche Erfahrungen in Ihrem biographischen Gedächtnis nieder (die Experten sprechen vom *episodischen Gedächtnis*). Wenn sich diese Erfahrungen häufen, werden sie auch noch *verallgemeinert*. Statt: „Dieser Text ist für mich ungeeignet, ich verstehe ihn nicht" kann es zu der Verallgemeinerung kommen „Logik ist schwierig." oder gar „Lernen ist schwierig." Oder noch schlimmer: „*Ich* bin zu dumm für Logik!" *Diese Tendenz zur Generalisierung wirkt im Guten wie im Schlechten.* Das ist der Grund dafür, weswegen z.B. viele Ratgeberbücher Ihnen einen festen Arbeitsplatz empfehlen. Wenn Sie diesen einnehmen und dort sonst nichts anderes tun, dann weiß Ihr Organismus aus der Gewohnheit heraus – dank seiner Fähigkeit zu lernen und zu verallgemeinern: „Jetzt ist arbeiten angesagt!" – Aber auf gleiche Weise werden auch schlechte Gewohnheiten entwickelt oder destruktive Einstellungen gelernt wie: „Ich bin dumm“, wenn dies nicht genügend reflektiert wird (s. a. S. 49).

Dabei kann Lernen richtig Freude machen, wenn einen etwas brennend interessiert. Das kennt jeder – zumindest aus seiner Jugendzeit: Informationen über die angehimmelte Popgruppe XYZ ließen sich spielend leicht in allen Einzelheiten merken. Über das eigene Hobby weiß jeder eine Menge zu berichten, weil er sich dafür interessiert. – Doch auch Werbetexte, die man sich gar nicht merken will, bleiben über längere Zeit im Gedächtnis haften.

3.1.1 Auswirkungen schulischen Lernens setzen sich an der Hochschule fort

Weswegen fällt uns dann das Lernen manchmal so schwer? – Das hat u.a. etwas mit dem *(hoch-)schulischen Lernen* zu tun. Lehre in Schule und Hochschule erfolgt heute noch oft wie in der mittelalterlichen Klosterschule in Form der *Predigt*. Frontalunterricht und Vorlesung sind trotz Multimedia immer noch weit verbreitete Unterrichtsformen, die z.B. keine Rücksicht nehmen auf diejenigen, die eher visuell oder durch praktisches Handeln lernen. „Wenn alles schläft und einer spricht, so nennt man dieses Unterricht.“ Fände er wirklich ausschließlich in dieser Form statt, so wären z.B. eher visuell Lerndende durch diese mündliche Einkanalinformation beim Lernen benachteiligt. Doch Leser sind nicht besser dran, wie VESTER (vgl. 1996, S. 159-168) an Schulbuchbeispielen zeigt, die das Lernen eher verhindern. Ähnliches ließe sich an wissenschaftlichen Lehrbüchern zeigen. Weil im Unterricht und auch in den Büchern nicht deutlich dargelegt wird, wozu der behandelte und zu lernende „Stoff“ eigentlich taugt, werden manche Inhalte als sinnlos empfunden, als „nicht zu einem gehörig“. Dementsprechend hoch ist der Aufwand an Lernenergie, der aufgebracht werden muß, um sich diese „Sachen“ zu merken. – Das Jahrgangsklassen-, das Stundenplan- und das Fachlehrerprinzip haben zwar auch (organisatorische) Vorteile, bieten dem Lerner jedoch kaum Wahl- und Entscheidungsmöglichkeiten, welche Inhalte er sich wann auf welchem Lernweg aneignet. Ein eher auf tradierwürdiges Wissen und eindimensionale Lösungswege konzentrierter Unterricht nimmt zu wenig Rücksicht auf die Lernstile und Lerninteressen der (Hoch-)Schüler. Darüber hinaus mangelt es an der Vermittlung und Einübung von Lern- und Arbeitsmethoden, die die Schüler in den Stand versetzen, sich selbständig etwas zu erarbeiten. Zweierlei wird im Regelunterricht verlernt: *Das Fragen und die Neugier.* Es könnte ja sein, daß man nicht aufgepaßt hat, einen schlechten Eindruck beim Lehrer hinterläßt oder sich den Unmut der desinteressierten Klassenkameraden zuzieht, weil das Thema immer noch nicht „abgehakt“ werden kann. Oder man gilt als Streber, weil man mehr wissen will und zu großes Interesse zeigt. In der Kombination mit der Notengebung resultiert daraus, daß die Lust am Lernen, die Neugier und das Fragen verlernt werden, ohne daß man dazu befähigt würde, selbständig zu lernen.

Lehre in der Universität ist nicht wesentlich anders. Zum einen hat die Massenuniversität ihre Überlastprobleme nur durch eine fortschreitende Verschulung lösen können. Zum anderen schreiben Studien- und Prüfungsordnungen die Studieninhalte und formalen Bedingungen vor, die für einzelne Studienbereiche als Voraussetzungen für die Prüfungsmeldung zu erbringen sind, z.B. die Anzahl der Leistungsscheine. Obwohl man die Veranstaltungen meist frei wählen kann und sich nach den eigenen Interessen auswählen sollte, bestimmt doch meistens *die Dozentin* bzw. *der Dozent* die Inhalte und das methodische Vorgehen in den Veranstaltungen. Und die jahrelange Gewöhnung an die schulische Rollenaufteilung wirkt nach: Auch hier trauen sich nur wenige, Fragen zu stellen, auf die Unterrichtsform und -inhalte Einfluß zu nehmen. Auch hier endet das Seminar, an dem sich wieder nur wenige aktiv beteiligt haben, nach 45 oder 90 Minuten, wenn es vielleicht gerade interessant wird. Doch dann hat der Professor andere Verpflichtungen und für die Studierenden ist ein anderes Thema an der Reihe ...

Lernen – was ist das eigentlich?

Ein wesentliches Merkmal des Menschen ist seine Fähigkeit, sein Denken und Fühlen, sein Verhalten und Handeln aufgrund von Erfahrungen *verändern* zu können. In viel größerem Maß als die höheren Tierarten sind wir in der Lage, zu lernen und uns den existierenden Umweltbedingungen anzupassen sowie flexibler als Tiere auf unsere Umgebung einzuwirken. Wir *können* nicht nur lernen, sondern wir *müssen* es auch, weil unsere Instinktausstattung nicht ausreicht für die notwendigen Anpassungsleistungen, die unsere Umwelt erfordert; eine Umwelt, die die Menschheit im Laufe ihrer Entwicklung maßgeblich selbst gestaltet hat. Viele der *Verhaltensänderungen*, die notwendig sind, um sich in dieser Umwelt zu behaupten, werden mit dem Konstrukt *„Lernen“* erklärt. *Konstrukt* deshalb, weil

Lernvorgänge nicht direkt beobachtbar sind, sondern aus dem später wahrgenommenen Verhalten erschlossen werden. Da möglicherweise aber auch gelernt wurde, wenn man noch *nichts* beobachten kann, wird Lernen im folgenden sehr vorsichtig definiert:

Mit dem Wort „Lernen" bezeichnet man Vorgänge der Aufnahme und Speicherung von Erfahrungen sowie ihre Verknüpfung mit Verhalten. Lernen führt dazu, daß sich die Wahrscheinlichkeit ändert, mit der jemand, der gelernt hat, in bestimmten Situationen das Gelernte anwendet. Aus der (für andere sichtbaren) Anwendung schließt man auf die Änderung innerer Zustände, wobei in einem weiteren Satz per Definition diejenigen Veränderungen ausgeschlossen werden, die durch Ermüdung, Vergiftungen, Drogen und Medikamente, biologische Reifungs- bzw. psychopathologische Prozesse verursacht sind.

Wir benennen mit dem Wort „Lernen" also einen Begriff, der bestimmte so vorgestellte Vorgänge und Zusammenhänge per Definition einschließt (Inklusion) und andere als „nicht zum Lernen gehörig" ausschließt (Exklusion). „(Relativ stabile) Veränderung im Verhalten(spotential)" und „Veränderung aufgrund von Erfahrung" gehören dazu, „Veränderungen durch Krankheiten, Drogen usw." jedoch nicht. Durch die besondere Betonung der „Verknüpfung mit Verhalten" läßt sich diese Definition als Theorieteil dem „Behaviorismus" zuordnen, einem psychologischen Menschenmodell. (Die Definition auf S. 12f. folgt dem „kognitiven" Modell.)

Wenn wir Wörter wie „Lernen", „Gedächtnis", „Intelligenz", „Denken" etc. wissenschaftlich gebrauchen, verwenden wir diese Wörter als Platzhalter für *hypothetische Konstrukte*, d.h. als sprachliche Stellvertreter für gedankliche Modelle, deren Zweckmäßigkeit als Hilfsmittel zur (Re-)Konstruktion von Ausschnitten der Realität behauptet wird. Erst ein Wort macht einen Begriff oder ein Konstrukt zu einem Gegenstand, über den man überhaupt sprechen kann. Insofern ist (Fach-)Sprache als Ideentransportmittel auch in der Wissenschaft unverzichtbar. Dann sind es die Eigenschaften und die Beziehungen zwischen den Begriffen, die eine Rolle spielen: „Gedächtnis" ist eine zwingende Voraussetzung für Lernen, doch die Erinnerung an einen schönen Urlaub vor einigen Jahren ist kein Lern-, sondern ein Gedächtnisphänomen.

Aufgrund der Tatsache, daß Gedächtnisphänomene und Lernprozesse nicht direkt beobachtbar sind, sind viele Annahmen (Hypothesen) hierzu bisher weder bewiesen noch widerlegt. Andererseits wissen die Wissenschaftler, die sich mit dem Lernen beschäftigen, einiges über ihren Forschungsgegenstand. Insofern waren die Modelle und die zur Überprüfung entwickelten Experimente bislang (mehr oder weniger) „fruchtbar". So werden vielerlei *Lernarten* untersucht, z.B. Konditionierungsvorgänge, Kettenbildungen, Diskriminations-, Begriffs- und Regellernen oder soziales Lernen, um nur einige zu nennen (vgl. WEIDENMANN 1998, S. 996-1010). Daß es unterschiedliche Lernarten gibt, ist evident: Beim Lernen einer Vokabel kommt es zu einer Zustandsänderung in unserem Gedächtnis, nicht aber zu einer Änderung unserer Wahrnehmungs- und Denkstrukturen oder unseres Motivhaushalts. So ist es im Blick auf die *Wirkung* von Lernen sinnvoll, zu unterscheiden zwischen bloßem „Dazulernen" (z.B. von Vokabeln) und Überzeugungen änderndem „Umlernen" (z.B. der Perspektivenänderung gegenüber einer Wissenschaft durch ein Studium).

3.1.2 Wieso wird manches „spielend" behalten und anderes nicht?

Erinnern Sie sich noch an meine Hinweise auf die Popgruppe, auf das Wissen, das mit einem Hobby verbunden ist, oder das Beispiel der Werbung, die man eigentlich gar nicht behalten will? Ist dieses Lernen und Behalten mit Anstrengung verbunden? – In den wenigsten Fällen. Worin unterscheidet es sich von (hoch-)schulischem Lernen? – Im ersten Fall ist es sicherlich die Liebe und Begeisterung, die einen „Fan" die Informationen über die Geburtstage, Augenfarben und Interessengebiete der Bandmitglieder mühelos behalten läßt. *Werden Sie doch einfach „Fan" Ihres Fachs!* Liebe „auf den ersten Blick" gilt ja als große Ausnahme, also warum sollen Hingabe und Enthusiasmus nicht mit der Zeit wachsen? – Im Fall des Hobbys bedingen sich Praxis und Wissen gegenseitig. Mit der intensiven Ausübung der Lieblingsbeschäftigung und dem Spaß, den wir haben, wenn wir etwas lernen, was uns Freude bereitet, erweitern sich unsere drei Wissensarten („knowing that", „knowing why" und „knowing how"). Der Hobbygärtner will wissen, was seine Pflanzen nebst Wasser brauchen, damit sie besser gedeihen; die Tänzerin übt komplizierte Schrittfolgen, was auch „anstrengend" ist; aber sie *liebt* es, sich zur Musik zu bewegen. Und sie interessiert sich für Ballett und behält Gesehenes wie Gelesenes über den Tanz dementsprechend besser als anderes, weil es in Beziehung steht zu ihrer Person. Ein Hobby bereichert das eigene Leben ungemein, und Lernen ist eine Voraussetzung für diese Möglichkeit der Lebensbereicherung. Also warum sollte dies nicht auf Ihr Fach zu übertragen sein?

Obwohl die Sozial- und Humanwissenschaften einiges über das Lernen herausgefunden haben, scheinen es sich nur die „Werbefritzen“ zunutze zu machen. Sie schaffen es, daß wir uns Werbebotschaften merken, die wir gar nicht aufnehmen wollen. Wie gelingt ihnen das? Dies kann hier nicht ausführlich dargestellt werden, weil der Kreativität im Werbebereich kaum Grenzen gesetzt sind und sich Fernsehwerbung beispielsweise von Anzeigenwerbung unterscheidet. Doch manches ist sicher jedem Werbeopfer deutlich: Keine Werbung dauert 45 oder gar 90 Minuten. Allerdings wird sie häufig wiederholt. Und das auf allen Kanälen mehrfach: in der Zeitung und auf der Plakatwand für's Auge, im Rundfunk für's Ohr, im TV und Kino für Auge *und* Ohr. Werbung arbeitet mit relativ kurzen Sätzen und einfachen Botschaften („hol ihn Dir!“), jedoch durchaus auch mit Wortkreationen, unter denen man sich mehr oder weniger etwas vorstellen kann („schokonussig“, „Twingo“), die jedoch dem Gehirn auch etwas zu knabbern geben (wie kann man ein Waschmittel „Weißer Riese“ nennen?). Wir behalten, obwohl wir gar nicht auf Lernen eingestellt sind, ein so bedeutungsarmes Wort wie „OMO“ (was einen auch nicht an Waschmittel denken läßt), wenn es uns in genügend Wiederholungen von glücklichen Frauen mit strahlend weißer Wäsche beigebracht wird. Wir fühlen und riechen assoziativ zu den Werbebildern die Sauberkeit, denn wir haben gute Erinnerungen an frisch bezogene Betten. Es werden unsere Gefühle, Sehnsüchte und Wünsche mit Absicht angesprochen, damit wir die Werbebotschaft behalten. Es kommt in unserem Gehirn zu einer assoziativen Verbindung von „OMO“, Waschmittel und dem Prädikat „gut“.

Wenngleich sich nicht alle komplexen Sachverhalte und Lernstoffe der Wissenschaft in simple Botschaften zerlegen lassen; einige der „Tricks“ müßten doch auch im Unterricht einsetzbar sein oder bei der Konzeption von audiovisuellen Lernmaterialien. – Sie zumindest sollen wissen, was Sie beim eigenen Lernen berücksichtigen können: Liebe und Begeisterung oder Interesse am Studienfach wie an einem Hobby sind wirksame Einstellungen, um Lernstoffe besser zu behalten. Und aus dem Werbebeispiel kann geschlossen werden, welche Effektivität

- kleine Lernportionen in entspannter Atmosphäre haben,
- das Ansprechen mehrerer Wahrnehmungskanäle (mit Hilfe von Bildern und Musik),
- Wiederholungen in zeitlichen Abständen, die den Wiedererkennenseffekt ausnutzen,

- die Anregung von Emotionen und Wünschen sowie deren Verknüpfung mit dem zu Lernenden.

3.2 Die Macht der Gewohnheiten – doch Änderungen sind möglich

Der eine „braucht" einen festen Arbeitsplatz, andere können sich besonders gut motivieren im Lesesaal einer Bibliothek – trotz vorbeigehender Menschen und einiger Unruhe durch Geflüster und das Rascheln von Papier. Hemingway mußte zwanghaft mehrere Bleistifte spitzen, bevor er anfangen konnte zu arbeiten, andere rennen vorher zum Klo. Eine Studentin lernt besonders gern am Morgen, die andere ihres Erachtens besser am Abend. Obwohl die Untersuchungen zur Physiologie und zum Biorhythmus des Menschen einhellig aussagen, daß die Mehrzahl der Menschen nach größeren Mahlzeiten „nicht gern studiert" und besonders in der Nacht eher schläft als lernt, gibt es Individuen, die sogar während des Lernens essen bzw. in der Nacht wissenschaftlich arbeiten. – *Über die Güte der erbrachten Leistung und darüber, was diese Menschen zu leisten imstande wären, wenn sie die wissenschaftlichen Erkenntnisse beherzigen oder zeitökonomischer arbeiten würden, sagt das allerdings überhaupt nichts.*

Jemand kann sich eine halbe Stunde konzentrieren, ein anderer lediglich fünf Minuten. Stehen Sie zu Ihren Marotten, solange sie Ihnen selbst nicht lästig sind (oder daraus Konflikte in der Zusammenarbeit mit anderen erwachsen). Sie haben derzeit offensichtlich eine Funktion für Sie. *Aber seien Sie ehrlich zu sich selbst.* Nur Sie können beurteilen, *wie lange Sie wirklich für eine bestimmte Leistung gebraucht haben.*

Ob man etwas „kann", läßt sich feststellen, auch durch Eigenkontrolle. Doch lassen Sie sich durch Ratgeberliteratur und Übertreibungen anderer nicht allzusehr verunsichern. Sicher ist es schön, wenn sich jemand – angeblich ohne große Anstrengung – eine Stunde konzentrieren kann; aber ehrlich, wer kann das wirklich – bei jedem Thema und in jeder Vorlesung – und vor allem mit welchem Energieaufwand? (Eine gute Predigt überschreitet nie die 22 Minuten!) Wer sich sechsmal fünf Minuten *wirklich* konzentrieren kann, bei jeweils fünf Minuten Gedankenabschweifen zwischendurch, wird vielleicht mehr abgespeichert haben als derjenige, der nach einer halben Stunde Dauerkonzentration eine halbe Stunde Pause macht.

☞ Finden Sie durch Selbstbeobachtung heraus, wann und unter welchen Bedingungen Sie derzeit lernen! Führen Sie beispielsweise ein Lerntagebuch, in dem Sie Ihre Reflexionen über Ihr Studium eintragen! Und denken Sie darüber nach, was Sie verbessern sollten, beispielsweise welche Ihrer Gewohnheiten Sie ändern wollen. (Wie man Gewohnheiten ändern kann, folgt auf S. 67f.)

3.3 Stellen Sie fest, welchem Lerntyp Sie entsprechen!

Wußten Sie schon, daß Sie (wie jeder Mensch) in Ihren ersten drei Lebensmonaten die Wahrnehmungskanäle und Assoziationsbahnen prägend entwickelt haben, mit denen Sie fortan in Ihrem Leben besonders gut gelernt haben und lernen werden? – Ist das eigentliche Gehirnwachstum mit der Geburt abgeschlossen, so entstehen – in der Wechselwirkung mit der Umwelt – in den ersten Wochen nach der Geburt neben den schon vorhandenen festen Leitungsbahnen im Gehirn weitere *feste* Verbindungen von Neuronen, die unsere besonders schnellen Assoziationsbahnen und bevorzugten Wahrnehmungskanäle fest-legen. Wenngleich ein Neugeborenes passiv erscheint: Seine durch Riechen, Schmecken, Hören, Tasten und Fühlen gewonnenen Sinneseindrücke finden ihren Niederschlag in einem irreversiblen Grundmuster der festen Leitungsbahnen (vgl. VESTER 1996, S. 37-46). Von ihrer Quantität weit wichtiger als diese schnellen „Datenautobahnen" sind allerdings die zirka 500 Billionen Synapsen, kleine fühlerartige Schaltstellen auf den Gehirnzellen (Neuronen), die dafür sorgen, daß wir *zielgerichtet* denken und durch „‚passende' Gedankenverbindungen immer nur ganz bestimmte Erinnerungen abrufen" können (VESTER 1996, S. 36f.). Wie aus der Zwillingsforschung jedoch geschlossen werden kann, legen Gene unser Gehirn nicht fest. Selbst eineiige Zwillinge unterscheiden sich in ihrer geistigen Feinstruktur. Erbinformationen statten uns aber mit Möglichkeiten aus, durch die wir uns – in Interaktion mit unserer Umwelt – dieser anpassen *und uns selbst organisieren* (vgl. MATURANA/VARELA 1991). Es gibt demgemäß gattungsspezifische Anteile der geistigen Entwicklung, die wir mit allen Menschen teilen und die wir – durch Reifungsvorgänge des Organismus ausgelöst – ausbilden (z.B. die Fähigkeit zu sprechen). Darüber hinaus gibt es Gemeinsamkeiten, die wir mit Menschen unseres Kulturkreises teilen, z.B. die deutsche Sprache – mit all den Besonderheiten, die diese von anderen unterscheidet. (Oder denken Sie an das Auto: Wie hat diese Erfindung unsere Kultur verändert und auch das Denken in unserer Gesellschaft.) All diese Fähigkeiten werden jedoch *durch unsere je individuellen Erfahrungen der eigenen Lebenswelt einzigartig überformt und strukturiert.* Jeder Mensch hat sozusagen seine eigene „Welt im Kopf" (vgl. FISCHER 1985), wenngleich es allgemeine und kulturelle Gemeinsamkeiten gibt.

Sofern wir nicht behindert sind, gebrauchen wir alle unsere Sinne zur Informationsaufnahme. *Insofern sind wir alle Mischtypen.* Das Konstrukt „Lerntyp" (VESTER 1996) weist allerdings darauf hin, daß jeder Mensch bestimmte Eingangskanäle bevorzugt, über die er besser lernt als über andere. Bei manchen ist das Ohr begünstigter Wahrnehmungskanal, bei anderen das Auge. Bei wieder anderen Augen und Ohren (Fernsehkindheit!), seltener in unserem Kulturkreis die Nase, der Mund oder der Tastsinn. Für das in den ersten Lebensmonaten individuell ausgebildete Grundmuster kann man selbst nichts, man muß damit leben. Auf seiner Grundlage werden jedoch weitere Präferenzen ausgebildet, eigene Lernstile, vielleicht besonders gutes Lernen in der Interaktion mit anderen Menschen. Oder jemand entwickelt eine hervorragende motorische Geschicklichkeit. Darüber hinaus werden hoffentlich überwiegend positive Lernerfahrungen gesammelt. Diese wiederum, und hier vor allem die *Lernerfolge,* festigen nicht nur die Wahrnehmungsmuster, Denkstrukturen und den persönlichen Lernstil, sondern auch die Erwartungen und das Selbstbild als Lerner.

☞ Wer weiß, über welche Eingangskanäle er besser lernt, sollte auch die entsprechenden Lernformen und -materialien bevorzugt einsetzen.

Kurz: Die eigene (Lern-)Biographie hat eine immense Bedeutung für spätere Lernprozesse, aber nicht in dem Sinne, daß es nun zu spät sei und sich gar nichts mehr ändern ließe. Unsere Sinne sind ebenso innerhalb ihres Leistungsrahmens trainier- und verfeinerbar wie wir durch Methodentraining unsere Lernstile verbessern können. Durch Reflexion und Test können Sie feststellen, wie und in welchen Situationen Sie am besten lernen. Wenn Sie es nicht schon wissen, welchen Lernstil Sie bevorzugen, sollten Sie den Lerntyptest bei VESTER (vgl. 1996, S. 193-201) ausfüllen und auswerten.

Wissen Sie über welche Wahrnehmungkanäle Sie am besten lernen? Setzen Sie diese auch adäquat ein? Denken Sie einmal darüber nach, wie Sie sich selbst als Lerner einschätzen! Sind Sie eher neugierig oder eher befremdet in neuartigen Lernsituationen? Sind Sie eher selbstbewußt oder selbstzweifelnd, erfolgsoptimistisch oder mißerfolgsängstlich?

☞ Für *alles* Lernen gilt jedoch, destruktive, blockierende Einstellungen zu vermeiden („Das lerne ich sowieso nie!" – „Ich bin und bleibe doof.")

Berücksichtigen Sie bitte:

1. Wenn Sie etwas nicht verstehen, muß das nicht unbedingt an Ihnen liegen. Vielleicht hat sich der Autor oder der Redner nicht verständlich ausgedrückt.
2. Wenn jemand etwas kompliziert ausdrückt, muß die Sache nicht schwierig sein. Sie brauchen keine Angst zu haben oder gar zu glauben, Sie seien dumm.
3. Verständnis ist nicht zu erzwingen. Wenn Sie es auf diesem Lernweg nicht verstehen, müssen Sie sich eben einen anderen Lernweg suchen; ein anderes, für Sie verständlicheres Buch, einen anderen Dozenten – oder Sie lassen es sich von einer Kommilitonin erklären.

3.3.1 Was bedeutet es für das Lernen in der Hochschule, daß Menschen auf verschiedene Wahrnehmungskanäle bevorzugt geprägt sind?

Lernen sollte möglichst viele Sinne fordern und fördern! Und denken Sie dabei an die „Tricks" der Werbung. Vorlesungen ohne visuelle Informationen (lesbare Tafelanschriften, Overhead-Folien, Videosequenzen, Handout) und anschließendes Frage- und Antwort-Spiel dürfte es heutzutage ebensowenig geben wie Seminare ohne Beispiele, die Probleme oder Theoriemodelle veranschaulichen. Noch effektiver sind Lehrveranstaltungen, die auch praktische Anwendungen und den Transfer des Gelernten erfordern.

Deshalb sollte jeder Unterricht die eindrucksvollen Möglichkeiten der Mehrkanalinformation nutzen. Obwohl das Gehirn auf sinnvolles Lernen ausgerichtet ist, versäumen Dozenten oft, den *konkreten Nut-*

zen deutlich zu machen, den das zu Lernende für die Studierenden haben wird. Trotz vielfacher geistiger Fähigkeiten behält unser Gedächtnis die praktisch-sinnvollen Dinge am besten, von deren Nutzen für unser Leben wir überzeugt sind und die wir dann auch des öfteren anwenden. Ein Lernen für Situationen, die in weiter Ferne liegen, also ein Lernen „auf Vorrat", fällt uns schwerer. Nichtverwendetes, sozusagen praktisch „sinnloses" Wissen wird nach einiger Zeit vergessen. Lerninhalte kann man nicht „pur" in sich aufnehmen, sondern sie müssen anschaulich gemacht sowie – denken Sie an das Hobbybeispiel – in geistige/praktische Tätigkeiten eingebunden werden. Indem das Individuum etwas mit dem Lerngegenstand persönlich verbindet, steigt die Wahrscheinlichkeit, daß der Lerninhalt für diesen Menschen attraktiv ist und auch behalten wird.

Darüber hinaus mangelt es häufig an Übersichtlichkeit, an exemplarischer Auswahl aus der Stoffülle, an Strukturiertheit und didaktischer Vereinfachung (was in der Tat ein Problem des Wissenschaftsunterrichts ist, weil ja komplexe Inhalte angemessen präzise dargestellt werden sollen).

Diesen Defiziten von seiten der Lehrenden steht die mangelnde Vor- und Nachbereitung der Veranstaltungsinhalte durch die Studierenden gegenüber (s. Kapitel 7). Denn das Vorwissen strukturiert die Wahrnehmung und motiviert zur inneren Teilnahme, während die Nachbereitung der Wiederholung, Verarbeitung und Vertiefung des Lernstoffs dient. Sie sollten daher emotionale, assoziative Querverbindungen zu früher Gelerntem herstellen, was nicht nur das Behalten des neu Gelernten fördert, sondern auch das schon vorhandene Wissen auffrischt oder modifiziert. Und vor allem sollte das Gelernte immer wieder verarbeitet werden, z.B. in kleinen selbstverfertigten Texten (s. S. 193f.)! Der Lernerfolg ist sozusagen ein Nebenprodukt aktiven Tuns. Jemand, der mit allen Sinnen lernt, dabei zahlreiche Assoziationen bildet, um sich den Gegenstand anschaulich und begreifbar zu machen, jemand, der das Gelernte in Bezug setzt zu seinem Wissen und seinen Erfahrungen, dabei vom Gegenstand und seiner Darbietung fasziniert wird, hat wesentlich weniger Schwierigkeiten, sich die wichtigsten Charakteristika eines Lernstoffs zu merken. Lernen sollte ein inneres Erlebnis werden, wobei eine positive Voreinstellung und eine gewisse Vertrautheit mit der Situation/dem Lerngegenstand das Behalten fördern.

Wichtig ist für Sie zu wissen, daß kein Unterricht, keine Unterrichtsform und kein Lehrstil für alle Lerner gleich effektiv ist. Insofern sind Sie als Lerner immer wieder gefordert, Ihre Wahl- und Entscheidungsmöglichkeit zu nutzen, indem Sie sich Dozentinnen und Dozenten sowie Lehrveranstaltungen suchen, die zu Ihrem Vorwissen und Lernstil „passen". Verständnis ist nicht zu erzwingen, doch als selbstverantwortlicher Lerner sollten Sie die Studienzeit nutzen und sich den Lernstoff auf den Ihnen gemäßen Lernwegen aneignen.

3.4 Wie gut sind unser Gedächtnis und unsere Wahrnehmungsfähigkeit tatsächlich?

Viele klagen über ein schlechtes Gedächtnis. Ob das vielleicht damit zusammenhängt, daß unsere Kultur auswendig Gelerntes nicht mehr besonders schätzt, vieles nicht eingeprägt werden muß, weil es irgendwo aufgeschrieben ist, sich laufend ändert oder uns nicht weiter tangiert? Ein Kellner mit schlechtem Gedächtnis jedenfalls wird nicht alt in einem Lokal, wenn es ständig Reklamationen hagelt! Doch das Gedächtnis ist trainierbar und z.T. besser als wir vermuten, was folgendes Beispiel zeigen soll, das Sie vielleicht aus eigener Erfahrung kennen: Etwas will einem beim besten Willen nicht einfallen. Kehrt man absichtlich oder durch Zufall an den Ort zurück, wo man es noch wußte, fällt es einem meist wieder ein; ein Anzeichen dafür, daß mehr aufgenommen und behalten wird als angenommen, indem der *Ort* des Denkens oder Lernens offenbar verknüpft ist mit dem Gedankeninhalt. Diese Entdeckung macht man sich bei der *Loci-Methode* zunutze, einer Mnemotechnik, bei der man das zu Merkende, beispielsweise die Reihenfolge bestimmter Schlüsselwörter für einen Vortrag, geistig mit markanten Stellen eines vertrauten Weges oder den Zimmern der eigenen Wohnung verknüpft. Während der Rede folgen Sie geistig diesem Weg (durch die Zimmer) und haben keine Schwierigkeiten mit der Reihenfolge und Vollständigkeit der wichtigsten Passagen Ihres Vortrags (weitere Mnemotechniken s. auch Abbildung S. 65).

Allerdings gibt es – je nach Eingangskanal – Grenzen bei der Wahrnehmungs- und Unterscheidungsfähigkeit (vgl. dazu bei Interesse: KEBECK 1994). Es sind eben pro Minute nur soundsoviele Wörter über das Ohr hör- und unterscheidbar, über das Auge lesbar usw., wobei die Wahrnehmungsfähigkeit nicht nur unterschiedlich groß ist bei sinnvoller bzw. sinnloser Information, sondern auch von den Interessen sowie der aktuellen Aufnahme- und Konzentrationsfähigkeit der Versuchsperson abhängt. *Menschen nehmen vor allem das wahr, wofür sie sich interessieren und worüber sie schon ein Vorwissen haben.*

Das ist der Schlüssel dafür, daß alle Sachverhalte, die in Verbindung stehen mit dem eigenen Vorlieben, so leicht gelernt werden. Da Wahrnehmung konstruktive Intelligenzleistung ist, kontextorientiert erfolgt und auf Sinn ausgerichtet ist (vgl. die Abbildungen 2 und 3), hängt es entscheidend von der eigenen Unterscheidungsfähigkeit, den entwikkelten Schemata, dem eigenen Vorwissen und den eigenen Vorlieben ab, was (für) uns wichtig ist oder nicht. – Wobei Ignoranz tödlich sein kann: Derjenige, der über eine Straße geht, ohne auf den Verkehr zu achten, kann an seiner Unachtsamkeit sterben. Selten übersteht man eine Prüfung, wenn man völlig ignoriert, welches Wissen ein Prüfer voraussetzt, was der Dozentin wichtig ist und was weniger.

Abbildung 2: **Sehen als konstruktiver Prozeß**

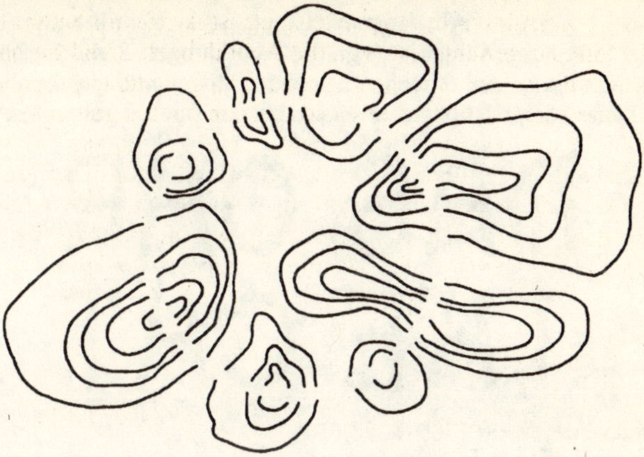

Wenn Sie sich die obige Figur anschauen, „sehen“ Sie einen weißen Ring, der eigentlich gar nicht „da“ ist. Die Unterbrechungen der schwarzen Linien werden so interpretiert, als ob ein weißer Ring auf einer Landkarte mit Höhenlinien läge. Wenn Sie länger hinschauen, glauben Sie sogar, weiße Begrenzungslinien des Ringes zu erkennen.

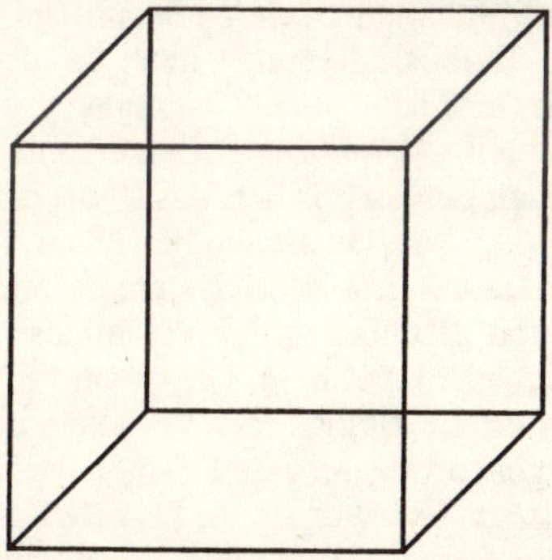

Wenn Sie sich den sog. Necker-Würfel anschauen, werden Sie merken, daß sich Ihre Wahrnehmung der Figur ändert. Mal scheint für einige Zeit die „Vorderfläche“ des Würfels links unten zu liegen, dann für einige Zeit rechts oben. Unser Wahrnehmungsapparat variiert seine Schemata und bietet uns zwei Sichtweisen im Wechsel. (Quelle: KEBECK 1994, S. 14, S. 17)

Abbildung 3: **Der Einfluß des Kontextes bei der Wahrnehmung**

Dasselbe Zeichen wird einmal als A und einmal als H gelesen, wenn man Deutsch und Englisch „kann". Kennt jemand unsere Schriftzeichen und die beiden Sprachen überhaupt nicht, wird er wahrscheinlich keine Interpretationsunterschiede bei den Buchstaben „sehen".

(Quelle: ANDERSON 1988, S. 68)

Aus der Forschung beispielsweise mit (Unfall-)Zeugen weiß man jedoch, wie wenig „objektiv" ein tatsächliches Geschehen wahrgenommen und reproduziert wird. Unsere Suche nach „Sinn" geht so weit, daß wir das Wahrgenommene – nicht absichtlich! – intern so bearbeiten, daß wir Ungereimtheiten oder Widersprüche eventuell glätten, Wesentliches bzw. Details, die uns „nicht in den Kram passen", „übersehen", „vergessen" bzw. anders darstellen.

Beim Erinnern spielt das *limbische System*, eine Zentralregion des Gehirns mit Hippocampus und Teilen des Zwischenhirns, eine Rolle bei der Abspeicherung wie bei der unbewußten Koordinierung der Erinnerungsstücke. Da das limbische System besonders an der Entstehung der Gefühle und gefühlsbetonter Verhaltensweisen beteiligt ist, wird auch klar, welche Rolle es beim Lernen und Erinnern innehat: Es koordiniert und bewertet Informationen vor allem nach seinen Konsequenzen für den eigenen Organismus („Straßenverkehr ist gefährlich. Da ist Aufpassen besonders wichtig."). Manches ist dem limbischen System verhaßt oder fremd, es verhindert eine Speicherung oder das Auffinden.

Da die Informationen *nicht wie beim Computer* unter bestimmten Speicheradressen exakt auffindbar abgelegt sind, müssen die Einzelinformationen über Synapsenschaltungen an verschiedenen Orten des Gehirns gesucht und wie ein Puzzle zusammengesetzt werden. Ist das Gedächtnispuzzle nach einiger Zeit des Nachdenkens und der Korrekturen stimmig, erscheint uns dies als ziemlich exakte Reproduktion eines Ereignisses, als wahre Darstellung einer Begebenheit. Kriminalisten dagegen bringen wir mit unserer Schilderung zum Lächeln oder Stirnrunzeln: Selbst nach Betrachten eines Unfallgeschehens auf Video waren viele Beobachter, die um besondere Aufmerksamkeit gebeten wurden, nicht in der Lage, das in der Tat komplexe Geschehen im Anschluß an die Videosequenz einigermaßen genau wiederzugeben. Die Aussagen wurden auf Tonband aufgezeichnet und verschriftlicht. Werden solche oder tatsächliche „Zeugen" später noch einmal befragt, erzählen sie meist ganz andere Abläufe und Details, und dies nicht absichtlich. – Da auch Fiktionales das eigene Gedächtnis täuschen kann (vgl. dazu bei näherem Interesse z.B.: KOTRE 1996) – eigene Phantasien und solche Dritter, die als Berichte, Romane, Filme beeindruckt haben –, sollte man als Wissenschaftler immer nach intersubjektiv nachprüfbaren Fakten suchen, die eine Objektivierung des realen Geschehens, des Erlebten ermöglichen. Bei nicht nachweisbaren Sachverhalten ist – wie in einem juristischen Verfahren – äußerste Vorsicht geboten: Nur was stichhaltig ist und einer Überprüfung standhält, darf als Beweismittel anerkannt werden.

Ein anderes Phänomen: Bei Streitgesprächen „Pro und Contra" werden von Zuhörern in der Regel besonders diejenigen Argumente behalten, die der eigenen Position entsprechen, obwohl es hilfreicher wäre, die Argumente der Gegenseite genauer zu kennen, um sie besser analysieren und widerlegen zu können. Als Wissenschaftler sollte man deshalb konsequenterweise selbst systematisch Einwände gegen die eigene Theorie generieren, um ihre Stichhaltigkeit zu überprüfen. Nach der Veröffentlichung tun dies sonst vielleicht andere.

Und noch ein weiteres: Nach der „Theorie der kognitiven Dissonanz" von FESTINGER (vgl. 1978) kann ein Mensch eine von ihm durchaus selbst wahrgenommene Diskrepanz schwer ertragen, und zwar die zwischen seinem eigenen Handeln auf der einen Seite und seinem Wissen und seinen Überzeugungen auf der anderen. Nach Festinger passen Menschen gewöhnlich ihre Überzeugungen ihrem Handeln an; d.h. der Raucher nimmt zwar die Nachrichten über den Zusammenhang von Rauchen und der Entstehung von Lungenkrebs zur Kenntnis, verdrängt diese jedoch mit dem Hinweis auf ihm bekannte, ältere Vielraucher, die noch nicht an Lungenkrebs erkrankt bzw. eines anderen Todes gestorben sind. Die Dissonanz kann auch mit einer Verhaltensänderung gelöst werden, dem Nichtrauchen; doch meist passen Menschen ihre Überzeugungen ihrem Handeln an und selten umgekehrt.

Analog der Wahrnehmungsmuster (Vorlieben für bestimmte Eingangskanäle, Interesse für bestimmte Themen und Ereignisse), die wir in unserem Leben ausgebildet haben, muß unser Wahrnehmungsapparat aus der Fülle der auf uns einprasselnden Informationen – oft blitzschnell – diejenigen auswählen, die uns relevant erscheinen. Es ist wie das Fischen mit einem grobmaschigen Netz: Vieles geht uns durch die Lappen, doch das Netz und die Technik des Fischens kann in Maßen verfeinert werden, z.B. durch „Gehirn-Jogging" (LEHRL [u.a.] 1992) und Wahrnehmungsübungen. Solche Verfeinerungen und Anpassungen verändern aber nicht unsere Weltsicht. Erst bei stark von unserer Welt„ordnung" abweichenden Ereignissen, dann, wenn unsere bisherigen Denkoperationen und Wahrnehmungsstrukturen versagen, haben wir ein gravierendes Problem, vielleicht ein wissenschaftlich zu lösendes.

Die o.g. Phänomene zu kennen, ist für den Prozeß der wissenschaftlichen Arbeit bedeutsam. Denn wer davon weiß, wird die eigene Wahrnehmungsfähigkeit daraufhin trainieren, auch Ereignissen, Dingen und Merkmalen, die einem „nicht schmecken", die ihnen gebührende Aufmerksamkeit zu schenken und z.B. Widersprüche zu den eigenen Hypothesen zu registrieren. Diese erst einmal zu dokumentieren und auszuhalten fällt schwer, weil sie die eigene Arbeit komplizieren, ja gefährden können. Manche unterdrücken bewußt oder unbewußt Fakten, die nicht zu den Hypothesen passen oder basteln an der Operationalisierung von Begriffen für ihre Untersuchung, um die eigene Theorie hermetisch abzusichern. Auf der anderen Seite können gerade solche „Ungereimtheiten" die Theoriearbeit auf den richtigen Weg bringen, indem neue Schneisen in den Urwald des Nichtwissens geschlagen werden. Doch die Gefahr, „auf dem Holzwege zu sein", besteht und muß psychisch bewältigt werden. Ambiguitätstoleranz (s. S. 16) tut not.

Ein Weiteres muß jedem wissenschaftlich Arbeitenden klar sein: Indem wir unsere Aufmerksamkeit bewußt fokussieren und kontrollieren, z.B. auf eine bestimmte Aufgabe, sind wir vielleicht derart konzentriert auf die leitende Frage, daß uns andere wichtige Informationen entgehen können. Und das, was nicht registriert und dokumentiert ist, kann gar nicht bedacht werden. Hier helfen *Introspektion,* z.B. durch Führen eines Lern- bzw. Studientagebuchs (s. S. 193f.), und vor allem Teamarbeit (s. Kapitel 4) und Supervision (z.B. im Forschungs- bzw. Prüfungscolloquium), die eigenen „blinden Flecken" der Wahrnehmung bzw. die Schwächen des eigenen Denkens und Wissens kennenzulernen.

Das Dreispeichermodell des Gedächtnisses

Wissenschaftler unterscheiden drei Gedächtnissysteme, die untereinander in einem ständigen Informationsaustausch stehen:

- den sensorischen Speicher (früher auch Ultrakurzzeitgedächtnis genannt)
- das Kurzzeitgedächtnis (KZG) und
- das Langzeitgedächtnis (LZG).

Die Aufnahmekapazität des *sensorischen Speichers* ist hoch. Allerdings ist der sensorische Eindruck flüchtig, d.h. Sinnesinformation befindet sich höchstens 250 Millisekunden in dem Speicher, bevor sie wieder zerfällt, weil neue Sinneseindrücke aufgenommen werden (vgl. METZIG/SCHUSTER 1993, S. 11). Der Vorgang wird mit dem Echo verglichen, weswegen einige Wissenschaftler diesen Teil des Gedächtnisses auch „echoischen Speicher" nennen. Da dieser Teil des Gedächtnisses *nicht* von der Aufmerksamkeit abhängig ist, andererseits die Eindrücke so flüchtig sind, kommt es besonders darauf an, Informationen aus dem sensorischen Speicher auszuwählen und in den *Kurzzeitspeicher* zu retten. Hier spielen Aufmerksamkeit und Konzentrationsfähigkeit eine Rolle. Beide sind begrenzt und können nur auf wenige kognitive Prozesse zugleich gerichtet werden, wobei eingeübte, automatisiert ablaufende Wahrnehmungsprozesse unterschieden werden können von solchen, die bewußt und kontrolliert eingesetzt werden und dadurch besondere Energie binden.

Die Kapazität des Kurzzeitgedächtnisses scheint wesentlich geringer zu sein. Nach zahlreichen Versuchen scheint festzustehen, daß durchschnittlich 7 Elemente („chunks") ± 2 gleichzeitig in das Kurzzeitgedächtnis aufgenommen werden können. (Insofern ist schon eine erhebliche Varianz [5 - 9] gegeben, kann an dem Wahrnehmungs-„Netz" gearbeitet werden.) Dabei ist es egal, ob diese „Klumpen" einzelne Buchstaben, Zahlen oder größere Einheiten wie Wörter oder Sätze sind. – Dazu ein Beispiel: Die Folge aus den 15 Buchstaben

„P C A I D S V W N A T O I B M"

ist kaum fehlerfrei zu wiederholen, wird jedoch sofort behalten, wenn sie zu sinnvollen „chunks" geklumpt werden:

PC AIDS VW NATO IBM,

zumal wenn diese Abkürzungen noch mit Bildern assoziiert werden. Das Klumpen klappt allerdings nur, wenn ein *Vorwissen* vorhanden ist, das weiß, was ein „PC" ist usw. Je mehr Vorwissen und Zeit zur

Überlegung wir haben, desto einfacher ist uns das Bilden von sinnvollen „chunks“. Inhalte des Kurzzeitspeichers werden *phonemisch* behalten, d.h. als Wortklänge mit besonderer Berücksichtigung entscheidender Unterschiede (*M*aus – *H*aus). Im phonemischen Charakter des KZG liegt z.B. der Grund, weshalb wir Telefonnummern vor uns hinsprechen, um sie beim Wählen richtig einzugeben. Wie lange Informationen im Kurzzeitspeicher gehalten werden, ist noch umstritten. Drei bis vier Minuten werden genannt. Das hängt auch davon ab, ob neue Merkmale aus dem sensorischen Speicher ausgewählt werden müssen oder nicht. Wird man beim Memorieren beispielsweise einer Telefonnummer unterbrochen, weil anderes zu merken war oder die Konzentration gestört wurde, wird die Nummer nicht mehr komplett erinnert. Anfang und Ende werden in der Regel besser behalten als Informationen der Mitte. Für den Prozeß der Übergabe vom phonemischen Kurzzeit- in den Langzeitspeicher ist es hilfreich, die einzuprägende Information rhythmisch zu vokalisieren, also tatsächlich bzw. stumm vor sich hin zu sprechen, die Information in kleinere Sinneinheiten aufzuteilen und sich dabei die Ziffern oder zu merkenden Zahlen bildlich vorzustellen:

acht zwei zwei (Sekundenpause) acht drei (Sekundenpause) sechs eins

Viele Informationen sind jedoch so gespeichert, daß wir sie für einen langen Zeitraum behalten werden wie die erlernte Muttersprache. Diese Informationen – so nimmt man an – seien biochemisch in den Neuronen des *Langzeitgedächtnisses* gespeichert, wobei durch mehrfache Speicherung die Einzelinformationen nicht nur in einem einzigen Neuron aufbewahrt werden, sondern in unterschiedlichen Bereichen des Gehirns, also mehrfach an verschiedenen Stellen. Beim *Langzeitgedächtnis*(-modell) wird unterschieden zwischen

- einem *prozeduralen Gedächtnis* für Fertigkeiten (z.B. Autofahren),
- einem *deklarativen Gedächtnis*, das wie eine Universal-Enzyklopädie die Bedeutung von Wörtern sowie Welt- und Faktenwissen speichert,
- einem *episodischen Gedächtnis,* das selbst Erlebtes, Berichte Dritter als auch fiktive Erlebnisse wie beeindruckende Roman- oder Filmhandlungen sammelt, sowie
- einem vierten, *„Priming“* genannten System, das Sinneseindrücke (Gerüche, Formen, Farben) speichert und das Wiedererkennen unterstützt.

Beim Erinnern spielen *Emotionen* sowie *Erwartungen* und *Assoziationen*, die quasi ein individuelles Verweissystem bilden, eine besondere Rolle, so daß ein weitaus flexibleres, auch Fehler ausgleichendes Ordnungssystem im Kopf existiert als dieses mit Registern und Karteikarten in einer Bibliothek realisiert werden kann. Obwohl sich unser Gedächtnis auch täuscht (s.o.) und vor allem vieles vergißt, weil es gar nicht in das Langzeitgedächtnis vordringt, bzw. manches von dort nicht abrufen kann („es liegt mir auf der Zunge!"), ist es weitaus flexibler und fehlertoleranter als die bisher geschaffenen Modelle künstlicher Intelligenz.

☞ Wie gut Ihr Gedächtnis für einige Teilbereiche derzeit tatsächlich ist, können Sie prüfen mit dem Gedächtnistest bei VESTER (vgl. 1996, S. 202-223). Und vergessen Sie nicht: Ihr Gedächtnis ist trainierbar!

Wie schätzen Sie Ihr Gedächtnis ein?

	sehr gut	gut	durch-schnittlich	mäßig	schlecht
Mein Gedächtnis insgesamt ist					
für Termine, Verabredungen					
für Zahlen (z.B. Geheim-, Telefonnr., statistische Angaben)					
für Erzählungen anderer					
für Witze					
für Film- oder Theaterstückhandlungen, die ich gesehen					
für Melodien, die ich gehört habe					
für Namen					
für Informationen, Textinhalte, die ich gelesen habe					
für Termini, Fremdwörter					
für Gesichter					
für Orte, an denen ich schon einmal war					

3.5 Auf die persönliche Lernstrategie kommt es an!

Erst das Langzeitgedächtnis sichert eine Erinnerung, sichert Wissen vor dem Vergessen: für einige Tage, Monate, Jahre oder ein Leben lang. Das Ganze hat weniger mit einem ausgeprägt guten Gedächtnis zu tun als mit der richtigen Lern- und Fixierungsstrategie.

Erst einmal müssen uns Bedeutung und Wert des Lernstoffes einsichtig sein, sonst sind wir nicht wirklich aufnahmebereit. Wenn wir dann mit dem uns schon Bekannten und dem weniger Kompliziertem beginnen, ist die Wahrscheinlichkeit größer, daß wir ein gutes Entree beim limbischen System haben, das allzu Neues und Fremdes ablehnt. Außerdem kommt unser Denkapparat erst einmal in Schwung. Neues sollte auf Vertrautem aufgebaut werden, Umfangreiches erst einmal überflogen und dann in Teilziele gegliedert werden. Dabei geht es *nicht* um mechanisches Einprägen, sondern um die Anwendung erfolgreicher Schemata. Damit ist die Auswahl und somit Bewertung (wichtig für mich, unwichtig) ebenso gemeint wie Vergleich und Koordination (verbinden, ordnen) mit schon Bekanntem. Dies bedingt, die Bedeutungsgehalte von bestimmten Wörtern zu klären, eine Vorstellung von Begriffen und Strukturen zu entwickeln, Hierarchien zu bilden und Unstimmigkeiten zur späteren Klärung festzuhalten. Behalten hängt vor allem von der individuellen Integration des Lernstoffs im eigenen Kopf ab. Dabei geht das Gehirn *denkökonomisch* vor, d.h. es integriert, reduziert, generalisiert und abstrahiert: Informationen, die nicht integriert werden können, werden verdrängt (bei Rauchern z.B. die Lungenkrebsstudie), Details werden vergessen, sich wiederholende Erfahrungen verallgemeinert. Da das Gehirn in dieser Weise funktioniert, sollten wir es unterstützen, indem wir *aktiv* sog. „Superzeichen“ bilden, Begriffe, Strukturen und Hierarchien, an denen entlang das Gedächtnis Weiteres rekonstruieren kann. – Anfangs sollten wir beim Lernen in streßfreier Atmosphäre bedächtig vorgehen, dann aber die Geschwindigkeit, besonders bei den Wiederholungen steigern, jedoch so, daß Hast und damit Denkblockaden vermieden werden.

Doch der größte Teil gelernten „Materials“ wird vergessen, insbesondere solcher, der ohne innere Beteiligung nur auswendig gelernt und nicht oder schlecht verstanden wurde. Lernstoff, der praktisch verwendet werden kann, wird am leichtesten und schnellsten erlernt. Ist zuviel Neues auf einmal zu lernen, kommt Unlust auf. Für die dauerhafte Fixierung ist daher *verteiltes Lernen*, also Lernen in kleinen Portionen ratsam (s. S. 63f.).

Aus dem vorher Gesagten ist hoffentlich deutlich geworden, wie wichtig die Bildung von *Superzeichen* ist. Fachwörter sind z.B. solche. Ein Terminus wie beispielsweise „Enkulturation" (= Prozeß des Hineinwachsens, des Sichaneignens von Verhaltens- und Interpretationsmustern sowie normativer Orientierungen einer [Sub-]Kultur) ersetzt 14 Wörter. Allerdings hat das Lernen dieses Fremdwortes nur Sinn, wenn man die wichtigen Definitionsbestandteile und deren Bedeutung kennt und weiß, in welchem strukturellen und hierarchischen Zusammenhang das Fachwort eine Rolle spielt: nämlich in der Sozialisationstheorie und damit im Bereich der Soziologie. Für das Lernen von Fachtermini kann nachhaltig die in Kapitel 5 beschriebene Lern-/Arbeitskartei nach LEITNER (vgl. 1995) empfohlen werden, die ein selbstkontrollierendes Lernen ermöglicht. Eine kleine Portion, z.B. fünf Definitionen, sollten Sie auf Karteikarten herausschreiben, und zwar in folgender Form: Vorderseite Fachwort, Rückseite dessen Definition. Danach sollten Sie sich die Definitionen so gut einprägen und wiederholen, bis Sie diese ohne Nachdenken und „Hänger", d.h. „wie aus der Pistole geschossen", hundertprozentig fehlerfrei nennen können.

Anschließend sollten Sie erst einmal eine kurze Pause einlegen und sich dann einer völlig anderen Tätigkeiten zuwenden, Akten sortieren oder z.B. schlafen (s. unten). Nach einigen Stunden können Sie sich diese noch einmal ansehen und fünf weitere dazunehmen. Am nächsten und den folgenden Tagen sollten Sie weitere hinzunehmen und immer wieder einmal überprüfen, ob Sie die älteren Definitionen immer noch schnell und zu 100% fehlerfrei reproduzieren können. Gewußte Karteikarten wandern in dem unterteilten Karteikasten (s. S. 91) eine Abteilung nach hinten, nicht fehlerfrei repetierte wieder in die vorderste Abteilung.

3.5.1 Üben, Kontrollieren, Anwenden und Variieren in neuen Situationen – Sichern Sie Gelerntes vor dem Vergessen!

Weswegen können so viele Alte noch die in der Schulzeit auswendig gelernten ellenlangen Gedichte wie „Die Glocke" von Schiller, wissen aber nichts mehr von Ereignissen am Vortage? Trotz eines nachlassenden Kurzzeitgedächtnisses zeigt sich hier, was ein Langzeitgedächtnis auch im Alter noch zu leisten vermag! Daß Gelerntes dorthin gelangt, hat nicht nur mit dem richtigen Einüben zu tun, der häufigeren Wiederholung und mit der Freude an diesem Gedicht, sondern wahrscheinlich auch mit anderen damit intensiv verknüpften Erinnerungen (vielleicht an eine umschwärmte Lehrerin). Und später mit der Bewunderung und Anerkennung, die der Alte erntet, wenn er das Gedicht fehlerlos aufgesagt hat, wobei jedes Aufsagen das Gelernte wieder auffrischt. Darüber hinaus können wir uns Reime sehr gut merken und sollten diese Fähigkeit des Gehirns für Eselsbrücken nutzen (s. S. 65).

Ein weiteres gutes Mittel gegen das Vergessen ist das Darübersprechen oder Schreiben. Wer etwas Neues gelernt hat, sollte anderen davon berichten. Interessiert sich kein anderer dafür oder ist keiner verfügbar, kann man das Ganze auch aufschreiben, z.B. in das Lern- bzw. Studientagebuch (s. S.193f.).

Vergessen ist ein natürlicher und an sich auch kein schlechter Vorgang. Man denke an all das Unangenehme, das uns widerfahren ist; all das Leid, das auch wir anderen zugefügt haben. Insofern ist es gut, daß wir vieles „vergessen". Etliches wird gar nicht abgespeichert, weil es nicht aus dem sensorischen Speicher in das Kurzzeitgedächtnis übernommen wird, das eine Art Engpaß darstellt (7 ± 2 chunks!). Oder der Verarbeitungsprozeß zwischen Kurzzeit- und Langzeitgedächtnis ist unterbrochen worden durch andere Ereignisse (besonders markant bei der Erinnerungslücke nach einem Unfall). Deshalb sind Ruhe und wenig Ablenkung für das Lernen förderlich. Anderes bleibt durch inexakte bzw. deplazierte Speicherung unauffindbar.

Folgendes Beispiel kennen Sie sicher auch: Man räumt auf und weist einem Gegenstand einen *neuen* Platz zu, will sich den gut merken, weil es ein außergewöhnlicher Platz ist, ... und findet nach dem Aufräumen diesen Gegenstand nicht so schnell wieder, weil der neue Ort nicht genügend fest eingeprägt wurde. – Anderes wiederum erinnert man nicht, weil es mit Unlust assoziiert ist oder weil Angst bzw. Streß eine Transmitterhemmung auslösen, so daß Botenstoffe ein Auffinden der Information verhindern. Wer zu Streß und Angst neigt, muß mit solchen Blockaden in Prüfungssituationen rechnen. Doch mit einer rechtzeitigen und sorgfältigen Vorbereitung gewinnt man Selbstsicherheit und das gute Gewissen, genug getan zu haben.

Vieles ist vergessen worden, weil es zu selten zur Anwendung kam, nicht so wichtig erschien bzw. mit anderen Informationen durcheinandergebracht wurde: Solches weiß man durch ein ebenfalls gut gesichertes Experiment: Zwei Gruppen lernen einen Stoff, bis sie ihn hundertprozentig beherrschen. Nun legen sich die Versuchspersonen der einen Gruppe schlafen, während die der Kontrollgruppe andere Tätigkeiten ausüben. Nach dem Schlaf werden beide Gruppen hinsichtlich des gelernten Stoffs getestet. *Ergebnis:* Die erste Gruppe beherrscht den Stoff deutlich besser. *Interpretation:* Im 1. Fall wurde nichts Neues gelernt, in der Kontrollgruppe kam es zu einer Überlagerung des Gelernten durch neue Informationen. (Der Fachmann spricht von Interferenz [= Ähnlichkeitshemmung], die besonders bei gleichartigem Lernmaterial auftritt, z.B. dem gleichzeitigen Lernen des Bedeutungsunterschieds zwischen Inferenz und Interferenz – vgl. HÜHOLDT 1995, S. 220ff.)

Unser Gedächtnis besitzt demnach eine einfache Methode um festzustellen, ob Wissen noch benötigt wird: Benutzt man es längere Zeit nicht, so wird es „vergessen", d.h., es tritt in den Hintergrund (z.B. die Abfahrzeiten nach altem Fahrplan) und wird durch neue Informationen überlagert (z.B. Daten des neuen Fahrplans). Das, was wirklich ins Langzeitgedächtnis vorgedrungen ist, das alte Wissen, kann meist nicht mehr oder nicht vollständig reproduziert werden. *Es kann jedoch durch Wiederholung sehr rasch erneuert werden, wesentlich schneller als beim ersten Lernen.* Demnach kommt es entscheidend auf die *Kontrolle* an, um feststellen zu können, inwieweit das Gelernte tatsächlich reproduziert werden kann, insbesondere in Streß-Situationen. Dazu können Sie sich durch jemanden abfragen lassen, um die Prüfungssituation zu simulieren, oder jemandem über den Lernstoff berichten. Beim Erzählen fällt einem meist selbst schon auf, wo man zögert und unsicher wird. Diese Passagen sollten Sie sich danach noch einmal genau ansehen, um die Lücken zu schließen und die Unsicherheiten zu überwinden. Darüber hinaus ist die Anwendung und das Variieren in neuen Situationen eine wichtige Bedingung dafür, daß Gelerntes behalten wird. Findet sich keiner für das Abfragen, kann die Lernkartei nach LEITNER (vgl. 1995) helfen, Definitionen, Regeln, Vokabeln u.a. zu lernen und das eigene Wissen zu prüfen (s. S. 89ff.).

3.5.2 Menü mit mehreren Gängen – aber kleine Portionen und Pausen bitte!

Das Lernen fällt leichter, wenn es in Teilzielen realisiert wird. Sie sollten den Lernstoff in kleine Portionen aufteilen, damit der Geist nicht entmutigt wird angesichts der Menge zu lernender Dinge sowie um Interferenzen zu vermeiden. Dabei sollte besonders auf einen Wechsel der Aufgaben geachtet werden, um Monotonie zu verhindern, die demotivierend wirkt. Nachdem man z.B. eine Zeitlang gelesen und das Gelesene reflektiert hat, wäre es angebracht, aus dem Kopf heraus sich die wichtigsten Punkte und die Argumentationsstruktur des Textes zu notieren, um anschließend in einem Vergleich zwischen Text und Exzerpt feststellen zu können, was dem Text inhaltlich richtig entnommen wurde und welche Lücken oder Fehler entstanden sind. Danach könnte man Karteikarten sortieren oder Besorgungen erledigen.

Bei großem Stoffpensum, z.B. in der Vorbereitung auf eine wichtige Prüfung, kommt es darauf an, *recht-zeitig zu beginnen,* um Streß zu vermeiden, der zu Denkblockaden und Erinnerungslücken führen kann. Wichtig sind zudem *Pausen* bei der Lernarbeit (vgl. Abbildung 4), damit Inhalte des Kurzzeitgedächtnisses sozusagen im Langzeitgedächtnis „fixiert" werden können. Doch das allein reicht nicht aus. Sie müssen das Gelernte – nicht zu früh – am Anfang häufiger, später seltener wiederholen, anwenden und mit anderem Wissen, anschaulichen Bildern, Beispielen etc. mehrfach in Ihrem Gehirn verankern und auf andere Situationen übertragen lernen (vgl. HÜHOLDT 1995). Dabei ist die Verarbeitung des Gelernten von entscheidender Bedeutung, z.B. Visualisierungen (s. S.173ff.) oder die Erstellung von Begriffssystemen, indem für Fachtermini etymologische Herkunft, deutsche Übersetzung, weitere Synonyme, auch Antonyme, Oberbegriffe, Unterbegriffe usw. tabellarisch zusammengestellt werden (vgl. HÜHOLDT 1995, S. 310f.). In schwierigen Fällen können Mnemotechniken eingesetzt werden (vgl. BUZAN 1994, METZIG/SCHUSTER 1993 – vgl. auch Abbildung 5).

Abbildung 4: **Pausentypen**

Unterbrechung: Dauer 1 Minute, Abstand wechselnd, je nach Bedürfnis, Pausentätigkeit: tief Luft holen, aus dem Fenster schauen, Zurücklehnen oder ähnliches, jedoch ohne vom Arbeitsplatz aufzustehen.

Minipause: Dauer 5 Minuten, Abstand alle 30 Minuten, Pausentätigkeit: Aufstehen, Freiübungen machen, Fenster öffnen, Blumen gießen, Kohlen holen oder ähnliches.

Kaffeepause: Dauer 15 bis 20 Minuten, Abstand alle 2 Stunden, Pausentätigkeit: Sozialkontakt suchen, Kaffee trinken, jedenfalls etwas völlig anderes tun.

Erholungspause: Dauer 1 bis 2 Stunden (mehr aber nicht), Abstand nach vier Stunden, mehr als zwei solcher vierstündigen Lernblocks pro Tag sollte man für einen spezifischen Lerngegenstand nicht ansetzen; Pausentätigkeit: Essen, Schlafen, Musik hören, Erholen, Leute treffen, miteinander reden.

(Quelle: RÜCKRIEM/STARY/FRANCK 1995, S. 31f.)

Abbildung 5: **Mnemotechniken**

(von *gr.* mneme = Gedächtnis) sind Verfahren, um sich etwas leichter merken zu können.

Transfer von Zahlen in Buchstabenkombinationen

Zahlen, z.B. statistische Zahlen, Lebensdaten etc., sind schwer zu behalten. Besser erinnert werden Buchstaben. Wenn Sie die Zahlen 0-9 dem Beginn des Alphabets gegenüberstellen, so kann man sich die Ziffern in Buchstaben-„chunks" übersetzen und sich die Buchstaben in richtiger Reihenfolge mit einem möglichst bizarren Satz einprägen und später entschlüsseln.

0	1	2	3	4	5	6	7	8	9
A	B	C	D	E	F	G	H	I	J

Einführung des Preußischen Allgemeinen Landrechts

1794 = **BHJE**

Bill **H**aut **J**edem **E**ine

Und wie lautet Ihr verrückter Satz zu der Jahreszahl?

Eselsbrücken

Bizarre Sätze

„**M**ein **v**erdammt **e**igensinniger **M**ann **j**agt **s**eit **U**rzeiten **n**eun **P**inguine."

Merkur Venus Erde Mars Jupiter Saturn Uranus Neptun Pluto

Reihenfolge der Planeten unseres Sonnensystems von der Sonne aus

Reime

„3 3 3 Issus Keilerei, 7 5 3 Rom kroch aus dem Ei"

„Isar, Iller, Lech und Inn
fließen zu der Donau hin;
Altmühl, Naab und Regen
fließen ihr entgegen."

Reime fördern sehr das Behalten.

Besonderheiten – Gemeinsamkeiten

Backbord – Steuerbord (Daß Steuerbord gleichbedeutend ist mit rechts, kann man sich daran merken, daß das Wort ein „r" mehr enthält als Backbord)

die Klientel („ie" im Wort signalisiert den Artikel „die")

das Virus (beide Wörter enden mit dem gleichen Buchstaben)

3.6 Lernen resultiert letztendlich aus Stoffwechselprozessen

Über der Trennung von Natur-, Geistes- und Sozialwissenschaften haben viele Akademiker vergessen, daß der Mensch auch ein biologisches Wesen ist. Insofern ist es wichtig, physiologische und biorhythmische Erkenntnisse zu beherzigen. „Voller Bauch studiert nicht gern“, weiß schon der Volksmund. Zu schwere Kost und zu große Mengen an Nahrung sind physiologisch ungünstig für Denk- und Lernvorgänge. Wer seinen Körper nicht ausreichend mit Vitaminen, Mineralien und Lecithin versorgt, wer falsch atmet, sich kaum bewegt oder sein Zimmer zu selten lüftet, wird beim Lernen nicht seine wirkliche Leistungsfähigkeit realisieren können: Achten Sie deshalb auf eine gesunde Ernährung! Empfehlenswerter als drei Hauptmahlzeiten am Tag sind fünf kleinere Mahlzeiten, weil dadurch eine Unterzuckerung vermieden wird, die zum Leistungsabfall führt. Da das Gehirn im Vergleich zu anderen Organen einen zehnmal so hohen Bedarf an Sauerstoff und Glukose-Zucker hat, wovon es keine Vorräte anlegt, kann ein Schokoladenstückchen oder eine Scheibe (Vollkorn-)Brot den müden Denkapparat wieder in Schwung bringen. – Apropos Müdigkeit: Da diese die Informationsaufnahme und -verarbeitung beeinträchtigt, sollten Sie ausreichend schlafen und sich – wenn möglich – einen geregelten Tagesablauf schaffen. *Pausen* (s. Abbildung 4) sind wichtig für den Transfer des Gelernten vom Kurzzeit- in das Langzeitgedächtnis. – Viele Menschen atmen flach, also nicht richtig ein und aus, z.B. durch eine krumme Sitzhaltung. Sie hocken in zu warmen Räumen mit verbrauchter Luft (insbesondere Raucher) und bewegen sich körperlich zu wenig. Dadurch kommt es zu einer Unterversorgung des Gehirns mit Sauerstoff und einer Verschlechterung des Stoffwechsels. Regen Sie Ihren Kreislauf an mit Lockerungs- und Aufwärmübungen am offenen Fenster oder treiben Sie regelmäßig Sport. Denn das Gehirn funktioniert auf der Grundlage von Stoffwechselprozessen, für die Sauerstoff und eine ausgewogene Ernährung erforderlich sind. Für ein optimales Lernen sind körperliches wie psychisches Wohlbefinden wesentliche Voraussetzungen.

3.7 Belohnung – oder: Mit 'nem Teelöffel Zucker nimmt man jede Medizin!

„Freude an der Arbeit" sowie „Interesse an einer Sache" sind effektive Selbstantriebe, aber nicht jede Arbeit macht Freude und nicht alles interessiert einen, was man lernen muß, um z.B. eine Prüfung zu bestehen. Was dann? – Es gibt natürlich noch andere Motivationen als „Freude am Lernen" und bestimmt fallen Ihnen Ihre Belohnungsstrategien für solche „schweren" Fälle ein. MEDAWAR (vgl. 1984, S. 22) weist ausdrücklich darauf hin, daß gerade für die wissenschaftliche Tätigkeit Durchhaltevermögen und Frustrationstoleranz vorhanden sein müssen, denn die meisten Wege wissenschaftlicher Erkenntnis sind „Holzwege". Problemlösungen können nur gefunden werden, wenn man theoretisch und methodisch neue Wege beschreitet, dabei Irrtümern unterliegt und die darauf folgenden Enttäuschungen verkraftet. Das schafft man langfristig nur, wenn man sich ab und an prüft, ob ein bestimmtes Ziel die Anstrengungen wert ist und den Verzicht auf so mancherlei anderes.

Wenn die Fremdmotivation noch nicht in Eigenmotivation umgeschlagen ist, wenn also der Druck von Tests, die Ermahnungen oder das gute Zureden anderer eigentlich noch benötigt werden, gerade dann sind Eigenbelohnungen ein geeignetes Konzept, selbstmotiviertes Lernen zu erreichen. Wenn Sie Schwierigkeiten haben, Ihre Entschlüsse umzusetzen, z.B. täglich 20 Seiten zu lesen oder die herausgeschriebenen Definitionen wie Vokabeln zu lernen, dann versuchen Sie es doch einmal mit *kleinen* Belohnungen für das Erreichen der vorgenommenen Etappenziele. Z.B: Wenn ich 20 Seiten gelesen habe (und erst dann), gönne ich mir einen Riegel Schokolade. Oder: Wenn ich die 15 Definitionen aus meiner Lernkartei exakt repetieren kann, dann gehe ich (weil ich das Schwimmen liebe) ins Schwimmbad (und nicht vorher). Da eßbare Belohnungen mit der Zeit dick machen, Alkohol und Nikotin noch ungesünder sind, sollte man sich besser mit Geld belohnen, also pro erreichter Etappe einen Geldbetrag in einem Behältnis sammeln für etwas, das man sich gönnen will: eine CD, eine Konzertkarte, ... Im übrigen: Man kann sich auch selbst loben für die Willensstärke, mit der man seine Etappenziele verfolgt und erreicht hat. Das macht nicht dick und kostet auch nichts. – Manche halten ein solches Vorgehen für Manipulation oder (Selbst-)Betrug. Aber wieso? Sie wissen doch, was Sie sich selbst vornehmen und wie Sie sich anschließend dafür belohnen. Insofern ist es keine Manipulation, wenn Sie sich diese Ziele selbst gesteckt haben, und Betrug ist es nur dann, wenn Sie sich dabei etwas vormachen und

Sie Ihre eigenen Abmachungen nicht einhalten. *Doch stecken Sie Ihre Ziele nicht zu hoch.* Kleinere, sofortige Belohnungen wirken tatsächlich, während die große Weltreise einfach zu irreal ist, die man sich als Studentin vornimmt zur Belohnung für die Habilitation.

Das (verhaltenstherapeutische) Token-Konzept der kleinen Belohnungen ist ein gutes Mittel, um schrittweise die erwünschten Verhaltensweisen und Ziele zu erreichen. Oder glauben Sie nicht daran, daß diese „Tricks" helfen? – Lernen ist ziel- und erfolgsorientiert. Das Wissen, daß man etwas dazugelernt hat und „kann", vermittelt ein gutes Gefühl und stärkt das „Ich". Und Erfolg ist ein unglaublich guter Motivator. Er beflügelt. Eigentore oder das vergebliche Anrennen lähmen selbst die Profis. Zweifelsfrei lernt man aus Fehlern und Mißerfolgen besonders, doch nagen sie meist am Selbstvertrauen. Deshalb ist es für Menschen mit weniger stabilem Selbstwertgefühl besser, sich Aufgaben zu stellen und Ziele zu setzen, die durchaus Anstrengung erfordern, jedoch nicht überfordern. Diese Teilziele sollten in einem überschaubaren Zeitraum erreichbar sein. Allein die Überzeugung, ein Ziel erreichen zu können, ist eine wichtigere Voraussetzung für den tatsächlichen Erfolg als die tatsächlich vorhandenen individuellen Fähigkeiten.

Während sich die einen von der Hoffnung auf Erfolg optimistisch zu Leistungen anspornen, befürchten andere Mißerfolg, was keine unrealistische Einstellung ist angesichts möglicher Fehlschläge. Doch Angst und Pessimismus blockieren mehr als einem lieb sein kann. Hinter der durchaus berechtigten Kritik an der Lehr- und Lernsituation in den Hochschulen, hinter den mehr oder weniger manifesten Lern- und Arbeitsstörungen der Studierenden steckt also zuweilen die Angst, an einer Aufgabe zu scheitern, z.B. der Studienabschlußarbeit. – Bei anderen ist der eigene Anspruch zu hoch; sie werten selbst vorhandene Erfolge (und damit sich selbst) ab. – Oder es werden Ziele gar nicht ernsthaft angestrebt, um das eigene Selbstwertgefühl beizubehalten. Denn Erfolg kann einsam machen und Neider schaffen.

Wie belohnen Sie sich für Ihr Lernen? Wie schätzen Sie sich selbst ein; sind Sie eher erfolgsoptimistisch oder mißerfolgsängstlich? Haben Sie Angst vor Erfolg?

> ☞ Reflektieren Sie hin und wieder Ihre Motivationen und stecken Sie sich erreichbare Etappenziele, wenn Sie an Ihren Zielsetzungen festhalten wollen. Und belohnen Sie sich, wenn Sie ein Etappenziel erreicht haben!

3.8 Was tun bei Lern- und Arbeitsstörungen?

Körperliches wie psychisches Wohlbefinden sind wichtige Voraussetzungen für optimales Lernen und Arbeiten. Doch viele erreichen ihre tatsächliche Leistungsfähigkeit nicht – wegen latenter Lern- und Arbeitsstörungen bzw. durch Störungen der Arbeit durch Dritte. Manche brauchen eine zu lange Anlaufzeit, bis sie wirklich an ihrem Schreibtisch arbeiten, manche wollen zuviel auf einmal und wissen nicht, womit sie beginnen sollen. Sie verzetteln sich. Andere hören zu früh auf, d.h., bevor das Gelernte im Langzeitgedächtnis abgespeichert ist. Wieder andere können sich nicht konzentrieren, sie denken an anderes, überfordern sich vielleicht. All dieses merkt man ja selbst und wird es unterschiedlich psychisch verarbeiten. *Einiges kann man selbst abstellen.* Hierzu ist schon einiges in den letzten Abschnitten gesagt worden. Hilfreich könnte auch ein Selbstbeobachtungsbogen sein, den Sie bei METZIG/SCHUSTER (vgl. 1993, S. 43, S. 56f.) finden. Auch TEPPERWEIN (vgl. 1992, S. 76ff.) gibt wertvolle Hinweise und beschreibt Konzentrationsübungen.

Bei schwerer wiegenden Störungen sollten Sie unbedingt und frühzeitig die Studien- bzw. psychologische Beratungsstelle aufsuchen, die an allen größeren Hochschulen vorhanden ist oder adäquate professionelle Hilfe in Anspruch nehmen. Manche schmoren im eigenen Saft, haben Kontaktschwierigkeiten, fühlen sich einsam. Wir alle sind auf ein anregendes soziales Umfeld angewiesen mit anspornenden, uns positiv gesonnenen Menschen. Außerdem sind wir stark auf soziale Anerkennung ausgerichtet; wem diese versagt bleibt, verkümmert, wenn er sich nicht aktiv ein anderes Umfeld sucht – und findet.

Zusammenfassung

Ihnen ist jetzt die Bedeutung der eigenen Lernbiographie, Ihrer Lerngewohnheiten und Wahrnehmungsmuster bewußt. Sie haben die Probleme des traditionellen Unterrichts kennengelernt und wissen nun, daß mit Einsicht in die Bedeutung des Lernstoffs, seine Einteilung in kleine Portionen, mit Mehrkanalinformation und Wiederholungen höhere Behaltensraten erzielt werden. Liebe, Begeisterung, die Anwendung des Gelernten und seine Beziehung zur eigenen Person sind außerdem ideale Lernfaktoren. – Die Fähigkeit des Gehirns zur Verallgemeinerung wenden Sie positiv an, indem Sie blockierende, destruktive Einstellungen vermeiden, sich Ihre Lernerfolge vor Augen führen und sich erreichbare (Etappen-)Ziele setzen. Darüber hinaus werden Sie hoffentlich nicht vergessen, daß Sie ein biologisches Wesen sind und Lernen aufgrund von Stoffwechselprozessen funktioniert. Wie der Körper, so muß auch das Gehirn fit gehalten werden. Sie kennen jetzt auch die Täuschungen, denen Wahrnehmung und Gedächtnis unterliegen können. Deshalb trainieren Sie beides und prüfen skeptisch Ihre Erinnerungs- und Wahrnehmungsfähigkeit. Sie wissen, wie wichtig für Lernvorgänge eine möglichst angst- und streßfreie Atmosphäre ist. Darum fangen Sie mit dem Lernen rechtzeitig an, strukturieren den Lerngegenstand in kleine Einheiten, erarbeiten sich Superzeichen, legen beim Lernen Pausen ein, vermeiden Monotonie und Interferenz. Gelerntes wiederholen Sie in bestimmten Abständen, variieren und vertiefen es durch Anwendung. Falls Sie Schwierigkeiten haben, sich zu motivieren oder Ihr Verhalten zu ändern, versuchen Sie es mit dem Selbstbelohnungskonzept. Sie haben verstanden, wie wichtig soziale Anerkennung und ein positiv gestimmtes Umfeld für das menschliche Lernen sind. Neugier und Entdeckerlust sollten auf jeden Fall das „Fremdeln vor Neuem" überwinden. Wenn es Ihnen gelingt, sich zu motivieren und sich die Erkenntnisse der Lernbiologie und -psychologie zu eigen zu machen, werden sich bald erste Erfolge einstellen. Und nichts tut uns besser als solche Schlüsselerlebnisse, in denen man sich unbändig freut, z.B. über das Erreichte oder eine tiefe Einsicht.

🕮 Wenn Sie sich über dieses Kapitel hinaus mit dem Thema beschäftigen wollen, ist als Einstieg die aktualisierte Neuausgabe von „Denken, Lernen, Vergessen" (VESTER 1996) immer noch lesenswert. Über verschiedene Lernstiltypologien gibt HALLER (vgl. 1992) einen kurzen, informativen Überblick. Wer sich auf Lernmethodik bzw. Lerntechnik konzentrieren will, wähle den HÜHOLDT (vgl. 1995) oder METZIG/SCHUSTER (vgl. 1993).

4 Arbeiten – einzeln und in Kooperation mit anderen

Worum geht es im 4. Kapitel?

Warum tun wir uns oft so schwer in der Zusammenarbeit mit anderen? – Es hat vielleicht mit der menschlichen Entwicklung zu tun: Das Kind will recht früh seine eigenen Leistungsgrenzen entdecken und z.B. beim Bau eines Turms aus Holzbausteinen nicht mit anderen kooperieren. Selbst wenn der Turm immer wieder zusammenfällt, beginnt es von Neuem und lehnt jede Hilfe strikt ab. „Alleine" ist seine Devise und es wächst selbst zusehends um Zentimeter, wenn es sein Ziel erreicht hat: „Das habe *ich* gebaut." Meist loben Eltern ihr Kind und sind so stolz wie es selbst. Dann folgt recht bald die Zeit des Sich-messens mit anderen. Beide Komponenten, Einzelleistung und Konkurrenz, entsprechen dem gesellschaftlichen Ideal – und einer frühkindlichen Entwicklungsstufe, dem egozentrischen Denken. Kurz: Wenn wir auf dieser Stufe stehenblieben, würden wir uns nicht weiterentwickeln.

Ist das Kleinkind noch völlig abhängig von anderen, bleiben wir es ein Leben lang in einem größeren Ausmaß als wir dies eigentlich wahrhaben wollen: Gesellschaft mag eine ärgerliche Tatsache sein, aber wir können ihr nur zeitweise entfliehen. Denn Menschen sind soziale Wesen und auf Anerkennung durch andere ausgerichtet. – Sobald sie zum Perspektivenwechsel in der Lage sind, sich z.B. in andere einfühlen können, und erkennen, daß Geben seliger macht als Nehmen, werden Menschen zur Kooperation tauglich. Dann erfahren sie hoffentlich die emotionalen und sozialen Vorteile von Kollegialität und Freundschaft.

In diesem Kapitel werden die Vor- und Nachteile von Einzel- und Gruppenarbeit dargestellt sowie die Möglichkeiten und Grenzen der Zusammenarbeit aufgezeigt. Obwohl Menschen sich an anderen orientieren und in ihren Handlungen auf sie beziehen, kann es aufgrund menschlicher Unzulänglichkeit zu mehr oder minder schweren Problemen kommen wie Vereinsamung, Minderwertigkeitskomplexen, Größenwahn, mangelnde Rücksichtnahme oder das Nicht-allein-sein-Können. Deshalb ist es wichtig, ein wenig über Gruppenprozesse zu wissen und ebensolche zu beobachten. Weil die Gruppenarbeit Schwierigkeiten bereiten kann, sollen im folgenden die Punkte betont werden, die die Gruppenarbeit erleichtern.

4.1 Die Vor- und Nachteile der Einzelarbeit

Der Anteil an Einzelarbeit beim Studieren und wissenschaftlichen Arbeiten wird immer sehr hoch sein, denn das Lesen, das Lernen von Definitionen, das Einprägen von Daten und das Formulieren von Textentwürfen läßt sich besser alleine bewerkstelligen. Das Schöne daran: Sofern Sie nicht eine zeitlich und/oder thematisch festgelegte Auftragsarbeit zu erledigen haben, sind Sie nur für sich verantwortlich und keinem Rechenschaft schuldig. Sie können sich die Arbeit einteilen, wie es Ihnen gefällt, können sich mit dem beschäftigen, was Sie interessiert. Das Arbeitstempo und die Pausen bestimmen Sie. Es ist keine Rücksicht zu nehmen auf andere und es müssen keine Kompromisse eingegangen werden. Nach der langen Zeit größerer Abhängigkeit kann das wunderbar sein.

Doch manche leiden an der selbst verordneten oder der Arbeit geschuldeten Einsamkeit und schmoren sozusagen im eigenen Saft. Einige haben Probleme, sich überhaupt zu motivieren. Sie arbeiten lustlos vor sich hin. Andere haben eher Schwierigkeiten mit dem Lerngegenstand, vielleicht eine verengte Problemsicht oder eine schiefe Gewichtung einzelner Aspekte. Nichtverstandenes bleibt diffus und muß alleine bewältigt werden, wo ein anderer, der es begriffen hat, schnell mit seiner Erklärung helfen könnte.

4.2 Von der Notwendigkeit der Zusammenarbeit

Die Zeiten der Universalgelehrten, die wie Goethes „Faust" allein in der Studierstube mit der „Wahrheit" ringen und mehrere Disziplinen beherrschen, sind vorbei. Denn die in den externen Wissensspeichern (Büchern, Computern, ...) abgelegten und verfügbaren Informationen haben derart zugenommen, daß sich ein einzelner nur noch auf kleinen „Wissensinseln" auskennen kann. Die Konsequenz aus der Informationsflut und neu gewonnenem Wissen besteht für Wissenschaftler (u.a.) nicht nur in der Anforderung, immer wieder neu und umzulernen, sondern in der Notwendigkeit von Arbeitsteilung und Kooperation mit anderen Spezialisten. Da die Anwendungen von manchen Forschungsergebnissen bei allem möglichen Nutzen immer riskanter werden für die Menschheit, denken Sie z.B. an die Gentechnologie, werden über die Zusammenarbeit hoffentlich auch *die Nebenwirkungen von Anwendungen* bedacht und durch *gegenseitige Kontrolle* ethisch bzw. ökologisch bedenkliche oder gar menschengefährdende Technologien verhindert.

Andererseits besteht jedoch das Problem, daß wir in unserer, die Individualisierung fördernden Leistungsgesellschaft es kaum gelernt haben, *miteinander* kooperativ zu arbeiten. Zudem haben etliche Menschen negative Erfahrungen mit der Gruppenarbeit gesammelt.

4.2.1 Negative Erfahrungen mit Gruppenarbeit

Die Kooperation in der Gruppe gelingt häufig nicht, obwohl die Notwendigkeit zur Teamarbeit eingesehen wird und viele Menschen auch den Wunsch zur Zusammenarbeit haben. Vielen, die schlechte Erfahrungen mit Gruppenarbeit gemacht haben, ist aufgefallen, daß

- Gruppen, je größer sie sind, langsamer vorankommen als Einzelpersonen oder ein Zweiergespann,
- es Gruppen oft an Orientierung und Zielbezogenheit mangelt,
- einige wenige die Arbeit tragen bzw. den Rest der Gruppe dominieren und
- manchmal Rivalitäten und Akzeptanzprobleme einzelner Mitglieder untereinander zu Spannungen, Konflikten und Parteibildungen in Gruppen führen, was wiederum die Arbeit lähmt oder gar blokkiert.

In der Tat arbeiten selbst eingespielte Gruppen *langsamer und weniger verantwortungsvoll* als Einzelpersonen. „Dieses Phänomen wird als *‚soziales Bummeln‘* (social loafing) bezeichnet. Es ist eine unbewußte Neigung nachzulassen, wenn man in der Gruppe arbeitet, unabhängig davon, ob die Aufgabe interessant und bedeutend ist" (ZIMBARDO 1995, S. 725). Darüber hinaus brauchen die Prozesse der gegenseitigen Informierung bis hin zur abschließenden Entscheidung Zeit, wenn dieses Geschehen demokratisch ablaufen soll. Insofern erfordert die Gruppenarbeit

- einen größeren planerischen und organisatorischen Aufwand,
- demokratische Spielregeln,
- eine klare Aufgabenstellung bzw. Zielsetzung,
- eine erhöhte Arbeits- und Gruppendisziplin sowie
- eine hohes Maß an Verantwortungsbereitschaft,

damit die Ziele erreicht und von möglichst allen mitgetragen werden. Aufgrund offener oder verdeckter Rivalitäten, der schon angesprochenen Konkurrenz- und Leistungsmentalität oder fehlendem Zusammengehörigkeitsgefühl kommt es manchmal zu mehr oder minder schwierig zu meisternden Problemen in der Zusammenarbeit: Oft mangelt es an der *Zielbezogenheit* der Teilnehmer. So schweifen einzelne vom Thema ab. Dominante Mitglieder monologisieren endlos und setzen u.U. unangemessene Schwerpunkte. Rivalen sind vorrangig darauf aus zu gewinnen; sie polarisieren die Gruppe. Ihnen ist es wichtiger, daß ihrer Ansicht gefolgt wird als daß die Gruppe erfolgreich arbeitet. Endlose Debatten der Streithähne sind die Folge. Auf der anderen Seite sind Harmonie und Einigkeit auch nicht die besten Voraussetzungen für gute Gruppenleistungen: Zu starker Gruppendruck und zu hohe Konformität können die Qualität und Mehrperspektivität der Einschätzungen mindern. Insofern gehen manche ziemlich lustlos zu den Sitzungen, besonders wenn die Gruppenarbeit von anderen angeordnet wurde bzw. einzelne Teilnehmer nicht von deren Vorteilen überzeugt sind. Wieder andere haben die Befürchtung oder gar die Erfahrung gemacht, daß ihre Arbeitsleistung durch „Trittbrett-Fahrer" ausgenutzt wird.

4.2.2 Von den Vorteilen der Kleingruppenarbeit

Menschen leben am besten in individualisierten Gruppen. Ihre Wünsche nach Anerkennung und Zusammengehörigkeit lassen sie gesellige Beziehungen eingehen und mit anderen kommunizieren. Bei längerer und vollständiger Isolation werden sie psychisch krank. Auch in der Arbeitswelt tragen die anerkennenden Beziehungen und die Entwicklung eines Wir-Gefühls zum Wohlbefinden bei und steigern die Motivation, einen Beitrag zum gemeinsamen Erfolg zu leisten. Manche blühen in der Gruppe regelrecht auf, gewinnen Zuversicht und Stärke. So können aus Arbeitsbeziehungen Freundschaften und persönliche Bindungen entstehen, die über den Zweck und die Dauer der Gruppe anhalten.

Die Vorteile der Gruppenarbeit liegen aber nicht nur im sozialen oder emotionalen Bereich: Gruppen erzielen häufig, aber nicht immer, qualitativ bessere Ergebnisse als Einzelpersonen, insbesondere wenn synthetisches Denken gefordert ist und jeder aus seinem Spezialbereich beitragen kann. Bei komplexen Problemen oder schwierigen Fragestellungen können so verschiedene Aspekte eingehend diskutiert werden. Verstehen sich die Mitglieder und herrscht eine angstfreie Atmosphäre, kann auch die assoziative Kreativität der einzelnen Mitglieder erhöht sein. Ob Brainstorming (in der Gruppe) qualitativ bessere Ergebnisse zeitigt (als Einzelleistungen), wird mittlerweile bezweifelt (vgl. WEISBERG 1989, S. 85-97). Vieles hängt von der Zusammensetzung der Gruppe und deren Dynamik ab. So werden etwa Fehler oder Widersprüche in einer engagierten und kritischen Gruppe wahrscheinlich schneller entdeckt als bei der Einzelarbeit.

In der Lerngruppe verbessert sich die Motivation des einzelnen, weil sich andere ebenfalls mit dem Thema beschäftigen bzw. wenn es auf seine Leistung ankommt, weil arbeitsteilig vorgegangen wird: Jeder liest ein anderes Kapitel eines Buchs besonders gründlich, schreibt das Wichtigste heraus und stellt seinen Teil allen vor. Oft ist es allerdings besser, wenn *alle* den gesamten Text gelesen haben, der erarbeitet werden soll, denn jeder interpretiert einen Text anders. Insofern wird die gemeinsame Interpretation aspektreicher, lernen wir im themenzentrierten Meinungsaustausch andere Auffassungen und Perspektiven kennen, was intellektuell anregend sein kann. In der Diskussion des Gelesenen wird das Aufgenommene rekapituliert, werden Verständnisschwierigkeiten entdeckt und Wissenslücken leichter geschlossen. Gerade dadurch, daß man anderen schildert, was einem wichtig ist an einem Text und wie man ihn verstanden hat, werden einem auch die Lücken und Verzerrungen bewußt, so daß diese Passagen noch einmal mit dem Text verglichen werden sollten. *Durch das Lehren lernen wir.* Und wenn wir selbst Widersprüche oder Mängel in unserer Darstellung nicht merken, werden wir durch Fragen oder korrigierende Hinweise der anderen darauf gestoßen.

Vor allem aber werden unsere Kommunikations- und Kooperationsfähigkeiten gestärkt. *Indem wir uns äußern, üben wir das Reden und Argumentieren,* was in der Einzelarbeit zu kurz kommt und in Massenveranstaltungen meist unterbleibt aus Angst vor der großen Zuhörerzahl. Der Gruppenzusammenhalt, die Disziplin und Verantwortlichkeit aller tragen dazu bei, daß Aufgaben fristgerecht bis zum vereinbarten Termin erledigt werden. – Fazit: Gruppenarbeit kann intellektuelle Anregungen bieten und emotionale wie soziale Bedürfnisse der Teilnehmer befriedigen, sofern die Mitglieder die im folgenden Abschnitt beschriebenen Grundsätze beherzigen.

4.2.3 Grundsätze der Kleingruppenarbeit

Die Gruppe sollte nicht zu groß sein, weil das „soziale Bummeln" (s.o.) sonst zunimmt. Manche sind schon froh, wenn sie *einen* adäquaten Lernpartner gefunden haben, mit dem sie sich über Seminarinhalte austauschen können; mit dem man ein gemeinsames Referat vorbereitet bzw. sich gegenseitig zu Prüfungsthemen abfragt. Ansonsten wird eine Gruppengröße von drei bis sechs Personen empfohlen. Natürlich gibt es Besonderheiten, je nachdem, ob die Menschen sich schon kennen und vielleicht sogar schon zusammengearbeitet haben oder ob einander Fremde von einem anderen zur Kooperation aufgefordert werden.

Die Konstituierung und die Spielregeln der Gruppe

Im Normalfall kann vorausgesetzt werden, daß jeder einen möglichst positiven Eindruck bei den anderen hinterlassen möchte. Insofern ist es eigentlich unkompliziert, aufeinander zuzugehen und sich miteinander bekannt zu machen. Je nachdem, zu welchem Zweck die Gruppe initiiert wurde, muß dann möglichst bald abgeklärt werden, welches das Ziel der Arbeit ist und welche Spielregeln untereinander gelten sollen. Dabei sollen *sämtliche* Gründungsmitglieder ihre Auffassungen vortragen zur Zielsetzung und zu den Spielregeln. Beide, Spielregeln und Zielsetzung, müssen ausdiskutiert und gemeinschaftlich getragen werden. Diejenigen, die nach dem Meinungsbildungsprozeß immer noch stark abweichende Auffassungen vertreten, müssen sich überlegen, ob sie den Mehrheitsentscheid akzeptieren können oder doch besser aus der Gruppe aussteigen. Ist klar, wer mitarbeitet, sollten die Adressen untereinander ausgetauscht werden, so daß jeder jeden direkt erreichen kann.

Zur Konstituierung gehört, daß Vereinbarungen getroffen und fixiert werden. Abhängig von der Komplexität der Aufgabe und etwaigem Termindruck sollte beispielsweise festgelegt werden,

- wie häufig man sich zu treffen beabsichtigt,
- ob man regelmäßig zu einem festen „Jour fixe" zusammenkommt oder an verschiedenen Wochentagen zu wechselnden Tageszeiten,
- ob man sich an einem möglichst zentralen Ort einfindet oder z.B. reihum in den Wohnungen der Mitglieder.

Für Abstimmungen ist ganz generell zu klären, für welche Fälle welche Mehrheit gelten soll (einfache, Zwei-Drittel-Mehrheit oder Zustimmung von allen). Es zeigt sich, daß bei der Zielsetzung, den Spielregeln und Neuaufnahmen von Mitgliedern eine möglichst hohe Zustimmungsquote sinnvoll ist, um einer Fraktionenbildung in der Gruppe vorzubeugen. Für weniger wichtige Abstimmungen reicht die einfache Mehrheit, was bei gerader Mitgliederzahl zu einer Patt-Situation führen kann. Dann sollte vielleicht das Votum des Sitzungsleiters den Ausschlag geben.

Will jemand in eine bestehende Gruppe aufgenommen werden, so muß abgeklärt werden, ob das „Mitglied in spe" die vereinbarte Zielsetzung und die Spielregeln akzeptiert. Die Gruppe wiederum muß prüfen, ob sie durch ein neues, verläßliches und motiviertes Mitglied einen Gewinn hat. Ist die Entscheidung zugunsten des neuen Mitgliedes gefallen, so soll es freundlich aufgenommen und rasch integriert werden, z.B., indem sich jemand außerhalb der Gruppensitzung die Zeit nimmt, ihm den bisherigen Verlauf der Arbeit und die erreichten Teilziele zu erläutern. Zusätzlich ist eine Ausstattung mit den bisherigen Materialien sicherlich sinnvoll, damit sich die oder der „Neue" einarbeiten kann.

Um eine umfangreiche Aufgabenstellung zu bewältigen, muß diese planerisch in Teilschritte gegliedert werden, aus denen auch Teilziele abgeleitet werden können. Darüber hinaus ist zu überlegen, wie viele Sitzungen voraussichtlich erforderlich sein werden, um eine umfangreiche Aufgabe termingerecht zu bewältigen. DAHMER/DAHMER (vgl. 1991, S. 80) empfehlen, die Sitzungsziele nicht in der Aussage-, sondern *in der Frageform zu formulieren* (eigenes Beispiel: „Welche Spielregeln sind für eine effektive Gruppenarbeit nötig?" anstelle von: „Aufstellung von Spielregeln"). Die Frageform hat höheren Aufforderungscharakter, über den Inhalt der Frage nachzudenken, so daß sich alle um Antworten bemühen.

Darüber hinaus muß man sich einigen, *wer die Sitzungen leitet* und gegebenenfalls *wer sie protokolliert.* Hier gibt es die demokratische Möglichkeit, daß jeder der Reihe nach jeweils eine der Funktionen ausübt. Diese Lösung hat den Vorzug, daß nicht immer dieselben die Arbeit haben und zudem Menschen, die sich um solche Aufgaben aus welchen Gründen auch immer drücken, mit solchen Arbeiten konfrontiert sind und diese einüben. Bitte glauben Sie nicht, daß die Arbeit von vier und mehr Personen gut funktioniert, wenn sie die Leitungsfrage offenlassen. Die Vorbereitung und Durchführung der Sitzung erfordern jemanden, der den Sitzungsverlauf gliedert und dann darauf achtet, daß alle zu Wort kommen, keiner abschweift und sich alle an der Arbeit beteiligen, so daß das Sitzungsziel in der vorgesehenen Zeit erreicht wird (s.a. S. 116f.).

Im Hinblick auf die Notwendigkeit eines Protokolls kann man unterschiedlicher Meinung sein, denn es macht zusätzliche Arbeit. Bedenken Sie jedoch, wie wichtig gerade auch bei der Lernarbeit komprimierte Zusammenfassungen für spätere Wiederholungen und Prüfungsvorbereitungen sind. Werden Diskussionsergebnisse nicht festgehalten, so geraten sie leicht in Vergessenheit. Sind die Gruppenmitglieder sehr zuverlässig und achtet die Leitung darauf, daß jede(r) weiß, wer was bis zu welchem Termin zu erledigen hat, dann mag es auch ohne Protokoll gehen. Auf der anderen Seite ist ein (Ergebnis-) Protokoll hilfreich, wenn es später zu Auffassungsunterschieden kommt. Zumindest die wichtigsten Beschlüsse sollten verbindlich festgehalten werden. Das Protokoll (s. S. 195ff.) geht allen kurz nach der Sitzung zu; Unrichtigkeiten werden bei der nächsten Sitzung angesprochen und verbessert.

Selbstverständlich sollten alle vorbereitet in die Sitzung gehen. Nur wenn *alle* gleichermaßen gut vorbereitet sind, kann jeder einen persönlichen Beitrag zur Gruppeninteraktion leisten. Wer dabei nicht die Zielsetzung aus den Augen verliert, wird *sein* Quentchen dazu beitragen, daß die Gruppe zielorientiert vorankommt. Während der Sitzung sollten alle Mitglieder auf die Gruppenprozesse achten. Sollte jemand dominieren wollen, so beteiligen sich die anderen stärker und mischen sich ein. Schweigt jemand lange und wirkt unbeteiligt oder unzufrieden, so wird er direkt zur Stellungnahme aufgefordert. – Kritik an anderen muß sachlich bleiben. Schwierigkeiten der Gruppe mit einzelnen sowie inhaltliche Probleme sollen jedoch offen angesprochen werden, wobei die der Gruppe Vorrang vor den inhaltlichen haben. Wichtig ist, daß die Beziehungen und Arbeitsformen geklärt werden, ohne daß dem anderen die Wertschätzung entzogen wird. Werden erste Teilziele ohne persönliche Anfeindungen und lähmende Blockbildungen erreicht, stellt sich allmählich ein Wir-Gefühl der Kleingruppe ein, das seinerseits die Mitglieder beflügelt.

Hinsichtlich der Spielregeln muß sicher nicht weiter betont werden, daß *Zuverlässigkeit* eine wichtige Voraussetzung ist. Wenn Termine vereinbart sind und bestimmte Aufgaben übernommen wurden, muß man schon sehr triftige Gründe haben, wenn man nicht kommt bzw. die Erledigung von zugesagten Leistungen nicht einhalten konnte. *Jede(r) sollte sich darüber im klaren sein, was es für die Gruppe bedeutet, wenn bestimmte Aufgaben nicht erledigt wurden.* Dann z.B.

Krankheit vorzutäuschen ist unehrenhaft. Dennoch stellt sich manchmal die Frage, inwieweit die Gruppe Sanktionsmöglichkeiten braucht, so z.B. gegen Trittbrett-Fahrerei oder Disziplinlosigkeit. Gegen „Schwarzfahrer" hilft eine gerechte Aufgabenverteilung, bei Disziplinlosigkeit wie unentschuldigtem Fehlen eine Ordnungsstrafe, z.B. bei wiederholter Unpünktlichkeit eine Geldstrafe von 1 DM pro Minute in die Gruppenkasse für ein gemeinsames Abschlußfest. Ist solches in den Spielregeln anfangs festgelegt worden, kann diese kleine Strafe nicht als persönliche Verurteilung mißverstanden werden.

Gruppenarbeit funktioniert nie reibungslos. Wenn jedoch bei der Konstituierung die Ziele und die Spielregeln gemeinsam und verbindlich festgelegt wurden, weiß jeder, worauf er sich einläßt. Ebenso kommt es darauf an, daß in Gruppen ab vier Personen Leitungs- sowie Protokollfunktion geregelt werden, damit die Sitzungen organisatorisch vorbereitet werden und festgehalten wird, wer bis wann welche Aufgaben zu erledigen hat. Wenn alle gut vorbereitet in die Sitzung kommen und konzentriert zu Werke gehen, wird jeder seinen Beitrag leisten zur Zielerreichung. Wenn sich alle beteiligen und an einem Strang in die gleiche Richtung ziehen, stimmt die Interaktion, und es kommt durch Erfolgserlebnisse zur Gruppenzufriedenheit und der Ausbildung eines Wir-Gefühls.

Der Ablauf der Gruppenarbeit

Da am Ende der letzten Sitzung Termin, Ort und Ziel der nächsten festgelegt wurden, finden sich die Mitglieder pünktlich und vorbereitet am Treffpunkt ein. Nichtanwesende wurden sofort nach der Sitzung sowohl über deren Verlauf als auch über den neuen Termin unterrichtet. Wer dies jeweils zu erledigen hat, wird abgesprochen und damit nicht dem Zufall überlassen. Wenn es ein (Kurz-)Protokoll gibt, das allen umgehend zugeht, erübrigt sich das ebenso wie ein Einladungsschreiben, wenn aus dem Protokoll die notwendigen Informationen hervorgehen. Außerdem sollte im vorhinein schon klar sein, wer die kommende Sitzung leiten wird und wer mit dem Protokoll „dran" ist.

Die Sitzung beginnt mit einer *Eröffnungsphase*, in der das Protokoll der letzten Sitzung gegebenenfalls korrigiert wird und etwaige Ergänzungen oder Änderungen in der Tagesordnung besprochen und beschlossen werden, z.B., wenn bestimmte Leistungen, die Gruppenmitglieder erbringen wollten, noch nicht erledigt werden konnten. Sodann folgt die *Orientierungsphase*, in der der Sitzungsleiter noch einmal Thema, Sitzungsziel und mögliche Teilziele nennt, damit alle wissen, worauf hingearbeitet werden soll. Sind diese Punkte allen klar, kann dieses Etappe sehr kurz gehalten werden. In der *Informationsphase* wird mündlich, schriftlich oder audio-visuell unterrichtet, z.B. ein Referat gehalten zu dem Kapitel eines Buches oder zu einem Aspekt der gemeinsamen Fragestellung. Erst dann folgt eine *Diskussionsphase,* in der die gegebenen Informationen in bezug auf die Aufgabenstellung diskutiert, Verständnisfragen gestellt und Schwierigkeiten gemeinsam bedacht werden. Es zeigt sich immer wieder, daß anfangs eher Unwichtiges ausgiebig diskutiert und dabei der Zeitaspekt außer acht gelassen wird. Oftmals gerät die Gruppe dadurch zeitlich unter Druck und diskutiert dann wichtigere Fragen nicht ausführlich genug. *Somit sollte das Wichtigere immer den Vorrang haben.* Stehen mehrere Kurzreferate zum gleichen Aspekt an, kann jeder Beitrag einzeln diskutiert oder alle Beiträge gemeinsam vergleichend debattiert werden. Wichtig ist dabei nur, das Sitzungs- bzw. Teilziel nicht aus den Augen zu verlieren. In einer *Evaluierungsphase* vor der Beschlußfassung über das weitere Vorgehen ist es ratsam, festzustellen,

- „ob die Informationen für das Erreichen des Zieles wesentlich sind, ausreichen, aktuell sind,
- ob die Diskussion zu der gewünschten Klarheit geführt hat und
- ob Entschlüsse aufgrund der vorhandenen Informationen gefaßt werden können." (DAHMER/DAHMER 1991, S. 84).

Als Ergebnis von Information, Diskussion und Evaluation müssen in der *Phase der Beschlußfassung* Entscheidungen getroffen werden. Außerdem sollte festgelegt werden, *wie* diese umgesetzt werden bzw. *wer* diese realisiert. Ist solches entschieden, wird der jeweilige Beschluß auf einem Aufgabenzettel oder für das Protokoll schriftlich *fixiert.* Nun folgt ein anderer Tagesordnungspunkt oder die Bearbeitung eines anderen Aspekts in den eben beschriebenen Etappen. Zeit sollte auch sein für eine *Schlußphase,* in der noch einmal der Verlauf der Sitzung und die Fortschritte in bezug auf das Ziel bewertet werden sowie jeder seine Meinung zum Gruppenprozeß sagen kann. Hier ist auch Raum für „Verschiedenes", Unwichtigeres, das dennoch an alle gerichtet ist. Anderes kann unter vier Augen geklärt werden. Zudem sollte die nächste Sitzung vorbesprochen werden hinsichtlich

- Termin und Ort,
- Leitungs- und möglicher Protokollfunktion,
- Themen und Teilzielen.

Der Ablauf der Gruppenarbeit konnte hier lediglich formal-strukturiert dargestellt werden. Gruppenprozesse verlaufen manchmal anders. Damit alle zum Erfolg beitragen können, sollte jeder gut vorbereitet sein. Ebenso ist eine baldige individuelle Nachbereitung erforderlich, damit sich jeder bewußt ist, was er bis zur nächsten Sitzung zu erledigen hat.

Zusammenfassung

Einzelarbeit ist notwendig, insbesondere für das Lesen, das Schreiben sowie das Einprägen von Definitionen und Daten. Konstruktive Zusammenarbeit in der Wissenschaft sollte sich daran orientieren, Fragen beantworten und Probleme lösen zu wollen. Obwohl die Gruppenarbeit langsamer vorankommt als die Einzelarbeit, kann sie intellektuelle, soziale und emotionale Vorzüge haben, wenn die Gruppe „soziales Bummeln“ durch einige Spielregeln ausgleicht. Entscheidend sind realistische Zielsetzungen, eine gute Vorbereitung der Sitzungen und sachbezogene Interaktionen. Dann kommt die Gruppe auch gut voran mit ihrer Arbeit. Ebenso wichtig ist es, daß jeder darauf achtet, daß alle gleich sind in ihren Rechten *und* Pflichten, d.h. keiner sollte die Gruppe dominieren wollen und Aufgaben sollten gerecht verteilt werden. Bei ausgewogener Interaktion und Aufgabenverteilung sowie zuverlässiger Aufgabenerledigung entsteht Zusammenhalt, ein Wir-Gefühl. Falls es dennoch persönliche Schwierigkeiten in der Gruppe gibt, haben diese Vorrang, wobei Kritik sachlich und nicht verletzend vorgetragen wird. Die Akzeptanz anderer als Lernpartner endet allerdings dort, wo nicht die gegenseitige Toleranz aufgebracht wird, miteinander und voneinander lernen zu können. Von den Ergebnissen ist Gruppenarbeit qualitativ nicht immer besser als eine Einzelleistung. Für das *Lernen* überwiegen jedoch die Vorteile, die darin liegen,

- daß die Motivation durch soziale und emotionale Faktoren und
- das Behalten durch Anwendung, Kontrolle und Variation gestärkt werden.
- Darüber hinaus werden das freie Reden und das Argumentieren geübt.

Welche Erfahrungen haben Sie mit der Gruppenarbeit gemacht? Was würden Sie gerne ändern?

Wie ist es um Ihre Geduld, Ihren Führungsanspruch, Ihre Mitarbeit in Gruppensituationen bestellt? Welche Stärken und Schwächen sind Ihnen bewußt?

> 🕮 Wer sich noch ausgiebiger mit der Gruppenarbeit als Arbeitstechnik beschäftigen will, der lese doch bitte das Kapitel „Gruppenarbeit" bei DAHMER/DAHMER (1991, S. 71-91). Die Notwendigkeit, gerade als Studierende einer Sozialwissenschaft das Sich-Äußern, das Kritisieren und Begründen zu lernen, betont JUNNE (vgl. 1993, S. 85-105), der darüber hinaus die Lerngruppenarbeit ausführlich beschreibt und einen Fragebogen zur Selbstanalyse von Arbeitsgruppen entwickelt hat. Wer sich mit der Psychologie sozialer Interaktion beschäftigen möchte, findet dazu einiges in Büchern zur Gruppendynamik oder zur Sozialpsychologie (z.B. FORGAS 1987, S. 244-279).

5 Der häusliche Arbeitsplatz und die Arbeitsmittel

Worum geht es im 5. Kapitel?

Aus der Lernpsychologie wissen wir, daß viele besser lernen können, wenn sie dafür einen (gewohnheitsmäßig) lieb gewordenen (Arbeits-) Platz aufsuchen. Bei anderen spielt dies kaum eine Rolle. Sie können sich an verschiedenen Orten für das Lernen und Arbeiten motivieren. Je nach den individuellen Gegebenheiten wird auch nicht jeder ideale Bedingungen schaffen können, zumal auch einiges für die Bibliothek als Arbeitsplatz spricht. Doch langfristig wird man sich auch „zu Hause" einen Arbeitsplatz schaffen. Hinweise des Kapitels zur Ausstattung desselben sind u.U. hilfreich bei den Überlegungen hinsichtlich einiger Anschaffungen. Im Mittelpunkt steht hierbei die Frage, ob der Kauf eines eigenen PCs sinnvoll ist. Empfehlungen zum Aufbau von Karteien sowie Überlegungen zur Ordnung des gesammelten Materials runden das Kapitel ab.

5.1 Die Ausstattung des eigenen Arbeitsplatzes

Wichtig für die Lernarbeit ist ein geeigneter Arbeitsplatz, bestehend aus

- einem ausreichend großen Schreibtisch (*mindestens* 1 m breit und 60 cm tief, ca. 75 cm hoch),
- einem (höhenverstellbaren Dreh-)Stuhl sowie
- Möbeln für eine geordnete Aufbewahrung von Materialien (Regal, Bücherbord, ...).

Der Arbeitsplatz sollte sich möglichst in einem ruhigen Zimmer befinden, in dem Sie sich wohlfühlen. Ausführliche Tips zur Arbeitsplatzgestaltung finden Sie bei ZIELKE (vgl. 1988, S. 13-20), der besonders betont, daß die wichtigsten Utensilien (Papier, Schreibwerkzeuge), aber auch Nachschlagewerke vom Sitzplatz aus erreichbar sein sollten. – Bei denjenigen, die sich leicht ablenken lassen, sollte der Raum nach Möglichkeit nicht die Gegenstände enthalten, die zur anderweitigen Beschäftigung verführen, wie z.B. ein Fernseher. Der Arbeitsplatz sollte ausgestattet sein mit den zur geistigen Arbeit notwendigen Geräten, Materialien und Büchern. Dazu gehören z.B.:

- Terminkalender und Stundenplan,
- Schreibwerkzeuge incl. Ersatzminen, Tinte usw.,
- Papier (verschiedene Sorten DIN A4, blanco, kariert, Ringbucheinlagen), (selbsthaftende) Notizzettel,
- Radiergummi, Korrekturstift oder -roller, Bleistiftspitzer, Lineal, Schere, Locher,
- Tesafilm, Klebstoff, Heftmaschine nebst passenden Heftklammern, Büroklammern, Gummiringe usw.,
- Ordnungsmittel, wie Aktendeckel, Klarsichthüllen, Prospekthüllen, Schnellhefter, Aktenordner (nebst Trennblättern), Schachteln, Stehsammler, Archivboxen, Ablagekörbe, Hängeregistratur, ..., je nachdem, wie Sie Ihr Material aufbewahren wollen (s. S. 92-95),
- Karteikasten, linierte Karteikarten und alphabetische Leitkarten entsprechenden DIN-Formats (s. S. 92), sofern Sie eine Kartei anlegen wollen,
- Schreibmaschine *oder* Computer (mit Drucker),
- eine *bewegliche* Schreibtisch-/Architektenleuchte,
- Papierkorb und vielleicht eine Pinnwand sowie
- sehr wichtig! – ein *Handapparat,* zumindest bestehend aus
  - einem aktuellen Rechtschreib- und
  - einem Fremdwörterbuch sowie
  - zumindest einem Nachschlagewerk für jedes Ihrer Studienfächer.

Welches Lexikon empfehlenswert ist, dazu befragen Sie am besten Dozentinnen und Dozenten des Fachs. Schauen Sie sich empfohlene Werke jedoch vorher in der Bibliothek bzw. in einer Buchhandlung ausgiebig an, bevor Sie sie kaufen. Und ergänzen Sie Ihren Handapparat hin und wieder, z.B. durch aktuelle Handbücher zu Ihren Fächern oder Sprachwörterbücher. Auch ein neueres mehrbändiges Universallexikon, wie es einige Taschenbuchverlage anbieten, kann eine nutzbringende Anschaffung sein, doch sind *fachbezogene Nachschlagewerke* wichtiger als eine in Leder gebundene „Enzyklopädie". Je nachdem wie groß Ihr Schreibtisch ist, sollte sich vor Ihnen eine größere Freifläche befinden, auf der nur Dinge liegen, die aktuell benötigt werden. Die wichtigsten Utensilien wie Papier, Schreibgeräte usw. sowie der Handapparat sollten einen festen Platz auf Ihrem Schreibtisch haben und so plaziert sein, daß Sie nicht erst lange nach ihnen suchen müssen. Weniger wichtige Materialien können in Schubladen, Schränken oder Regalen aufbewahrt werden. – Für die Arbeit in der Hochschule und den Bibliotheken sollten Sie ein Klemmbrett als Schreibunterlage sowie eine Federmappe besitzen mit nicht zu wertvollem Schreibgerät (Diebstahlgefahr!), so daß Sie nicht immer Ihr Werkzeug vom Schreibtisch ein- und auspacken müssen.

5.1.1 Schreibmaschine oder PC?

Schriftliche Leistungsnachweise (s. Kapitel 10.4) sind – abgesehen von den Klausurarbeiten – maschinenschriftlich abzugeben. Insofern brauchen Sie des öfteren Schreibmaschine oder PC. Wer vor der Wahl steht, sich eine Schreibmaschine oder einen Computer anzuschaffen, sollte sich – sofern das Geld reicht – für einen PC entscheiden. Nicht nur, daß damit Texte leicht zu korrigieren, zu ergänzen und mit anderen schon vorhandenen Texten zu verbinden sind; es ist die Umstellung von ganzen Abschnitten möglich, ohne daß alles noch einmal getippt werden muß. Darüber hinaus kann man ein wenig die Rechtschreibung kontrollieren und Anmerkungen automatisch verwalten lassen, Literaturlisten alphabetisch sortieren, elektronische Karteikästen bzw. Datenbanken füllen, statistische oder inhaltsanalytische Auswertungen vornehmen und vieles mehr. – *Sie kommen während des Studiums auch ohne PC aus.* Doch wer keine Scheu vor dieser Technik hat und das Geld aufbringen kann, sollte sich schon möglichst früh an den Computer gewöhnen, da er auch in sozial- und geisteswissenschaftlichen Fächern als Arbeitsmittel immer mehr an Bedeutung gewinnt (vgl. MOCKER/MOCKER/WERNER 1993). So können Sie sich im PC-Saal Ihrer Hochschule erst einmal mit dieser Technik und ihren Möglichkeiten vertraut machen. Wichtig ist natürlich eine sorgfältige Einarbeitung, die am besten über Kurse erfolgt (Grundkenntnisse zum Betriebssystem, zur Datenein- und ausgabe sowie zur Datensicherung, Kenntnisse zu einzelnen Software-Produkten, mit denen man arbeiten will). Solche Einführungen werden meist auch an den Rechenzentren der Hochschulen angeboten. Gute Anregungen und Hilfestellungen für die Arbeit mit der Software MS-WORD (für DOS/Windows/Macintosh) gibt SESINK (vgl. 1994).

☞ Mittlerweile gibt es auch einige preiswerte Literaturverwaltungsprogramme, d.h. spezielle Datenbankanwendungen zum Aufbau einer eigenen elektronischen Literaturkartei. Das Produkt LITERAT für MS-Windows 3.x und höher beispielsweise ist eine Entwicklung des erziehungswissenschaftlichen Instituts der Heinrich-Heine-Universität Düsseldorf und dort kostenlos erhältlich (Adresse im Internet über die Link-Sammlung: www.fu-berlin.de/ewifis). Wem das Programm gefällt, zahlt eine Spende, damit das Programm weiterentwickelt werden kann. LITERAT erklärt sich weitgehend selbst und erlaubt die Einspielung von Recherche-Ergebnissen aus der CD-ROM „CD Bildung“ (s. S. 285ff.). Von den Systemvoraussetzungen her verlangt es allerdings einen höherwertigen PC (*mindestens* 486er Prozessor, 8 MB Arbeitsspeicher, 10 MB freier Platz auf der Festplatte).

5.2 Vor- und Nachteile des eigenen Arbeitsplatzes

Nun hat der eigene Arbeitsplatz aber nicht nur Vorteile, z.B. im Vergleich zur Arbeit in der Bibliothek (s.a. Kapitel 8). Die wichtigsten Vor- und Nachteile sind in der Abbildung 6 einander gegenübergestellt.

Studierende klagen oft, daß Sie nicht die nötige Ruhe in ihrem Arbeitszimmer finden. Das betrifft einerseits Störungen durch Anrufe, Familienmitglieder oder WG-Mitbewohner, unangemeldeten Besuch, ablenkende Gegenstände in Arbeitsplatznähe, andererseits Beeinträchtigungen durch Musik, durch (Straßen-)Lärm, Unruhe und Gespräche anderer durch Zimmerwände und Fenster, auch in der Nacht. Soweit Störfaktoren sich durch geeignete Maßnahmen abstellen lassen (s. S. 105f.), sollten Sie sich aktiv darum bemühen, denn Ausgeschlafenheit und eine gewisse Ruhe, um sich konzentrieren zu können, ist für die geistige Arbeit erforderlich.

Abbildung 6: **Vor- und Nachteile des eigenen Arbeitsplatzes im Vergleich mit der Arbeit in einer Bibliothek**

eigener Arbeitsplatz	Bibliothek
+ Arbeitsmittel vorhanden + Unterlagen, Hilfsmittel haben ihren festen Platz + es geht keine Zeit verloren mit Überlegungen, was mitgenommen werden muß	+ es stehen Bücher zuhauf zur Verfügung + man ist schwer erreichbar + Ablenkungsmöglichkeiten sind minimiert + die allgemeine Ruhe und konzentrierte Arbeit anderer kann stimulierend wirken
- man ist leicht für andere erreichbar - man ist Ablenkungsversuchungen ausgesetzt - Rhythmus der geistigen Arbeit kann unterbrochen sein, weil wichtige Literatur fehlt und erst besorgt werden muß	- Unterlagen und Arbeitsmittel müssen mitgenommen werden - u.U. nicht unerheblicher Zeitverlust durch Zusammenpacken der Sachen und Fahrwege - Zeiteinteilung ist in gewissem Maße festgelegt durch die Öffnungszeiten der Bibliothek

Viele sind es gewöhnt, mit Hintergrundmusik zu arbeiten. Sie wirkt sich bei monotoner Arbeit wie mechanischen Tätigkeiten, z.B. beim Ordnen und Abheften von Unterlagen, positiv aus, weil sie der Lustlosigkeit und Ermüdung vorbeugt. Auch bei wiederholender geistiger Arbeit und beim Niederschreiben von Texten wirkt Instrumentalmusik des Barock oder von Mozart durchaus leistungssteigernd. Beim Merken, Rechnen und Lesen, insbesondere von schwierigen Texten, ergibt Hintergrundmusik, egal welcher Art, wie auch Straßenlärm und andere Störquellen eine bis zu 25 % geminderte Arbeitsleistung (vgl. HÜLSHOFF/KALDEWEY 1984, S. 105). Insofern sollten Sie bei geistigen Tätigkeiten, die eine starke Konzentration und hohe Aufmerksamkeit erfordern, auf die Beschallung verzichten.

Weitere Störfaktoren sind Beleuchtungsfehler, eine ungeeignete Raumtemperatur oder Zugluft. Ein häufig gemachter Fehler besteht z.B. darin, abends nur im Lichtkegel einer Schreibtischlampe am Arbeitsplatz zu sitzen. Die Dunkelheit des übrigen Zimmers stimmt den Körper schläfriger als eine zusätzliche Beleuchtung des ganzen Raumes. Sorgen Sie auch tagüber für blendfreies, ausreichend helles (doch nicht zu grelles) Licht, falls die Tageshelligkeit nicht ausreicht. Wichtig ist auch, daß Sie sich selbst nicht im Licht sitzen. Insofern sollte die Schreibtischlampe wie eine Architektenleuchte verstellbar sein. – Als geeignete Raumtemperatur haben sich Temperaturen zwischen +18° und 22° Celsius erwiesen. Mit dieser Bandbreite sind nur Anhaltspunkte genannt nach oben und unten; denn wichtiger ist das subjektive Empfinden: daß Sie weder frieren noch aufgrund zu hoher Raumtemperatur vor sich hindämmern statt zu arbeiten. – Ausgesprochen unangenehm ist Zugluft. Versuchen Sie, das Fenster und/oder die Tür hinreichend abzudichten bzw. Ihren Arbeitsplatz zu verlegen. Selbstverständlich soll das Fenster noch zu öffnen sein, um Frischluft für das Gehirn in die „Bude“ zu lassen. Eine Checkliste zur Beurteilung des eigenen Arbeitsplatzes finden Sie bei KUNZ (vgl. 1986, S. 46).

5.3 Karteien als Arbeitsmittel

Die Informationsfülle, die Ihnen während der Arbeit begegnet, übersteigt die Kapazität jedes Gedächtnisses. Deshalb sind wir auf Notizzettel und andere Formen von externen Speichern angewiesen. Wer über einen PC verfügt, kann Texte, Exzerpte, Zitate, Fundstellen oder Literaturhinweise mit Hilfe eines Textverarbeitungs- oder Datenbankprogramms erfassen, abspeichern, wieder suchen, korrigieren und weiterverarbeiten. *Diese Verfahren sind in jedem Fall Karteien als Arbeitsmitteln überlegen, erfordern aber einige Kenntnisse im Umgang mit dem PC sowie sorgfältige Eingabe und Datensicherung, z.B. auf Disketten.* – Da jedoch die wenigsten über einen Laptop verfügen, und es zudem riskant ist, diesen in Bibliotheken mitzunehmen (Gefahr des Diebstahls), soll hier auch das bewährte Arbeiten mit Karteikarten dargestellt werden. Die Anlage von Karteien hat allerdings nur Sinn, wenn Sie wirklich mit ihnen arbeiten, sie ergänzen, pflegen und z.B. Literaturkarteikarten alphabetisch ordnen.

Wenn Karteien als selbsterstellte Arbeitsmittel genutzt werden sollen, erscheint mir der Aufbau einer Literatur- sowie einer Arbeitskartei (= Definitions-/Lernkartei) am sinnvollsten. Für die *Literaturkartei* benötigen Sie linierte weiße Karteikarten mindestens im Format DIN A7, für die *Arbeits-/Lernkartei* ebensolche im Format DIN A6 oder größer. Manche Ratgeberbücher regen an, *verschiedenfarbige Karteikarten* für unterschiedliche Sachgebiete oder Themen zu verwenden. Ich dagegen empfehle farbige *Karteikarten-Reiter* (mit Dorn), die oben auf dem Karteikartenrand an unterschiedlicher Position befestigt werden können, um bestimmte Fachgebiete oder anderes zu signalisieren (z.B. Buch vorbestellen, Literaturangabe vervollständigen, Fachgebiet Soziologie). *Die Vorteile:* Reiter zu verwenden, kann auch noch später begonnen werden, wenn man die Kartei weiterführen will. Die Arbeit mit Karteikartenreitern ist zudem flexibler, weil leichter änderbar als das Abschreiben auf andersfarbige Karteikarten. Zudem kann eine Karteikarte mit mehreren Reitern versehen werden, wenn das dazugehörige Buch beispielsweise für verschiedene Themen interessant ist. Falls Sie mit Reitern arbeiten wollen, legen Sie sich eine Legende an, was die jeweilige Farbe/Form des Reiters signalisieren soll. Zudem brauchen Sie dann einen entsprechenden Vorrat an solchen Karteikartenreitern.

5.3.1 Die Literaturkartei

Auf eine Literaturkarteikarte sollten Sie möglichst vollständig und lesbar immer nur *eine* Literaturangabe schreiben, die Sie in der Bibliothek ermittelt haben bzw. später nachschlagen und ergänzen wollen. Und zwar wie folgt: Auf der Kopfzeile – quasi der Ordnungszeile, wie Sie sie auf Bibliothekskarteikarten finden (s. S. 125) – notieren Sie z.B. den Verfasser „Gudjons, Herbert", und darunter die weiteren bibliographischen Angaben des Werkes. Hinzu kommt bei Literatur, die Ihnen nicht gehört, ein Standortnachweis („besitzt Peter") bzw. die Signatur des Bandes, falls Sie eine solche für „Ihre" Bibliothek ermitteln konnten (vgl. Abbildung 7).

Abbildung 7: **Muster für eine Literaturkarteikarte**

Gudjons, Herbert	1995	EWI-Bib.: PA 0100/587/4. A.
Pädagogisches Grundwissen.		
Überblick – Kompendium – Studienbuch.		
4., überarb. und erweit. Auflage.		
Bad Heilbrunn : Klinkhardt 1995.		

Die Rückseite der Karteikarte können Sie für Stichpunkte aus dem Inhaltsverzeichnis oder persönliche Bemerkungen zu dieser Literatur verwenden. Die Karteikarten sollten in einem ausreichend langen Karteikasten mit Hilfe von alphabetischen Leitkarten geordnet werden. Für die Bibliotheksarbeit lohnt sich zudem die Anschaffung eines kurzen Karteikastens, den Sie dorthin mitnehmen können.

5.3.2 Die Arbeits- und Lernkartei

Ich halte auch eine Arbeits-/Lernkartei für wichtig, die auf Karteikarten mindestens vom Format DIN A6 geführt werden sollte. Zweckmäßig ist die *Lernkartei* für

- Vokabeln oder Fachtermini in Fremdsprachen
- Termini samt Definitionen
- kurze Zitate
- Formeln
- Regeln
- Daten (geschichtliche und andere)
- biographische Angaben
- Gesetze und Vorschriften.

Die Beschriftung wird folgendermaßen vorgenommen: Notieren Sie z.B. wichtige Definitionen oder andere Zitate, die Sie für die inhaltliche Weiterarbeit benötigen bzw. sich einprägen wollen (mit Belegkurzangabe, z.B.: „M. Weber 1972, S. 13") auf der Fläche unterhalb des dickeren Strichs. In die Kopfzeile darüber kommt ein Schlag- oder Stichwort, seine eventuelle Präzisierung oder Einschränkung sowie – falls Sie mit einer Karte nicht auskommen – eine Numerierung (*Beispiel:* „Handlungssysteme [Aufbau von -n] [Luhmann 1987] [1]"). Wenn Sie Ihre Kartei vielleicht einmal als Lernkartei einsetzen wollen, beschriften Sie nur die Vorderseite der Karte. Wenn Sie sie dann tatsächlich als Lernkartei benutzen wollen, schreiben Sie auf die Kopfzeile der Rückseite noch einmal das Stichwort der vorderseitigen *Kopfzeile.* So können Sie nun von der Vorderseite z.B. Definitionen auswendig lernen und anschließend von der Rückseite aus ihr Wissen prüfen und durch anschließendes Umdrehen der Karte kontrollieren.

Abbildung 8: **Vorderseite einer Karteikarte aus der Lern-/Arbeitskartei**

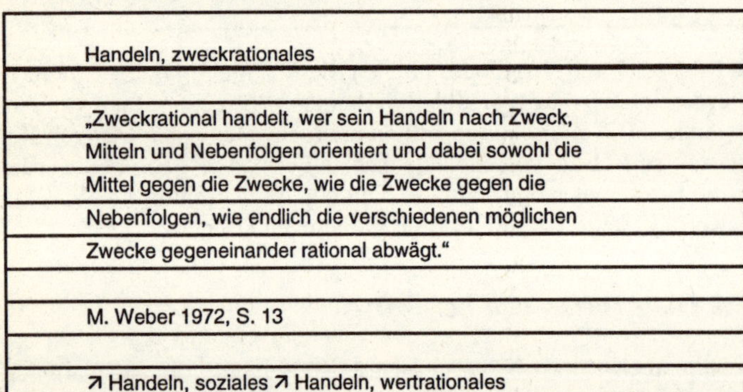

Zu dieser Karteikarte gehört eine Literaturkarteikarte, die die vollständige Literaturangabe zu dem Zitat ergänzt. Ist Ihnen die Anlage einer eigenen Literaturkarteikarte zu aufwendig, müssen die bibliographischen Mindestangaben (s. S. 222ff.) mit auf die Lernkarte geschrieben werden. Wollen Sie die Karte für Lernzwecke verwenden, wiederholen Sie auf der Rückseite die Kopfzeile „Handeln, zweckrationales". Abbildung 9 zeigt für die Phase des Einübens und Kontrollierens den Weg solcher Lernkarten in einem Karteikasten.

Abbildung 9: **Weg der Lernkarten in einer Lernkartei**

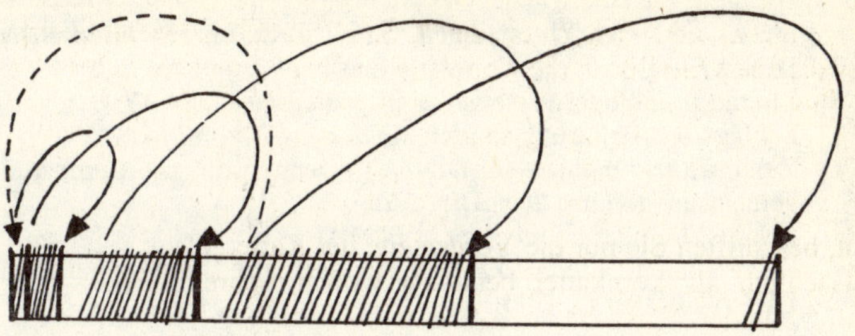

Dies ist der Wander-Weg einer gemerkten (→) und einer vergessenenen (← - - -) Definition.

(Quelle: LEITNER 1995, S. 71)

Der Aufbau einer Lernkartei auf dem PC gestaltet sich einfacher, weil Sie nach einer bestimmten Buchstabenfolge suchen können (String-Recherche) und das entsprechende Stichwort, so es sich denn in dieser Schreibweise auf dem Speichermedium (Festplatte, Diskette) befindet, (vielleicht mehrfach) gefunden wird. Ein dazugehöriger Text kann so leicht aufgespürt und in eine neue Datei kopiert werden. So muß die bibliographische Angabe nur einmal erfaßt werden und kann den entsprechenden Zitaten (mit der jeweils dazugehörigen Seitenzahl) hinzukopiert werden. Bei einer konventionellen Kartei dagegen ist eine lesbare Beschriftung per Hand erforderlich. Da kaum einer Lust hat, für die verschiedenen Schlüsselwörter, die in einer Definition auftauchen, jeweils eine neue Karteikarte anzulegen und den Text noch einmal abzuschreiben, wird die Karteikarte nur unter einem Schlag- bzw. Stichwort an einer Stelle des Kastens einsortiert. Wird diese Karte gesucht und die genaue Kopfzeile nicht erinnert, beginnt eine u.U. langwierige Sucherei, zumal dann, wenn die Kartei auch als Lernkartei genutzt wird und deshalb nicht alphabetisch sortiert ist. Insofern ist eine ordentliche Datenbank oder Textdatei jeder Kartei überlegen.

Textdatei und Karteien sind auch parallel nutzbar, indem in den PC eingegebene Texte entweder auf Karteikarten direkt ausgedruckt oder entsprechend formatierte Papierausdrucke auf Karteikarten geklebt werden.

Empfehlungen für verschiedene Karteien und entsprechende Karteikarten-Größen

- Ideen- und/oder Zu-erledigen-Kartei, Zettelkasten: *mindestens* DIN A7
- Literatur- und/oder Personenkartei: *mindestens* DIN A7
- Schlagwort-/Fundstellenkartei: *mindestens* DIN A7 (s. S. 252)
- Zitatenkartei: *mindestens* DIN A7 (wenn nicht mit Lernkartei gemeinsam geführt, dann DIN A6)
- Arbeits-/Lernkartei: *mindestens* DIN A6
- Exzerptkartei: *mindestens* DIN A5 oder auf DIN A6 gefaltete DIN-A4-Blätter (s. 171)

5.4 Die eigene Informationssammlung – Wie ordnen?

Als erstes stellt sich die Frage, was für Material Sie zusammentragen. Das wird in erster Linie schriftliches sein, doch manche sammeln und archivieren zusätzlich Disketten, Videomaterial, Fotos oder anderes. Handelt es sich um elektronische Medien, so ist sicherzustellen, daß diese vor Staub geschützt und nicht in der Nähe von elektrischen Störfeldern aufbewahrt werden, wie sie beispielsweise Transformatoren (in Netzteilen von PCs, Halogenleuchten etc.) bilden. Darüber hinaus ist es zweckmäßig, solche Materialien eindeutig zu beschriften und bei wichtigem Material den Löschschutz zu aktivieren. Negative sollten ebenfalls vor Staub geschützt archiviert werden. Fotos bewahren Sie am besten in Schachteln auf, damit sie nicht zerknicken. Mit einem speziellen, im Fotohandel erhältlichen Stift sollten Sie auf der Rückseite jeder Abbildung Angaben zu dem Bild festhalten (ungefähres Aufnahmedatum, Ort, abgebildete Personen, Negativnummer und evtl. Aufbewahrungsort des dazugehörigen Negativs).

Bei schriftlichem Material hängt vieles davon ab, für welche Form der *Ablage* Sie sich entscheiden. Für eine Aufbewahrung gibt es liegende, stehende und hängende Ablagesysteme. Die *liegende* Lagerung in Schnellheftern, Aktendeckeln, Mappen oder Schachteln ist zwar eine relativ billige Lösung, mit wachsender Zunahme der Ablage verschlechtert sich allerdings der Zugriff. Wenn Sie sich für diese (Zwischen-)Lösung entscheiden, werden Sie sicherlich des öfteren aufwendig nach etwas suchen müssen. – Die üblicherweise auch Studierenden empfohlende *stehende Aufbewahrung* in Aktenordnern ist dem vorzuziehen. Es müssen keine teureren farbigen Ordner sein, doch auf eine stabile Hebelmechanik und seitliche (sog. Raumspar-)Schlitze sollten Sie achten, weil nur diese Ordner auch mit vollem Inhalt stehenbleiben und nicht zur Seite kippen. In den Ordnern selbst kann man gut mit Inhaltsverzeichnissen und *Trennblättern* für Übersichtlichkeit sorgen. Natürlich sollten die Rückenschilder akkurat beschriftet sein, damit man schon von außen weiß, welcher Inhalt sich in dem Aktenordner befindet. Ändert sich der Inhalt durch Umsortierung, sollte die Inhaltsangabe auf dem Rückenschild korrigiert werden. Hierfür gibt es im Handel neu aufklebbare Rückenschilder. Neben den Aktenordnern sind *Stehsammler* erhältlich, die allerdings eher für die Aufbewahrung von dickeren Zeitschriftenheften geeignet sind. Ist der Stehsammler nicht prall gefüllt, sinken dünnere Materialien in sich zusammen, so daß die Gefahr besteht, daß sie bei der Ablage weiterer Papiere zerknickt werden. *Hängende* Systeme wie die Hänge- oder Pendelregistratur sind dagegen sehr gut geeignet, weil leicht umsortierbar. Darüber hinaus können weitere Akten dazwischengehängt werden. Hänge- oder Pendelmappen eignen sich besonders gut für die dynamische Projektablage (s. S. 253). Allerdings ist ein solches System teuer und platzaufwendig.

Nachdem nun die verschiedenen Möglichkeiten der Archivierung mit ihren Vor- und Nachteilen dargestellt wurden, gilt es, die viel wichtigere Frage zu beantworten: Welches ist die für das Studium zweckmäßigste Ordnung in den Aufbewahrungssystemen? – Leider ist auch diese Frage nicht pauschal beantwortbar. Es kommt nicht nur auf die Materialien und deren Menge an, sondern auch auf die mögliche Unterstützung des Ablagesystems durch ein *Verweissystem* per Kartei oder Datenbank. Und nicht zuletzt sollte der Zweck berücksichtigt werden, auf den hin das Material geordnet werden soll. So kann es sein, daß Materialien manchmal umsortiert werden müssen.

Für den Anfang des Studiums ist es sicherlich noch sinnvoll, die schriftlichen Unterlagen wie Fotokopien, Mitschriften oder Nachbereitungen zu jeweils *einer* hochschulischen Veranstaltung in je einem Schnellhefter oder dünneren Ringordner *chronologisch* abzuheften. Ist kein Platz mehr vorhanden bzw. das Semester vorbei, so können diese Unterlagen mit Inhaltsverzeichnissen und Trennblättern in dickeren Aktenordnern abgelegt werden. Wenn Sie schon zu Studienbeginn weiterdenken, werden Sie Ihre Exzerpte und die fotokopierten Texte in einem Verweissystem unter inhaltlichen Gesichtspunkten erfassen, beispielsweise für jeden fotokopierten Text eine Literaturkarteikarte oder einen Datenbankeintrag anlegen mit Hinweisen zum Inhalt und zu dem Aufbewahrungsort des dazugehörigen Dokuments. Auf einer Literaturkarteikarte oder in einem Datenfeld Ihrer entsprechenden Datenbank stünde dann z.B. folgender Hinweis: „T + E in: WS 97/98 „Einf. i. d. Soziol.“, was soviel heißen soll wie: „Der Text und das dazugehörige Exzerpt befinden sich in den Seminarunterlagen des Wintersemesters 1997/98 zur Veranstaltung ‚Einführung in die Soziologie‘ “. Wenn man kein Verweissystem aufbaut, wird man mit zunehmender Studienzeit vergessen, welch wertvolle Texte sich bereits in den eigenen Unterlagen befinden. Dies gilt auch für die sog. Sammelwerke (Bücher mit mehreren Beiträgen verschiedener Autoren). An solche Aufsätze kann man sich nach einiger Zeit nicht mehr genau erinnern, wenn Sie keine eigene Literaturkarteikarte anlegen.

Insofern kommt einmal der Tag, besonders zum Zeitpunkt von Prüfungsvorbereitungen und bei der Durchführung eines größeren schriftlichen Projekts wie der Studienabschlußarbeit, daß in einem besonderen Maß auf die eigene Ablage zurückgegriffen wird und vielleicht auch Änderungen an Ihrer Ablage vorgenommen werden müssen. Entweder werden nur die Unterlagen herausgezogen, die noch inhaltlich für die Bearbeitung der Prüfungsthemen wichtig sind und den Themen und deren Gliederung entsprechend neu geordnet. Hierzu sind auch Hängemappen oder Pultordner gut geeignet (s. S. 253). Oder Sie wählen – *in Verbindung mit einem Verweissystem auf Karteikarten oder PC* – ein *allgemeineres* Ordnungssystem wie das nach fortlaufenden Nummern (Numerus currens), das sich eher empfiehlt als eine Aktenordnung nach Autorenalphabet oder thematischen Bezügen. Bei den beiden letzteren Ordnungsmöglichkeiten hätten Sie laufend Texte dazwischenzusortieren, so daß Sie ständig größere Ablagemengen in andere Ordner umheften müßten. Für ein themenorientiertes System wäre eine Hängeregistratur angebracht (eine allerdings ziemlich teure Lösung). Bei der Ablage nach Ordnungsnummern in Aktenordnern werden dagegen die Materialien (fotokopierte Texte, Exzerpte etc.) durchnumeriert und nach ihrer Nummer fortlaufend abgeheftet. Jeder Ordner kann soweit gefüllt werden, daß er sich noch gut schließen läßt. Die Sammlung wächst immer nur in einen weiteren Ordner hinein. Bei der Beschäftigung mit einem Thema lassen sich die dazu relevanten Texte aus den Ordnern suchen, für die Zwischenzeit gut nach thematischen Gliederungskritierien bei der Arbeit heranziehen und später wieder leicht zurücksortieren. Dieses Verfahren macht allerdings nur Sinn, wenn Sie das dazugehörige Verweissystem auf Karteikarten oder mit Hilfe der EDV angelegt haben. Das Verweissystem sollte nicht nur auf die Ablage referieren, sondern zu den thematischen Aspekten etwas aussagen und auch den Inhalt bewerten, durch Aussagen aus Rezensionen oder Erfahrungen bei der eigenen Lektüre. Haben Sie auf den fotokopierten Texten die genauen bibliographischen Angaben, sollten Sie mit der Verweiskarte nicht zu großen formalen Aufwand betreiben, denn hat eine Aufsatzkopie mehrere inhaltliche Schwerpunkte, so müßte für jeden Aspekt eine Karte angelegt werden bzw. auf der schon vorhandenen Karte die Ordnungsnummer notiert werden. Beim Einsatz einer Datenbank ist es allerdings ein besonderer Vorteil, möglichst viele Angaben elektronisch abzuspeichern, weil diese sämtlich als Suchmöglichkeiten genutzt werden können. Darüber hinaus lassen sich später Literaturverzeichnisse zu eigenen Texten zusammenstellen und ausdrucken.

Zusammenfassung

Zur effektiven Studienarbeit gehören neben einem häuslichen Arbeitsplatz mit seiner beschriebenen Ausstattung an Geräten und Arbeitsmitteln auch Überlegungen zur Anlage von Daten- und Materialsammlungen. Das Ordnungssystem muß dem Zweck entsprechen und so angelegt sein, daß der Aufwand dafür einerseits nicht zu groß wird, andererseits soviel formale und tätsächliche Ordnung herrscht, daß wichtige Unterlagen schnell und zielsicher gefunden werden. Insofern sollten Sie sich schon einige Gedanken machen zur Ablage und einem eventuell aufzubauenden Verweissystem. Welche besonderen Möglichkeiten und Vorteile hierbei der Computer bietet, wurde erläutert. Doch vergessen Sie bei seinem Einsatz niemals die Datensicherung, denn durch Fehlbedienung, Computerviren oder Festplattencrash können wichtige Dateien zerstört werden. Wenn Sie keine Datensicherung vorgenommen haben, war Ihre Mühe umsonst.

🕮 Gute Tips zur Gestaltung des häuslichen Arbeitsplatzes und zum Einsatz von Karteien enthält das „Handbuch der Lern-, Denk- und Arbeitstechniken“ (ZIELKE 1988). Wer mehr über den Einsatz des Computers im Studium wissen möchte, greife zum Buch „PC-Einsatz in den Geisteswissenschaften“ (MOCKER/MOCKER/WERNER 1993).

6 (Zeit-)Planung und effizientes Arbeiten

Worum geht es im 6. Kapitel?

Studierende erhalten keine Rückmeldungen zu ihrer Arbeits*effizienz*, ganz selten welche zu ihren Arbeits*ergebnissen.* Außerdem besteht Unsicherheit, wieviel Zeit für das Studieren aufgewendet werden sollte. Deshalb müssen Sie selbst Ihre Leistungsfähigkeit und Arbeitsqualität beurteilen lernen. Wer seine Arbeitsfähigkeit genauer einschätzen will, ohne sich zu betrügen, kann durch Zeitprotokolle herausfinden, wieviel Zeit er für welchen Typ von Arbeit benötigt. Wer dies weiß, kann besser abschätzen, wann er mit welchen Arbeiten zu beginnen hat. Entscheidend ist es, Prioritäten setzen zu lernen und Zielsetzungen für das Studium zu formulieren, wobei zwischen Minimal- und Zusatzprogramm unterschieden werden sollte.

Nach aller Planung kommt die Umsetzung der Pläne in konkrete Arbeitsschritte und Handlungen. Manche haben schon Probleme mit dem Anfangen, andere mit dem Durchhalten. Auch von der mangelnden Trennung von Arbeitsplatz und häuslichem Bereich gehen einige Ablenkungs- und Störungsrisiken aus. Wir kennen im allgemeinen unsere Arbeitsvermeidungsstrategien, an denen sich jedoch durchaus etwas ändern ließe.

6.1 Planen lernen

Ein Problem vieler ist die Planung, besonders eine effiziente *Zeit*planung. Die Freiheiten des Studierens, darunter die der freieren Zeiteinteilung, sind etwas, wovon Arbeitnehmer nur träumen können. Letztere müssen meist unter Zeitdruck mit den Arbeiten fertig werden, die ihr Chef von ihnen erwartet. Dozenten dagegen können schlecht abschätzen, welcher Zeitaufwand sich hinter welcher Leistung einer Studentin oder eines Studenten verbirgt. So erhalten Studierende in den seltensten Fällen eine Rückmeldung zu ihrer Arbeits*effizienz*, allenfalls – und dies auch zu selten – zu ihren schriftlichen wie mündlich referierten Arbeits*ergebnissen.* Während „Gehaltsempfänger" für eine bestimmte Zeit ihre Arbeitskraft an ihrem meist außerhäuslichen Arbeitsplatz einsetzen und dann zu Hause ausspannen, gibt es für Studierende und Wissenschaftler keine so strikte Trennung von Arbeit und Freizeit. Das hat zur Folge, daß man nie so recht abschätzen kann, wann man eigentlich genug gearbeitet hat. Orientieren Sie sich eher an der 35-Stundenwoche der Metallarbeiter oder an der 80-Stundenwoche so manches Selbständigen? Das muß jede(r) für sich entscheiden. Für effizient Arbeitende können 40 Wochenstunden Studienarbeit durchaus ausreichen, für Menschen mit Konzentrations- und Motivationsproblemen nicht. Manche müssen nebenher noch jobben, was die Studienzeit verlängern dürfte. Andererseits kann man sich auch in solch einer Situation sehr genau vornehmen, wann man mit dem Studium fertig sein will.

Wie so manches im Leben seine Vor- und Nachteile hat, ist nachzuvollziehen, daß *der Zeitdruck wächst, je weniger Zeit man für eine Arbeit aufwenden will.* Schnelleres Lesen z.B. kann wirklich die Konzentrationsfähigkeit verbessern. Auf der anderen Seite prüft man vielleicht einiges dabei nicht so genau nach. Schnelleres Arbeiten wird möglicherweise Hast und Ungeduld fördern sowie Streß auslösen, der Lern- und Denkblockaden verursachen und in vorzeitiger Erschöpfung enden kann. Neu Gelerntes könnte durch Überlagerung mit weiteren Informationen beeinträchtigt sein, wenn keine Pausen eingelegt werden (s. Seite 64) und keine Mußezeiten bleiben. Deshalb ist es manchmal besser, täglich eine kürzere Zeit an einem Thema zu arbeiten als die Arbeit „auf den letzten Drücker" mit Überstunden abzuschließen.

> ! Abgesehen davon, daß die Leistungsfähigkeit – nicht nur an der Zeit gemessen – individuell variiert, sondern – davon unabhängig – auch hinsichtlich der Ergebnisqualität, scheint mir wichtig, sich selbst nicht darüber hinwegzutäuschen, *wann man studiert und wann nicht.*

Hierzu können Sie für einen längeren Zeitraum (10 oder 20 Tage rechnen sich leichter) Ihren Tagesablauf protokollieren, indem Sie sich für jede der 24 Stunden eines Tages aufschreiben, wo Ihre (Lebens-)Zeit geblieben ist. Nach Addition der einzelnen Zeitanteile werden diese – nach Tätigkeiten getrennt – in folgenden Erhebungsbogen eingetragen (vgl. Abbildung 10). So können Sie selbst feststellen, wieviel Zeit Sie tatsächlich im Durchschnitt arbeiten. Wenn Sie mit Ihrer Zeitökonomie unzufrieden sind, sollten Sie überlegen, was sich ändern ließe.

Abbildung 10: **Auswertungsbogen für ein zehntägiges Zeitprotokoll**

Klassifikation	Tätigkeiten wie	Mo.	Di.	Mi.	Do.	Fr.	Sa.	So.	Mo.	Di.	Mi.	Σ	Ø
I.1	Vorlesung, Seminar, Übung, Praktikum												
I.2	Selbststudium, Vor- und Nachbereitung, Lesen, Schreiben												
I.3	Bibliotheksarbeit, Recherche												
II.1	Erwerbstätigkeit												
III.1	Wegezeiten												
IV.1	Schlafen												
IV.2	Haushaltstätigkeiten, z. B. Kochen												
IV.3	Körperpflege												
V.1	TV, Radio, Phono, Kino, Theater, Privatlektüre, ‚Gammeln'												
V.2	Spaziergänge, Gymnastik, Sport												
V.3	Hobby, z. B. Musizieren												
V.4	Geselligkeit, Gespräch												
VI.1	Restkategorie, z. B. Arztbesuch, Behördengang etc.												

Rechnen Sie auch einmal aus, wieviel Stunden Sie mit anderen Menschen zusammen verbringen und wieviele alleine. Sehen Sie darin ein Mißverhältnis? Hätten Sie gerne mehr Kontakt zu anderen? Wie läßt sich dieser herstellen?

Ein anderes Problem besteht darin, daß wir in unserem Biorhythmus leistungsstärkere und leistungsschwächere Zeiten haben. Am besten verordnet man sich selbst für wichtige Arbeiten regelmäßige feste Arbeitszeiten, möglichst zu den Zeiten, zu denen man am leistungsfähigsten ist. Das Abheften von Protokollen und Fotokopien sollten Sie nicht zu Ihren leistungsstärksten Zeiten vornehmen, sondern nach dem Essen oder wenn sich Müdigkeit einstellt. Wichtig ist allerdings eine Mischung der Tätigkeiten, um Monotonie zu vermeiden; also nicht laufend nur zu lesen, sondern zwischendurch sich Wesentliches herauszuschreiben und zu vergegenwärtigen, indem Sie vielleicht anderen das Gelesene erzählen oder es sich selbst in Erinnerung rufen sowie in Zweifelsfällen die entsprechenden Passagen noch einmal nachlesen.

Andere Probleme bestehen darin, daß manche Menschen Mühe haben,

- sofort mit der wirklichen Arbeit zu beginnen,
- dabei planvoll vorzugehen,
- sich nicht zuviel auf einmal vorzunehmen,
- konzentriert und motiviert bei der Sache zu bleiben und
- Arbeiten bis zu einem (vorläufigen) Resultat zu bringen.

Über Gewohnheiten, vor der eigentlichen Arbeit noch alles mögliche andere zu erledigen (Blumen gießen, Freundin anrufen, ...) stand schon einiges im dritten Kapitel über das Lernen. Jede(r) kennt solche Arbeitsvermeidungsstrategien und fast jede(r) braucht eine kurze Anlaufzeit. Wenn Sie jedoch durch Ihre Zeitprotokolle festgestellt haben, daß Sie länger als eine Viertelstunde benötigen, bis Sie wirklich mit der eigentlichen Arbeit beginnen, sollten Sie versuchen, sich solche „Marotten" abzugewöhnen – mit guten Vorsätzen oder dem Belohnungskonzept (s. S. 67f.).

Da Sie sich, wenn Sie sich nicht treiben lassen wollen, immer entscheiden müssen, ob Sie das eine *oder* das andere tun wollen, sollten Sie *Prioritäten setzen und planen lernen.* Für ein planvolles Vorgehen müssen Sie unterscheiden lernen

- zwischen Wesentlichem und Unwesentlichem sowie
- zwischen Dringlichem und weniger Dringlichem.

☞ Ausgangsfragen jeder Planung sind:

- Was will ich?/Was soll ich tun? – also Fragen der selbst- bzw. fremdbestimmten *Zielsetzung,*
- Wie gehe ich vor? – die Frage nach den einzelnen *Arbeitsschritten,* und dann
- Wieviel Zeit habe ich? Wann mache ich es? – die Fragen, die den *Zeitplan* betreffen.

Fragen Sie sich: Was ist von der Sache her wichtiger, was unwichtiger, was völlig nebensächlich? Was muß bis wann fertiggestellt sein? Welche Teilschritte sind dazu vorher nötig? Es geht darum, die diversen Tätigkeiten in eine sinnvolle Reihenfolge zu bringen, also methodisch und systematisch vorzugehen. Bevor Sie Ihr Referat schreiben können, muß relevante Literatur gesucht, gefunden und gelesen sein.

Wichtig ist, daß Sie Ihre Leistungsfähigkeit einschätzen lernen und sich von der Zielsetzung her *nur das zumuten, was realistischerweise zu schaffen ist.* Dazu brauchen Sie eine Einschätzung Ihrer Leistungsfähigkeit, die durch Zeitanalysen bestimmter Tätigkeiten fundiert ist („Für das erste Lesen von 10 Seiten mittelschwerem Text benötige ich ca. 30 Minuten." – „Pro Stunde tippe ich etwa 42 Datenbankeinträge in den PC."). Eine *realistische* Planung intensiviert das Arbeiten und Lernen, schafft Erfolgserlebnisse und verhindert Streß, auch bei auftretenden Schwierigkeiten. *Unrealistische* Ansprüche dagegen führen zur Demotivation, zu Selbstvorwürfen und vielleicht zur Resignation.

Manchmal hilft schon eine planerische *Unterteilung in ein Minimal- und ein Zusatzprogramm.* Diese Zielsetzungen sollten sie für einen lang-, mittel- und kurzfristigen Zeitraum aufstellen, also z.B. eine *langfristige Studienplanung* bis zur Zwischenprüfung oder – im Hauptstudium – bis zum Studienabschluß, eine *mittelfristige Semesterplanung* und eine *kurzfristige Monatsplanung.* In Abbildung 11 finden Sie eine von SCHRÄDER-NAEF (1994, S. 150-152) vorgeschlagene und von mir modifizierte Checkliste für die langfristige Studienplanung. Deren Grundschema ist einfach auf kürzere Zeiträume übertragbar.

Abbildung 11: **Checkliste für eine langfristigere Studienplanung**

- Welche Fernziele strebe ich an?
- Welche Etappenziele führen zu diesem Fernziel?
- Welche Scheine müssen erworben, welche Prüfungen müssen bestanden werden, da sie die Voraussetzung für das weitere Studium darstellen?
- Welche Bücher und Unterlagen müssen besorgt/angeschafft werden?

Minimalprogramm
Bis zum ...., will ich folgende (Teil-)Ziele erreichen:

Aneignen folgender Kenntnisse:

Durcharbeiten folgender Literatur:

Abgabe folgender Referate/Bestehen folgender Prüfungen:

Zusatzprogramm
Falls nichts dazwischenkommt, möchte ich gerne auch folgende Pläne verwirklichen:

Kontrolle (nach dem abgelaufenen Zeitraum auszufüllen)

Von den angestrebten (Teil-)Zielen habe ich erreicht:

Nicht erreicht:

Gründe für den Erfolg/Mißerfolg:

Neue Vorsätze:

! Planen Sie unbedingt Zeitpuffer ein für Unvorhersehbares (ca. ein Drittel der Zeit)! Und geben Sie sich selbst nach dem abgelaufenen Zeitraum ehrlich Rechenschaft, welche Ziele Sie erreicht bzw. nicht erreicht haben. Wenn Sie vieles nicht geschafft haben, kann dies an einer zu unrealistischen Planung liegen.

Die Wochen- und Tagesplanung in Ihrem *Terminkalender* sollte die mittel- bis kurzfristigen Zielsetzungen in eine *konkrete Arbeitsplanung* umsetzen. Feste Termine, wie z.B. die der zu besuchenden Lehrveranstaltungen, werden dort eingetragen. Von Vorteil ist es, wenn Ihr Stundenplan so gestaltet ist, daß die von Ihnen besuchten Veranstaltungen Blöcke in Ihrem Plan bilden. Wer in der Mensa mittags essen möchte, um nicht kochen zu müssen, sollte sich Seminare aussuchen, die damit zeitlich zu kombinieren sind. Neben den notwendigen Erholungs- und Essenspausen sollten Sie jedoch Wartezeiten bis zum Beginn der nächsten Veranstaltung nutzen, z.B. in der Bibliothek mit Recherchen oder mit Vor- bzw. Nachbereitungsarbeiten zu den Seminaren. Hat Ihr Zeitplan für den einzelnen Tag eine Lücke zwischen zwei Veranstaltungen, dann sollten Sie sich in Ihren Terminkalender eintragen, wie Sie diese Zeit zu nutzen gedenken. Hilfreich hierzu ist eine vorher angefertige Prioritätenliste, in neudeutsch auch „To-do-Liste" genannt (vgl. Abbildung 12).

Entscheidend ist nicht nur die Sammlung der einzelne Dinge, die zu erledigen sind, sondern deren Einstufung nach Wichtigkeit und Dringlichkeit: In einem ersten Schritt wird erst einmal aufgelistet, was alles zu erledigen ist. Wenn Sie Monats- und Wochenpläne angelegt haben, dann gehen aus ihnen auch schon eine Reihe von Aufgaben hervor. Darüber hinaus gibt es aber auch Unvorhergesehenes, das in den Tagesplan integriert werden muß. *Erst danach* wird festgelegt, welche Aufgaben Vorrang vor anderen haben, indem man sich die erste Gruppe der dringlichen Aufgaben anschaut, die wichtigste von ihnen mit einer 1 versieht, die zweitwichtigste mit einer 2 usf. Nun werden die Arbeiten i.d.R. in dieser Reihenfolge in Angriff genommen. Es kann allerdings auch der Fall eintreten, daß eine Zeitlücke für eine dringliche Arbeit mit hoher Priorität zeitlich nicht ausreicht. Dann wird eine andere Aufgabe vorgezogen, die in dieser Zwischenzeit bequem erledigt werden kann. Abends sollten Sie jedoch die erledigten Aufgaben des Tages abhaken und eine dezidierte Planung für den nächsten Tag vornehmen, wobei Unerledigtes in die neue „To-do-Liste" übernommen wird, Sie erneut Prioritäten setzen und wieder zwischen Minimal- und Zusatzprogramm differenzieren sollten. Mit der Zeit werden Sie nicht nur eine größere Arbeitseffizienz erreichen, sondern Sie werden auch besser einschätzen lernen, *wieviel Zeit Sie für welchen Typ von Arbeit benötigen,* so daß Sie sich einerseits fordern, sich aber andererseits nicht mehr überfordern.

Abbildung 12: **Muster für eine To-do-Liste**

Priorität (1 - 10)	dringlich zu erledigen:	Termin:
Priorität (11 - 20)	weniger dringlich (zu erledigen, wenn nichts dazwischen kommt):	

Planen Sie Ihre Aktivitäten oder lassen Sie sich treiben? Legen Sie Aufgaben und Ziele mit Erledigungsterminen schriftlich fest oder drücken Sie sich vor solchen Festlegungen? Erstellen Sie Prioritätenlisten? Beinhalten Ihre Zeitpläne Spielräume für Unvorhersehbares?

6.2 Der Umgang mit Arbeitsvermeidungsstrategien und Störungen

Neben dem schon angesprochenen Problem, nicht sofort mit der Arbeit beginnen zu können, kennen viele auch das Sich-Verzetteln und die „Aufschieberitis“. Manche wollen einfach zuviel auf einmal, fangen mit einer Aufgabe an, brechen sie nach einiger Zeit wieder ab, beginnen mit der nächsten usw. Die einen werden zum Schluß immer hektischer, was zu Denk- und Lernblockaden führt, andere stecken den Kopf in den Sand, schieben einen Berg von Aufgaben vor sich her und finden vielfältige Gründe und Entschuldigungen, warum bestimmte Arbeiten noch nicht erledigt werden konnten. Etliche meinen auch, daß Sie den (Termin-)Druck brauchen, um schwierige Aufgaben zu bewältigen. Daß hierunter, durch die Gefahr des Sich-Verzettelns, durch Hast und Druck, die Arbeitsergebnisse qualitativ leiden, ist ihnen meist nicht bewußt. – Oft hapert es bei solchen desorganisierten Menschen an einer Zeitplanung, fehlt eine Konzentration auf das Dringliche und das Wesentliche. Dahinter kann sich allerdings auch eine Angst vor Fehlern oder vor Problemsituationen verbergen. Diejenigen, auf die letzteres zutrifft, sollten versuchen,

- sich zumindest an eine grobe Zeitplanung zu gewöhnen,
- Prioritätenlisten anzulegen mit der Unterscheidung von Minimal- und Zusatzprogramm sowie
- Unangenehmes nicht mehr vor sich herzuschieben, sondern mit dem gleichen Erfindungsreichtum zu bewältigen, den sie sonst für das Aufschieben verwendet haben.

Zur „Angst vor Fehlern" ist nur eines zu sagen: Wir machen alle welche; wichtig ist nur, daß wir aus ihnen lernen. Obwohl für Wissenschaft eine hohe Präzision erforderlich ist, sind ein zu großer Perfektionismus und Pedanterie Eigenschaften, die einen daran hindern können, mit Arbeiten fertig zu werden. Andere wiederum fangen gar nicht erst an, weil sie u.U. einen zu hohen Selbstanspruch haben (s. Seite 182).

Manche haben Schwierigkeiten, die eigenen Ansprüche und die Erwartungen der Dozentinnen und Dozenten zu bewältigen. Wer hat die Zeit, all die geforderten Texte zu lesen, Exzerpte zu verfassen sowie dies und das zu prüfen. Anspruch und Wirklichkeit klaffen auch bei manchem Professor auseinander. Testen Sie Ihre Hochschullehrer ruhig einmal, wie gut diese vorbereitet sind, indem Sie mehr und Genaueres wissen wollen. Mehr als arbeiten kann man nicht und jede(r) hat einmal klein angefangen. – Klar sollte Ihnen sein, daß *Sie* Ihr Studium gestalten und Prioritäten setzen müssen, z.B. mit einer Schwerpunktbildung bei Ihren Interessen. Wer zu viele Hobbys und Interessengebiete hat, verzettelt sich eher. Doch meist stellen sich zumindest zu Beginn des Studiums andere Probleme ein: *Motiviations- und Konzentrationsprobleme*. Die Lektüre eines Textes wird angefangen, doch der Aufsatz scheint so langweilig, daß die Konzentration nachläßt und die Motivation – so denn eine vorhanden war, den Text zu lesen – schwindet. So etwas passiert auch anderen und kann durchaus auch an dem Aufsatz liegen, weil der Autor die Wichtigkeit des Themas nicht deutlich macht oder kryptisch schreibt. Wenn es daran aber nicht liegt und auch nicht daran, daß Sie „nur so" studieren, weil man ja irgendetwas tun muß, dann sollten Sie im Kapitel 3 nachlesen, wie Sie Ihre Konzentration und Motivation stärken können. Es gibt Ihnen einige Hinweise, wie Sie durch geeignete Fragen, Einsicht in die Wichtigkeit des zu Lernenden, die Suche nach geeigneten Lernwegen oder den Einsatz des Belohnungskonzeptes solche Klippen überwinden können. Im Kapitel 9 werden Sie vielleicht die dem Text gemäße Lesetechnik finden und sich bald angewöhnen, mit selbstformulierten Fragen an einen Text heranzugehen. Hier kann nur betont werden, wie wichtig es ist, etwas Selbstdisziplin aufzubringen und nicht bei den ersten Problemen aufzuhören, *sondern Aufgaben, die man sich vorgenommen hat, wenigstens zu einem vorläufigen Resultat zu bringen,* z.B. einen größeren Abschnitt mit einer Fragestellung zu lesen und sich einige Stichpunkte zu den Antworten zu machen.

Manche lassen sich zu leicht ablenken. Andere schaffen das vorgenommene Pensum nicht, weil sie gestört werden. Hierzu sollten Sie sich fragen, durch welche

- Ereignisse,
- Personen und
- Gegenstände

Sie sich ablenken lassen bzw. gestört fühlen. Ist es der überraschende Besuch eines Bekannten, über den Sie sich insgeheim freuen, obwohl Sie eigentlich an einem Referat sitzen müßten? Sind es ein oftmals klingelndes Telefon und endlos lange Telefonate zu den besten Arbeitszeiten? Ist es das große Foto der Freundin oder des Freundes auf dem Schreibtisch, das Sie öfter anstarren als den Monitor des PCs, auf dem *kein* Computerspiel geladen sein sollte, sondern der Textentwurf für Ihr Referat? – Unangemeldete Besucher bittet man um Verständnis dafür, daß wichtige Arbeiten erledigt werden müssen und komplimentiert sie nach einem kurzen Schwätzchen hinaus; der eigenen Mutter und anderen kann man Zeiten nennen, zu denen Sie nicht mehr arbeiten und gerne angerufen werden. Viele haben schon einen Anrufbeantworter, der auch eingeschaltet bleibt, wenn man am Schreibtisch sitzt, und das Foto kann auf dem Bettkasten stehen. Einige fürchten sich zu isolieren, wenn sie auf Kontaktmöglichkeiten nicht eingehen.

Selbstverständlich ist es schöner, mit der Freundin spontan ins Sommerbad zu gehen statt in eine Lehrveranstaltung. Aber manches läßt sich so arrangieren, daß das Zusammensein *und* das Studium nicht zu kurz kommen. Das gilt gleichermaßen für Zeiten der Erwerbstätigkeit, denn die meisten müssen hinzuverdienen. Ein Job nebenher verlangt ganz besondere Selbstdisziplin und eine effektive Zeitplanung, damit das Studium nicht zu kurz kommt. Aber auch hier: Verdienen Sie sich etwas hinzu, weil es für den Lebensunterhalt sonst nicht reicht oder weil Sie sich exklusive Klamotten, einen fahrbaren Untersatz oder einen teuren Urlaubstrip leisten möchten? – Weniger kann auch manchmal mehr sein.

Schwieriger zu bewältigen als die eingangs dargestellten Probleme sind beispielsweise großer Verkehrslärm, laute Musik aus Nachbarzimmern oder -wohnungen oder gar das Wohnen über einer Kneipe, deren Gäste die Nachtruhe stören. Da hilft manchmal der Besuch bei den Anwohnern, die den von ihnen verursachten Krach falsch einschätzen; bei ständiger Beeinträchtigung ein Schreiben an den Vermieter (mit beiliegendem Lärmprotokoll und mit der Androhung einer Mietminderung) sowie der Anruf bei der zuständigen Umweltbehörde bzw. der Polizei. Als letztes Mittel kommt ein Umzug in Betracht.

Können Sie auch „nein“ sagen, wenn andere Ihre Zeit beanspruchen wollen, obwohl Sie Wichtiges zu erledigen haben? Konzentrieren Sie sich auf das Wesentliche und Dringliche oder neigen Sie dazu, sich zu „verzetteln“ oder Dinge vor sich herzuschieben? Bringen Sie Arbeiten i.d.R. zu einem (vorläufigen) Ende oder brechen Sie häufig vor einem solchen Ergebnis ab?

Zusammenfassung

Ein generelles Problem, nicht nur bei Motivations- und Arbeitsstörungen, besteht darin, daß Studierende und Wissenschaftler keine Rückmeldungen zu ihrer Arbeits*effizienz* erhalten und zudem selten zu den Arbeits*ergebnissen.* Deshalb müssen Sie selbst Ihre Arbeit einschätzen lernen. Geistige Arbeit unterliegt oft Ablenkungs- und Störungsrisiken, und es besteht Unsicherheit darüber, wieviel Zeit für das Studieren aufgewendet werden muß. Wer ein Zeitprotokoll führt und einmal zusammenrechnet, wieviel Zeit er für welchen Typ von Arbeit aufgewendet hat, wird besser abschätzen können, wann mit welchen

Arbeiten angefangen werden muß. Wichtig ist, sich selbst nicht darin zu täuschen, *wann man wirklich arbeitet und wann nicht.* Auch hierzu können Zeitprotokolle Aufschluß geben über das tatsächliche Arbeitsverhalten. Fast jeder kennt seine Arbeitsvermeidungsstrategien, die sich durchaus ändern lassen. Wichtig ist es,

- Zielsetzungen für das Studium zu formulieren und gelegentlich zu kontrollieren,
- Prioritäten zu setzen und Dringliches zuerst zu erledigen,
- Wesentliches von Unwesentlichem zu trennen und
- sich zu fordern, aber nicht zu überfordern: Indem zwischen Minimal- und Zusatzprogramm unterschieden wird, Pausen und Zeitpuffer für Unvorhersehbares („Durchhänger", Krankheit etc.) eingeplant werden, beugt man eventueller Überforderung vor und wird Arbeiten rechtzeitig fertigstellen können.

🕮 Zum Thema „(Zeit-)Planung" gibt es ein empfehlenswertes Buch von Regula SCHRÄDER-NAEF (vgl. 1993a). Gut gefallen hat mir auch das Buch über „Selbstmanagement" von Kurt H. THIEME (vgl. 1995).

7 Mitarbeit in Lehrveranstaltungen

Worum geht es im 7. Kapitel?

An den Lehrveranstaltungen, zu denen Sie sich entschlossen haben bzw. die Sie pflichtweise belegen müssen, sollten Sie *regelmäßig teilnehmen*. Damit ist nicht die passive, rein körperliche Anwesenheit gemeint, sondern eine aktive geistige Auseinandersetzung mit den Inhalten, die dort vermittelt und erarbeitet werden. Dies beinhaltet einerseits Vor- wie Nachbereitung der jeweiligen Veranstaltung, andererseits ebenso elementare Fertigkeiten wie das Zuhören, Mitschreiben und Sich-äußern wie komplexere Tätigkeiten; z.B. ein Referat zu halten oder die Diskussionsleitung einer Sitzung zu übernehmen.

7.1 Hingehen oder nicht?

Zur Prüfung darf sich die- oder derjenige melden, der die geforderten Semesterwochenstunden (SWS) zu den nach der Studienordnung zu studierenden Lernbereichen in seinem Studienbuch nachweisen kann und weitere Auflagen, wie obligatorische Scheine, erfüllt hat. Da die meisten Studiengänge auf 8 Semester plus Prüfungssemester angelegt sind, werden durchschnittlich 20 SWS zugrundegelegt, also i.d.R. 10 Lehrveranstaltungen. Wer weniger einträgt, kann sich auch erst später zur Prüfung melden. Nun ist die Situation an den Hochschulen höchst unterschiedlich hinsichtlich der Anwesenheitslisten und anderer Gepflogenheiten; doch i.d.R. ist ein solches Pensum, will man sich gewissenhaft vor- und nachbereiten sowie eigene schriftliche Arbeiten anfertigen, nicht zu schaffen, weil die meisten Studierenden hinzuverdienen müssen. Diese Situation bringt manche in Schwierigkeiten, wie sie es mit der Teilnahme an Lehrveranstaltungen halten sollen, wenn Anwesenheitskontrollen stattfinden. Dann gibt es nur eines: Den Stundenplan so effizient zusammenstellen, daß das Pensum erfüllt wird, wobei sich Ihre Anwesenheit bei schlechteren Veranstaltungen auf die rein körperliche beschränkt, indem Sie sich dort auf andere Veranstaltungen vor- oder nachbereiten. Sind die Kontrollen nicht so streng, gibt es Wankelmütige, die nur jede 2. Sitzung erscheinen. Das ist nicht der Stein des Weisen, weil dabei doch erhebliche Wissenslücken entstehen und in Seminaren keine wirkliche eingespielte Teilnahme in einer Lerngemeinschaft zustande kommt.

Wer das geforderte Pensum – aus welchen Gründen auch immer – nicht schafft, sollte aber zumindest einen Grundsatz beherzigen: Die ersten zwei bis drei Wochen eines Semesters sollte man auf jeden Fall überall hineinschnuppern, um die Lehrveranstaltungen herauszufinden,

- die Ihren Interessen und Schwerpunkten tatsächlich entsprechen,
- auf dem von Ihnen bisher Gelernten aufbauen, es erweitern und vertiefen
- bzw. neue Wissensbereiche eröffnen und
- deren Dozenten und Hörerschaft ein qualitätvolles Studium zulassen.

So gefundene Veranstaltungen sollten Sie regelmäßig weiterbesuchen und in ihnen mitarbeiten, wozu auch eine intensive Vor- und Nachbereitung gehört. Eine andere Strategie, z.B. nur jede 2. Sitzung hinzugehen und sich mit jemandem anderen darin abzuwechseln, ist eine schlechtere Lösung, selbst wenn sie sich wechselseitig informieren. Besser wäre es, daß jede(r) eine Veranstaltung regelmäßig besucht und deren Inhalte so gut schriftlich ausarbeitet, daß die oder der andere sich mittels dieser Unterlagen in das Thema vertiefen kann, nachdem die Papiere vervielfältigt oder ausgetauscht wurden.

7.2 Die Vorbereitung

Ist die Zielsetzung der jeweiligen Sitzung einer Veranstaltung klar bekanntgegeben durch den Vortragstitel oder durch das Thema der Seminarstunde(n), ausgewiesen im Semesterplan, so sollten Sie *sich vorbereiten;* indem Sie zusammentragen, was Sie zu dem Thema der kommenden Sitzung schon an Vorwissen haben und sich vielleicht ein wenig darüber hinaus vorinformieren, denn dann macht das Zuhören und Mitreden mehr Spaß. Aus dem Kapitel über das Lernen sollten Sie wissen, daß Vorinformationen Sie einstimmen auf das Thema und daß darüber hinaus ein „Fremdeln vor Unbekanntem" vermieden wird. – Soll die Diskussion zu einem Text im Mittelpunkt der Sitzung stehen, so sollten Sie den Text *gründlich gelesen*, wesentliche Textstellen markiert und die wichtigsten Themen und Aussagen zu den Themen herausgeschrieben haben (ausführlich s. S. 150ff.). Fach- und

Fremdwörter, deren Bedeutung aus dem Text nicht klar hervorgehen und deren Bedeutung Sie nicht genau kennen, sollten Sie in einem Fachwörterbuch bzw. einem Fremdwörterbuch nachgeschlagen haben. Denn diese Fachtermini und Fremdwörter sind meist die Schlüsselwörter des Textes. Wenn Sie jene nicht in ihrem Bedeutungsgehalt kennen, können Sie den Text nicht richtig verstehen. Manche legen sich eine kleine Fach- bzw. Fremdwörterkartei an, die sie wie Vokabeln lernen (s. S. 89ff.). Wenn Sie dies auch tun, dann werden Sie immer seltener zu Nachschlagewerken greifen müssen und ihre Lesegeschwindigkeit wird sich durch die Vertrautheit der Wörter erhöhen.

7.3 Das Zuhören, das Mit- und Nachdenken

Das Zuhörenkönnen ist eine Kunst, die das Schweigenkönnen, Interesse, Aufmerksamkeit und Konzentrationsfähigkeit voraussetzt. Das Zuhören kann durch äußere Bedingungen erschwert sein wie eine schlechte Akustik des Hörsaals, quatschende Kommilitonen, einen nuschelnden oder zu leise sprechenden Redner. Diesem kann man begegnen, indem man sich möglichst in die Nähe des Vortragenden setzt. Doch auch schlecht belüftete oder übertemperierte Räume erschweren das Zuhören. Neben diesen äußeren Faktoren gibt es solche, die auf eine mangelnde „Passung" zurückzuführen sind: Der Informations- und der Schwierigkeitsgrad des Vortrags können höher sein als die Aufnahmekapazität bzw. die Lernvoraussetzungen des einzelnen Zuhörers. Es kann aber auch sein, daß der Vortragende seine Zuhörerschaft falsch eingeschätzt hat und somit unterfordert.

Doch dies ist eher die Ausnahme, denn nach SCHRÄDER-NAEF (vgl. 1994, S. 167) verpassen Studierende fast die Hälfte der Hauptpunkte eines Vortrags und von den Details noch mehr. Diesem kann vorgebeugt werden durch intensive Vorbereitung sowie aktives Mitdenken während des Vortrags. Auch ein Vortrag hat eine Struktur, d.h. die einzelnen Sätze sind aufeinander bezogen. Es gibt nicht nur ein Thema des Vortrags, sondern das Thema wird in einzelnen Themenabschnitten aufeinander aufbauend entwickelt. Zwischen diesen Abschnitten macht der Redner in der Regel eine kleine Pause, oft führt er nebenbei sogar aus, daß er jetzt zu einem anderen Aspekt übergeht und benennt diesen auch. Ist das Thema dieses Abschnitts klar, geht es darum, die Hauptaussage(n) dieses Abschnitts herauszufinden (und nach Möglichkeit in Stichwörtern zu notieren, s. unten). Achten Sie dazu auf die sprachliche Akzentuierung des Vortragenden, seine Betonung wichtiger Punkte, seine Aufzählungen, seine Pausen. Wichtig ist es, das Wesentliche zu erfassen, z.B. grundlegende Thesen, und sich diese einzuprägen.

7.4 Das (Sich-)Fragen

Stellen Sie sich selbst schon vor der Veranstaltung, aber auch in deren Verlauf, Fragen zum Text bzw. zum Thema der Sitzung, auf die Sie eine Antwort erwarten. Vielen fallen nicht auf Anhieb solche Fragen ein. Diese kann man jedoch mit den sogenannten W-Fragewörtern „Wo?“, „Was?“, „Wann?“, „Warum?“, „Wie?“ und „Wer“, den klassischen Fragewörtern der griechisch-römischen Rhetoriktradition, systematisch entwickeln. Doch stellen Sie Ihre Fragen zum richtigen Zeitpunkt, falls diese nicht im Laufe der Sitzung schon beantwortet wurden. Wählen Sie dabei eine Form, bei der Sie an Ausführungen des Redners anknüpfen, wie z.B.: „Sie haben vorhin ausgeführt, daß .... Warum haben Sie den Unterschied zwischen A und B so betont?“ Dazu muß man den Sitzungsverlauf aktiv verfolgen und zuhören. Letzteres ist kein Sich-berieseln-Lassen wie aktives Lesen kein Überfliegen des Textes ist. Bei beidem geht es um das Erfassen des jeweiligen Themas und das Verarbeiten der wichtigsten Aussagen. Dies erfordert ein Mit-, Nach- und selbständiges Denken, ein Sich-auseinander-Setzen mit dem Text bzw. mit den in der Lehrveranstaltung verhandelten Inhalten. Fragen Sie sich z.B.,

- worüber gesprochen/geschrieben wird,
- worauf der Redner oder Text hinaus will,
- was an dem Thema für den Vortragenden/den Autor resp. für Sie wichtig ist,
- ob bestimmte Aussagen so stimmen,
- wesentliche Gesichtspunkte fehlen,
- Ihnen andere Auffassungen bekannt sind.

7.5 Das Mitschreiben

Während eines Vortrags oder einer Seminardiskussion helfen nicht nur gute Vorbereitung und wache Aufmerksamkeit, sondern auch *das stichwortartige Mitschreiben der wichtigsten Aussagen und eigenen Gedanken* während der Veranstaltung.

Manche versuchen, soviel wie möglich mitzuschreiben, andere haben nicht mal Papier, Stift und eine Schreibunterlage zur Hand. Beides sind falsche Einstellungen. Richtiges Mitschreiben ermöglicht ein besseres Aufnehmen und längeres Behalten des Gesagten, weil es mehrere Lernkanäle bedient (s. S. 47ff.). Es steigert auch die Aufmerksamkeit, indem zwischen „wichtig“ und „unwichtiger“ unterschieden werden muß, und es entlastet das Gedächtnis. Das auswählende Mitschreiben zwingt in gewisser Weise dazu, den Themen zu folgen, es diszipliniert die geistige Mitarbeit.

Schreiben Sie eher weniger mit als zuviel, und zwar nur die wichtigsten Gedanken, vielleicht auch Namen, Zahlen und genannte Quellen, auf die sich die Argumentation stützt, jedoch keine Details und nicht alle Beispiele (weil sich letztere am besten merken lassen). Wieviel mitgeschrieben werden sollte, hängt selbstverständlich auch davon ab, ob es sich für Sie um völlig neue Informationen handelt oder Ihnen bereits Bekanntes. Kürzen Sie bestimmte zentrale Begriffe bei ihrem zweiten Auftreten in Ihrer Mitschrift so ab, daß Sie sie jederzeit wieder entschlüsseln können (z.B.: Wissenschaftstheorie = Wiss.th. oder WT).

Beschriften Sie nach Möglichkeit DIN-A4-Blätter nur von einer Seite. Dazu können Sie durchaus die Rückseiten von Computerfehldrucken verwenden. Das Papier nur einseitig zu beschriften ist zweckmäßig, weil Sie Textpassagen mit Schere und Klebstoff auf andere Blätter übertragen können, ohne daß wichtige Informationen der Rückseite neu abgeschrieben werden müssen oder verloren gehen. Lassen Sie einen Lochrand sowie genügend Platz für spätere Ergänzungen.

Ein neuer Abschnitt oder Gedanke sollte auf einer neuen Zeile beginnen.

Lesen Sie sich nach der Sitzung Ihre Notizen durch und ergänzen Sie sie möglichst umgehend, solange Ihre Erinnerungen noch frisch sind; besonders dann, wenn Sie die Unterlagen noch für Prüfungen brauchen sollten (s. S. 117 und 267ff.).

> ☞ Gibt es Vorlesungsskripten oder kann das Gehörte im Lehrbuch des Vortragenden nachgelesen werden, so sollte das Mitgeschriebene in der Nachbereitung noch einmal an dem vorliegenden Text kontrolliert werden.

7.6 Das Sich-äußern

Zur Mitarbeit gehört auch das Fragenstellen und Sich-äußern. Ein gewisses Lampenfieber dabei ist normal, legt sich aber zumeist mit der Routine, die man durch das Sich-äußern vor anderen gewinnt. Sofern Sie etwas nicht verstanden haben und nur dann, fragen Sie kurz und direkt dazwischen, falls Sie sonst dem weiteren Verlauf der Sitzung nicht folgen können. Ansonsten sollten Sie natürlich die Gesprächsregeln einhalten, z.B. anderen nicht ins Wort fallen und erst reden, wenn Ihnen das Wort erteilt wurde.

Wenn Sie anderer Auffassung sind, vertreten Sie Ihre Meinung argumentativ und nehmen Sie gegebenenfalls Bezug auf andere Redebeiträge. Formulieren Sie dabei kurz und prägnant Ihre Ansicht. Und geben Sie sich Mühe, sich verständlich auszudrücken. Wer damit Schwierigkeiten hat, sollte erwägen, ein Rhetorik-Seminar zu besuchen. Solche werden von Einrichtungen der Erwachsenenbildung (Volkshochschulen, politische Stiftungen, z.T. auch an Hochschulen) angeboten.

Falls Sie jemanden oder etwas kritisieren wollen, tun Sie es in einer sachlichen Form, die nicht verletzend ist. Auch Rückmeldungen an Dozentinnen und Dozenten in Form von Kritik, Ermutigung, Lob sind durchaus angebracht, wenn sie ehrlich gemeint sind und keine Besserwisserei oder Anbiederung.

7.7 Das eigene mündliche Referat

Zwei Zielen soll die mündliche Präsentation eines Referates im Seminar dienen:

- der Vermittlung eines Wissensinhaltes an die Anwesenden und
- der Einübung in die Vortragskunst durch die Referentin/den Referenten (vgl. BROMME/RAMBOW 1993, S. 289).

Falls Sie zu einem bestimmten Termin und Thema in einem Seminar ein mündliches Referat halten wollen, klären Sie rechtzeitig mit dem Dozenten folgende Punkte ab:

- Thema des Referates und seine Abgrenzung,
- Termin und Dauer des Referates,
- seine Gliederung sowie
- möglichen Medieneinsatz und heranzuziehende Literatur.

Natürlich sollten Sie diese Punkte frühestmöglich geklärt haben und – dem Arbeitsaufwand entsprechend – rechtzeitig beginnen. Nachdem Sie einen Überblick über „Ihr“ Thema oder die zu berücksichtigende Literatur gewonnen haben, grenzen Sie den Gegenstand ein, und zwar mit den Leitfragen: „Was ist das Wesentliche?“ bzw. „Wie lautet meine Aufgabenstellung?“ Aus dem gewonnenen Überblick und Ihren Gedanken zu der Themenstellung entwerfen Sie eine sinnvolle Abfolge von Themenabschnitten, so daß ein roter Faden der Argumentation sichtbar wird. Diese vorläufige Gliederung, die Sie dem Seminarleiter schriftlich vorlegen, sollten Sie unbedingt noch einmal mit ihm besprechen. Bitten Sie ihn um eine baldige Stellungnahme, damit Sie Ihre Vorbereitungen fortsetzen bzw. modifizieren können.

Bei der schriftlichen Ausarbeitung Ihres Referates sollten Sie sich an die mit dem Dozenten abgesprochene Aufgabenstellung halten und an Ihre Zielgruppe denken, Ihre Kommilitoninnen und Kommilitonen. Da Sie Ihr Referat sorgfältig ausgearbeitet haben, führen Sie zentrale Fachwörter ein, kennen deren Bedeutung und sind vorbereitet auf Verständnisfragen. Sie haben sich über die dazugehörige Begriffs- bzw. Theoriegeschichte informiert und kennen die Namen der dazugehörigen Wissenschaftler, die für diese Konzeption stehen. – Ihr Referat sollte vom Satzbau her wesentlich einfacher strukturiert sein als bei einer schriftlich abzugebenden Arbeit (siehe auch S. 200). Die Sätze sollten demnach kurz sein (weniger als 15 Wörter!), Substantivierungen sollten Sie meiden. Viele überfrachten ihr Referat mit Details oder unzähligen, aneinandergereihten Zitaten, die vom Satzbau meist nicht zum Zuhören geeignet sind. Deshalb entschlacken Sie am Ende Ihrer Vorbereitungen noch einmal den Text und zerlegen Sie Bandwurmsätze in mehrere.

Lesen Sie sich oder Freunden Ihren Vortrag in einer Art „realistischer Generalprobe“ laut vor, weil Ihnen dabei u.a. Unebenheiten des Vortragstextes, fehlende Übergänge, grammatische und stilistische Fehler auffallen. Außerdem wissen Sie dann, wie lange Sie brauchen, um noch genügend Zeit für eine Diskussion einzuplanen. Ist das Referat zu lang geraten, kürzen Sie es auf das entsprechende Maß, indem Sie Unwichtigeres streichen. Da Sie rechtzeitig angefangen haben, sind Sie gut vorbereitet und haben ein für Sie mühelos lesbares Manuskript zum Vortrag vor sich. Sie sagen nicht etwa mit faulen Ausreden kurz vor Ihrem Referat ab, sondern erscheinen etwas früher, um Ihre Gliederung an die Tafel zu schreiben oder sich eventuell mit den technischen Geräten (z.B. Overhead-Projektor) vertraut zu machen.

Vor dem Referat-Beginn sollten Sie mit freundlichem Gesicht in das Publikum schauen, sodann Ihr Thema nennen und einen kurzen

Überblick geben zu der von Ihnen vorgesehenen Gliederung. Mit diesen einleitenden Sätzen läßt sich das Lampenfieber überwinden, das übrigens *jeden* in solch einer Situation befällt. Zudem stimmen sie die Zuhörer auf das Thema, die Zielsetzung und den Ablauf ein. Kein Mensch wird erwarten, daß Sie frei reden, doch während Ihres Vortrags sprechen Sie bitte laut, deutlich und nicht zu schnell. Die Ihnen wichtigen Punkte sollten Sie betonen. Wenn Sie zu einem anderen Gliederungspunkt fortfahren, kündigen Sie dies den Zuhörern an, damit diese dem von Ihnen vorgesehenen „roten Faden" folgen können. Wenn Sie Overhead-Folien einsetzen, sollten Ihre Folien (maximal 7) lesbar sein (mindestens 18-Punkt-Schrift), inhaltlich nicht überfrachtet und von der Reihenfolge her geordnet. Achten Sie zwischendurch immer mal wieder auf die Zeit. Am Ende sollten Sie die wichtigsten Punkte Ihres Referates noch einmal zusammenfassen und zur Diskussion einladen, für die, wenn nichts anderes vorgegeben wurde, etwa die Hälfte der Seminarzeit vorzusehen ist.

Manchmal herrscht Schweigen, weil keiner sich sofort traut, etwas in einem größeren Kreis zu sagen oder den Anfang zu machen. Das sollte Sie nicht verunsichern und auch nicht dazu verleiten, die Stille Ihrerseits durch größere Ausführungen zu überbrücken. Oft muß man nur mit freundlichem Gesichtsausdruck etwas warten bzw. das Publikum weiter zu Beiträgen ermuntern. Hat sich dann jemand geäußert, schließen sich oft weitere Fragen an. Hierbei sollten Sie dann aufmerksam zuhören, sich die Fragen einprägen, vielleicht stichwortartige Notizen machen und ruhig-sachlich antworten. Zum Schluß wäre es formvollendet, wenn Sie sich für die Diskussionsbeiträge und Rückmeldungen zum Referat bedankten.

7.8 Diskussionsteilnahme und -leitung

> Sozialwissenschaftliche Lehrveranstaltungen kommen nicht ohne einen hohen Anteil von Diskussionen aus, und das nicht nur, weil die Schulung der *Argumentationsfähigkeit,* die in allen sozialwissenschaftlichen Berufen in hohem Maß erforderlich ist, wichtiger Bestandteil einer berufsqualifizierenden Ausbildung sein muß: Diskussionen haben gegenüber den Einbahnstraßen der Wissensvermittlung den Vorteil, daß in ihnen eher ein ganzes Spektrum von *Perspektiven* deutlich wird, aus denen sich ein bestimmtes Problem betrachten läßt. [...] In einer Diskussion können leichter eingefah-

> rene Denkroutinen aufgebrochen und etablierte Standpunkte in Frage gestellt werden. (Wissenschaft ist erst einmal Verunsicherung.) Der Austausch von Meinungen und Argumenten bringt zudem mit sich, daß Lernbeziehungen allein zwischen Dozenten und Studenten ersetzt oder ergänzt werden durch eine *Vielzahl von Lernbeziehungen,* in denen jeder Teilnehmer von jedem lernen kann. [...] Diskussionen sind freilich kein Selbstzweck; sie sind nur Bestandteil, nicht allein seligmachende Arbeitsform eines kritischen Studiums. (JUNNE 1993, S. 106f.; Auslassungen: F. R.)

Dieser Auffassung kann ich mich nur anschließen. Leider werden Diskussionen als Arbeitsform oft vernachlässigt. Dabei kann man in ihnen eine Menge lernen: Nicht nur zuzuhören, Meinungsvielfalt, ja Streit auszuhalten, selber zu argumentieren und sich zu äußern (s. S. 110ff.), sondern die Vielschichtigkeit von Problemen zu erkennen, die unterschiedlichen Auffassungen dazu und neue Sichtweisen kennenzulernen, auf die man so leicht nicht gekommen wäre. Bedauerlicherweise verlaufen Diskussionen oft enttäuschend, weil es den Teilnehmern an Übung und Disziplin fehlt bzw. die *Funktion der Diskussion* unklar ist. Geht es um eine konkrete Fragestellung oder soll ein Problem gelöst werden? Ist ihr Ziel ein Wissensaustausch oder ein Einigungsprozeß im Team oder Seminar, in welche Richtung weitergearbeitet werden soll? *Insofern sollten das Ziel und die Funktion jeder Diskussion klar benannt und von allen Teilnehmern beachtet werden.* Und wenn Ihnen die Funktion der laufenden Diskussion unklar ist, fragen Sie danach.

Manchmal werden Studierende zu Übungszwecken gebeten, die Diskussion oder Moderation einer Seminarsitzung zu übernehmen. Hilfreich ist natürlich eine inhaltliche Vorbereitung, wobei der Moderator sich mit eigenen Meinungsäußerungen zurückhalten und sich auf seine Rolle als Fragensteller und Diskussionsleiter konzentrieren sollte. Darüber hinaus helfen eine gute Auffassungsgabe, Ruhe und Gelassenheit sowie die Bereitschaft zur Improvisation. Ein Diskussionsleiter sollte darauf achten, daß das Ziel bzw. Thema von allen im Auge behalten wird und daß alle Diskussionsteilnehmer zu Wort kommen. Insofern sind „Dauerredner" und „nörgelnde Besserwisser" freundlich auszubremsen und Schweigende vielleicht direkt nach Ihrer Meinung zu fragen. Auf der anderen Seite wird der Moderator, wie es das Wort schon sagt, ausgleichend wirken, wenn die Diskussion erregte Formen annehmen sollte. Ansonsten besteht seine Aufgabe darin, darauf zu achten, daß diejenigen, die sich zu Wort melden, der

Reihe nach drankommen und auch zum Thema sprechen. Handelt es sich um einen vielschichtigen Gesprächsgegenstand, so sollte er dank seiner Vorbereitung eine Reihenfolge von Aspekten vorschlagen, die nacheinander diskutiert werden sollten. Ist die Diskussionsrunde zum ersten Aspekt beendet, sollte der Moderator eine kurze Zusammenfassung geben, wobei er erkennbare Meinungsgegensätze nicht unter den Tisch fallen läßt, sondern knapp darstellt, bevor er den nächsten Themenaspekt zur Diskussion aufruft. Hilfreich kann auch ein Thesenpapier sein (s. S. 198f.), das in pointierter Form verfaßt ist und dessen einzelne Thesen nacheinander diskutiert werden können.

7.9 Die Nachbereitung

Zur Nachbereitung zählt nicht nur das Ergänzen der Mitschrift, sondern auch das Aufschreiben von Ungeklärtem, das zu Beginn der nächsten Sitzung angesprochen werden sollte, sowie die Prüfung von Sachverhalten, falls dies nicht schon bei der Vorbereitung erfolgt ist. Bei besonderem Interesse für das Thema kann dieses durch weitere Lektüre vertieft werden. Auf jeden Fall sollten Sie möglichst bald nach der Sitzung Ihre Mitschrift durchgehen. Wichtiges sollten Sie unterstreichen, Unwesentliches einklammern oder durchstreichen. Sie müssen Ihre eigenen Unterlagen nicht ins reine bringen, wenn Sie sie auch später noch eindeutig entziffern können. Aber Sie sollten sie soweit ergänzen und berichtigen, daß Sie sie z.B. für Prüfungsvorbereitungen verwenden können, wenn es keine Seminarprotokolle oder Vorlesungsskripten gibt. Natürlich sollten Sie die Unterlagen in Abständen wieder anschauen, sich zurückerinnern und das Gelernte auffrischen und mit neu erworbenem Wissen verbinden (s. S. 173ff.).

> ☞ Rechnen Sie für die Vor- und Nachbereitung etwa den gleichen Zeitanteil wie für die Lehrveranstaltung selbst.

Zusammenfassung

Die Mitarbeit in Hochschulveranstaltungen umfaßt mehr als nur die regelmäßige, rein körperliche Anwesenheit. Indem Sie sich vorbereiten, sammeln Sie Vorwissen, mit dem Sie dem Vortrag, der Textarbeit oder der Diskussion besser folgen können. Aktives Zuhören ist kein Sich-berieseln-Lassen. Es erfordert Interesse und Konzentration. Durch Fragen orientieren Sie Ihr Mitdenken auf die Ihnen wesentlichen Punkte und die Mitschrift des Wichtigen entlastet Ihr Gedächtnis. Doch bleiben Sie kritisch, glauben Sie nicht alles vorbehaltlos. Wenn Sie anderer Auffassung sind, äußern Sie Ihre Meinung argumentativ. In der Nachbereitung ergänzen Sie Ihre Mitschrift, schlagen Wörter nach, vertiefen Ihr Wissen durch zusätzliche Lektüre und notieren sich die offenen Fragen, an denen weitergearbeitet werden muß.

8 Literatur sowie Informationen suchen und finden

Worum geht es im 8. Kapitel?

Als erstes lernen Sie die drei Typen von Informationsbedarfsituationen kennen: Wissenschaftlich Arbeitende müssen

- sich auf dem laufenden halten,
- gezielt Informationen bzw. Literatur suchen,
- Informationen überprüfen bzw. ergänzen.

Danach wird erörtert, wo man Informationen erhalten kann und dabei spielen die Bibliotheken noch eine wichtige Rolle. Insofern müssen Grundkenntnisse der Bibliotheks- und Katalogkunde vermittelt werden, damit Sie sich ohne größere Schwierigkeiten dort zurechtfinden. Neben vielen Büchern und Zeitschriften halten Bibliotheken auch Nachschlagewerke bereit, so Lexika und Wörterbücher, aber auch Bibliographien, mit deren Hilfe man Literatur zu einem bestimmten Thema aufspüren kann. Neuerdings gibt es jedoch bequemere Hilfsmittel wie die CD-ROM-Recherche, deren Ergebnisse man nicht mehr abschreiben muß, sondern ausdrucken oder auf einer Diskette speichern kann. Darüber hinaus suchen viele online oder im Internet, in dem mittlerweile auch Bibliothekskataloge und andere Datenbanken bereitstehen. Hat man Hinweise auf offensichtlich wichtige Literatur gefunden, so muß die Literatur, die nicht immer in Ihrer Bibliothek angeschafft wurde, besorgt werden, z.B. über Fernleihe oder elektronische Dokumentliefersysteme. Zunehmend werden im Internet auch Volltexte abgelegt, die man sich auf den eigenen PC herunterladen darf. Zum Schluß dieses Kapitels wird die Technik der Relevanzprüfung gefundener Literatur vermittelt.

8.1 Sich auf dem laufenden halten, oder: Wer rastet, der rostet!

Wer Wissenschaft betreiben will, muß nicht nur gut informiert sein über aktuelle Entwicklungen und den Diskussionsstand in seinem Spezialgebiet, sondern auch über wichtige Trends der Gesamtdisziplin und über solche der allgemeinen Wissenschaftsentwicklung. Auch Studierende sollten sich umfassend informieren. Zu diesem Zweck schaut man sich nicht nur in Bibliotheken und Buchhandlungen Fachliteratur an, sondern sammelt laufend und systematisch Informationen zu seinen Studienschwerpunkten, z.B. durch die Auswertung von Verlagsprospekten, Zeitungen und Zeitschriften (z.B. Rezensionen und Wissenschaftsseiten in der „Zeit", „Süddeutschen Zeitung" oder der „Frankfurter Allgemeinen Zeitung"). Anregend sind auch Gespräche mit Wissenschaftlern sowie Kongreß- und Tagungsbesuche, für die es oft ermäßigte Teilnahmegebühren für Studenten gibt.

☞ Informationsziele können Sie sich schriftlich setzen mit Antworten auf die folgenden Fragen:

In welchen Bereichen will ich/muß ich

- auf dem neuesten Stand bleiben?
- meine Kenntnisse auffrischen/ergänzen?

In welche neuen Bereiche will ich/muß ich mich demnächst neu einarbeiten?

Diesen Zettel sollten Sie aufbewahren und gelegentlich überprüfen, ergänzen, abändern.

8.2 Gezielte Informations- und Literatursuche – aber wo?

Ein anderer Tätigkeitsbereich ist die gezielte Informations- und Literatursuche. Sie benötigen eine Faktenangabe oder Literatur zu einem bestimmtem Thema. Als erstes müssen Sie die Energie aufbringen, sich die Information bzw. Literatur beschaffen zu wollen, und sich vornehmen, nicht gleich die Flinte ins Korn zu werfen, wenn die Suche nicht auf Anhieb erfolgreich ist. Anstatt planlos vorzugehen, sollten Sie erst einmal überlegen, *wo* man die gesuchte Information bzw. Literatur finden bzw. erhalten könnte. Grundlage dafür ist wiederum, daß Sie mit der Infrastruktur „Ihrer" Stadt und „Ihrer" Hochschule vertraut sind, darüber hinaus mit anderen Beschaffungswegen, wie Fernleihe (Bestellung von Literatur aus einer Bibliothek einer anderen Stadt) oder Datenbankabfrage nebst Online ordering (elektronische Bestellung von Zeitschriftenaufsätzen bei großen Zentralbibliotheken, s.a. S. 145).

Informationen können Sie zum einen suchen in

- wissenschaftlichen Bibliotheken,
- öffentlichen Büchereien,
- Archiven,
- Informations- und Dokumentationsstellen oder im
- Internet.

In den ersten genannten Einrichtungen finden Sie auch *Hinweise* auf andere Informationsquellen (z.B. Bücher), die dort nicht (aber woanders) vorhanden sind. Letzteres gilt insbesondere für Informationsvermittlungsstellen, die Ihnen zwar genaue Hinweise z.B. auf Literatur geben, z.T. auch sagen können, wo Sie die Primärquellen erhalten, Ihnen jedoch nicht die Literatur selbst zur Verfügung stellen. *Statistische Daten* kann man bei den statistischen Landesämtern, dem Statistischen Bundesamt in Wiesbaden oder den Presse- und Informationsstellen der Behörden erbitten, z.T. auch über Internet erfahren. Außerdem lassen sich Literaturhinweise oder Fakteninformationen erfragen: beim Personal von (wissenschaftlichen) Institutionen, Kulturinstituten, Museen oder von Buchhandlungen, Verlagen und anderen Medienproduzenten; bei Dozentinnen und Dozenten. Viele dieser Wege stehen auch Ihnen offen, *leider sind nicht alle Dienstleistungen kostenfrei.* Deshalb: *Vorher* nach den Kosten fragen.

8.3 Die Überprüfung und Ergänzung von Informationen

Sie sollten nicht allem Glauben schenken, was Sie so lesen oder durch andere Medien aufschnappen. Manchmal ist es erforderlich, Angaben und Zitate, die man in der Literatur findet, anhand der Originalliteratur zu kontrollieren, und zwar dann, wenn diese für Ihre Arbeit von so erheblicher Bedeutung sind, daß Sie sie – mit Belegangabe – übernehmen wollen (s.a. S. 206ff.). Wenn Sie später keine bösen Überraschungen erleben wollen, sollten Sie tunlichst Sekundärzitate, Fakten, übersetzte Texte an den Originalquellen überprüfen. Das ist lästig, lohnt sich jedoch oft, da Aussagen manchmal aus dem Zusammenhang gerissen oder wichtige Randbedingungen oder Zusatzinformationen vernachlässigt wurden, Übersetzungen wissenschaftlich ungenau sind, Zahlen nicht stimmen oder die verwendete Methode in der Originalliteratur in einem anderen Licht erscheint. Der Verifikation von Informationen wird leider zuwenig Aufmerksamkeit geschenkt. Wie hartnäckig sich Falschinformationen halten können, ist beispielsweise ersichtlich an der Mär von dem angeblich so eisenhaltigen Spinat, die durch einen Druckfehler in einem Standardwerk entstand. – Etliche Literaturangaben in schriftlichen Arbeiten sind falsch – durch Tipp- und Satzfehler, aber auch durch schlampige Arbeit und die Unart des Sekundärzitats, einer in Wissenschaftskreisen praktizierten Variante des „Stille Post"-Spiels. Doch jedem, der arbeitet, unterlaufen Fehler. Für eine wissenschaftliche Arbeit müssen die Arbeitsergebnisse jedoch vor der Veröffentlichung sorgfältig geprüft werden.

8.4 Die Bibliothek als Arbeitsort

Der Vorteil der Bibliothek als Arbeitsort liegt vor allem in der Vielzahl vorhandener Printmedien, die bereitstehen, um be- und genutzt zu werden. Für die Arbeit in Bibliotheken benötigen Sie einige Spezialkenntnisse, wenn Sie deren Bestand effektiv nutzen wollen. Viele Bibliotheken legen, oft zum Mitnehmen, schriftliche *Benutzeranleitungen* aus, die eigens für die besuchte Bibliothek geschrieben sind. Hierin finden Sie wichtige Informationen zur Struktur eben dieser Bibliothek und ihrer Kataloge. Um eine spezielle Bibliothek (oder Bücherei) in ihrem Aufbau kennenzulernen, lohnt es sich auch, eine *Führung* mitzumachen, wie sie in vielen Bibliotheken angeboten wird. Darüber hinaus hilft auch das Bibliothekspersonal an den Informationsplätzen, wenn Sie nicht zurechtkommen.

> ☞ Nehmen Sie an Bibliotheksführungen teil und besorgen Sie sich Benutzeranleitungen!

Bibliotheken sind Orte der Materialanschaffung, -aufbewahrung und -erschließung. Vorwiegend Printmedien eines bestimmten Sammelgebietes, z.B. erziehungswissenschaftliche Fachliteratur und Schulbücher, werden gekauft, in Regalen aufgestellt und mittels Katalogen (s. unten) alphabetisch und sachlich nachgewiesen. Das inhaltliche Sammelgebiet einer Bibliothek, ihr Bestandsumfang (Zahl der Bände), die von ihr gesammelten Material*arten* (Bücher, Zeitschriften, aber vielleicht auch Tonträger, Dias, Mikrofilme) sowie neuerdings ihre elektronischen Dienstleistungsangebote charakterisieren diese Bibliothek ebenso wie z.B. die Bestandsaufstellungsprinzipien. So differenziert man, was die *Aufstellungsart* angeht, zwischen Magazin- und Freihandbibliotheken einerseits und Ausleih- und Präsenzbibliotheken andererseits. Aus *Präsenzbibliotheken* können Sie keine Literatur entleihen, was den Vorteil hat, daß alle Medien im Gebäude verbleiben, während erhebliche Bestände von *Ausleihbibliotheken* entliehen und somit für Sie u.U. nicht sofort verfügbar sind. Die *Magazin- bzw. Freihandaufstellung* unterscheiden sich darin, ob Sie als Besucher direkt an die Regale herankommen (was zeitsparend ist und wobei Sie vielleicht noch andere Bücher zum Thema im Regalfach entdecken) bzw. ob Materialien aus dem geschlossenen Magazin durch einen Mitarbeiter herangeholt werden müssen (was z.T. mit erheblichen Wartezeiten verbunden ist, so daß Sie unter Umständen erst nach geraumer Zeit erfahren, daß das gewünschte Buch derzeit ausgeliehen ist). Des weiteren unterscheidet man die Aufstellung der Bücher nach *Numerus currens* (= fortlaufende Numerierung) von der Aufstellung nach inhaltlichen Gesichtspunkten. Ersteres bedeutet, daß jede Medieneinheit ohne Rücksicht auf den Inhalt eine Nummer erhält. Dabei kann im Regal ein Chemiebuch neben einem Gedichtband stehen. Im anderen Fall stehen thematisch ähnliche Bücher auch in räumlicher Nähe zueinander (z.B. nach Sachgebietsgruppen der bibliothekseigenen Systematik geordnet oder nach eingeführten Klassifikationen wie etwa der Internationalen Dezimalklassifikation).

Eine wissenschaftliche Bibliothek verfügt vor allem über gedruckte, z.T. aber auch über nichtgedruckte Materialien. Die Materialien werden nach verschiedenen Rastern klassifiziert, z.B.

- *nach der Erscheinungsform*: (Fach-)Bücher, (Fach-)Zeitschriften, Zeitungen, Handschriften, audiovisuelle Medien, Mikroformen;
- *nach der Verfügbar- und Erhältlichkeit*: über den (Buch-)Handel zu beziehen bzw. nicht über über den Handel erhältlich (z.B. die sogenannte „Graue Literatur“ = Sammelbegriff für gedruckte Materialien, die nicht über den Buchhandel zu kaufen sind, z.B. manche Forschungsberichte);
- *nach dem Status für den wissenschaftlichen Arbeitsprozeß* unterscheidet man außerdem zwischen Primärdokumenten, d.h. einem Bereich, der das Originalschrifttum umfaßt, das als wissenschaftliches Material verwendbar ist, und Sekundärdokumenten, die z.B.

über Originalliteratur Auskunft geben. Letztere, die auch *Literaturauskunftsmittel* (Bibliographien, Dokumentationen, Referatenorgane) genannt werden, weisen Bestände nach, die nicht unbedingt an der von Ihnen besuchten Bibliothek vorhanden sein müssen. Dennoch sind diese Literaturnachschlagewerke neben neuen elektronischen Referenzdatenbanken wichtige Informationsmittel über Schrifttum, um erst einmal herauszufinden, was es denn zu einem Thema überhaupt an Literatur gibt. Da die meisten Bibliotheken keine Zeitschriften*aufsätze* inhaltlich erschließen, sind diejenigen Literaturauskunftsmittel, in denen Aufsätze zu Schlagwörtern nachgewiesen werden, besonders wichtige Informationsquellen (s. Anhang).

8.4.1 Katalog-Arten

Alle in einer Bibliothek vorhandenen Materialien sind in Katalogen inventarisiert. Die Bibliothekskataloge weisen – sofern es sich nicht um Verbundkataloge mit anderen Bibliotheken handelt – nur den Bestand nach, der sich auch wirklich im Besitz dieser Bibliothek befindet. Wer also Bücher im Lesesaal studieren oder in einer Ausleihbibliothek entleihen möchte, informiert sich an den Katalogen dieser Bibliothek. Deren Hauptkataloge sind i.d.R.

- ein *Alphabetischer Katalog* (AK), der formal vom Titelblatt eines Buches ausgeht,
- ein *Sachkatalog* (SK) in der Form *Schlagwortkatalog* (SWK) und/oder *Systematischer Katalog* (SyK), die vom Inhalt der Bücher ausgehen, sowie meistenteils
- ein *Standortkatalog* oder Zugangsbuch mit Inventarisierungsfunktion.

Manche Bibliotheken, vor allem kleine Institutsbibliotheken, weisen ihren Bestand in einem *Kreuzkatalog* nach. In ihm sind Alphabetischer Katalog und Schlagwortkatalog alphabetisch ineinander vereinigt. Einige Bibliotheken führen noch *Sonderkataloge*, z.B. für den Zeitschriften-, Schulbuch- oder Diabestand, für den Nachweis von Literatur *über* bestimmte Personen, für Hochschulschriften, also Dissertationen und Habilitationsschriften.

Derzeit werden die meisten Kataloge noch als *Zettelkataloge* in Form von Karteikarten in Karteischränken geführt. Doch auch in den Bibliotheken halten neue Techniken Einzug, so daß Sie eventuell Mikrofilmkataloge oder EDV-gestützte Kataloge (gedruckte EDV-Listen, aber auch Bildschirmkataloge, den sog. OPAC; s. S. 132f.) in „Ihrer" Bibliothek vorfinden. Falls Sie mit dieser Technik nicht vertraut sind, lassen Sie sich vom Bibliothekspersonal einweisen. – Mikrofilmkataloge sind insofern ein Ärgernis, weil immer nur der Bestand bis zu einem bestimmten Zeitraum auf einem der Mikrofiches zu finden ist, so daß man u.U. mehrere, alphabetisch geordnete Filmkarten verschiedener Zeitabschnitte in das Lesegerät einlegen muß.

Wichtig ist außerdem das *Regelwerk*, nach welchem der Alphabetische Katalog geführt wird. Aus den angewendeten Regeln ergeben sich z.T. gravierende Unterschiede, die Sie eventuell ein gesuchtes Werk nicht finden lassen, obwohl es an dieser Bibliothek vorhanden ist. In wissenschaftlichen Bibliotheken sind neben hauseigenen Sonderregeln sowohl die *Preußischen Instruktionen (PI)* als auch die *Regeln für die alphabetische Katalogisierung für wissenschaftliche Bibliotheken (RAK-WB)* in Gebrauch, z.T. für die älteren Bestände die PI, für die neueren die RAK. – Wenn eine Umstellung von PI auf RAK erfolgte, was für die Verwendung von Computern in Bibliotheken notwendig war, ist wiederum wichtig, den Zeitpunkt und die Prinzipien zu erfragen, zu dem bzw. nach denen umgestellt wurde, weil dies bei der Suchstrategie berücksichtigt werden muß.

8.4.2 Die Katalogkarte konventioneller Zettelkataloge

Katalogkarten in wissenschaftlichen Bibliotheken haben in der Regel folgenden Aufbau:

Struktur	*Beispiel*
Ordnungszeile	Flitner, Andreas
Signatur	Päd 2a /123
Titelbeschreibung	Andreas Flitner: Konrad, sprach die Frau Mama ... : Über Erziehung und Nicht-Erziehung./Andreas Flitner.- Berlin: Severin und Siedler, 1982 ISBN 3-88680-037-7
bibliotheksinterne Angaben	82/53677

In der *Ordnungszeile* stehen die Angaben, nach denen die Karteikarte im Zettelkatalog einsortiert wird. Zu dem Beispiel gibt es sicherlich noch mindestens eine 2. Karte im Sachkatalog, auf der die Ordnungszeile „Flitner, Andreas" ersetzt ist durch ein inhaltliches Schlagwort, z.B. „Erziehung" oder bei einem systematischen Katalog die entsprechende Systematikstelle „Päd 2a". Da sich das Buch auch mit der Antipädagogik auseinandersetzt, wäre auch eine Karteikarte mit der Ordnungszeile „Antipädagogik" wünschenswert. Aber das ist eine Frage der *Erschließungstiefe*, die in Fachbibliotheken größer ist als in großen Landesbibliotheken, die Literatur für viele Wissengebiete bereithalten.

Für Bibliotheksnutzer ist die *Signatur* entscheidend, die gemerkt oder notiert werden muß, will man das entsprechende Werk aus dem Magazin bestellen bzw. selbst – bei Freihandaufstellung – aus dem Regal holen. Ist das Buch entliehen, kann es vorbestellt werden. Auch hierbei muß neben dem Verfasser und Kurztitel die Signatur angegeben werden.

8.4.3 Der Alphabetische Katalog (AK)

Der Alphabetische Katalog (AK) als Formalkatalog, der alle an dieser Bibliothek vorhandenen Bücher formal in alphabetischer Reihung umfaßt, ist nach Ergebnissen der Bibliotheksbenutzerforschung der am meisten genutzte Katalog einer Bibliothek. Er gibt Antwort auf die Fragen,

- ob die Bibliothek ein bestimmtes Buch besitzt,
- welche Bücher eines bestimmten Verfassers diese Bibliothek ihr eigen nennt sowie
- welche Ausgaben (neuere bzw. ältere Auflagen) eines bestimmten Buches in dieser Bibliothek angeschafft wurden.

Dazu muß man allerdings den Verfassernamen wissen, möglichst mit Vornamen(sabkürzung) bzw. bei Herausgeberwerken *den genauen Sachtitel;* denn nur in Katalogen nach RAK findet man unter dem Herausgebernamen eine Verweiskarte; der Haupteintrag erfolgt ebenso wie in Katalogen nach PI unter dem Sachtitel. (Die Unterschiede bei der Einordnung solcher Karteikarten wird weiter unten beschrieben.).

> ? In Alphabetischen Katalog finden Sie nur *selbständig erschienene Literatur,* also *keine Aufsätze* aus Zeitschriften oder Sammelwerken (= Herausgeberschriften, Jahrbücher, Reader etc.)!

(Wie man Aufsätze sucht, steht in den Abschnitten 8.4.9 und 8.4.10.) Die vorliegende selbständige Literatur wird formal angesetzt nach den Regeln des verwendeten Regelwerks (s.o.). Maßgebend ist vor allem das Titel*blatt* des vorliegenden Buches (S. 3 und 4) und *nicht* sein Umschlagtext. (Dies gilt übrigens auch für die Titelangaben in wissenschaftlichen Arbeiten, s. S. 213ff.) Unter anderem wird nach dem Titelblatt die oberste (Ordnungs-)Zeile der Karteikarte festgelegt, durch die die Einsortierungsfolge im AK bestimmt wird. Wer glaubt, das ABC des deutschen Ordnungsalphabets und der Feinreihung nach DIN 5007 zu kennen, muß sich bei Katalogen nach PI z.B. daran gewöhnen, daß I und J als ein Buchstabe gelten, daß in der *Ordnungszeile* Buchstaben und damit die Ordnungsfolge geändert werden (aus „Schäfer, Claudia" wird „Schaefer, Klaudia" [Umlaute werden in der Ordnungszeile immer aufgelöst {ä → ae, ö → oe, ü → ue}. Eine Normierung bestimmter Vornamen erfolgt hin zur gebräuchlicheren Schreibweise {Carl → Karl, Kristina → Christina}]).

Die Suche in *Alphabetischen Katalogen* kann darüber hinaus erschwert sein:

- bei Werken, die mehr als *drei* Verfasser haben; diese sogenannten *Vielverfasserschriften* werden wie *anonyme Werke* behandelt und sind unter dem *Sachtitel* im AK zu suchen
- bei *Herausgeberwerken,* für die ein oder mehrere Personen als Herausgeber fungieren und in denen namentlich gekennzeichnete Beiträge von mehreren, z.T. anderen Verfassern publiziert werden, sowie bei *Urheberwerken*, die von Körperschaften, also Institutionen, Firmen, Behörden etc. veranlaßt und herausgegeben wurden; beide Formen von *Sammelwerken* werden *unter dem Sachtitel im AK* eingeordnet; nur bei Katalogen nach RAK findet man unter dem Körperschaftsnamen einen Nebeneintrag, jedoch gibt es auch hier Sonderregeln für die Ansetzung von Körperschaften, so daß auch bei Katalogen, die nach RAK geführt werden, die Suche nach Sammelwerken unter dem *Sachtitel* zweckmäßiger ist
- bei Verfassern mit bestimmten Buchstaben im Namen (z.B. mit Umlauten, ß, I, J, diakritischen Zeichen, anderen Sonderzeichen), mit Doppelnamen und bei solchen, die unter mehreren Namen veröffentlicht haben (viele Wissenschaftlerinnen); insbesondere die Doppelnamen bereiten Schwierigkeiten, deshalb ein Beispiel nach PI und nach RAK, um die Auswirkungen deutlich zu machen (Teile, die für die Reihenfolge unbeachtet bleiben, sind *hier* eingeklammert, auf den Katalogkarten aber nicht!):

PI	RAK
Schmidt, A.	Schmidt, A.
Schmidt, Anna	Schmidt, Anna
Schmidt, Wolfgang (von)	Schmidt, Wolfgang (von)
Schmidt-Arnheim, Bernd	Schmidt von Schauensee, Kurt
Schmidt-Förster, Amalie	Schmidt zu Kronau, Georg
Schmidt (zu) Kronau, Georg	Schmidt-Arnheim, Bernd
Schmidt-Lübke, Zita	Schmidt-Förster, Amalie
Schmidt (von) Schauensee, Kurt	Schmidtheim, Bettina
Schmidtheim, Bettina	Schmidt-Lübke, Zita

- bei Namen, die in mehr als einer Schriftform vorkommen können („Mao-Tse-tung" – „Mao Zedong"),
- bei Namen mit Besonderheiten wie *Präfixen* (Wernher *von* Braun wird z.B. nach RAK als amerikanischer Staatsbürger unter „Von Braun, Wernher" angesetzt, Werner von Siemens als deutscher Staatsangehöriger unter „Siemens, Werner von", Heinrich von zur Mühlen unter „ZurMühlen, Heinrich von") und
- bei Werken mit *mehr als einem* Sachtitel (Paralleltitel, Kurztitel, Gesamttitel); hier wird z.T. unter jedem der Sachtitel eine Karteikarte eingeordnet, aber nicht immer.

Wer den Alphabetischen Katalog benutzt, kann dort – wie bereits betont – nur selbständige Literatur finden und muß bei Monographien einen Verfassernamen kennen. Sind es *mehr als drei Verfasser*, handelt es sich um eine Vielverfasserschrift, die wie ein Sammelwerk behandelt wird. *In diesen Fällen ist im AK unter dem Sachtitel nachzusehen!* Doch auch bei den Sachtiteln gibt es zwischen PI und RAK gravierende Unterschiede in der Ansetzung der Ordnungszeile, die ja die Reihenfolge der Karteikarten im Katalog bestimmt:

Für die *Ordnungszeile bei Sachtiteln* gelten nach den Preußischen Instruktionen (PI) folgende Grundsätze:

- Das erste Ordnungswort ist nach Möglichkeit ein Hauptwort (*Substantivum regens*; Beispiel: Buch von mehreren Verfassern [gleichbehandelt wie ein *anonymes Werk*] mit dem Sachtitel: „Historische Anthropologie" → Ordnungszeile: „Anthropologie historische").
- Kommt in einem Sachtitel kein Substantiv vor, wird die Ordnungszeile mechanisch bestimmt (Beispiel eines Buchtitels: „Das kann ich auch!" → „Das kann ich auch").
- Für die Wahl der weiteren Wörter gibt es unterschiedliche Methoden, grammatische wie mechanische Prinzipien. Die grammatische Form wird meist vereinheitlicht (Nominativform) (Beispiel eines Sachtitels:

„Prinzipien des Regelwerks“ → „Prinzipien Regelwerk“, z.T. auch „Regelwerk Prinzipien“! Deshalb an mehreren Stellen im AK suchen, wenn Sie den Titel nicht auf Anhieb gefunden haben).

Für die Ordnungszeile bei Sachtiteln gilt bei Anwendung der *Regeln der alphabetischen Katalogisierung* (RAK):

- Erstes Ordnungswort wird das *erste Wort* des Sachtitels, sofern es sich nicht um „der, die, das, ein, eine“ handelt bzw. entsprechende fremdsprachige bestimmte oder unbestimmte Artikel. Da der Computer nicht entscheiden kann, ob es sich um einen Artikel handelt, fällt dem auch das gleichbuchstabige Zahlwort „ein“ zum Opfer oder das Demonstrativpronomen „das“ (Folge: „Das kann ich auch!“ Nach RAK → K, nach PI → D).
- Für die weitere Ordnung sind die Wörter in der im Sachtitel gegebenen Reihenfolge und grammatischen Form maßgebend.

Wie schon betont, findet man in Katalogen, die nach den PI geführt werden, unter Herausgebernamen keinen Eintrag, wenn nicht freundliche Bibliotheksmenschen dort manchmal eine Verweiskarte im AK plaziert haben. Darauf können Sie aber nicht bauen. Schlagen Sie deshalb bei erfolgloser Suche nach einem Verfasser noch einmal unter dem genauen *Sachtitel* im AK nach: Derjenige, der die Literaturangabe publizierte, könnte die „Hrsg.“-Angabe vergessen haben, die ein Sammelwerk signalisiert. Die Suche unter dem Sachtitel ist allerdings schwieriger als unter einem Verfassernamen, zumal verschieden nach RAK und PI. Darum noch ein fiktives Beispiel mit Substantiven:

Sie finden die folgende Angabe vor:

„Schlaumeier, Emil (Hrsg.): Das neue Handbuch der Pädagogik“
Da es sich, wie aus dem „Hrsg.“-Zusatz hervorgeht, um ein Sammelwerk handelt,

- lautet die Ordnungszeile nach PI: *Handbuch neue Paedagogik oder Paedagogik Handbuch neue*
- lautet die Ordnungszeile nach RAK: *neue Handbuch der Pädagogik.*

Die Karteikarte würde im PI-Katalog also unter „Handbuch n...“ oder „Paedagogik H...“, im RAK-Katalog unter „neue H...“ zu finden sein, – wenn das Werk in dieser Bibliothek vorhanden wäre.

☞ Die Vielzahl der Einzelinformationen verwirren vielleicht. Für den Anfang sollten Sie sich merken, daß

- nur selbständige Literatur im AK nachgewiesen wird, also *keine Aufsätze,*
- Sie bei Herausgeberwerken und mehr als drei Verfassern unter dem *Sachtitel* nachschauen müssen, wobei das verwendete Regelwerk (PI bzw. RAK-WB) eine entscheidende Rolle für die alphabetische Einsortierung spielt,
- und daß es durch die genannten Regelwerke Sortierungsunterschiede gibt bei schwierigen Namen und Sachtiteln.

Sollten Sie einen gesuchten Titel im AK nicht finden, fragen Sie sicherheitshalber eine Bibliothekarin oder einen Bibliothekar um Rat, besonders dann, wenn es sich um einen der obigen „Problemfälle“ handelt.

8.4.4 Der Sachkatalog (SK)

Wenn Sie in einer Bibliothek zu einem bestimmten Sachthema Literatur suchen, die dort auch vorhanden sein soll, sollten Sie mit dem *Sachkatalog* beginnen. Voraussetzung ist eine möglichst genaue Beschreibung des Themas, zu dem Sie Literatur suchen, und seiner Grenzen. Dazu sollten Sie sich eine Liste von Begriffen aufschreiben und stetig ergänzen, die für das Thema eine Rolle spielen. Unter diesen suchen Sie dann im *Schlagwortkatalog (SWK)* bzw. im Schlagwortregister des *Systematischen Katalogs (SyK).* In den Geistes- und Sozialwissenschaften handelt es sich meistens um Schlagwort- oder Systematische Kataloge nach einer bibliothekseigenen Systematik. Für unseren Wissenschaftsbereich wird z.B. selten die „Internationale Dezimalklassifikation (UDC, UDK oder DK)“ eingesetzt mit ihren zehn Hauptgruppen. Allerdings verwenden viele öffentliche Büchereien in Deutschland die „Allgemeine Systematik für öffentliche Büchereien (ASB)“ mit 22 (Buchstaben-)Hauptgruppen. Während Sie sich bei Klassifikationen deduktiv dem Wissenschaftsausschnitt nähern, der Ihr Thema umfaßt, löst ein Schlagwortkatalog diesen klassifikatorischen Zusammenhang in Wörter auf, die dann nach Alphabet geordnet sind. Doch auch bibliothekseigene Systematiken verfügen meist über ein Schlagwortregister, so daß Sie über (Fach-) Wörter die Systematikgruppe ermitteln können, unter der Sie dann im SyK nachschlagen können.

Bibliothekarisch ist ein Schlagwort ein möglichst kurzes, aber präzises Wort, das den sachlichen Inhalt einer Schrift kennzeichnen soll. Das ist nicht immer mit einem Wort möglich, so daß Schlagwortketten gebildet werden. Ein Buch mit dem Titel „Die Beurteilung des Schülers im Deutschunterricht" wäre dann *wahrscheinlich* unter „Schülerbeurteilung/Deutschunterricht" und „Deutschunterricht/Schülerbeurteilung" zu finden. „Wahrscheinlich" schreibe ich deshalb, weil die Ansetzung nicht in jeder Bibliothek und auch erst für neuere Bestände den *Regeln für den Schlagwortkatalog (RSWK)* folgt, zumal es den Bibliotheken überlassen bleibt, wie tief sie ihren Bestand inhaltlich erschließen. Zudem wird ein anderes Problem deutlich: Die Schlagwortvergabe könnte falsch interpretiert werden als Urteile von Schülern *über* ihren Deutschunterricht. Wer dieses Thema bearbeiten will, könnte mit dem nachgewiesenen Buch wenig anfangen, wie schon der Titel offenbart.

In einer Spezialbibliothek, in der große Bestände an pädagogischer Literatur vorhanden sind, wird das Personal eine viel differenziertere Verschlagwortung vornehmen als das in einer großen Staatsbibliothek der Fall sein kann. Ein guter Schlagwortkatalog umfaßt jedoch auch Verweise, z.B. von Oberbegriffen auf zusammengesetzte Unterbegriffe (Pädagogik s.a. Freizeitpädagogik, s.a. Sozialpädagogik usw.), von einem synonym gebrauchten Wort auf das bevorzugte (Behindertenpädagogik s. Sonderpädagogik), manchmal auch assoziative Verweise (Leistungsbeurteilung s.a. Noten, s.a. Schülerbeurteilung), so daß die Suche in einem SWK einfacher ist als im AK oder SyK.

Auch hier muß wieder betont werden, daß in den allermeisten SWK keine Aufsätze zu finden sind! (Manche Bibliotheken erschließen einige ihrer wichtigen Zeitschriften wenigstens inhaltlich, nicht jedoch für den AK.)

8.4.5 Der Standortkatalog

Der Standortkatalog bildet den Bestand in den Regalfächern ab, wenn alle Bücher an ihrem richtigen Platz stünden. Der Standortkatalog wird beispielsweise bei Inventuren eingesetzt, so daß in ihm manchmal auch vermerkt ist, daß ein Buch vermißt wird. In einer Bibliothek mit systematischer Aufstellung ist der Standortkatalog für Sie relevant, wenn Sie mit dem SWK wenig erfolgreich waren, deduktiv aber vermuten, daß sich hinter einer bestimmten Systematikgruppe Material für Ihre Fragestellung verbergen könnte. Auch im Standortkatalog ist nur selbständig erschienene Literatur zu finden, die diese Bibliothek besitzt.

8.4.6 Der Zeitschriftenkatalog (ZsK)

Der Zeitschriftenkatalog ist für Sie wichtig, wenn Sie eine bibliographische Angabe haben, die auf einen Zeitschriftenaufsatz hinweist, oder wenn Sie eine bestimmte Zeitschrift interessiert. Der ZsK gibt Ihnen Auskunft darüber, ob diese Bibliothek jene Zeitschrift besitzt, und wenn dies der Fall ist, welche Jahrgänge sie von ihr angeschafft hat. Zeitschriftenkataloge werden meist als Sonderkataloge geführt und ordnen die Beschreibung des Zeitschriftenbestands alphabetisch nach dem Zeitschriftentitel, wobei bestimmte und unbestimmte Artikel (auch solche in fremder Sprache) am Beginn des Titels übergangen werden (Beispiel: „Die Deutsche Schule" → „Deutsche Schule").

Probleme bereitet es manchmal, abgekürzte Zeitschriftentitel in die richtige Langfassung zu bringen. Hierbei helfen Nachschlagewerke, die die offiziellen Zeitschriften-Abkürzungen auflösen.

8.4.7 Elektronische Kataloge

Mehr und mehr werden Kataloge in Bibliotheken auf EDV umgestellt, zumindest für die Neuanschaffungen ab einem bestimmten Zeitpunkt. Daher ist es erforderlich, auch die Technik der sogenannten OPACs (Online Public Access Catalogues) kurz zu skizzieren, denn die Unterschiede der Systeme lassen kaum verbindliche Aussagen zu: Es gibt *menügeführte Systeme*, wo man in eine Maske an der jeweilig vorgesehenen Stelle seinen Suchtext eintippt, und *kommando-orientierte Systeme*, wo Sie nach Befehlen Ihren Suchtext eingeben.

Beispiel für die Suche nach Büchern des Autors „Dieter Lenzen" in einem *kommando-orientierten System:*

„find au [für Autor] = Lenzen, Dieter" oder:
„s [für search] au = Lenzen *and* Dieter"

In einem *menügeführten System* wäre in eine Zeile zu springen „Suche nach Autor:" und dahinter der gesuchte Name mit nachgestelltem Vornamen einzutippen oder „Lenzen and Dieter".

In *beiden* Systemen meldet sich der Rechner mit einer Trefferzahl (0, 1, 2, ..., n). Wird eine Trefferzahl über 0 gemeldet, so gibt man dem Computer über die Menüsteuerung („F10: Titelanzeige" oder Abfrage „Titel zeigen? Ja – Nein") bzw. ein Kommando („d" [= display]) zu verstehen, daß er die Titelangaben anzeigen soll. Die gewünschten Katalogdaten erscheinen auf dem Bildschirm. Sie können bei mehreren Titeln per Tastendruck vor- und zurückblättern und bei einigen Bibliotheken durch Markierung des gewünschten Titels und Eintrag Ihrer Nutzernummer die Bücher aus dem Magazin bestellen bzw. – wenn sie derzeit verliehen sind – diese vorbestellen. In anderen Bibliotheken notiert man sich wie bei Zettel-, Mikrofiche- oder gedruckten Katalogen die Signaturen der gewünschten Bücher, holt sich die Bücher aus den Regalen oder bestellt sie per Leihschein. Technisch ähnlich wie oben beschrieben funktionieren die Bibliotheks- und Verbundkataloge, die über Internet erreichbar sind (s. Abschnitt 8.4.11).

8.4.8 Allgemeine Auskunftsmittel

Jede Bibliothek verfügt über allgemeine Nachschlagewerke wie Enzyklopädien, Lexika, Hand-, (Sprach-)Wörter- und Adreßbücher allgemeiner oder fachspezifischer Art. Diese werden meist an einem zentralen Standort aufgestellt, oft in der Nähe der Informationstheke. Diese Nachschlagewerke sind in der Regel nicht ausleihbar, so daß Sie sich dort nur während der Bibliotheksöffnungszeiten über Wörter, Personen, Anschriften informieren können. Solche Auskunftsmittel sind manchmal der erste Einstieg in die Bearbeitung einer Fragestellung, deshalb sollten Sie sich einen Überblick darüber verschaffen, welche Nachschlagewerke in Ihrer Bibliothek vorhanden sind. Eine Zusammenstellung wichtiger erziehungswissenschaftlicher Nachschlagewerke finden Sie im Anhang dieses Buches.

Enzyklopädien, (Real-)Lexika und Wörterbücher sind für die Einarbeitung in Begriffe, Gegenstände, Themen unterschiedlich geeignet. Allgemeine Nachschlagewerke zu allen Bereichen des Wissens sind sicher weniger fachnah als spezielle Nachschlagewerke für einzelne Wissensgebiete. Da alle Lexika jedoch erst das Wissen aufgreifen, das sich allgemein durchgesetzt hat, und außerdem nicht jedes Jahr überarbeitet werden, sind sie meist veraltet, auch hinsichtlich der Literaturangaben. Nachschlagewerke in den Geistes- und Sozialwissenschaften sind darüber hinaus ziemlich anfällig für weltanschauliche Intentionen des jeweiligen Stichwortautors oder der Bearbeiter, der Herausgeber oder des Verlags. Darüber hinaus gibt es Qualitätsunterschiede in der

Bearbeitung und Verläßlichkeit. Deshalb jeden Artikel kritisch durchdenken. Achten Sie auf jeden Fall auf den Redaktionsschluß oder das Datum der Drucklegung. Ältere Werke sind oft nur noch historisch interessant.

Auf der anderen Seite muß man sich manchmal schnell und überblicksartig über einen Gegenstand oder Sachverhalt informieren. Hier sei auf eine Fülle von Handbüchern verwiesen, für die ähnliches gilt wie eben für die anderen Nachschlagewerke ausgeführt. Dennoch bekommt man meist, von Fachleuten geschrieben, eine gewisse Struktur des Faches oder eines Themenbereiches übersichtlich dargelegt, so daß man auf der Grundlage dieses Überblicks die Wörter kennt, mit deren Hilfe man in Katalogen, Bibliographien, in elektronischen Diensten nach neuester Literatur suchen kann. Noch lohnenswerter sind „Annual Reviews", in denen renommierte Fachvertreter den Stand und Fortschritt („state of the art") ihres Spezialgebiets bewertend kommentieren.

Darüber hinaus benötigt man möglichst zuverlässige Nachschlagewerke, die Fachwörter erklären. Hier reicht ein Fremdwörterbuch meist nicht aus, weil Termini z.T. in verschiedenen Wissenschaften eine unterschiedliche Bedeutung haben, z.T. jedoch selbst in einem Fach höchst unterschiedlich definiert werden. Hier ist es gut, wenn man in einer Bibliothek auf eine Vielzahl von Nachschlagewerken zurückgreifen und vergleichen kann, dabei bedenkend:

- daß Nachschlagewerke nie so aktuell sein können wie die neuesten Forschungsergebnisse und insofern das Datum des Redaktionsschlusses bzw. der Drucklegung nicht unerheblich ist
- daß ihre Literaturverweise eher angeben, aus welchen Quellen das Stichwort verfaßt wurde denn dem Leser weiterführende Literaturhinweise zu geben
- daß Informationen aus Nachschlagewerken der Geistes- und Sozialwissenschaften ideologisch tendenziös sein können und
- somit die Zitierfähigkeit von Nachschlagewerken nur im Zusammenhang mit dem Zweck des Zitats und dem zu Rate gezogenen Werk entschieden werden kann.

8.4.9 Konventionelle Literaturauskunftsmittel

Wer Aufsätze zu einem bestimmten Thema sucht oder einigermaßen sichergehen will, daß es noch keine Arbeit zu seinem Dissertationsthema gibt, muß umfassend bibliographieren *und* elektronische Datenbanken abfragen. Viele Bibliotheken verfügen über zahlreiche *Literatur*auskunftsmittel wie Allgemeinbibliographien, Buchhandelsverzeichnisse (z.B. „Verzeichnis lieferbarer Bücher") sowie Fachbibliographien, Dokumentationen, Referatenorgane, die entweder auf bestimmte Themen oder Zeiträume beschränkt sind, spezielle Publikationstypen nachweisen wie Zeitschriftenaufsätze, Zeitungsartikel, Rezensionen, Hochschulschriften oder zu bestimmten Sachbereichen. *Formal* unterscheidet man außerdem zwischen abgeschlossenen und kontinuierlich erscheinenden Bibliographien.

Während Bibliothekskataloge i.d.R. unmittelbar am Buch erstellt werden, weisen manche Bibliographien auch sekundär nach, also aus zweiter Hand, so daß es vorkommen kann, daß es die Literatur in der dort beschriebenen Form gar nicht gibt. Aber das ist die Ausnahme. Meist sind die Beschreibungen in Bibliographien viel ausführlicher als in den Bibliothekskatalogen oder Allgemeinbibliographien, z.T. mit Schlagwörtern, Inhaltsangaben und ausführlichen Registern. Wenn man eine bestimmte Bibliographie nutzen will, wird man aufmerksam die jeweils einleitenden „Hinweise zur Benutzung" lesen, weil der Aufbau und die Anordnung der Nachweise variieren (ausführlicher: vgl. ROST 1994, GRUND/HEINEN 1995, S. 98f.).

Da es jede Menge Literaturauskunftsmittel gibt, muß es wiederum Bibliographien geben, in denen ausschließlich solche Auskunftsmittel nachgewiesen werden. Deshalb sei hier ein Hinweis auf das „Handbuch der bibliographischen Nachschlagewerke" (Frankfurt/M. [6]1984-1985; vgl. auch SCHREIBER 1990) angebracht.

Für die Erziehungswissenschaft/Pädagogik gibt es folgende wichtige Literaturauskunftsmittel, die Aufsätze nachweisen:

„Erziehungswissenschaftliche Dokumentation", „Pädagogischer Jahresbericht", „BIB-report", „ADIEU", „ZEUS" (sämtlich eingestellt, also nur noch für historisch oder geisteswissenschaftlich Arbeitende interessant), die „Bibliographie Pädagogik" und die „Literaturdokumentation Bildung auf CD-ROM" kurz: „CD Bildung" (Einführung in die Bedienung s. Anhang); darüber hinaus diejenigen, die vorwiegend fremdsprachige Literatur nachweisen: „British Education Index", „ERIC", „International ERIC", „OCLC Education Library" (ausführlichere Informationen s. Anhang).

4.8.10 Datenbanken auf Großrechnern und CD-ROM

Mittlerweile gibt es in vielen Universitätsbibliotheken sowie über Informations- und Dokumentations- bzw. Informationsvermittlungsstellen die Möglichkeit, – im übrigen wesentlich bequemer als in konventionellen Katalogen oder Literaturauskunftsmitteln – elektronische Datenbanken online bzw. von CD-ROM abzufragen. Weltweit gibt es mehr als 5.500 umfangreiche Datenbanken, die die Öffentlichkeit gegen Entgelt nutzen kann und auch die Zahl der **C**ompact **D**iscs - **R**ead **O**nly **M**emory (CD-ROM), auf denen Informationen gespeichert sind, wächst heftig (1995 mehr als 9.200 erwerbbare CD-ROM-Datenbanken). Zudem sind über Internet zahlreiche bibliographische Datenbanken abfragbar, z.B. die Library of Congress in Washington D.C. (Telnet: 140.147.254.3) oder ELIS, das Erlanger Literaturinformationssystem (Telnet: 131.188.1.43 – Login: elis), an das die Bibliothek angeschlossen ist, die das Sondersammelgebiet Bildungsforschung zentral für Deutschland betreut und erziehungswissenschaftlich relevante Literatur sammelt (zum Internet s. 8.4.11). Doch ältere Literatur, die allerdings nur für Geisteswissenschaftler und historisch Arbeitende noch interessant ist, wurde bisher erst teilweise in EDV-Systeme aufgenommen. Je nach Herstellerland und Wissenschaftsdisziplin läßt sich festhalten, daß es sich bisher nur für Bestände ab 1960 weltweit lohnt, elektronisch zu recherchieren, in bezug auf deutschsprachige sozialwissenschaftliche Literatur für den Erscheinungszeitraum ab ca. 1975.

Die elektronische Suche ist sehr hilfreich, weil mehrdimensionale Fragestellungen schnell und bequem beantwortet werden. Eine Fragestellung, wie beispielsweise neuere Literatur ab 1992 zum Thema „Alkoholismus bei Jugendlichen“ zu finden, würde über die *Booleschen Operatoren* (UND, ODER, NICHT) als Schnittmenge der Mengen „Alkoholismus“ UND „Jugendliche“ „[Jahr] > 1991“ in Sekunden gefunden werden. Außerdem sollte man geeignete Synonyme für Jugendliche in die Recherche einbeziehen (z.B. Jugend, Heranwachsende, Teenager) und die *Trunkierungs-* bzw. *Maskierungstechnik* anwenden. Mit Hilfe dieser Methode kann nach bestimmten Wortteilen gesucht werden, wie z.B. „Jugend$“, womit alle Kombinationen mit dem Wortstamm „Jugend“ am Anfang erfaßt werden, also „Jugend“ ebenso wie „Jugendliche“ oder „Jugendlicher“, aber auch „Jugendfreizeitstätte“, „Jugendgruppe“ und andere Schlagwörter. Nach einer Betrachtung des Ergebnisses kann dieses nachbearbeitet werden, indem man durch den Operator NICHT die Dokumente mit unerwünschten

Schlagwörtern wieder aus dem Suchergebnis entfernt. So können erst größere Treffermengen erzielt werden, die dann durch gestufte Reduzierung zu den gewünschten Ergebnissen verkleinert werden. Die bibliographischen Angaben der Recherche kann man dann mit einem Drucker ausgeben oder auf einer Diskette speichern (lassen). Die elektronisch gespeicherten Ergebnisse können mittels Textverarbeitungssoftware auf dem PC bearbeitet werden bzw. in andere (z.B. eigene PC-)Datenbanken eingelesen werden.

☞ Natürlich muß man sich in diese neue Technik einarbeiten, denn je nach Fragestellung und deren Umsetzung in die Recherchesprache kann es auch Suchergebnisse geben, die einen an sich selbst und/oder an der Datenbank zweifeln lassen. Hier hilft die gezielte Suche nach einem Dokument, welches man zu der Fragestellung schon kennt. Indem man dieses sucht und die dem Dokument zugeordneten Schlagwörter analysiert, weiß man, wie differenziert bzw. undifferenziert man weitersuchen kann.

Wer diese Recherchetechnik im Vergleich zum mühseligen Bibliographieren in konventionellen Literaturauskunftsmitteln einmal gekonnt angewendet hat, ist angetan von der Schnelligkeit und dem Komfort der Datenbankrecherche. Die Begeisterung über diese Möglichkeiten darf nicht darüber hinwegtäuschen, daß

- es darauf ankommt, aus der Vielzahl der Datenbanken die für die Fragestellung richtigen auszuwählen
- auch die Beherrschung der auf die jeweils gewählte Datenbank abgestimmten Recherchestrategie gelernt sein will
- die Bedienung der Geräte derzeit – zumindest was die mit erheblichen Kosten belasteten Online-Recherchen betrifft – vorwiegend Spezialisten vorbehalten bleibt (Informationsvermittler, Fachwissenschaftler und Bibliothekare mit Zusatzausbildung).

Deshalb werden z.Z. eher die auch von Laien leichter abfragbaren CD-ROM-Lösungen in öffentlichen Bibliotheken favorisiert. Hierzu muß man aber wissen, daß dadurch nur Literatur bis zur Fertigung der Silberscheibe auf ihr zu finden ist und die Suchmöglichkeiten durch die CD-ROM-Software eingeschränkter sind als bei der Online-Recherche, die aktueller und präziser sein kann, wenn der Informationsvermittler sein Handwerk beherrscht. Im Anhang finden Sie eine Bedienungseinführung und ein praktisches Beispiel anhand der „CD

Bildung", die derzeit die wichtigste CD-ROM für deutschsprachige pädagogische Literatur ist. Weitere Hinweise auf relevante CD-ROMs finden Sie im Anhang. Sie sollten sich für solche Möglichkeiten in „Ihrer" Stadt interessieren, doch auch zur Kenntnis nehmen, daß die elektronische Recherche nur eine zusätzliche, wenngleich bequeme Möglichkeit ist *neben* der auch durchzuführenden konventionellen Arbeit mit Bibliothekskatalogen, gedruckten Literaturauskunftmitteln und sonstigen Nachschlagewerken.

8.4.11 Die Suche im Internet

An den meisten Hochschulen gibt es auch für Studierende vom PC-Saal aus einen kostenlosen Zugang zum Internet, jener globalen Vernetzung von immer mehr Computern der Welt, die untereinander Daten abrufen und deren Nutzer sich gegenseitig Botschaften senden können. Internet besteht aus verschiedenen Diensten, z.B. WWW, Telnet, E-Mail, FTP, Gopher u.a. (s. Abbildung 13). Diese ermöglichen die elektronische Post „E-mail" ebenso wie das Recherchieren in Datenbeständen, das Aufstöbern von Wissenschaftler-Adressen, das Teilnehmen an Diskussionsgruppen, das Anfragen, um Informationen oder Hilfe zu erhalten, das Herunterladen (Downloaden) von Programmen, Texten usw. – Natürlich kann man sich auch in ein Online-Café begeben oder sich privat über eine Telefonleitung und ein Modem (über Anbieter wie AOL, COMPUSERVE oder T-ONLINE) einen Internetzugang verschaffen. Doch das ist auf jeden Fall mit Kosten verbunden, zumindest mit den Telefonkosten von zu Hause bis zum Rechenzentrum der Hochschule. Darüber hinaus braucht man eine Software, die eine Verbindung zwischen den Rechnern herstellt und Daten auf das eigene Laufwerk herunterladen bzw. über den Drucker ausgeben kann.

Wer an einem kostenfreien Internetzugang Interesse hat, kann sich entweder als „Gast" in einen PC-Saal der Hochschule begeben, dort einen der begehrten Plätze erhaschen oder bei der Benutzerverwaltung des Rechenzentrums seiner Hochschule für sich einen sog. „Account" beantragen; eine Berechtigung, die aus zwei Teilen besteht, einer eindeutigen „Adresse" und einem „Password", damit kein anderer unberechtigt Ihre Post liest oder bei gebührenpflichtigen Angeboten auf Ihre Kosten Leistungen in Anspruch nimmt. Mittlerweile kann man auch von einigen Bibliotheken aus im Internet recherchieren.

Abbildung 13: **Einige Internet-Dienste und ihre Funktion**

Name des Dienstes	Funktion
Usenet News (im Fachjargon einfach nur „News" genannt)	Elektronisches System („Schwarzes Brett"), in dem Anbieter und Nutzer Informationen und Mitteilungen schreiben und lesen können. Es gibt mittlerweile mehrere zehntausende von „Newsgroups" mit sämtlichen vorstellbaren Themengebieten
FTP (File Transfer Protocol)	Protokoll [...] zum Übertragen von Dateien zwischen verschiedenen Rechnern im Internet
Gopher	Suchprogramm, das Textinformationen in Form hierarchischer Menüs anbietet
E-Mail	Protokoll zum Senden und Empfangen von elektronischer Post
Telnet	Protokoll [...] zum Steuern anderer Rechner im Internet über ein Textterminal (z.B. Online-Recherche)
WWW (World Wide Web)	Weltweites Netz von Servern mit Hypertext-Technologie, die untereinander verknüpft sein können

(Quelle: GAEHTGENS/MÜLLER 1995, S. 6; Modifikationen: F. R.)

Ihre „Adresse" setzt sich zusammen aus mehreren Teilen, in deren Mitte das Computersonderzeichen @ zu finden ist, das „at" (*gesprochen:* „Ätt") heißt (was im Englischen „bei" meint). Sie erzeugen es mit der Tastatur, indem Sie die „Alt Gr"-Taste festhalten und dabei ein „Q" tippen (bei Macintosh-Computern: Alt + Shift + 1). Links vor dem @ steht Ihre persönliche Kennung, rechts nach dem @ die Ihres Rechenzentrums oder Providers sowie zumeist eine zweibuchstabige Länderkennung. Der Aufbau sieht abstrakt also folgendermaßen aus:

Login-Name@Rechenzentrum.Institution.Länderkennung

Meine Adresse als Mitarbeiter der Freien Universität Berlin, deren Rechenzentrum ZEDAT den Internetzugang bei uns ermöglicht, könnte lauten:

„friedrich.rost@zedat.fu-berlin.de"

oder wie auch üblich:

„frost@zedat.fu-berlin.de" oder „rost@zedat.fu-berlin.de",

je nachdem, wie häufig der Nachname „Rost" an „meiner" Universität vorkommt. Nur der vordere, persönliche Teil ist frei wählbar, darf aber noch nicht an der Institution vorhanden sein. Den rechten Teil schreibt die „Domäne", Ihr Rechenzentrum bzw. Internetanbieter vor.

Nun werden Sie auch E-Mail- oder Internet-Adressen kennen, die nur oder teilweise aus Ziffern und Punkten bestehen, z.B.: 129.217. 222.38. Es handelt sich dabei nur um eine andere Schreibweise. Auch die E-Mail-Adresse aus Buchstaben besteht eigentlich aus Zahlen. Die sind nur schwerer zu merken. Hier reicht es zu wissen, daß jeder im Internet eine eindeutige IP-Nummer („Internet Protocol-Number") hat. Zu jeder Adresse oder IP-Nummer gehört ein Paßwort, damit niemand auf Ihre Kosten Leistungen in Anspruch nimmt oder Ihre Dateien ausspioniert. Wählen Sie sich eines, das aus mindestens acht Zeichen bestehen sollte, kleine und große Buchstaben sowie Ziffern beinhaltet, z.B. ein Akronym wie: „Ih1Au&1F" = „Ich habe 1 Auto und 1 Fahrrad".

> ! Vergessen Sie Ihr Paßwort nie, erzählen Sie es niemandem und achten Sie darauf, daß Ihnen bei dessen Eingabe keiner auf die Finger schaut. Sollte es ein anderer kennen, ändern Sie es umgehend.

Wenn Sie als „Gast" einen Platz im PC-Saal ergattert haben und der Rechner läuft, ist dort meist auf dem Bildschirm eine kleines Bildchen, ein „Icon" *Internet* neben anderen Icons abgebildet. Mit dem Mauspfeil gehen Sie auf das Icon „Internet" und starten über einen Doppelklick auf die linke Maustaste die Prozedur des Einloggens. Auf dem Monitor erscheint ein Kästchen, mit dem Sie nach Ihrem Benutzer- = Login-Namen und Ihrem Paßwort gefragt werden. Wenn Sie einen „Account" haben, tragen Sie Ihren Benutzernamen ein und in die Spalte „Password" Ihr Paßwort. Es versteht sich, daß nur bei fehlerfreier Eingabe von beidem ein autorisierter Zugang möglich ist. Sind Sie „Gast", so steht meist am Anschlagbrett des PC-Saals oder auf einem Aufkleber am Monitorrand des Gerätes, vor dem Sie sitzen, was Sie einzugeben haben: Manchmal die angegebene Rechner-Nummer und kein Paßwort, manchmal „Guest", manchmal auch gar nichts. Dann müssen Sie nur die Return-Taste („Enter"-Taste) drücken.

Haben Sie sich richtig eingeloggt, erscheint der sog. „Browser", z.B. der „Microsoft Internet-Explorer" oder „Netscape", d.h. eine Software, die die Verbindung zu den einzelnen Servern herstellt. Server sind größere Rechner im Netz, auf denen die Datenbanken verwaltet und bereitgestellt werden. Meist stellt der Browser sofort und automatisch eine Verbindung her zur WWW-„Homepage", der Begrüßungsseite Ihrer Hochschule. Dort fallen Ihnen andersfarbige und unterstrichene Wörter auf. Wenn Sie eines dieser Wörter mit dem Pfeil der „Maus" ansteuern, verwandelt sich der Pfeil in eine kleine Hand mit ausgestrecktem Zeigefinger. Solche unterstrichenen Wörter nennt man einen „Link", eine Verbindungsstelle. Durch einen Klick mit der Maustaste auf solch einen Link können Sie sich weiterverbinden lassen, z.B. zu Ihrer Universitätsbibliothek, die Sie nach einer kurzen Zeit des Wartens auf ihrer eigenen „Homepage" willkommen heißt und Ihnen wieder ein Auswahlmenü anbietet (z.B. „Wichtige Informationen", „Öffnungszeiten", „Mitarbeiter", „Neuerwerbungen", „Katalog" „Bibliographische Information"), aus dem Sie sich wiederum das Gewünschte über „Links" aussuchen können. Während Sie „klikken", merken Sie, daß links oben auf dem Bildschirm in einer Textzeile (vor der bei Netscape „Location:" steht) eine neue Buchstaben- und Zeichenfolge erscheint, die offensichtlich die nächste Seite anwählt. Eine solche Textzeile hat beispielsweise folgendes Aussehen:

„http://www.mpib-berlin.mpg.de/DOK/ehome.htm"

Wenn es Ihnen zu lange dauert, sich über die vielen Links durch das Netz zu hangeln, können Sie natürlich WWW-Seiten auch direkt anwählen. Wenn Sie deren „URL" (= **U**niform **R**esource **L**ocator), d.h. die Adresse eines Servers bzw. eines dort abrufbaren Dokuments kennen, z.B. die obige des Max-Planck-Instituts für Bildungsforschung in Berlin, Deutschland und dort die Dokumentation mit ihrer Homepage. Wenn Sie die „URL" über die Tastatur dort oben in die Textzeile auf dem Bildschirm fehlerfrei eingegeben haben, können Sie sie mit der Return-Taste absenden. Nach einiger Zeit ist die Verbindung hergestellt und die entsprechende Seite erscheint auf dem Monitor, wenn Sie sich nicht vertippt haben oder die URL nicht geändert wurde. Das merken Sie an einer Fehlermeldung.

Über der Textzeile mit der Location sind bei Internetexplorer bzw. Netscape mehrere viereckige Buttons mit Beschriftung bzw. graphischen Symbolen (s. Abbildung 14). Sie dienen der bequemen Handhabung der Software. So kann man beispielsweise mit dem Button „Back" jeweils eine Bildseite zurückgehen, mit „Home" kehrt man an den Ausgangspunkt zurück. Die Handhabung des Menüs ist sehr einfach, zumal man auf den angewählten WWW-Seiten dann meist mit den „Links" weiterarbeitet. Wenn Sie eine Mitteilung an einen der Verantwortlichen für eine WWW-Seite loswerden wollen, klicken Sie auf den „Link" der meist angegebenen „E-mail-Adresse" und der

Browser öffnet ein E-Mail-Programm, mit dem Sie dem Ansprechpartner eine Nachricht senden können.

Abbildung 14: **Browser-Seite**

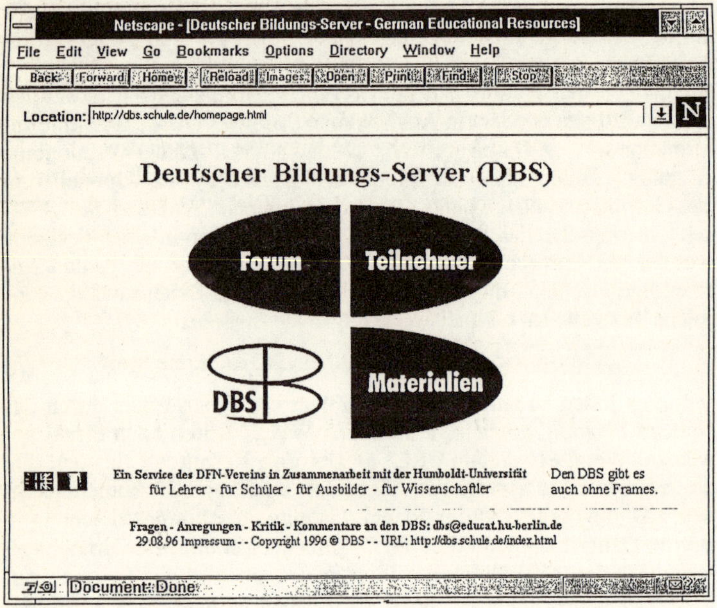

Wichtige WWW-Seiten sind im Anhang (s. Anhang 5.3) genannt, darunter im Aufbau befindliche „Virtuelle Bibliotheken", in denen man Literaturnachweise suchen kann. Darüber hinaus kann man es auch einmal aufs Geratewohl probieren. Universitäten haben ihre Angebote oft unter

„uni"-„stadtname"."länderkennung" abgelegt, z.B.:

„http://www.uni-augsburg.de".

Ansonsten gibt es *Search Engines* (= Suchmaschinen), die die länder- bzw. bereichsspezifischen oder weltweiten WWW-Seiten mit Hilfe der Booleschen Operatoren durchsuchen, doch leider oft dumme Fehler machen, so daß die nachgewiesenen Stellen meist nichts mit dem zu tun haben, was man suchte.

Das Internet ist sicher das System der Zukunft auch für den Wissenschaftler-Arbeitsplatz. Wir werden weltweit in Datenbanken wie Bibliothekskatalogen recherchieren und viel genauer als derzeit möglich feststellen können, ob die angezeigten Literaturhinweise dem entsprechen, was wir gesucht haben, die gewünschte Literatur aus Volltextdatenbanken abrufen und auf unseren Rechner transferieren, die gewünschten Zitate elektronisch in dem Text suchen, ausschneiden und in unsere Arbeit als Zitat übernehmen, unsere Arbeit und Forschungsinteressen auf einer eigenen Homepage darstellen und unsererseits unsere Veröffentlichungen als Volltexte den Kollegen in aller Welt anbieten, über E-Mail weltweite Kontakte pflegen usw.

Derzeit ist aber noch größte Vorsicht geboten, das gilt auch für Viren, die man sich über das Internet (via Diskette) auf den eigenen Rechner holen kann. Viele Angebote sind noch im Aufbau, deshalb lücken- und fehlerhaft oder von der Qualität her fragwürdig. Es wird in Zukunft mehr Angebote und Bestände geben müssen, die eine gewisse Zuverlässigkeit garantieren und deren Daten gegen die Manipulation durch andere geschützt sind.

8.4.12 Von der Literaturermittlung zur Literaturbeschaffung

Von Volltexten im Internet einmal abgesehen: Was Sie nach sorgfältigen Recherchen haben, sind erst einmal Literatur*hinweise* in Form von bibliographischen Angaben. Diese sollten bei *selbständiger* Literatur *zumindest* bestehen aus:

Verfassernamen, inkl. Vornamen(sabkürzung); Sachtitel, der bei Sammelwerken genau sein muß; und dem Erscheinungsjahr.

Bei *unselbständiger* Literatur ist neben dem Verfassernamen für den Aufsatz vor allem der Quellenvermerk wichtig, unter dem ja zu suchen ist: bei Sammelwerken (also der genaue Sachtitel des Sammelbandes, bei Zeitschriftenaufsätzen der Zeitschriftentitel, sodann bei beiden das Erscheinungsjahr). Je mehr richtige Angaben Sie haben, desto einfacher gestaltet sich die weitere Suche. Denn mit den bibliographischen Angaben haben Sie noch nicht die Primärdokumente für die Arbeit zur Verfügung. Hierzu ist es wichtig, daß Sie die Informationslandschaft Ihrer Region kennen und darüber hinaus Möglichkeiten der Fernbestellung (Fernleihe, Online ordering).

Falls Ihr Standort über eine gute Bibliothek verfügt, sollten Sie bei Monographien und Sammelwerken über deren Alphabetischen Katalog (s. S. 126ff.) und bei Zeitschriftenaufsätzen über deren Zeitschriftenkatalog (s. S.132) feststellen, ob es in dieser Bibliothek die mit diesen Literaturangaben beschriebenen Primärdokumente gibt. Auf den Katalogkarten finden Sie einen Hinweis zum Standort, meist in der Form einer *Signatur* rechts oben auf der Karteikarte. Eine Signatur besteht aus Ziffern und oft auch aus Buchstaben.

Beispiele für Signaturen:

„188/87/20467(0)", „PA 500/32" oder „Päd 3 d/kom 2" – s. S. 125.

Diese müssen Sie sich aufschreiben oder merken, wenn Sie die Primärdokumente einsehen wollen. In *Freihandbibliotheken* finden Sie die Hauptgruppen der Signatur an den Regalen und die genaue Signatur auf dem Buchdeckel. In *Magazinbibliotheken* müssen Sie einen Bestellschein ausfüllen und abgeben, auf dem die Signatur die wichtigste Angabe ist, damit der Mitarbeiter das richtige Buch aus dem Magazin holt. Wenn Sie das Buch entleihen dürfen, müssen Sie einen Leihschein ausfüllen. Des öfteren werden heute Bücher auch elektronisch verbucht. Dazu wird die Vorlage des maschinenlesbaren Benutzerausweises, oft der Studentenausweis selbst, verlangt. Da in Ausleihbibliotheken etliches verliehen ist, planen Sie bitte Ihre Arbeit so rechtzeitig, daß Sie zur rechten Zeit über die Primärdokumente verfügen. Bei einigen Bibliotheken kann man Bücher auch elektronisch vorbestellen. Manche Bibliothekssysteme melden einem sogar auf dem Monitor, ab wann man mit dem Buch rechnen kann.

Sollten Sie nicht fündig geworden sein, beginnt die Suche in anderen Bibliotheken, sofern es wahrscheinlich ist, daß jene die gesuchten Dokumente besitzen. In einigen Bundesländern und an einigen großen Bibliotheksstandorten gibt es *Verbundkataloge,* die den Bestand von mehreren Bibliotheken bzw. sogar einer ganzen Region nachweisen (in Form von Zettel-, Mikrofiche- oder EDV-gestützten Katalogen). Mittlerweile sind für die neueren Bestände elektronische Verbundsysteme im Aufbau, so daß man z.B. über Internet feststellen kann, welche Bibliothek das gesuchte Buch besitzt. Dieses Buch wird nachgewiesen durch ein eindeutiges Kürzel für diese Bibliothek oder das *Sigel,* das sie besitzt (z.B. „1a" = Staatsbibliothek Preußischer Kulturbesitz, Berlin; „929" = Rheinische Landesbibliothek, Koblenz). Alle Bibliotheken, die am regionalen bzw. überregionalen Leihverkehr teilnehmen, haben solch ein Bibliothekssigel, das durch *Sigelverzeichnisse* auflösbar ist.

Selbst wenn Sie keine Möglichkeit haben, an Verbundkatalogen abzuprüfen, ob das Buch oder die Zeitschrift in Ihrer Region vorhanden ist, können Sie von der Fernleihe Gebrauch machen. Allerdings ist eine z. Z. noch geringe Gebühr dafür zu zahlen. Es können auch Dokumente aus anderen Ländern kostenpflichtig bestellt werden. Dazu müssen Sie folgendes tun: Sie füllen in Ihrer *am Leihverkehr teilnehmenden* Bibliothek (das ist leider eine Vorbedingung) einen *Fernleihschein* aus, der an eine große (Landes-)Bibliothek weitergeleitet wird. Dort recherchiert man, wo es das entsprechende Dokument gibt. Da dies in der Regel sechs Wochen dauert, ist es gut, wenn Sie selbst schon z.B. über Internet ermitteln konnten, wo es das Werk gibt. Das verkürzt die Wartezeiten unter Umständen erheblich, wenn das Buch dort nicht gerade verliehen ist.

Für Zeitschriftenaufsätze gibt es über Online-Datenbanken wie SOLIS (soziologische Literatur) oder die Zeitschriftendatendank (ZDB), aber auch über sog. „Document Delivery-Services" wie über die British Library oder kommerzielle Anbieter wie „Swets" oder „UnCover", die Möglichkeit, direkt Zeitschriftenaufsätze zu ordern (Online ordering), die Ihnen gegen Entgelt zugeschickt werden. Hierzu laufen auch bundesweite bzw. regionale Modellprojekte (SUBITO, JASON-NRW), die durch Koordinierung etlicher Bibliotheken eine Beschleunigung der Dokumentlieferung zum Ziel haben.

8.5 Die Relevanzprüfung von Literatur

Natürlich sollten Sie sich wichtige Bücher auch kaufen. Das hat den Vorteil, daß Sie diese ständig zur Verfügung haben, wenn Sie sie brauchen. Da ich mich hinterher über manch nutzlose Anschaffung geärgert habe, gehe ich nun so vor, daß ich das Buch vorher sehr genau prüfe, ob es sich für meine Fragestellungen als relevant erweist. Dieser Vorsatz sollte aber nicht nur für gekaufte Bücher gelten, sondern auch für Material, das man aus den Bibliotheken heimschleppt.

Wenn Sie für Ihre Themenstellung größere Mengen anscheinend geeigneter Literatur gefunden haben, kommt es darauf an, durch die Relevanzprüfung die Spreu vom Weizen zu trennen. Dazu sollte man sich den Aufsatz bzw. das Buch genauer ansehen:

- *Wie lautet der Titel?* Welche Erweiterungen, Einschränkungen, Konkretisierungen oder Präzisierungen sind aus dem *Untertitel* zu entnehmen? *Bei Übersetzungen:* Wie lautet der Originaltitel? Sind daraus Abweichungen zur deutschen Fassung des Titels ersichtlich; was könnte dieses für die eigene Fragestellung bedeuten?

- *Was weiß man über den Verfasser?* Handelt es sich um ein Spezialgebiet des Autors, hat er gegebenenfalls in diesem Bereich einen „Namen"? Ist er in Deutschland Professor, so lohnt ein Blick in „Kürschners Gelehrtenkalender" oder in das „Wer ist wer?" Für ausländische Gelehrte gibt es in großen Bibliotheken entsprechende Werke, z.B. den „Who is who". – Welche wissenschaftstheoretische Position vertritt er? Falls Sie sich dazu näher informieren wollen, suchen Sie nach anderen Veröffentlichungen dieses Verfassers.
- *Wie ist im Zusammenhang mit dem von Ihnen zu bearbeitenden Thema das Erscheinungsjahr des Dokuments zu bewerten?* Bei sozialwissenschaftlicher Fragestellung müssen Sie in viel stärkerem Maße die neuesten Veröffentlichungen und Daten verwenden, bei geisteswissenschaftlichen oder historischen Themenstellungen kann das anders sein. Doch neuere Entwicklungen können Sie beispielsweise nicht in Büchern von 1960 finden. Diese lohnen nicht einmal den Weg zum Regal. Die Jahreszahl finden Sie im Impressum, meist auf der Rückseite des Titelblattes.
- *Wie seriös sind Klappentext und Verlag?* In dem werbenden Text auf den Umschlagklappen bzw. bei broschierten Büchern auf der Seite 2 oder der Buchrückseite finden Sie erste, *auch inhaltliche* Informationen zur Zielsetzung des Buches, z.T. auch eine biographische Notiz zum Autor. Doch glauben Sie nicht alles, denn Ziel des Klappentextes ist es, Käufer zu gewinnen. Vergleichen Sie diesen Text mit dem Inhaltsverzeichnis, dem Vorwort bzw. der Einleitung! – *Was ist Ihnen zum Verlag bekannt?* Es gibt Verlage, die eher populärwissenschaftlich oder weltanschaulich ausgerichtet sind, und auch solche, die besonders gut lektorierte Bücher anerkannter Autoren veröffentlichen. – *Bei Zeitschriften und Schriftenreihen:* Welches Ansehen genießt die Zeitschrift oder Reihe in fachwissenschaftlichen Kreisen? Welche Herausgebernamen bestimmen das Profil der Zeitschrift oder der Buchreihe?
- *Wurde das Werk schon rezensiert und wie?* – Besprochen werden in der Regel nur Bücher, keine Aufsätze. Neben den Besprechungen in großen Tages- und Wochenzeitungen, die gelegentlich auch Sach- und Fachliteratur rezensieren, gibt es anerkannte sozialwissenschaftliche Rezensionsorgane in deutscher Sprache wie z.B. die „Sozialwissenschaftliche Literatur Rundschau", die „Soziologische Revue", die „Kölner Zeitschrift für Soziologie und Sozialpsycholo-

gie“ oder „Das Argument“. Natürlich haben auch etliche erziehungswissenschaftliche Zeitschriften einen Rezensionsteil. Zudem werden Besprechungen nachgewiesen durch Rezensionsbibliographien, z.B. auf der CD-ROM „IBR“ des Verlags Zeller, Osnabrück.

- *Inhaltsverzeichnis und – so vorhanden – Register prüfen!* Aus dem Inhaltsverzeichnis sollte hervorgehen, ob längere Passagen des Buches für Ihre Fragestellung relevant sind. Dies kann man auch noch einmal kontrollieren, indem man sich die eventuell beigegebenen Sach- und Personenregister anschaut. Tauchen dort die Wörter und Namen auf, die Sie auf Ihrer Schlagwortliste haben? – Lesen Sie gegebenenfalls die durch das Inhaltsverzeichnis oder Register ausgewiesenen *Textpassagen!* Welchen Eindruck hinterlassen diese bei Ihnen? Sind sie im Niveau zu hoch, zu niedrig oder Ihrem Studienstand angemessen? Ist der Stil verständlich? Ist die Darstellung oberflächlich oder gar langweilig?
- *Welche Literaturangaben macht der Verfasser?* Ist etwas dabei, was Sie aus Ihrer Bearbeitung des Themas schon kennen? Ist neuere Literatur angegeben, die Sie noch nicht kennen? Diese sollten Sie notieren und nachschlagen, auch wenn Sie das Buch selbst vielleicht nicht ausleihen/kaufen.
- *Vorwort/Einleitung/Zusammenfassung lesen.* Besonders wichtig sind Vorwort bzw. Einleitung, in denen etwas über den Zweck und die Zielsetzung der Schrift stehen sollte. Auch die Zusammenfassung der Arbeitsergebnisse am Schluß eines Buchs kann Aufschluß darüber geben, ob es geeignet ist, für Ihre Arbeit herangezogen zu werden. – Bei *Aufsätzen* sollten Sie eine eventuell vorhandene Zusammenfassung (Autorenreferat) und den Schluß lesen sowie die Zwischenüberschriften prüfen.
- *Wenn Sie abschließend der Meinung sind, daß sich die Lektüre lohnt,* sollten Sie das Buch kaufen bzw. entleihen bzw. den Aufsatz kopieren (und mit der vollständigen Quellenangabe beschriften, s. S. 222ff.). Ist das Primärdokument Ihres Erachtens im Niveau noch zu hoch für Sie, sollten Sie es sich ggf. für einen späteren Zeitpunkt vormerken und in Ihrer Literaturkartei dazu eine Karteikarte anlegen.

RÜCKRIEM/STARY/FRANCK (1995, S. 136) haben den Prozeß der Relevanzprüfung in seinen Grundzügen in einem Flußdiagramm visualisiert (vgl. Abbildung 15).

Abbildung 15: **Die Relevanzprüfung**

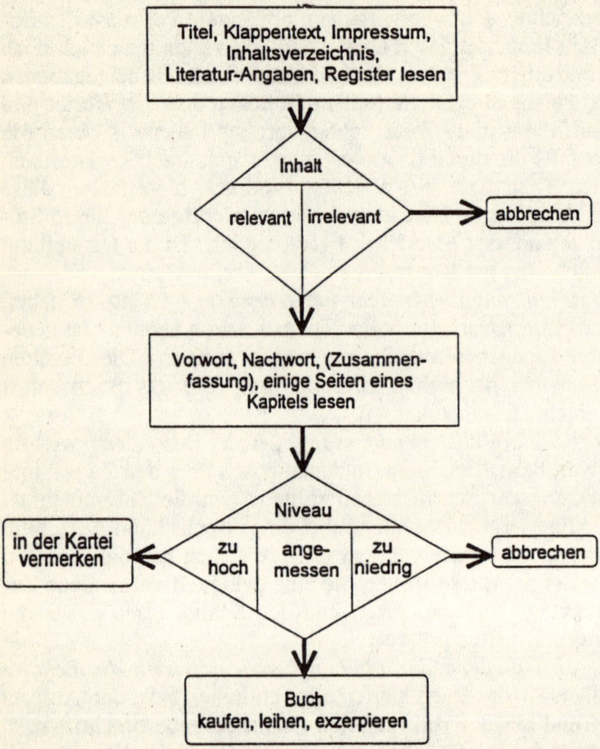

(Quelle: RÜCKRIEM/STARY/FRANCK 1995, S. 136)

Zusammenfassung

Wenn Sie die Informations-Infrastruktur „Ihrer" Region gut kennen, sich die Grundkenntnisse der drei Informationsbedarfssituationen sowie der Bibliotheks- und Katalogkunde angeeignet haben, darüber hinaus konventionelle und elektronische Recherchetechniken beherrschen und für die gezielte Literaturrecherche einsetzen, dann wird Ihnen die Besorgung der relevanten Literatur keine Schwierigkeiten bereiten, *wenn Sie rechtzeitig beginnen.* Bedenken Sie, daß durch Etatkürzungen immer weniger Exemplare angeschafft werden, so daß es lange dauern kann, bis Sie an die für Sie wichtige Literatur herankommen. Haben Sie große Mengen von Literatur im Original vor sich, so prüfen Sie schon *in der Bibliothek* anhand der Kriterien der *Relevanzprüfung* ab, welche der zahlreichen gefundenen Dokumente etwas für Ihre Fragestellung bringt. Nicht benötigte Literatur brauchen Sie dann gar nicht zu fotokopieren oder auszuleihen.

Bei *keiner* Recherche, egal ob elektronisch oder konventionell, haben Sie die Gewähr, sämtliche wichtigen Literaturangaben ermittelt zu haben. Doch bei sorgfältiger konventioneller *und* elektronischer Recherche ist die Wahrscheinlichkeit gering, daß Ihnen Wesentliches entgangen ist. All diese Recherchestrategien setzen Übung, Kenntnisse und (selbst-) kritische Reflexion voraus, zumal das Hauptproblem nicht darin besteht, *viele* Informationen zu finden, sondern die richtigen.

> 🕮 Zum Thema „Bibliothekarisches Grundwissen" ist das gleichnamige Buch von HACKER (1992) empfehlenswert. Was Suchstrategien und den richtigen Umgang mit CD-ROM und OPAC angeht, können Sie Ihr Wissen mit dem Buch von GRUND/HEINEN (1995) vertiefen: „Wie benutze ich eine Bibliothek?" Sinnvolle Wege durch die Informationsflut und kritischen Umgang mit Informationen eröffnet Ihnen das Werk „Informationsflut" von SCHRÄDER-NAEF (1993b).

9 Das Lesen und das Arbeiten mit Texten

Worum geht es im 9. Kapitel?

„Die Studierenden lesen nicht mehr“, lautet eine häufig geäußerte Klage über die Textarbeit in den Seminaren. „Wir haben wöchentlich Hunderte von Seiten lesen müssen“, schwadroniert mancher Professor der Sozial- oder Geisteswissenschaften und macht damit seine Erwartungen deutlich. – Nicht wegzudiskutieren ist andererseits, daß das Lesen immer noch eine grundlegende Tätigkeit im wissenschaftlichen Arbeitsprozeß ist, die nicht vernachlässigt werden darf. Denn die meisten Ergebnisse der Wissenschaften liegen nun einmal nur in schriftlicher Form vor.

Nach STARY/KRETSCHMER (1994, S. 38f.) werden von Studierenden folgende Lese-Probleme benannt:

- „Ich habe keine Lust zum Lesen.
- Ich verstehe nicht – oder nicht vollständig –, was ich lese (Lexikon, Syntax, Abstraktion, Inhaltsbezug).
- Ich kann nicht in eigenen Worten wiedergeben, was ich gelesen habe.
- Ich kann mir den gelesenen Stoff nicht einprägen.“

In diesem Kapitel, das zumindest für die letzten drei Probleme Strategien aufzeigt, erfahren Sie Wissenswertes über die komplexe Tätigkeit des Lesens und unterschiedliche Lesetechniken, zwischen denen, je nach Zweck der Lektüre gewechselt werden sollte. Im Mittelpunkt dieses Kapitels steht die bewährte „Fünf-Schritt-Methode (SQ3R)“ des lernenden Durcharbeitens von Texten. Darüber hinaus finden Sie Informationen über Textsorten und -strukturen sowie ausführliche Hinweise zum Unterstreichen, Randnotizen vornehmen bzw. zum Herausschreiben von Textinformationen. Da das Gehirn denkökonomisch vorgeht, kommt es darauf an, Texte mit Hilfe einer Fragestellung zu lesen, wichtige von unwichtigen Textinformationen zu scheiden, Argumentationsstrukturen nachzuvollziehen, Ungereimtheiten und Lücken zu suchen sowie das Erarbeitete durch Umsetzung in eigene Worte und Superzeichen wie z.B. Schaubilder festzuhalten.

9.1 Einiges Wissenswerte über das Lesen

Vorbedingung für jedes Lesen ist Mustererkennung durch visuelle Wahrnehmung. Die Mustererkennung wird mit simultan ablaufenden Prozessen erklärt, die in den Modellen der Daten- sowie der Konzeptsteuerung dargestellt werden (vgl. Abbildung 16). Einerseits werden Sinnesreize, beispielsweise die drei Striche eines „A" als eine Figur (Buchstabe „A") gesehen, andererseits verfügen Leser dank ihres Gedächtnisses über ein Repertoire an Buchstaben und gebräuchlichen Wörtern, die sie interpretierend und kontextabhängig an den Text heranbringen.

Abbildung 16: **Datensteuerung und Konzeptsteuerung**

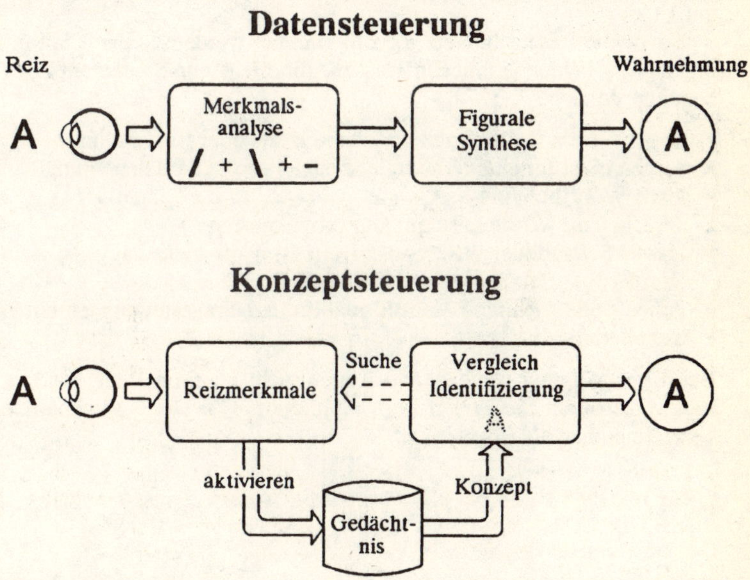

(Quelle: KEBECK 1994, S. 49)

Letzteres zeigt, daß *ohne* ein Vorwissen kein Text richtig verstanden werden kann. *Vorinformation* ist deshalb so wichtig, weil der Mensch das Bestreben hat, nur die Informationen aufzunehmen, die für ihn Sinn machen und nicht allzu fremd sind. Wenn Sie beispielsweise durch eine Relevanzprüfung (s. S. 145ff.) bestimmte Informationen aufgenommen haben (nach denen Sie aktiv gesucht haben), tritt beim wiederholten Lesen ein *Wiedererkennungseffekt* ein. Wenn Sie Fragen zu den Textüberschriften generieren, dann haben Sie Erwartungen an den Text, nach denen Sie aktiv suchen. – Nebenbei bemerkt, verfügt das Gehirn über eine Fehlerkorrektur, mit deren Hilfe es nach einem (kontextabhängigen und individuell unterschiedlichem) Wahrscheinlichkeitsprinzip Fehler ausgleicht, so daß auch ein Text mit verstümmelten Buchstaben (z.B. eine schlechte Fotokopie) noch entschlüsselt werden kann. Das klappt sogar beim Wglssn smtlchr Vokale! (Die Fehlerkorrektur verursacht allerdings auch, daß man in selbstverfaßten Schriften viele Tippfehler übersieht. Man kennt seinen Text schon zu gut.)

Bevor die Lesetechniken vervollkommnet werden, können mit einigen Tips Fehler vermieden werden, die nicht nur Studienanfänger begehen: Manche

- tragen – trotz Fehlsichtigkeit – keine Brille oder Kontaktlinsen
- sorgen nicht für eine reflexfreie, ausreichend helle Beleuchtung
- lesen Wort für Wort
- sprechen die Worte leise mit (sie subvokalisieren)
- lassen Schaubilder aus (obwohl ein Bild oft mehr sagt als viele Worte)
- gehen ohne sachliche Vorinformation und Fragestellung an einen Text heran.

Beim Lesevorgang wandern die Augen nicht kontinuierlich, sondern ruckweise durch die Zeilen (vgl. Abbildung 17). Diese Ruhepunkte bezeichnet man als *Fixationen*.

Abbildung 17: **Augenbewegungen beim Lesen**

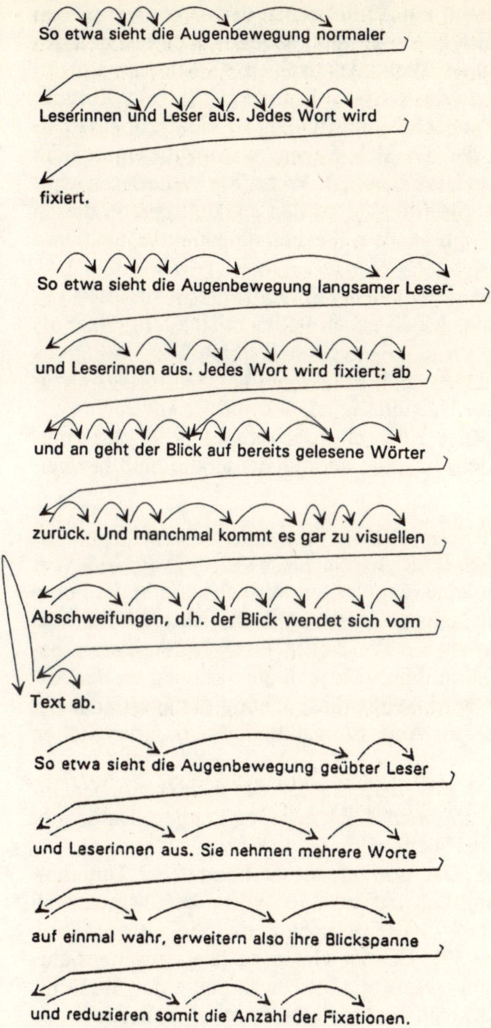

Quelle: STARY/KRETSCHMER 1994, S.156f.)

Die Anzahl der Fixationen kann man verringern, indem man mit dem Finger als Schrittmacher unter der Lesezeile in Leserichtung entlangstreicht. Außerdem soll damit ein Zurückgehen der Augen vermieden werden, was nicht nur beim Lesen aufhält, sondern auch ein Zeichen mangelnder Konzentration ist. Wenn das nach ca. 45 Minuten auftritt, ist eine Pause angebracht (s.a. S. 64). Bemerken Sie ein Zurückschweifen der Augen schon nach zehn Minuten, ist vielleicht eine Unterbrechung hilfreich, in der Sie sich fragen, warum dies geschieht (z.B., weil Sie an etwas anderes denken). Wenn Sie weiterlesen wollen oder müssen – sollten Sie Ihre Motivation stärken, gerade diesen Text jetzt lesen zu wollen, z.B., indem Sie sich eine kleine Belohnung aussetzen; s. S. 67f.

Falls Sie Wort für Wort subvokalisieren, verlangsamt sich Ihre Lesegeschwindigkeit, denn das Mitsprechen vollzieht sich langsamer als das Lesen. Versuchen Sie diese Angewohnheit durch Umstellung des Wahrnehmungsmechanismus von Wort*klängen* auf Wort*bilder* abzuschwächen. Ob eine völlige Umstellung auf Wortbilder angesichts des *phonemischen* Charakters des Kurzzeitgedächtnisses (s. S. 58) empfehlenswert ist, insbesondere für eher auditiv Lernende, muß bezweifelt werden.

Darüber hinaus können Sie

- die Anpassungsfähigkeit Ihrer *Augen durch Augengymnastik verbessern*, indem Sie z.B. eine längere Zeit abwechselnd in die Ferne schauen und dann ein Nahziel in etwa 30 cm Abstand fixieren. Nach einiger Zeit werden Sie Anzeichen eines Muskelkaters bemerken. Da die Sehschärfe durch Muskelkontraktionen an der Augenlinse herbeigeführt wird, stärkt diese Übung die Elastizität der Linsen und damit deren Anpassungsfähigkeit, fixierte Stellen scharf abzubilden.
- Ihr *Blickfeld beim Lesen erweitern,* so daß Sie mehrere, nebeneinanderstehende Wörter auf einen Blick erfassen können. Dafür gibt es Übungen in Schnellesebüchern.
- *angepaßt lesen lernen.* Der normale Leser kommt bei Unterhaltungslektüre durchschnittlich auf ca. 250 Wörter pro Minute, bei komplizierten Texten auf 75-135, je nach Schwierigkeitsgrad (vgl. VON WERDER 1994, S. 39). Das ist vielen zu langsam angesichts der großen Menge Fachliteratur, die auch während eines Studiums gelesen werden soll. Deshalb sind viele bestrebt, schneller lesen zu lernen. Versuchen Sie es doch einmal mit folgender Methode: Nach dem Überfliegen eines Absatzes beginnen sie wieder am Ab-

satzanfang, erhöhen langsam die Geschwindigkeit innerhalb des Absatzes und verlangsamen diese wieder zum Absatzende hin. Dabei kann der unterstreichende Finger wichtige Schrittmacherdienste leisten. Nach dem Absatz legen Sie eine kurze Unterbrechung ein, in der Sie sich das Gelesene vergegenwärtigen und einprägen; zum Schnellesetraining gibt es spezielle Übungsbücher (z.B. ZIELKE 1991).

Auf jeden Fall kann durch Augenübungen, visuelles Wahrnehmungstraining, insbesondere dic Vergrößerung des Blickfeldes, durch den Einsatz des Lesefingers und vermehrte Lektüre die Lesegeschwindigkeit erhöht werden. Sie muß selbstverständlich *dem Schwierigkeitsgrad des Textes angepaßt* sein. Leichte Texte lassen sich wesentlich schneller lesen, für andere braucht man einfach mehr Zeit. Eine erhöhte Lesegeschwindigkeit fördert jedoch zugleich die Konzentration. Die gewonnene Zeit sollte man allerdings für wiederholtes Lesen des Textes nutzen. *Begründung:* Durch erhöhtes Vorwissen und den Wiedererkennungseffekt wird nicht nur das Verstehen verbessert, sondern auch der Lernerfolg gefestigt.

☞ Wenn Sie wissen wollen, wieviel Zeit Sie für bestimmte Textsorten brauchen: Schreiben Sie sich zu Beginn der Lektüre die Uhrzeit auf und jeweils zu Beginn einer neuen Seite die Zwischenzeit. – Wer es noch exakter wissen will, zählt dann die Buchstaben in 10 beliebigen Zeilen, addiert die 10 Werte und teilt die Summe anschließend durch 10. Damit wäre die durchschnittliche Zeichenzahl pro Zeile ermittelt, die dann mit der Zeilenzahl pro Seite multipliziert wird. Denn Seite ist nicht gleich Seite und die Lesegeschwindigkeit hängt auch von der Schwierigkeit des Texte ab.

9.2 Lesetechniken

9.2.1 Die „Fünf-Schritt-Methode" (SQ3R)

Für das lernende Durcharbeiten von Texten wird neben anderen Methoden (vgl. STARY/KRETSCHMER 1994, S. 60ff.) die sogenannte „5-Schritt-Methode" empfohlen (vgl. z.B. VIEBAHN 1990, S. 253). Diese ist von F.P. Robinson in den USA unter dem Namen „SQ3R" (**S**urvey, **Q**uestion, **R**ead, **R**ecite, **R**eview) entwickelt und evaluiert worden.

1. Überblick gewinnen. Durch *kursorisches Lesen* sammeln Sie Informationen, worum es in dem Text geht. Haben Sie sich den Text selbst gesucht, wiederholen Sie noch einmal die Relevanzprüfung, ob er für Ihre Fragestellung wirklich geeignet ist. Stellen Sie sich Fragen zu dem Zweck und der Motivation, den Text zu lesen (z.B. Warum und wozu will/muß ich den Text lesen? Zur Erstinformation? Weil ich ein Referat zu schreiben habe? Weil ich zwei Texte unter bestimmten Aspekten vergleichen will? – Die Antworten auf solche Fragen bestimmen den Einsatz unterschiedlicher Lesetechniken und dementsprechend verschiedene Arbeitsergebnisse: Exzerpte zum ganzen Text oder nur zu den besonders interessierenden Textpassagen, Fakten, Informationen).

2. Fragen an den Text formulieren und niederschreiben. Wer wenig fragt, bekommt wenige Antworten. Falls Sie mit dem Fragen Schwierigkeiten haben, können Sie diese mit den sogenannten „W-Fragen" (Was, Warum, Wozu, Wie, Wer, Wo, Wann) systematisch generieren und aufschreiben. *Beispiel:* Vor Ihnen liegt ein Aufsatz mit dem Titel: „Peter stört" (HENNINGSEN 1984). Allein schon aus dem Haupttitel lassen sich folgende Fragen ableiten: Wer ist Peter? – Wie stört Peter? – Wen stört Peter? – Warum stört Peter? – Was versteht der Autor unter „stören"? – Worum geht es in dem Text eigentlich? usf. Zwischentitel oder Kapitelüberschriften können in gleicher Weise in Fragen umgeformt werden. – Durch Fragen werden Interessen und Erwartungen geweckt, die eventuell erfüllt werden, vielleicht aber auch einen Überraschungseffekt beinhalten. Lernen gelingt leichter, wenn Sie interessiert, neugierig und zielgerichtet sind. Zudem stellen Sie leichter fest, ob Ihnen der Text zu Ihrer Fragestellung überhaupt etwas zu sagen hat.

3. Text auf die Fragen hin lesen. Wer mit Fragestellungen an einen Text herangeht, liest ihn mit mehr Gewinn. Die Antworten des Textes prägen sich einem besser ein. Dabei können Sie in *eigenen* Büchern und Fotokopien bei diesem 2., gründlichen Lesegang unterstreichen oder markieren, was Ihnen in bezug auf Ihre Fragestellung wichtig ist. Markieren und unterstreichen Sie jedoch sparsam (s. S. 162f.).

4. Wiederholen des Gelesenen durch schriftliche Beantwortung des Gelesenen aus dem Gedächtnis. Ausführliche Notizen auf Texträndern, Zetteln oder Karteikarten sollten Sie erst machen, wenn Sie ein Kapitel eines Buches oder einen Aufsatz zu Ende gelesen haben. Bringen Sie zentrale Aussagen des Textes und – davon getrennt – Ihre eigene Ansicht kurz und prägnant in *Ihren* Worten auf das Papier. Wenn Sie nicht weiterwissen, lesen Sie diese Passage im Text nach. Doch danach sollten Sie wieder aus dem Kopf und in eigenen Worten fortfahren, beispielsweise Ihre Fragen an den Text zu beantworten. Lassen Sie dabei ausreichend Platz für spätere Ergänzungen.

5. Rückblick und Überprüfung. Kontrollieren Sie am Text noch einmal Ihre Aufzeichnungen daraufhin, ob Ihnen Wesentliches entgangen ist. Schreiben Sie zuletzt eine kurze, nochmals verdichtete Zusammenfassung oder veranschaulichen Sie sich das Ganze durch ein Schaubild, eine Tabelle oder ein Schema, beispielsweise der Argumentationskette, die den Text durchzieht. Die Technik des Visualisierens in Schaubildern wird im Abschnitt 9.8 erläutert. Doch die schönsten Exzerpte und Schaubilder helfen wenig, wenn Sie nicht öfter mit ihnen arbeiten, sie rekapitulieren und mit neuem Wissen verknüpfen.

9.2.2 Weitere Lesemethoden

Vom lernenden Lesen zu unterscheiden ist das *kursorische Lesen*, um die Relevanz eines Textes zu prüfen (s. S. 145ff.) oder sich einen Überblick für die weitere Erarbeitung eines Textes zu verschaffen. – Um eine bestimmte Sachinformation zu finden, ist *selektives Lesen* angebracht; das meint eine konzentrierte Suche nach der Information, die man benötigt. Alles andere zu lesen ist in diesem Fall unwichtig und würde nur aufhalten.

Lutz VON WERDER (1994, S. 26-96) beschreibt insgesamt neun „Techniken kreativen Lesens", von denen einige hier kurz erläutert werden sollen. Beim *übersetzenden Lesen* werden die Fachwörter in die Alltagssprache, der Fachdiskurs in einen des Alltags transferiert. Dies hilft sicher denjenigen, die noch Schwierigkeiten mit der wissenschaftlichen Fachsprache und Diktion haben. Manche Texte, die mit Fremdwörtern und verschachtelten Satzkonstruktionen gespickt sind, lassen sich auf diese Weise wunderbar entzaubern. Und dies mit Gewinn, weil durch die transferierende Bearbeitung das dabei Gelernte besser behalten wird. Allerdings werden diese alltagssprachlichen Übersetzungen meist länger als die Ursprungstexte.

Mit *traditionellem Lesen* bezeichnet von Werder die im Wissenschaftsbetrieb häufig angewandte Lesetechnik, beim 1. Lesen schon Wichtiges zu markieren und beim 2. Lesen das Wesentliche herauszuschreiben. Hier ergibt sich das Problem, daß *ungeübte Leser* wissenschaftlicher Literatur vielleicht beim 1. Mal noch nicht sicher entscheiden können, was wichtig sein könnte und darum zuviel anstreichen. Darüber hinaus wird bei dieser Methode dem Text affirmativ gefolgt, anstatt eigene Fragen an den Text zu richten. Dementsprechend wird weniger von der Lektüre behalten.

Sokratisches Lesen besteht nach Lutz von Werder darin, solange die „W-Fragen" der griechischen Rhetorik an den Text zu richten (s. S. 111), bis – durch die prüfende Fragetechnik – hinter dessen konventionellen Behauptungen ein Wahrheitswert deutlich wird. Sokratische Leser werden daher alle Termini, Definitionen, Argumentationen, Hypothesen, Beweise mit Fragen wie „Was meint ... ?" usw. auf ihre dahinter verborgenen Grundannahmen und Auswirkungen theoretischer wie praktischer Art hinterfragen. Diese Methode ist sicherlich sehr anstrengend, jedoch hilfreich, wenn man Texte genau prüfen will auf ihre versteckten Grundannahmen und Implikationen. Insofern ist sie auch sehr hilfreich beim Durchdenken eigener Texte.

Beim *rhetorischen Lesen* dagegen wird der Leseprozeß gesteuert über *formale* Personal-, Sach- oder Gliederungs*kategorien* der griechisch-römischen Rhetoriktradition, die nach dem Lesen in einem Arbeitsblatt eingesetzt werden (VON WERDER 1994, S. 72):

Thema:	
Ursache:	
Ort:	
Zeit:	
Art und Weise:	
Möglichkeiten:	
Definitionen:	
Ähnlichkeiten:	
Vergleich:	
Fingierte Annahme:	
Umstände:	
Interdisziplinäre Aspekte:	

Solche Kategorien könnte man beispielsweise für die Kondensierung der Textinformation in einer Tabelle anwenden. Allerdings wird die Textinformation dadurch in ein eher statisches Raster gepreßt, das dem Text und seiner Linearität nicht entspricht. Gleiches gilt aber für sämtliche Kategorienschemata.

Wie das sokratische und das rhetorische Lesen geht das kritische Lesen über eine affirmative Textrezeption hinaus. *Kritisches Lesen* orientiert sich an der Prämisse, daß wissenschaftliche Texte in einem historischen und gesellschaftlichen Kontext produziert sowie von Menschen geschrieben werden, deren Rationalität sich auch mit Unbewußtem vermengt (vgl. von Werder 1994, S. 80). Insofern kann mancher Text aus wissenssoziologischer und/oder psychoanalytischer Perspektive hinterfragt werden; im Hinblick auf ein immanentes Gesellschaftsbild bzw. auf möglicherweise in den Text eingeflossene unbewußte Anteile der Autorenpersönlichkeit.

! Einmaliges Lesen wissenschaftlicher Texte reicht in der Regel nicht aus, zumindest nicht beim lernenden Lesen.

9.3 Textstruktur und Textsorten

Sie haben soeben links oben, waagerecht nach rechts fortfahrend, mit dem Lesen dieses Teilkapitels begonnen, weil das in unserer Kultur die Laufrichtung der Schrift ist, die Sie in der Schule gelernt haben. Sie sehen Buchstaben und Wörter, obwohl sich auf dem weißen Blatt eigentlich nur schwarze Flecken befinden. – Wenngleich es keine umfassende Theorie des Textverstehens gibt, erfordert Leseverständnis Vorkenntnisse hinsichtlich der Struktur von Texten und der Vorgänge im Zusammenhang mit Lesen – Interpretieren und Verstehen – Lernen und Wissen.

Die Wörter. Sätze bestehen zunächst einmal aus Wörtern. Liegt der Text in Ihrer Muttersprache vor und ist vom Schwierigkeitsgrad Ihrem Ausbildungsstand angemessen, so werden Sie schätzungsweise 80 bis 90 % der Wörter von ihrer Bedeutung her kennen bzw. aus dem Kontext heraus verstehen. Doch die restlichen 10 bis 20 % der Wörter sind meist die *Schlüsselwörter*, auf die es ankommt: spezielle *Fachwörter*, ohne deren Kenntnis Sie den wissenschaftlichen Text nicht umfassend verstehen werden.

> ❢ Jedes Wort, dessen Bedeutung Sie in dem auftretenden Textzusammenhang nicht hundertprozentig wissen, sollten Sie in einem Fachwörter- bzw. Fremdwörterbuch nachschlagen!

Da Sie die meisten dieser Wörter und ihre Bedeutung später auch ohne den Gebrauch von Nachschlagewerken kennen sollten, empfiehlt es sich, eine eigene Definitionskartei aufzubauen, die – wie beim Vokabeltraining – auch als Lernkartei benutzbar ist (s. S. 89ff.). Wenn Sie die Bedeutung der Fachwörter kennen, laufen semantische Prozesse des Textverstehens schnell und weitgehend unbewußt ab.

Kennen Sie die genaue Bedeutung von „semantisch"? – Sonst schlagen Sie es bitte nach!

Der Satz. Die nächste Ebene stellen die Sätze dar, die z.B. mit der sokratischen Methode befragt werden könnten. *Beispiel:* Der Autor eines Textes hat Sätze formuliert wie folgenden: „Johann Heinrich Pestalozzi wurde am 12.1.1746 in Zürich geboren." Die Bedeutung eines Satzes ist eine Funktion der in ihm enthaltenen Ausdrücke (hier vor allem: Eigenname, Datum, geographischer Ort) und der Art ihrer Zusammensetzung (hier: Relation von drei Satzgliedern mittels Passivkonstruktion). In diesem relativ einfachen Satz wird eine *Behauptung* aufgestellt, die sich auf einen Mann bezieht, was an den Vornamen erkennbar ist. Wer nicht weiß, wer Pestalozzi war, müßte sich nun mit Hilfe eines Lexikons sachkundig machen. Die o.g. Behauptung bezieht sich offensichtlich auf den berühmten Klassiker der Pädagogik, *den* Johann Heinrich Pestalozzi. Für diesen trifft – nach Lage der Quellen, z.B. einigen Lexika – dieser Beispielsatz zu. Die zu Rate gezogenen Nachschlagewerke weisen die gleichen Vornamen, den gleichen Geburtsort, das gleiche Datum aus. Damit gibt man sich normalerweise zufrieden, denn die genauere Quellenüberprüfung wird meist nicht möglich sein; doch bedenken Sie, daß auch Lexika und andere Quellen Fehler enthalten können. Bei wichtigen Fakten sollten zumindest zwei voneinander unabhängige Quellen zu Rate gezogen werden. – Falsch wäre der Satz indessen, wenn zu einer anderen Zeit Namensvettern als Verehrer des großen Pädagogen einem ihrer männlichen Nachkommen möglicherweise die gleichen Vornamen gegeben haben sollten. Meint der Autor Pestalozzi (II), *so ist der Satz falsch,* weil zumindest das Geburtsdatum auf diesen gemeinten Namensträger nicht zutreffen wird. – *Die Bedeutung eines Satzes hat man im Grunde erst erfaßt, wenn man angeben kann, ob der Satz* *wahr oder falsch ist.* Eigentlich müßte jede wissenschaftliche Aussage ereignissemantisch bzw. wahrheitswertfunktional überprüft werden (vgl. dazu meine Ausführungen auf S. 33 und 158), wie dies die sokratische Methode durchführt. Doch in den meisten Fällen geht man – auch aus Zeitgründen – allzuoft darüber hinweg. Vieles, was man liest, scheint einem plausibel. Leser wissenschaftlicher Texte sollten jedoch besonders auf der Hut sein und viel weniger glauben, was sie so alles lesen, sondern sich häufig fragen, ob angegebene Fakten und Relationen stimmen. Zweifelsfälle sollten mit einem Fragezeichen markiert und später an anderen Quellen geprüft werden.

Widerspruchsfreiheit der Sätze? Insbesondere müssen auch die Beziehungen der Sätze eines Textes untereinander unter die Lupe genommen werden. Wenngleich sich Human- und Kulturwissenschaften zunehmend mit Paradoxien in ihren Forschungsbereichen beschäftigen, sind Widersprüche in den Behauptungen und Aussagen *eines* Textes sicherlich ein Faktum, das viele Wissenschaftler, deren eines Ideal das der *Widerspruchsfreiheit* ist, nicht akzeptieren können, wenn diese nicht im Verlauf des Textes aufgelöst werden (vgl. dazu z.B. ROTH 1997). Falls Sie solche Widersprüche in einem Text finden, müssen Sie sich mit ihnen auseinandersetzen und sich Ihr eigenes Urteil bilden, z.B. durch eigene Nachforschungen.

Absätze und Überschriften. Weitere Merkmale der Textstruktur sind Absätze und (Zwischen-)Überschriften sowie eine Abfolge von Einleitung, mehr oder weniger breitem Mittelteil und einem Schluß. In der *Einleitung* eines wissenschaftlichen Textes werden – meist von einem Problem oder einer Forschungslücke ausgehend – die Fragestellung und das methodische Vorgehen überblicksartig angerissen. Im *Hauptteil* wird die Untersuchung mehr oder minder ausführlich und aufeinander bezogen dargestellt, während im *Schlußteil* die Ergebnisse zusammengefaßt werden. – Bei guten Texten sind Einleitung, Hauptteil und Schluß klar voneinander getrennt, meist durch Überschriften in größerer oder dickerer Schrift (Fettdruck). So unterstützt auch eine gute Typographie den Text durch klare Absatzbildung und die Hervorhebungen wichtiger Textstellen durch die Verwendung von GROSSBUCHSTABEN, KAPITÄLCHEN, **Fettdruck,** *Kursivsatz,* Unterstreichungen oder S p e r r u n g e n .

Abbildungen, Tabellen. Schenken Sie Schaubildern, Statistiken, Flußdiagrammen u.a. eine besondere Beachtung. Abgesehen davon, daß die Präsentation von Zahlen zu einem großen Teil dazu angelegt ist, eine wissenschaftliche Exaktheit vorzugaukeln, die z.T. durch Fehler in der empirischen Untersuchung gar nicht gegeben ist, sind Abbildungen und Tabellen wichtige Bestandteile des Textes. Auf deren Aussagekraft wird im Text auch meist Bezug genommen. Vergleichen Sie deshalb die Aussagen des Textes mit denen der Abbildungen und Tabellen. Doch seien Sie auf der Hut! Krämer hat hervorragend lesbare Bücher geschrieben, in denen er an anschaulischen Beispielen mehr oder weniger seriöser Statistiken deutlich macht, wann Sie als Leser mißtrauisch werden sollten, wie Sie Zahlenmaterial interpretieren lernen und wie man es selbst richtig macht (vgl. KRÄMER 1992, 1994, 1995b). Mit Hilfe welcher allgemeinen Kriterien empirische Untersuchungen zu analysieren und zu bewerten sind, fassen STARY/ KRETSCHMER (1994, S. 77-94) zusammen.

Textsorten. Wissenschaftliche Texte gehören zur Sorte der *Sachtexte;* doch auch hier gibt es unterschiedliche *Textsorten* (sowie Mischformen): eher beschreibende, eher erzählende Texte, Handlungsanleitungen, argumentierende Texte, empirische Untersuchungen, Polemiken, Rezensionen u.a. Generelles Ziel des Lesens wissenschaftlicher Texte ist es, erst einmal die sachliche (und auch argumentative) Struktur eines Textes zu erfassen und nachzuvollziehen. Das heißt, den Text aus seinem Kontext heraus zu interpretieren und zu verstehen. Aus kritischer Distanz und von der eigenen Fragestellung ausgehend, gilt es aber auch, gegebenenfalls Widersprüche und Brüche im Text, offene Fragen und ungeklärte Probleme zu finden sowie die theoretischen wie praktischen Implikationen eines Textes zu überdenken. Dazu muß der Text durchgearbeitet werden, wobei Techniken des Markierens, des Herausschreibens und der Verdichtung in Tabellen und Schaubildern die wissensmäßige Aufnahme fördern.

9.4 Das Unterstreichen und Markieren

Erst einmal sollte man einen Text einmal gelesen und sich Klarheit über die Bedeutung aller wichtigen Wörter verschafft haben, bevor man an das Unterstreichen und Markieren geht, denn erst nach der ersten Lektüre wissen Sie, welche Textstellen die wirklich wichtigen des Textes sind. Dies gilt zumindest für Studienanfänger. Das am Rande Anstreichen und das Unterstreichen von wichtigen Textstellen mit Stiften bzw. das Markieren mit fluoreszierenden Textmarkern fördert auch das Behalten; allerdings nur, wenn Sie nicht alles an- oder unterstreichen. Wenn Sie beispielsweise 80 % einer Seite unterstreichen oder gelb markieren, fällt gerade *der* Teil des Textes ins Auge, der von Ihnen *nicht* hervorgehoben wurde. – Selbstverständlich sollte sein, daß man nur in Texten markiert und unterstreicht, die einem selbst gehören. In Bibliotheksexemplaren oder privat geliehenen Büchern kann man sehr schön mit Buchstreifen arbeiten (vgl. Abbildung 19) oder mit Haftnotizzetteln, die sich später leicht und ohne Rückstände von den Seitenrändern entfernen lassen (s. Randbemerkungen). Manche unterstreichen mit Vierfarbstift (z.B.: rot = besonders wichtig; schwarz = Schlüsselwörter und Definitionen; grün = Beispiele; blau = was sonst wichtig ist) oder verschiedenfarbigen Leuchtstiften. Solch ein Farbsystem erfordert allerdings, daß die gewählten Farbstifte immer zur Hand sind. Ich persönlich gebe dem Bleistift den Vorzug, weil dessen Spuren bei Irrtümern wieder ausradierbar sind und nicht ständig die Farbe bedacht und gewechselt werden muß.

9.5 Randbemerkungen (Marginalien)

Manche notieren sich bei diesem 2. Lesegang auch schon am Seitenrand wichtige Wörter aus dem Text (= Stichwörter), prägnante Satzteile oder zusammenfassende Schlagwörter zum Inhalt. Zentrale Wörter des Textes bzw. des Studiengebietes können dabei abgekürzt werden (z.B. „Erz“ = Erziehung, „Ki“ = Kind, Kinder; „Psych“ = Psychologie usw.). Am besten vergibt man für jeden Absatz ein inhaltliches Leitwort bzw. eine Wörterkombination (z.B. „Familienkonstellation beachten“). Zum Schluß sollte eine nochmals verdichtete Zusammenfassung in eigenen Worten geschrieben werden. Fragen, Kritik und zu prüfende Sachverhalte sollten davon getrennt abschließend aufgelistet werden (vgl. Abbildung 18).

Abbildung 18: **Beispiel für das Unterstreichen, für Randnotizen und verdichtete Zusammenfassung** (anhand einer Textpassage aus dem Buch von Andreas Flitner: Reform der Erziehung. München 1992, S. 212f.) © Piper 1997

Selbständigkeit ermutigen	
Die Förderung des »Selbst«, der eigenen Persönlichkeit des Kindes, hängt eng mit dem »Verstehen« zusammen und macht ebenfalls eines der großen Leitthemen der modernen Erziehung aus. Mindestens drei Dimensionen sind dabei besonders in jüngerer Zeit in den Blick gekommen: einmal die immer wieder überraschende Eigenart schon kleinster Kinder, die Individualitäten und Charaktere, die Kinder von früh an sind und die sich, je genauer wir sie beachten, desto deutlicher und vielseitiger zeigen. Dem wachsenden Interesse für die Differenzen, für die Originalität schon im frühen Alter hat eine differenzierende Kinderpsychologie auch mit erstaunlichen Forschungsergebnissen Nahrung gegeben: Je mehr wir über Kinder forschend erfahren, um so reicher und farbiger zeigen sich Originalität und Selbstkompetenz des einzelnen Kindes schon vom Beginn seines Lebens an (vgl. Stone/Smith/Murphy 1974, Kap. 1).	Selbständigkeit zu fördern = 1 Leitthema mod. Erz. 1. Individualität von Geburt an Ki.psych. sieht Ki. mittlerweile wesentl. differenzierter
Zum anderen stärkt und entwickelt oder auch versteckt sich das »Selbst« des Kindes in dem Gefüge der frühen *Beziehungen*, in denen das Kind aufwächst; das »Selbst« als ein dynamisches Konzept, als ein Finden und Entwickeln der geschlechtlichen und emotionalen Identität. Dabei ist die frühere Sicht, die auf die Mutterbeziehung konzentiert war, ergänzt worden und die Familienkonstellation im ganzen mehr in das Blickfeld gekommen (Richter 1963; Bittner u.a. 1981).	2. Bedeutg. d. frühen Beziehungen (insbes. Fam.konstell.) wichtig f. Entwickl. d. kindl. Selbstkonzepts
Und schließlich hat man vom *Lernen* her die Selbständigkeit als eigene, selbst gesteuerte Tätigkeit mit immer größerer Aufmerksamkeit bedacht. Die generelle reformpädagogische Forderung nach aktivem und »selbsttätigem« Lernen wird gestützt durch die Lernpsychologie und eine kognitiv orientierte Didaktik (Aebli 1975). Aber sie spielt auch im pädagogischen Verständnis des Lernens eine immer größere Rolle.	3. Lernen als selbst gesteuerter Prozeß wird zunehmend durch Psych. + Did. gestützt

»In der Regel wird doch rezeptiv gelernt«, wendet mancher Kollege ein; das ABC, der Dreißigjährige Krieg, die Englische Sprache sind doch nicht aktiv hervorzubringen oder neu zu erfinden, sondern sie bestehen *an sich* und müssen, mit Lehrer- und Bücherhilfe, angenommen werden. Das bildet die Argumentation, die Macht des traditionellen Lernens. Aber das Lernen wird nun einmal in dem Maße als fremdbestimmt und unwichtig erfahren, als es nicht in Beziehung zum Denken, Tun und Fühlen der lernenden Kinder steht. Erst die Verbindung mit dem eigenen Tun und Denken, mit der eigenen Biographie macht das Lernen zur eigenen Sache des Kindes. Erst wenn das Kind Interesse gewinnt und das zu Lernende annimmt als etwas, das es selber wissen und können will und von sich aus in Besitz nehmen kann, bleibt das Lernen nicht mehr nur äußerlich, sondern wird Teil des eigenen Selbst (vgl. Messner 1985).	Einwand: Traditioneller Lernstoff wird rezeptiv gelernt Gegenargument: Dieses Lernen bloß aufgesetzt. Gelerntes wird erst Teil d. eig. Persönlichk., wenn Lernen in Verbind. tritt m. eigenem Handeln + Denken (biograph. Bezug)
Daß das Lernen so viel wie möglich zu einer eigenen Aktivität der Lernenden werden und mit ihrer eigenen Aktivität verbunden werden soll, gilt für alle Altersstufen. Aber es gilt für Kinder mit ihrem Handlungs- und Bewegungsbedürfnis, ihrem Mitgehen des Körpers und der Sinne in aller geistigen Tätigkeit in höchstem Maße. Gewiß, auch das genaue Zuhören und stille Aufnehmen sollen sie lernen, auch das Arbeiten mit Symbolen will gelernt sein. Es aber von früh an zum herrschenden Typus des Lernens zu machen, zeugt von wenig Verständnis für Kinder und bleibt in den Ergebnissen bei vielen von ihnen kümmerlich.	Einbezug d. kindl. Handlungs- + Bewegungsbedürfnisses, aller seiner Sinne wichtiger als abstraktes, theor. abgehobenes Lernen

Nochmals verdichtete Zusammenfassung in eigenen Worten:

Selbständigkeit zu ermutigen, ist Forderung mod. Erz.
3 Dimensionen werden dabei zunehmend beachtet:

- die Individualität des Menschen von Geburt an
- die Bedeutung (familialer) Beziehungen für kindl. Selbstkonzept/Identitätsentwickl.
- die Bedeutung des selbsttätigen Lernens, wobei der Lerngegenstand mit eigenem Denken, Handeln sowie der eigenen Biographie verbunden wird.

Beim Lernen sollen alle Sinne sowie d. kindl. Handlung- und Bewegungsbedürfnis einbezogen sowie aktivem Lernen der Vorzug gegeben werden vor abstrakter, symbolischer Rezeption.

Zu klären, unbeantwortete und kritische Fragen:

- Was ist eigentlich das „Selbst" genau? (nachschlagen in psychologischem Wörterbuch)
- Beispiele zur Eigenart kleiner Kinder fehlen (bei Stone/Smith/Murphy 1974, Kap. 1 nachlesen, wenn es Sie stärker interessiert)

- Ebenso zu den Auswirkungen der Familienkonstellation (bei Richter 1963 bzw. Bittner u.a. 1981 nachlesen, wenn Sie dieser Aspekt stärker interessiert)
- Sind die Begriffe „Selbst" und „Identität" Synonyme? (Vergleich in psycholog. Wb.)
- Warum bleiben die Ergebnisse rezeptiven und symbolischen Lernens bei vielen Ki. nach Ansicht Flitners „kümmerlich"?

Außerdem kann man die Argumentationskette eines Textes sozusagen aus der „Vogelperspektive" rekonstruieren, indem man der Orientierung dienliche, metasprachliche Begriffe wie „Fragestellung", „Hypothese", „Ziel", „Randbedingungen" u.a. an den Rand schreibt (in unserem Flitner-Beispiel: „Einwand" sowie „Gegenargument"). Welche metasprachlichen Ausdrücke dafür zweckmäßigerweise in Frage kommen, haben STARY/KRETSCHMER (vgl. 1994, S. 111) aufgelistet. Viele verwenden für die am häufigsten vorkommenden metasprachlichen Kennzeichnungen eigene Abkürzungen (etwa: B oder Bsp. = Beispiel, D = Definition, H = Hypothese, Q = Quelle, Th = Theorie, Z = Zusammenfassung, ...) oder bestimmte Zeichen (! = wichtig, !! = sehr wichtig, ? = fraglich, →← = Widerspruch, ⊙ = Kernthese).

Auch hier ist darauf hinzuweisen, daß Randbemerkungen *nur in eigenen Texten* in Frage kommen. Für geliehene Literatur gibt es die Möglichkeit, entweder mit Haftnotizzetteln aus Papier bzw. mit „Tape flags" (kleinen, verschiedenfarbigen, im Bürofachgeschäft erhältlichen, selbsthaftenden und beschriftbaren Kunststoff-Fähnchen) zu arbeiten oder mit den altbewährten Buchstreifen (vgl. Abbildung 19): Papier- oder leichte Kartonstreifen werden so zugeschnitten, daß sie als Einlage im Buch über den Einband hinausragen. Auf dem überstehenden Abschnitt könnten Stichwörter notiert sein, worum es auf der jeweiligen Doppelseite geht. Die Breite der Streifen sollte so gewählt werden, daß sich Platz für lesbare Randnotizen ergibt, die man so schreibt, daß sie zeilengenau neben dem Text stehen, auf den sie sich beziehen, wenn die untere Kante des Buchstreifens mit der unteren Kante des Buchblocks abschließt. Für Bücher aus der Bibliothek sollten Sie auf Ihre Buchstreifen auch noch die Seitenzahlen schreiben, und wenn Sie das entsprechende Buch zurückgeben müssen, Ihre Buchstreifen entfernen und in einem Umschlag aufheben. Vielleicht brauchen Sie das Buch noch einmal und finden dann die entsprechenden Textstellen schneller (vgl. Abb. 19, s.a. Abb. 18).

Abbildung 19: **Buchstreifen**

Vorderseite des Streifens

Flitner 1992, S. 212
Selbständigkeit

Selbständigkeit zu fördern
= 1 Leitthema mod. Erz.

1. Individualität von Geburt an

Kipsych. sieht Ki. mittlerweile wesentl. differenzierter

2. Bedeutg. d. frühen Beziehungen (insbes. Fam.konstell.) wichtig f. Entwickl. d. kindl. Selbstkonzepts

3. Lernen als selbst gesteuerter Prozeß wird zunehmend durch Psych. + Did. gestützt

Rückseite des Streifens

Flitner 1992, S. 213
Lernen
<u>Einwand:</u> Traditioneller Lernstoff wird rezeptiv gelernt.

<u>Gegenargument</u>: Dieses Lernen bloß aufgesetzt. Gelerntes wird erst Teil d. eig. Persönlichk., wenn Lernen in Verbind. tritt m. eigenem Handeln + Denken (biograph. Bezug)

Einbezug d. kindl. Handlungs- + Bewegungsbedürfnisses, aller seiner Sinne wichtiger als abstraktes, theor. abgehobenes Lernen

9.6 Exzerpieren

Neben dem Markieren von wichtigen Textstellen, dem Anbringen von Randnotizen oder Symbolen am Seitenrand bzw. auf Buchstreifen, ist das Exzerpt (der Textauszug) ein wichtiges Hilfsmittel, um Gelesenes in eigenen Worten und knapper Form schriftlich festzuhalten. Exzerpieren, d.h. Herausschreiben, dient nicht nur der vertieften Verarbeitung von Gelesenem, sondern das verfertigte Produkt dient später auch der Wiederauffrischung von Gelerntem. Deshalb: Schauen Sie des öfteren – in einigem zeitlichen Abstand – Ihre Unterlagen wieder einmal an, um Gelerntes dem Vergessen zu entreißen. – Exzerpieren sollten Sie alle wichtigen Texte, auf die Sie für die eigene (Abschluß-)Arbeit auch zu einem späteren Zeitpunkt noch einmal zurückgreifen wollen oder – wenn Prüfungen anstehen – müssen.

Man unterscheidet *komplettes* und *auszugsweises,* an einer spezifischen Fragestellung orientiertes Herausschreiben, wobei die eigene Fassung in beiden Fällen zum größeren Teil das Wichtigste der Vorlage *in eigenen Worten* umschreibt (= paraphrasiert), zum Teil aber – und dieses dann mit An- und Abführungszeichen – wortwörtlich wiedergibt wie Zitate (s. S. 206ff.). Für beide Formen ist wichtig, daß Sie zumindest *einmal* die genaue bibliographische Angabe (s. S. 222ff.) notiert haben und die jeweils dem Ursprungstext entsprechende Seitenzahl fortlaufend in ihrem Exzerpt aufnehmen. Die *Seitenzahl* ist ebenso für die Paraphrase wie für das wortwörtliche Zitat erforderlich, wenn Sie später die Passagen für Ihre eigene Arbeit verwenden wollen. Achten Sie also darauf anzugeben, wo ein Seitenwechsel in einem Zitat oder Paraphraseteil vorliegt, sonst müssen Sie dieses bei späterer Verwendung eventuell prüfen!

Inhaltlich ist ein Exzerpt sicherlich etwas ausführlicher als die Randbemerkungen (s. das oben ausgeführte Beispiel); besonders dann, wenn es sich um ein Buch der Bibliothek handelt, und der Originaltext nicht zusätzlich zum Exzerpt vorliegt. Wie bei den Randnotizen geht man beim Exzerpieren *absatzweise* vor. Als erstes wird das *Thema des Absatzes* ermittelt und kurz niedergeschrieben. Davon getrennt sollte zumindest die *Kernaussage zu diesem Thema* notiert werden. Jedes Komprimieren eines Absatzes beginnt auf einer neuen Zeile. Kapitelüberschriften werden wortwörtlich abgeschrieben und durch Unterstreichung als solche kenntlich gemacht. Und bitte nicht die Seitenzahlen vergessen, die den Bezug zur Originalseite herstellen (wichtig für Paraphrase und Zitat!).

Will ich den Text nur unter einer bestimmten Fragestellung exzerpieren (*Beispiel:* Es liegt ein Buch vor mit dem Titel: „Das Bildungswesen der Bundesrepublik Deutschland", aus dem mich nur die Aussagen über die „Gesamtschule" interessieren), so überfliege ich den Text, sofern das Buch kein Sachregister hat, und schreibe nur die Angaben heraus – sinngemäß oder wortwörtlich in „Anführungszeichen" –, die die Gesamtschule betreffen. – Ein Exzerpt taugt allerdings nur dann, wenn Sie auch ohne das Buch Ihre Zusammenfassungen für weitere Arbeitsgänge verwenden können, also auch irrtumsfrei Ihre Abkürzungen auflösen können. Und lassen Sie bitte Platz für spätere Zusätze und Anmerkungen.

Formales zu den Exzerpten. Exzerpte kann man auf Karteikarten (DIN A5 quer) niederschreiben oder auf einseitig zu beschreibenden DIN-A4-Blättern. Einseitig nur deshalb, weil manchmal die Schere und der Klebstoff der schnellste Ausweg sind, Textteile zu übernehmen anstelle sie abschreiben zu müssen. Das geht nicht bei beidseitig beschriebenen Blättern. Ich verwende die Rückseiten von nicht mehr gebrauchten Computerausdrucken als Konzept- und Exzerptpapier. Knicken Sie sich für den Anfang an allen Seiten etwa 4 cm breite Ränder, so daß Sie neun unterschiedlich große Flächen haben (vgl. Abbildung 20).

Abbildung 20: **Exzerptpapier DIN-A4**

Blatt n des Exzerptes	Bibliographische Angabe des exzerpierten Textes, auf der 1. Seite komplett, auf den Folgeseiten gekürzt	Platz für Sachgruppenangabe, Exzerptnr.
Lochrand, Seitenzahlen des exzerpierten Textes S. 173	Kapitelüberschrift wortwörtlich Ihr Exzerpttext zu Absatz 1 (Thema und Kernaussagen getrennt) .... Ihr Exzerpttext zu Absatz 2 (s.o.) .... Ihr Exzerpttext zu Absatz 3 (s.o.)	Ihre Leitworte, Kommentare, Ergänzungen
	nochmals verdichtete Zusammenfassung in eigenen Worten	Evtl. Hinweis auf Folgeblatt n + 1

☞ Schreibt man Exzerpte mit dem PC, so kann man sich eine Dokumentvorlage anlegen und ist bei der Weiterverarbeitung besonders fein heraus: Ergänzungen, Kürzungen und Verbesserungen sind jederzeit möglich. Mit der Suche nach einem markanten Wort werden einem alle Dateien aufgelistet, die dieses Suchwort enthalten. In den Texten kann man die entsprechenden Textstellen dann ebenfalls mit der Suchfunktion leicht auffinden. Will man Teile des Exzerptes für die eigene Arbeit zitieren bzw. paraphrasieren, so kopiert man den entsprechenden Teil nach dem Markieren von der einen Textdatei in die andere.

Arbeiten Sie handschriftlich, stellt sich die Frage der *Aufbewahrung der Exzerpte.* An eigene Fotokopien kann man die Exzerpte anheften, in eigene Bücher die Zettel gefaltet legen. Doch sollen ja gerade Exzerpte angefertigt werden für Bücher aus der Bibliothek, die dann, wenn man dringend auf sie zurückgreifen will, meist ausgeliehen sind. Solche Exzerpte können Sie in Archivboxen, Stehsammlern, Ordnern oder Karteikästen aufbewahren. Ich hefte meine Exzerpte fortlaufend numeriert (z.B. „E 45“ = Exzerpt 45) in Ordnern ab, und notiere mir auf der Literaturkarteikarte bzw. in meiner Literaturdatenbank, daß es zu dem Buch aus der Bibliothek mit der Signatur „Päd 2a2/kru 1“ ein Exzerpt mit der Nr. „E 45“ gibt. Führt man noch eine Schlagwörterkartei, können auch dort Hinweise auf das entsprechende Exzerpt vermerkt werden.

Karteikarten für *Exzerpte* sollten mind. DIN-A5-Querformat haben, sonst geht zuwenig auf eine Karte. Auch bei Exzerpten auf Karteikarten sind (schmale) Ränder wichtig für die Informationen, die auch auf den Rändern der DIN-A4-Blätter stehen. Die Karteikartentechnik eignet sich allerdings besser für eine Definitions- oder *Zitaten*kartei auf DIN-A6-Karteikarten, die dann nach Schlagwörtern geordnet in einem Karteikasten abgestellt werden, der so auch als Lernkartei dienen kann, z.B. für eine Klausurvorbereitung.

Abbildung 21: **Definititions- oder Zitationskarteikarte**

	Handeln, soziales (Definition)	**Sozialpsych.**
S. 321	„Zusammenfassend definieren wir Handeln als das *bewußt zielgerichtete* und *geplante, gewollte* und *von Emotionen begleitete, sozial gesteuerte* und *kontrollierte* Verhalten eines Handelnden *(Aktors)*.“	s.H = Verhalten eines Aktors, und zwar: 1. bewußt zielgerichtet 2. geplant 3. gewollt 4. von Emotionen begleitet 5. sozial gesteuert & kontrolliert
	Cranach, Mario von/Kalbermann, Urs: Soziales Handeln. In: Sozialpsychologie. Dieter Frey/Siegfried Greif (Hrsg.). München; Wien; Baltimore 1983, S. 321-325	Hinweis auf mögliche Folgekarten

Ein weiteres Karteikarten-Verfahren besteht darin, einseitig beschriebene DIN-A4-Exzerptblätter (diesmal die Rückseite unbedruckt bzw. unbeschrieben) so auf DIN-A6-Format zu falten (vgl. Abbildung 22), daß der Exzerpt-Text nicht mehr zu sehen ist und nun dieses 2 x gefaltete Blatt wie eine Karteikarte nahe des Faltrandes zu beschriften, indem die vollständige bibliographische Angabe (bei Büchern aus der Bibliothek mit Signatur) auf diese „Karteikarte" geschrieben wird. Handelt es sich nicht um allzu viele Folgeblätter, können diese gemeinsam in der beschriebenen Weise gefaltet und in die Literaturkartei einsortiert werden.

Abbildung 22: **Von DIN-A4 auf DIN-A6 gefaltetes Karteiblatt**

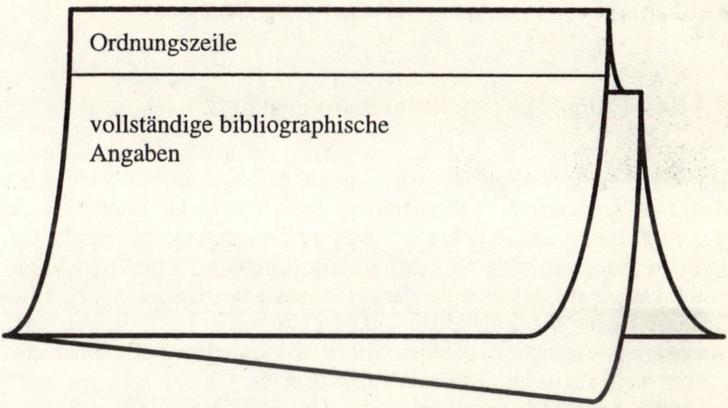

Diese Methode kann auch für eine *tabellarische Auswertung* von Literatur genutzt werden. Hat man ein unbeschriebenes DIN-A4-Blatt zweimal so gefaltet, daß die längere Strecke jeweils halbiert wird, sind acht gleichgroße Flächen gegeben. Die durch Faltung entstandenen Innenflächen könnten jeweils links oben Überschriften tragen wie: „Ziel des Buches:", „Inhalt:", „Problem-/Fragestellung (darunter könnten Ihre W-Fragen stehen):", „Problemlösung/Antworten:". Bei der Beschriftung der Außenseite muß darauf geachtet werden, daß nahe am Faltrücken die Ordnungszeile angelegt wird, unter der die „Karteikarte" alphabetisch/systematisch in den Kasten einsortiert werden soll. Unter der Ordnungszeile sollten die vollständigen bibliographischen Informationen stehen einschließlich der Bibliothekssignatur, wenn Sie die Literatur entliehen haben. Auf die übrigen Flächen Ihrer

Tabelle können Sie Textauszüge als Zitat oder Paraphrase eintragen oder weitere Kategorien der Rhetorik nutzen. Schön ist auf der „Rückseite" eine „Kurzübersicht zum Inhalt" oder Ihre persönliche Bewertung des Aufsatzes oder Buches (z.B.: „+ neueste Literatur verarbeitet", „– implizit normativ"), so daß Sie nach dem Ziehen dieser „Karte" eine schnelle Übersicht haben. Wenn Sie solche Blätter dann mit dem Faltrücken nach oben in einen Karteikasten stellen, kann man sich aus DIN-A4-Blättern eine billige und informative Kartei schaffen, die z.B. auch komprimierte tabellarische Zusammenfassungen oder Schaubilder aufnimmt oder die zwischen Karteikarten sortiert werden kann, entweder in der Literaturkartei oder in der Lern-/Arbeitskartei (wenn beide im Format DIN-A6 geführt werden).

9.7 Gelesenes komprimierend verarbeiten

Da das Behalten verbessert wird, indem Sie sich immer wieder mit dem Lerngegenstand beschäftigen, sollten Sie wichtige Literatur nicht nur exzerpieren, sondern Texte weiter verdichten bzw. mit bereits Gelerntem vernetzen. Die Komprimierungstechniken helfen, die Verarbeitungstiefe im Rahmen der Rekapitulation des Gelesenen zu erhöhen, weil man sich etliche Gedanken machen muß zu den einzelnen Kategorien, die man darstellen will, und möglichen Relationen zwischen den Begriffen. Bei der Relationendarstellung gibt es unterschiedliche Möglichkeiten wie z.B. Flußdiagramme oder die Netzwerk-Technik (vgl. STARY/KRETSCHMER 1994, S. 120-129). Gelesenes kann auch in eine Tabellenform gebracht werden (vgl. Abbildung 23), was besonders bei Vergleichen oder Zusammenfassungen angebracht sein kann (vgl. Abbildung 24).

Die Argumentationsstruktur kann auch in graphischer Form abgebildet werden, etwa mit der Hilfe von Pfeilen (A→ B = A führt zu B, B folgt aus A; A →← B = A und B sind nicht miteinander vereinbar; Widerspruch zwischen A und B; A ←→ B = Wechselwirkung zwischen A und B). Was immer Sie sich ausdenken, die Zeichen müssen eindeutig sein, so daß diese zweifelsfrei in ihrer Bedeutung rekonstruiert werden können.

9.8 Texte visualisieren

Eine weitere Verdichtung von Textinformationen kann in Schaubildern erfolgen. Deren Erarbeitung erfordert zwar eine noch intensivere Auseinandersetzung mit dem Text, auf der anderen Seite kann der Inhalt solcher Schaubilder viel schneller erfaßt und wiederholt werden als das Durchlesen von Exzerpten. Schaubilder bleiben im Gedächtnis viel besser haften, weil solche einfachen Schemata, wenn sie übersichtlich sind, ganzheitlich erinnert und rekonstruiert werden können, zumindest von eher visuell Lernenden.

STARY/KRETSCHMER (vgl. 1994, S. 121-129) stellen Texte und deren Bearbeitung mit Hilfe der Netzwerk-Technik und des Mind-Mappings (vgl. auch BUZAN 1991) vor. Während bei der Netzwerktechnik Begriffe in Kästchen, Kreisen oder Ellipsen und Relationen durch verschiedene Pfeilformen dargestellt werden (vgl. Abbildung 25), geht die „Mindmap-Technik" von einem zentralen Thema aus, das in die Mitte der Seite geschrieben wird. Von dort aus werden „Äste" und weitere Zweige angelegt, die für zusammenhängende bzw. gesonderte Aspekte stehen (vgl. Abbildung 26). Gerade das „Mind-Mapping" eignet sich hervorragend für die Strukturierung von Inhalten zu einer Wissenslandkarte oder für die Exposition eines Kapitels, bevor man es schreibt. – Hier soll lediglich anhand der Ergebnisse demonstriert werden, daß solche Schaubilder Aussagekraft haben (vgl. die Abbildungen 25 und 26). Die Auseinandersetzung mit ihnen hilft besonders, Lerninhalte zu Superzeichen zu verdichten und längerfristig zu behalten. Noch besser ist es, selbst solche Tabellen oder Schaubilder zu erstellen.

Abbildung 23: **Die Fachsprache der Erziehungswissenschaft seit dem Ende des 18. Jahrhunderts** (zu dem Text LENZEN/ROST 1998)

1. Phase: 1779 - ca. 1890	2. Phase: ca. 1890 - 1963	3. Phase: seit 1963
Wurzeln d. Päd: Theologie u. prakt. Philosophie Gesellschaftserwartungen an Päd.: Deutungsmuster + Handlungsorientierungen Schriften alltagsfixiert, stark normativ Begriffe aus der Erz.praxis in päd. Wiss. übernommen	bestandskrit. Phase durch 2 Provokationen: (1) Reformpäd. + (2) Historismus *zu 1.:* Gegenbewegung zur bürokrat. + entfremdeten Schule; Kritik am Herbartianismus *zu 2.:* geschichtsphilosoph. Relativierung; *Diltheys* Grundlegung d. Geisteswiss. + Ausbau d. Hermeneutik → *Geisteswiss. Päd.* Relativierung der Erziehungswirklichkeit Begriffe aus der Erz.praxis in päd. Wiss. übernommen	(vereinzelte erfahrungswiss. Vorläufer ab 1900: *Meumann, Lochner*) 1963 „realistische Wendung" (*Heinrich Roth*, Göttingen) Entwickl. zur sozialwiss. orientierten Erziehungswissenschaft; starke Anlehnung an US-amerikanische Psychologie und Soziologie Neue Paradigmen: *Empir.-analyt. Erzwiss.* und *Kritische Erzwiss.*, orientiert an psycholog. Unterrichtsforschung resp. Frankfurter Schule (*Horkheimer/Adorno*); Auslöschung geisteswiss. Terminologie, Einsetzung neuer, weniger nationalsprachl. Termini; charakteristische Differenz zw. handlungswiss. u. analytischem Selbstverständnis Begriffe aus der Erzwiss. z. Teil in die Erz.praxis diffundiert
Textsorten: – fiktionale Lit. – erziehungstheoret. Monographien – 200 Jahrbücher/Zs./Reihen – Kompendien (= kurzgefaßte Lehrbücher) – staatl. Richtlinien – Nachschlagewerke	*Textsorten:* wie 1. Phase + – Polemiken und Streitschriften	*Textsorten:* – erzwiss. Lit. (Monographien, Abhandlungen) – Lehrbuch – Praxisanleitung – Einführungen, Grundkurse – Propädeutiken – Geschichten der Päd. – kasuistische Lit. – Streitschriften + Polemiken – empir. Untersuchungen

weitere Charakteristika:	*weitere Charakteristika:*	*weitere Charakteristika:*
keine rein wiss. Semantik, kaum nichtsprachl. Mittel; Sprechakttypus der Aufforderung sehr häufig; positivistische Faktendarstellung, Behauptungen von Bewertungen nicht getrennt; Interjektionen, indoktrinärer Stil, aber auch Ausnahmen: z. B. *Herbart* (differenziert, konditional, argumentativ)	vertikale Schichtung zw. (A) Lebenspraxis u. (B) akadem. Literatur nicht immer durchgehalten *zu A:* futurische Form, tendenziell prophetisch, religiös bekehrend; Metaphern, Semantik antiszientifisch; performatorischer Sinn indoktrinär; Behauptungssätze mit impliziten Aufforderungscharakter zu B: Ausbildung der geisteswiss. Fachterminologie; Präteritum anstelle Futur, dennoch stark affirmativ; ungebrochene Semantik, Interpretation im hermeneut. Zirkel; wenig nichtsprachl. Mittel, statt dessen Metaphern	Syntax schwer klassifizierbar; hochkomplex und oft unverständlich. Nichtsprachl. Mittel haben beträchtl. Stellenwert. Im Streit zw. geistesw. Päd., krit. Erzwiss. u. empir.-analyt. Erzwiss. spielten Begriffe als Leitformeln wichtige Rolle zur Erkennung von In- und Outgroup – Dennoch: gemeinsame Orientierung an Rationalität **Fazit:** diskontinuierliche Entwicklung schwindende nationalsprachl. Terminologie wenig terminolog. Eigenständigkeit, rascher Modenwechsel, semantisch selten trennscharf; von Berufspraxis zurückhaltend rezipiert. Polit. Teilung Dtschl. in Terminologie bemerkbar, muß noch erforscht werden **Ausblick:** Postmoderne-Diskussion: „anything goes“

Abbildung 24: **Zusammenhänge, Unterschiede, Berührungen, Überschneidungen, Beeinflussungen zwischen**

	Bildungssprache (Bi.spr.)	**Berufssprache (Brf.spr.) (≈ Werkstattspr.)**
Umgangssprache (U.spr.) *synonym:* Gemein-, Alltags-, Laiensprache *Kennz.:* natürl. eingespielte Abläufe + Verständigungsprozesse; vieldeutig, stark kontextabhängig; eher mündl. Spr. einer Sprachgemeinschaft, d. Alltags, d. Laien. 1 U.spr. lernt (fast) jeder Mensch naturwüchsig als sog. Mutterspr. *Weitere Differenz:* U.spr. impliziert Nichtvorhandensein v. Spezialkenntnissen ??? – Lt. *Habermas* dringen F.spr. über die Bi.spr. i.d. U.spr. ein! – Folge: Erosion von Alltagsgewißheiten	Spr. d. Massenmedien *Kennz.:* Disziplin d. schriftl. Ausdrucks + differenzierter, Fachliches einbezieh. Wortschatz *Funktion:* Vermittlungsfunktion; Fachwiss. i.d. einheitstiftende Alltagsdeutung einzubringen. Bi.spr. steht allen offen, d. sich mit Mitteln der Schulbildung ein Orientierungswissen verschaffen. O.wiss. (Bildungswissen – *Scheler*) ermögl. Einordnung v. Kenntn. i. relevante Zusammenh. einer Lebenswelt + Verbindungslinien d. Faches mit d. Ganzen der Welt + d. Lebensaufgaben **Standardsprache** (Schriftspr., gramm. + orthograph. korrekt)	Berufskenntnisse erfordern spezielle Sprachen Brf.spr. erlauben f. spezielle Lebensbereiche größere Präzision, vor allem d. mündl. Rede i. berufsinterner Kommunikation *Kennz.:* handlungsorientiert; unterschiedl. Normierungsgrad d. Termini, manchmal regionale Unterschiede d. Termini, größere Kontextabhängigkeit als Wiss.spr. *Funktion:* verkürzt + standardis. berufsinterne Kommunikation; reguliert Handlungsanlässe + -strategien

(Bei dieser Gegenüberstellung handelt es sich um eine Zusammenfassung aus mehreren Texten.)

Fachsprache (F.spr.)		
	Wissenschaftssprache (Wiss.spr.)	
Kennz.: Spezialisierung, Konzentration, Verbesonderung; wird angeeignet über spezielle Kenntnisse *Vorteil:* F.spr. erlauben f. spezielle Lebensbereiche größere Präzision des mündl. + schriftl. Ausdrucks; Ausdruck gemeinsamer Denk- und Wissensmuster innerh. einer Fachsprachgemeinschaft *Nachteil:* Obwohl fachinterne Kommunikation Zweck d. F.spr. ist, grenzt sie „Laien" aus wie Gruppenspr. (Soziolekte) s. „Jargon" Manipulationsmöglichkeiten?	*Vorteil:* Wiss.spr. erlauben f. spezielle Forschungsbereiche größere Präzision v.a.d. schriftl. Ausdrucks *Funktion:* Tatsachenfeststellung; Prüfung von Aussagen; Aufbau theoret. Systeme; hoher Grad von Normierung + Kontextunabhängigkeit. Jedoch: Einbettung i. theoret. Zusammenhänge erzeugt Begründungserwartungen; selbstreflexive Vergewisserung d. sprachl.-begriffl. Instrumentariums erforderlich. Meth. Aufbau erfordert e. andere Spr., in der wir explizit Regelungen vornehmen; mind. 1 U.spr. erforderlich, um Wiss.spr. anzueignen *Nachteil:* Begriffs- + Theoriemoden (durch Originalitätszwang?); macht Wiss. f. Laien unzugänglich; theoret. + bis zur Unverständlichkeit komplex. Problem der Anschlußfähigkeit	**„Jargon"** Negativ-Bezeichn. für Grupp. spr. (*Soziolekte*), um Ingroup von Outgroup zu unterscheiden

Abbildung 25: **Beispiel mit der Netzwerktechnik**

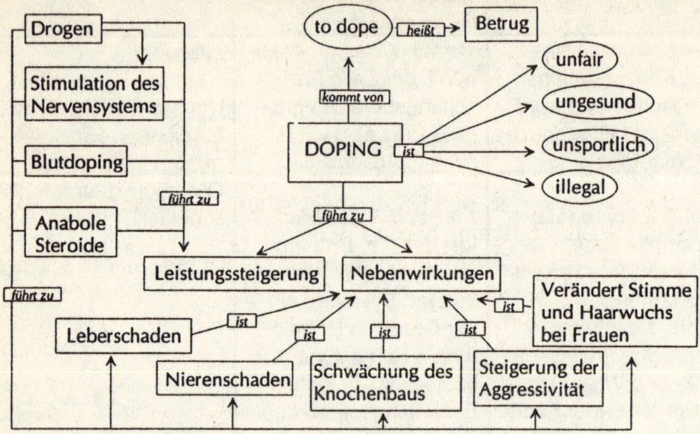

(Quelle: STARY/KRETSCHMER 1994, S. 126)

Abbildung 26: **Eine Mindmap zu Aspekten geistiger Leistungsfähigkeit**

Die Zeichnung ist nicht vollständig. Welche Aspekte aus Kapitel 3 vermissen Sie?

9.9 Begriffe klären, Sachverhalte prüfen, aufgeworfenen Fragen nachgehen

Bei allen diesen Lese- und Verarbeitungsprozessen dürfen Sie es nicht versäumen,

- Wörter nachzuschlagen, die Sie nicht verstanden haben. Dazu sollten Sie von Beginn an zumindest ein Fremdwörterbuch und ein Fachwörterbuch mit möglichst vielen Fachtermini an Ihrem Arbeitsplatz zur Verfügung haben.
- bei den geringsten Zweifeln Sachverhalte zu prüfen. Sind Verweise auf Quellen angegeben, sollten Sie diese als erstes prüfen. Darüber hinaus können natürlich auch andere Quellen und Informationen gesucht werden (s. S. 121ff.).
- Fragen nachzugehen, die der Text offenläßt und die Sie interessieren. Aus solchen Fragen kann sich beispielsweise das Thema für eine schriftliche (Abschluß-)Arbeit ergeben.
- eigene Textauszüge, selbsterstellte Tabellen und Schaubilder in der Gruppenarbeit anderen zu erläutern und ihre Richtigkeit in der Diskussion zu überprüfen. Dazu müssen sich andere genausoviel Mühe geben wie Sie mit der Erstellung dieser Materialien.

Zusammenfassung

Selbst wenn man lieber empirisch oder praktisch arbeiten würde: Am Lesen führt kein Weg vorbei, weil wissenschaftliche Ergebnisse zumeist schriftlich vorliegen. Wer nicht so gerne liest, der sollte einerseits seine Motivation zum Studium überprüfen, andererseits vielleicht mit kleinen Belohnungen versuchen, seine Abneigung gegen das Lesen zu überwinden. Vor allem sollte derjenige jedoch die Methode der Relevanzprüfung anwenden, um herauszufinden, ob ein Text für ihn und seine Fragestellung wichtig ist oder nicht. Danach kommt es wiederum auf die Auswahl der richtigen Lesemethode an, je nachdem, was mit dem Text bezweckt wird. In der Regel reicht jedoch einmaliges Lesen eines wissenschaftlichen Textes nicht aus. Da Sie die meisten Wörter aus dem alltäglichen Sprachgebrauch kennen, kommt denjenigen Termini besondere Aufmerksamkeit zu, deren Bedeutung Sie nicht oder nur vage kennen. Dies sind meist die Schlüsselwörter, die Sie nachschlagen und deren Bedeutung Sie lernen sollten. Danach laufen semantische Prozesse automatisch ab. (Na, wissen Sie noch die Bedeutung von „semantisch“?) – Für das lernende Durcharbeiten empfehle ich die „Fünf-Schritt-Methode“. Hier kommt es besonders darauf an, Themen und Aussagen des Textes zu identifizieren und später aus dem Kopf niederzuschreiben. Wichtig ist jedoch abschließend die Überprüfung am Text, um die Wahrnehmungsfehler richtigzustellen und Erinnerungslücken zu füllen. Zwingen Sie sich dazu, Sachverhalte in eigene Worte zu fassen, weil dadurch ebenso eine bessere Verarbeitungsqualität erreicht wird wie mit der Verdichtung von Gelerntem in Exzerpten, Kategorienschemata oder Schaubildern.

📖 Wer sich noch ausführlicher mit dem Lesen und Durcharbeiten von Texten beschäftigen will, greife zu dem hervorragenden Buch von STARY/KRETSCHMER (vgl. 1994). Lutz v. WERDER (vgl. 1994) beschreibt noch mehr Lesemethoden für wissenschaftliche Texte und zeigt an Beispielen auf, wie sie kreativ eingesetzt werden sollten. Strategien zur Zusammenfassung wissenschaftlicher Fachtexte finden Sie in dem Werk von KRETZENBACHER (vgl. 1990). Wichtiger für Anfänger als die vorige Empfehlung sind jedoch die drei brisanten Bändchen von Krämer zu der Darstellung von empirischen Ergebnissen, die höchst vergnüglich zu lesen sind (vgl. KRÄMER 1992, 1994, 1995b).

10 Das Schreiben wissenschaftlicher Texte

Worum geht es im 10. Kapitel?

Vielen fällt das Schreiben wissenschaftlicher Texte schwer. Oft liegt dies ganz einfach an der fehlenden Übung. Manchmal blockiert auch die Angst, etwas Banales oder Falsches zu schreiben, mit dem man sich blamieren könnte. Denn was geschrieben steht, ist nicht so leicht wegzudiskutieren wie etwas Gesagtes. Auch der Wunsch, etwas ganz Besonderes, „Hochwissenschaftliches" schreiben zu wollen, kann verhindern, daß man überhaupt etwas zu Papier bringt. Insofern können mangelnde Praxis, die Angst vor Blamage sowie ein zu hoher Selbstanspruch hemmen oder gar die irrige Vorstellung, daß jeder Satz, zumal der eines Wissenschaftlers, auf Anhieb perfekt zu sein habe in Form *und* Aussage. Es sei den Studierenden ein Trost, daß auch Wissenschaftler ähnlich gelagerte Probleme beim Verfassen von Texten haben.

Dieses Kapitel soll Sie dazu ermuntern, Ihre Gedanken zu wissenschaftlichen Sachverhalten in kleineren Texten festzuhalten, und das vom Studienbeginn an. Dabei möchte ich Ihnen in diesem Kapitel vermitteln,

- auf welche Faktoren es beim Schreiben ankommt, insbesondere, welche Grundformen wissenschaftlichen Schreibens es gibt,
- welche Typen schriftlicher Leistungsnachweise das Studium üblicherweise abverlangt,
- welche Formalia zu berücksichtigen sind, insbesondere wie man richtig zitiert und die dazugehörigen Titelangaben gestaltet.

10.1 Auftretende Probleme beim Schreiben wissenschaftlicher Texte

Nach dem „Handbuch Hochschullehre" (vgl. HOLLMANN/FRANK/RUHMANN 1995; vgl. auch BECKER 1994 und KRUSE 1995) gibt es einige typische Schreibprobleme von Studentinnen und Studenten:

1. Unwissenheit über den Arbeitsprozeß an wissenschaftlichen Texten. Studierende wissen nicht, wie viele und welche Arbeitsgänge sich hinter wissenschaftlichen Texten verbergen.

2. Diskrepanz zwischen Selbstanspruch und eigenen Schreibversuchen. Studierende erwarten von sich, daß sie auf Anhieb so schreiben können wie die Wissenschaftler, deren Texte sie lesen. Da jedoch Studentinnen und Studenten in der Regel zu selten schreiben, wobei sie ihre inhaltlichen Ansprüche sehr hoch ansetzen und ihre Themen oft zu breit anlegen, ergibt sich eine Diskrepanz zwischen dem, wie und was sie schreiben *wollen*, und dem, was sie von ihrer bisherigen Schreibpraxis her schreiben *können*. Ist der Unterschied zwischen dem hohem Selbstanspruch und dem tatsächlich Geschriebenen zu kraß, erscheinen die Probleme unüberwindbar. Die Folgen sind Frustration und abnehmendes Zutrauen in die eigene Fähigkeit zu schreiben.

3. Unsicherheit bezüglich der wissenschaftlichen Anforderungen. Sämtliche Arbeitsschritte des Schreibens wissenschaftlicher Texte seien begleitet von Unsicherheit und dem Unbehagen, die wissenschaftlichen Standards nicht richtig zu erfüllen. Hierbei können Bücher wie dieses helfen; mehr jedoch hilft es, kleinere Texte selbst zu schreiben und jenen zur Diskussion und Begutachtung vorzulegen, die vielleicht schon mehr Erfahrung im Wissenschaftsbetrieb haben.

4. Das Schreiben wird hinausgezögert. Zu hohe Erwartungen an sich selbst, vielleicht auch die Angst, sich mit dem verfaßten Text zu „blamieren" und vor allem die fehlende Übung an kleineren Schreibaufgaben führen dazu, daß viele Studierende den Schreibprozeß selbst möglichst lange hinausschieben und sich zu lange den Vorarbeiten widmen, z.B. der Literatursuche oder Lektüre. Zudem werden inhaltliche Festlegungen und deren schriftliche Fixierung in einem Arbeitsplan vermieden.

5. Unsystematische, oberflächliche Lektüre und ungenaue oder fehlende Exzerpte behindern eine präzise Themenwahl und sinnvolle Strukturierung des Materials. Da viele ungenau und unsystematisch lesen und entweder gar nicht oder schlecht exzerpieren, wählen sie oft eine zu breite Thematik, die in der Kürze der Zeit nicht seriös zu bearbeiten ist, denn vage Literatureindrücke lassen sich nicht in eine präzise Themenwahl und entsprechende Arbeitspläne umsetzen. Zu breit angelegte und unsystematische Lektüre führt dazu, daß das Thema auszuufern droht; denn das Wissen, das man sich angeeignet hat, möchte man auch anbringen. Fehlende Exzerpte – besonders dann, wenn zwischen Lese- und Schreibprozeß eine längere Zeit verstrichen ist – führen dazu, daß das Gelesene „verblaßt" und der Aufsatz oder das Buch nochmals durchgelesen werden muß. Dabei kann der Streß wachsen, wenn eine termingebundene Arbeit zu schreiben ist. Schlampige Exzerpte können Unsicherheit verursachen, besonders wenn ausgeliehene Literatur wieder abzugeben war und somit ein Vergleich mit der Originalliteratur erst durch erneute Ausleihe möglich ist. Sorgfältige Exzerpte dagegen sind eine gute Grundlage für die Strukturierung des Materials.

6. Diskrepanz zwischen Planung und Ergebnis. Beim Niederschreiben gelingt es Studierenden nicht annähernd, ihre Arbeitsplanung umzusetzen. Doch Schreiben ist ein Prozeß, in dessen Verlauf sich auch *Erkenntnisinteresse und Zielsetzung ändern* können. Da Studentinnen und Studenten nicht wissen, daß dieses vielen Wissenschaftlern auch passiert und diese ebenso aus Zeit- und anderen Gründen Abstriche bei ihren Plänen machen müssen, kann die erkannte Diskrepanz zwischen Anspruch und dem Schreibergebnis Arbeitsstörungen verursachen (s. S. 255ff.).

Viele gehen von der irrigen Annahme aus, daß Wissenschaftler ihre Texte „spielend" herunterschreiben, daß jeder ihrer Sätze in seiner Aussage durchdacht und in der Form auf Anhieb perfekt sei. Dies ist mitnichten der Fall. Bis ein Autor mit seinem Text zufrieden ist, durchläuft das Manuskript viele verschiedene Arbeitsphasen und Fassungen. Der Verfasser formuliert, verwirft, stellt um, verbessert Teile und gibt dann eine Rohfassung vielleicht Kollegen zu lesen, die ihn freundschaftlich-konstruktiv kritisieren, ihn beraten sowie konkrete inhaltliche und stilistische Verbesserungen vorschlagen. Gleiches geschieht in mehreren Arbeitsgängen durch etwaige Herausgeber, Gutachter, Lektoren, Redakteure, Korrektoren, bevor der Text gedruckt wird. Obwohl der Autor Rat und Hilfe erfährt und vielleicht in Konfliktfällen mit der Schriftleitung oder dem Verlag Kompromisse eingeht, hat er in inhaltlichen Dingen das letzte Wort, denn ohne seine Druckreife-Erklärung („Imprimatur") darf sein Text nicht gedruckt werden. Insofern ist der Autor letztendlich verantwortlich dafür, was in dem Text steht. Die während des Redaktionsprozesses durch einigen zeitlichen Abstand wiedergewonnene Distanz zum eigenen Text wird zu weiteren Verbesserungen genutzt, und ein guter Autor wird nicht ruhen, bevor er mit seinem Werk zufrieden ist. – Ob das die Leser seines Textes auch sind, ist allerdings eine andere Frage.

Wie gesagt fällt auch vielen Wissenschaftlern das Schreiben schwer. Dabei spielen einige Aspekte eine Rolle, die über die oben genannten hinausgehen: Wer möchte nicht gern „groß herauskommen", einen besonderen Beitrag zu seinem Fachgebiet leisten, Lob und Anerkennung ernten für seine „bahnbrechenden" Forschungsergebnisse und seine „brillante" Darstellungsweise? Diese meist verheimlichten, im „Ich-Ideal" versteckten Phantasien sind jedoch gepaart mit oft uneingestandenen Ängsten, sich mit seinem „Werk" zu blamieren: sich möglicherweise geirrt, etwas falsch oder mißverständlich dargestellt zu haben, etwas übersehen oder nichts Bedeutendes herausgefunden zu haben. Beide, die Omnipotenzphantasien und die Ängste, sind in manchen Texten deutlich spürbar: „Bedeutendes" muß offensichtlich so formuliert sein, daß es nicht jeder verstehen kann, sonst wäre es ja kein wissenschaftlicher Text. Das soll hier kein Angriff gegen die Fachsprache an sich sein. Die Verwendung der jeweils für die Wissenschaftsdisziplin spezifischen Fachsprache ist angebracht, denn sie kann die Kommunikation unter Fachwissenschaftlern vereinfachen, sofern einigermaßen Einigkeit herrscht über die Verwendung und den Bedeutungsgehalt der Fachwörter (was in vielen Wissenschaften nicht der Fall ist) oder sofern der Sinngehalt der wichtigsten Termini aus dem Text hervorgeht, etwa durch Definitionen. Auf der anderen Seite schließen Fachsprachen „Laien" aus der Kommunikation weitgehend aus. Was die Verwendung von Fremdwörtern anbelangt, so teile ich die Auffassung der Dudenredaktion:

> Ein Fremdwort kann dann nötig sein, wenn es mit deutschen Wörtern nur umständlich oder unvollkommen umschrieben werden kann. Sein Gebrauch ist auch dann gerechtfertigt, wenn man einen graduellen inhaltlichen Unterschied ausdrücken, die Aussage stilistisch variieren oder den Satzbau straffen will. Es sollte aber überall da vermieden werden, wo Gefahr besteht, daß es der Hörer oder Leser, an den es gerichtet ist, nicht oder nur unvollkommen versteht, wo also Verständigung und Verstehen erschwert werden. Abzulehnen ist der Fremdwortgebrauch da, wo er nur zur Erhöhung des eigenen sozialen bzw. intellektuellen Ansehens oder zur Manipulation anderer angewendet wird. (DUDEN FREMDWÖRTERBUCH 1990, S. 13)

Wissenschaftlich-sprachliches „Imponiergehabe" und die Indoktrination anderer, um sie besser manipulieren zu können, sind in der Tat abzulehnen (vgl. dazu auch STARY/KRETSCHMER 1994, S. 143-148). Auf der anderen Seite gibt es aber auch durchaus berechtigte Erwartungen an die Wissenschaftler, daß diese sich anders ausdrücken sollten als „Hinz und Kunz". Außerdem läßt sich Kompliziertes und zu Differenzierendes nicht ausschließlich mit einfachen Worten und in kürzesten Sätzen ausdrücken. Dennoch sollten wissenschaftlich Arbeitende überlegen, ob sie die jeweiligen Sachverhalte, ihre Gedanken und die Ergebnisse ihrer Arbeit nicht einfacher darstellen können. Nachdenklich und kritisch sollte allerdings jeder in *den* Fällen werden, in denen Texte vor Substantivierungen und Fremdwörtern strotzen, in denen Sätze nicht enden wollen, in sich verschachtelt sind oder vollgestopft mit umständlichen Formulierungen. Im Ernst: Vieles scheint mit Absicht so geschwollen formuliert zu sein, um Eindruck zu schinden. Fehlende bzw. unpräsize Kenntnisse werden hinter einschränkenden Bemerkungen verborgen und gegen mögliche Kritik abgeschottet (vgl. dazu BECKER 1994, S. 46ff.). Bei manchen Autoren hat man den Eindruck, daß sie dem Leser gar keine Informationen geschweige denn Erkenntnisse übermitteln wollen. Sie verstecken sich und ihre Ansichten hinter verklausulierten Sätzen. Diese Verfasser werfen „Sprachnebel" und bedenken nicht die Auswirkungen eines solchen Schreibstils auf ihre Leser: Nach kurzer Zeit stellt sich bei denen demotivierende Langeweile ein oder sogar das Gefühl von Dummheit, weil man diese Texte selbst nach mehrmaliger Lektüre nicht versteht.

Deshalb sollten Sie beim Schreiben immer an diejenigen denken, an die Sie sich richten (Allgemeinheit – besondere Zielgruppe mit einigem/erheblichem Vorwissen zu Ihrem Fachgebiet/Thema), und für mündliche Referate oder Vorträge *in jedem Fall* einen noch einfacheren Satzbau wählen als für schriftlich vorzulegende Arbeiten.

10.1.1 Verständlichkeit

Von welchen Faktoren die Verständlichkeit von Texten abhängt, haben Inghard Langer, Friedemann Schulz v. Thun und Reinhard Tausch herausgefunden. Sie nennen vier Merkmale (vgl. LANGER/SCHULZ V. THUN/TAUSCH 1990, S. 15-19):

- **Einfachheit.** Diese Kategorie bezieht sich auf die sprachliche Formulierung. Geläufige Wörter in kurzen Sätzen, erklärte Fachwörter, einfacher Satzbau und anschauliche Darstellung sind die besonderen Merkmale für Einfachheit, die weiter unten ausführlicher erläutert werden.
- **Innere Ordnung – Äußere Gliederung.** Sätze sollten nicht beziehungslos nebeneinander stehen, sondern folgerichtig aufeinander bezogen sein. Wichtig ist eine sinnvolle Reihenfolge der Informationen, der sogenannte „rote Faden". Dieses Reihungsprinzip kann

auch durch den optischen Textaufbau, also die äußere Form unterstützt werden. Miteinander in Zusammenhang stehende Sätze gehören in einen Absatz. Folgt ein anderer Gesichtspunkt, wird ein neuer Absatz begonnen. Ein längerer Text sollte zudem durch Zwischenüberschriften, Vorbemerkungen und Zusammenfassungen übersichtlich gegliedert sein. Sehr Wichtiges sollte auch im Schriftbild optisch hervorgehoben werden durch Unterstreichung, Kursiv- oder Fettdruck.

- **Kürze – Prägnanz.** Hier geht es darum, ob die Textlänge in einem angemessenen Verhältnis steht zum Informationsziel. Beim Schreiben müssen Sie Wesentliches in die Hauptsätze packen und Unwesentliches herauskürzen oder ganz vermeiden lernen. Weitschweifigkeit lenkt vom eigentlichen Thema und Lehrziel ab, etwa durch die Darstellung unnötiger Einzelheiten und die Verwendung leerer Floskeln oder zahlreicher Füllwörter.
- **Anregende Zusätze.** Dieses Merkmal scheint im Widerspruch zu stehen zur Forderung nach Kürze und Prägnanz, denn Zusätze verlängern ja den Text. Anregende Zusätze sind jedoch wichtig, damit sich die Leser nicht langweilen. Doch auch hier gilt: Die Anregungen selbst kurz halten, auf das Informationsziel ausrichten und nicht zu häufig einsetzen, schon gar nicht mehrere in einem Satz.

Sich verständlich auszudrücken, setzt Übung voraus, die mit einer Schulung der eigenen Wahrnehmung beginnt. Dabei schärfen vorbildliche Texte ebenso den Blick wie die kritische Lektüre weniger guter Beispiele, deren Mängel durch Eigenformulierungen im Exzerpt „übersetzt" werden sollten. Auch die bei LANGER/SCHULZ V. THUN/TAUSCH (vgl. 1990) vorgeschlagenen Übungen können helfen, sich verständlicher auszudrücken.

10.1.2 Sprachstil und Satzbau

Verständlichkeit ist eine berechtigte Forderung, die nicht unbedingt auch gutes Deutsch umfassen muß. Während *Verständlichkeit* mit wenigen, geläufigen Worten, vertrauten Metaphern und gängigen Redensarten erreicht werden kann, zeichnet sich *gutes Deutsch* zuallererst durch einen großen Wortschatz und präzise Wortwahl aus (vgl. SCHNEIDER 1987, 1994, 1996). Hier kann ein ordentliches Synonymen-Lexikon helfen, einerseits monotone Wortwiederholungen zu vermeiden, andererseits das treffendere oder unverbrauchtere Wort zu finden. Von Ihrem Wortschatz hängt nicht nur die Zahl der Ihnen selbst verfügbaren sprachlichen Differenzierungen ab, sondern diese ermöglichen wiederum genauere Wahrnehmungen und Denkoperationen sowohl bei Ihnen als auch beim „Nach"-Lesen *und* -Denken Ihrer Leser: Wenn Sie beispielsweise „Heilpädagogik" als Begriff verwenden, transportieren Sie damit eben auch die Vorstellung einer heilenden Erziehung. Wenn Sie das meinten (z.B. in einem historischen Kontext), ist die Verwendung dieses Wortes vielleicht angebracht, ansonsten wäre es euphemistisch; denn viele Behinderungen sind nicht heilbar, schon gar nicht pädagogisch. Dies wissend und dennoch das Wort „Heilpädagogik" verwendend würden Sie das Problem beschönigen, so daß die Begriffe „Sonderpädagogik" oder „Behindertenpädagogik" vielleicht treffender sind für das, was Sie sagen wollen. – Oder ein anderes Beispiel: Wenn Sie die beiden Wörter „Stigmatisierung" und „Etikettierung" für die Zuschreibung von Eigenschaften auf bestimmte Menschen abwägen, kann festgestellt werden, daß der mit „Etikettierung" bezeichnete Prozeß neutraler und umfassender zu denken ist als der mit „Stigmatisierung". Man kann jemanden als „guten Schüler" *etikettieren*, nicht aber mit solch einer Bezeichnung *stigmatisieren*, sofern gute Leistungen keine Diskreditierung darstellen. Die Suche nach dem treffenderen Wort sollte somit auch Reflexion sein seines Bedeutungsumfangs und (wissenschaftlichen) Sinngehaltes. Gute Autoren reflektieren in der zweiten Phase des Schreibprozesses die von ihnen verwendeten Wörter. Sollten Unklarheiten bezüglich der Begriffe denkbar sein, so definieren sie explizit die zentralen, von ihnen verwendeten Termini.

Wenngleich Verständlichkeit ein wichtiges Kriterium ist, sollte es vor allem Ziel eines jeden Autors sein, die Aufmerksamkeit des Lesers zu erhalten. Dazu muß sein Text interessant sein und auch Neuigkeiten enthalten. Ein Optimum an Aufmerksamkeit und Verständnis läßt sich erzielen, wenn man die Erwartungen der Leserinnen und Leser *mäßig* verletzt und ihrem Verstand auch ein wenig Anspannung zumutet (vgl. SCHNEIDER 1987, S. 129).

Bei aller Neukonstruktion von Wortverbindungen verlieren Sie bitte nicht Ihr Thema und die Sachverhalte aus den Augen: Nennen Sie die Gegenstände (Themen, Personen, Objekte) bei ihren Namen! Eine Lehrerin sollten Sie als Lehrerin bezeichnen und nicht abstrakt-unanschaulich als „Unterrichtsperson". Körperliche Züchtigung ist zwar eine Strafform, die auch viele Pädagogen legitimierten, aber etwas anderes als Taschengeldentzug. Wer erstere meint, jedoch unanschaulich von „Strafe" schreibt oder gar „geeigneter Erziehungsmaßnahme", obwohl jemand verprügelt wurde, hat im zweiten Fall nicht nur rechtfertigend geurteilt; er hat das Problem versteckt und bringt seine Leser um substantielle Informationen zum Sachverhalt und damit um ein eigenes Nachdenken, wenn die Worte „Schläge", „Prügel" oder andere im Text nicht auftauchen. Auf der anderen Seite sollten Sie Ihre Leser durch Ihre Wortwahl auch nicht voreinnehmen, indem Sie übertreiben.

Neben Wortreichtum und Anschaulichkeit, Neuigkeit des Inhalt oder der Darstellung sollten Sie grammatisch korrekt formulieren. Aus Wörtern bilden Sie vollständige Sätze. KRÄMER (vgl. 1995a, S. 106ff.) plädiert entschieden für kurzen, klar gegliederten Satzbau. Selbstverständlich darf ein Hauptsatz einen Nebensatz haben; jedoch möglichst nicht mehrere, derart in sich verschachtelte, daß zuletzt unklar ist, was eigentlich die Hauptaussage des Satzes ist. Wichtige Aussagen gehören übrigens in den Hauptsatz. Und stopfen Sie Ihre Sätze nicht mit umständlichen Einschränkungen oder doppelt-gemoppelten Floskeln voll! Solche sind in einer Korrekturphase herauszukürzen („in einer nicht unerheblichen Zahl von Fällen" → „oft"; „deskriptive Beschreibung" → „Beschreibung"). Vermeiden Sie auch rhetorische Floskeln wie „den werten Leser" oder nichtssagenden Illustriertenstil wie in folgendem Beispiel zum Thema Vandalismus: „Die Schadenssumme derartig sinnloser Aggressionshandlungen geht in die Millionen. Der Dumme ist wieder einmal der Steuerzahler."

Auch für die Stellung der Wörter im Satz gibt es beherzigenswerte Regeln. In der Normalstellung steht das Subjekt vor dem Prädikat und das wiederum vor dem Objekt. Rückt ein anderer Satzteil nach vorne, ist dies ungewöhnlich und steigert die Betonung dieses Teils, beispielsweise des Objekts. „*Die Grundschule* wollte er reformieren." Diese Form darf nur selten eingesetzt werden, weil darunter die Verständlichkeit und der Lesefluß leiden kann. Oft liest man Satzkonstruktionen aus blassem Verb und Substantiv („besteht Handlungsbedarf", „Unterricht machen") oder Hilfsverb und Adjektiv („ist lernmotiviert"). Solche Sätze lassen sich auch mit den starken Tätigkeitsworten „handeln", „unterrichten" bzw. „lernt gerne" formulieren. Gerade die Vollverben hauchen den Texten Leben ein und verhindern Langeweile. Das Verb sollte im Satz eine mittlere Position einnehmen und nicht nachkleckern wie in dem folgenden Beispiel mit Klemmkonstruktion: „Die Psychoanalyse ist geeignet, Neurosen, die während des Entwicklungs- und Sozialisationsprozesses entstanden sind, *zu behandeln*." Hier kann der Satz ganz einfach korrigiert werden, indem das letzte Verb vorgezogen wird: „Die Psychoanalyse ist geeignet,

Neurosen *zu behandeln*, die während des Entwicklungs- und Sozialisationsprozesses entstanden sind.“ Versuchen Sie selbst einmal, Ihre Sätze zu kürzen und durch Umstellungen deutlicher zu gliedern. Und setzen Sie dabei Verben ein anstelle von Substantiven, Adjektiven oder Abverbien.

Ausschmückungen und nähere Beschreibungen sollten in einem Satz sparsam eingesetzt werden, nicht etwa so übertrieben wie im folgenden Beispiel: „Der zornesrote und aggressive Schüler schlug wutentbrannt nach der zuerst sichtlich fassungslosen, sich dann jedoch heftig wehrenden Lehrerin.“ Wenn die zentralen Satzbestandteile Subjekt, Prädikat und Objekt präziser beschrieben oder sprachlich veranschaulicht werden sollen, dann niemals mehrere „Anregende Zusätze“ in einem Satz verwenden. – Eine weitere verbreitete Unart betrifft Präpositionen, die unmittelbar aufeinander folgen (Anti-Beispiel: „Die Lehrerkonferenz trat zusammen, *um über im unter* erschwerten Bedingungen abzuhaltenden Unterricht auftretende Probleme zu diskutieren.“). – Ebenso sollten Sie Genitivtreppchen vermeiden von der Sorte „die Ermittlung *der* Höhe *der* Bildungsausgaben *der* Länder *der* Bundesrepublik Deutschland“.

Allzuoft wird das Passiv eingesetzt. Darunter leidet wiederum der Leser (und zwar unter zunehmender Langeweile). Forscher sind arbeitsame Menschen, Wissenschaft wird von ihnen aktiv betrieben. – Wenngleich immer noch umstritten, ist die 1. Person Singular, das „Ich“, m.E. *in Maßen* ebenso erlaubt wie das „Wir“ eines Teams, weil die Person klar erkennbar wird, die entschieden, bewertet, begründet hat. Allerdings kann die gehäufte Verwendung des „Ich“ in wissenschaftlichen Texten distanzlos oder egozentrisch wirken, zumal die Gefahr besteht, Objektivierbares so subjektiv zu beschreiben, daß eine wissenschaftliche Arbeit dem schulischen Besinnungsaufsatz ähnelt. Eco ist in bezug auf das „Ich“ und das „Wir“ anderer Meinung:

> *Ich oder wir?* Muß man in der Arbeit die eigenen Auffassungen in der ersten Person bringen? Muß man sagen. „Ich bin der Auffassung, daß ...“? Einige halten es für wissenschaftlich aufrichtiger, so zu verfahren, als den „pluralis maiestatis“ zu gebrauchen. Ich würde das nicht sagen. Man sagt „wir“, weil man davon ausgeht, daß eine Feststellung von den Lesern geteilt werden kann. Schreiben ist ein Akt der Mitteilung: ich schreibe, damit du, der du liest, das akzeptierst, was ich vorschlage. Allenfalls kann man versuchen, Personalpronomen ganz zu vermeiden, indem man auf unpersönliche Ausdrücke ausweicht wie: „Man muß also zu dem Schluß kom-

men, daß; [...] so ergibt sich, daß“ etc. Man muß weder „Der Aufsatz, den ich oben zitiert habe“, noch „Der Aufsatz, den wir oben zitiert haben“ schreiben, wenn „der oben zitierte Aufsatz“ ausreicht. Aber ich meine, man kann durchaus schreiben: „Der oben zitierte Aufsatz zeigt *uns*“, weil ein solcher Ausdruck der wissenschaftlichen Diskussion nichts von ihrer Objektivität nimmt. (ECO 1993, S. 195f.; Auslassung: F. R.)

In bezug auf das „Wir“ bin *ich* dagegen der Auffassung, daß Ecos Argumentation wenig überzeugend ist, denn der Leser kann sehr wohl ganz anderer Meinung sein als der Schreiber. Insofern sollte m.E. ein Autor die Leser nicht in einer Art Rollenvermischung vereinnahmen wie die Krankenschwester den Patienten mit dem (höchst mißverständlichen) Satz: „So, jetzt gehen *wir* schön ins Bett!“ – Sie sehen, es gibt zu allem unterschiedliche Meinungen. Es bleibt Ihnen nichts anderes übrig, als sich im konkreten Fall Ihren eigenen Standpunkt zu solchen Fragen zu bilden. Das betrifft auch den nächsten heiklen Abschnitt:

Eine relativ neue Mode ist die „Kastration“ der „männlichen“ Sprache, wobei diese Modeschöpferinnen und ihre Fans wissentlich oder unwissentlich Genus mit Sexus verwechseln. Aber Sprachgebrauch ändert sich, auch durch politische Semantik, Indoktrination und Manipulation. – Mittlerweile ist es üblich geworden, daß Autoren ausdrücklich versichern, daß sie auch für Leserinnen schreiben (vgl. z.B. ECO 1993, S. 5, der sich ganz raffiniert aus der Affäre zieht!). Eine andere Folge dieses Sprachk(r)ampfes sind Kunstwörter wie „man/frau“ oder „StudentInnen“ usw. Ich empfinde zumindest diese als eine Verballhornung der Sprache, weil sie kaum sprechbar sind, den Satzbau erschweren und den Lesefluß hemmen können. Wenn es Ihnen wichtig ist, Ihre Leserinnen dezidiert anzusprechen, sollten Sie ruhig die ausführliche Form wählen, also von „Studentinnen und Studenten“ sprechen und schreiben. – Damit kein Mißverständnis aufkommt: Sexismus im Sprachgebrauch ist auf jeden Fall zu vermeiden. Solange nur Frauen schwanger werden können, kann ein wahrer Aussagesatz zur Schwangerschaft nur lauten: „Jede erlebt ihre Schwangerschaft anders.“ Auch in Fällen, in denen Frauen und Männer gemeint sind, können oft differenzierte Formen gefunden werden, z.B. durch Verwendung des Plurals („Menschen sind ...“ statt: „der Mensch ist ...“).

Wenn Sie selbstkritisch feststellen, daß Ihr Schreibstil verbesserungswürdig ist, dann üben Sie das Schreiben von eigenen kleinen Texten und überarbeiten Sie diese, bis Sie bzw. Ihre Testleser zufrieden sind. Hierbei ist ein PC mit Textverarbeitungsprogramm eine große Hilfe, weil nicht alles neu getippt werden muß. Bessere Software verfügt sogar über Rechtschreibprüfung und Synonymenlexikon (Thesaurusfunktion). Doch das kann die Überarbeitung im Hinblick auf Stil, sprachliche und grammatische Form, Zeichensetzung, Wortwiederholungen etc. nicht ersetzen, zumal durch die Rechtschreibreform ein weiteres Problem auftaucht: Zitate aus der Zeit *vor* der Rechtschreibreform sollen unverändert bleiben, so daß die automatische Rechtschreibänderung unterbleiben und jeder Einzelfall in Augenschein genommen werden muß. Lautes Lesen des eigenen Textes macht außerdem auf Holprigkeiten aufmerksam, die man beim stummen Lesen meist nicht wahrnimmt.

> 🕮 Rechtschreib- und Fremdwörterbuch gehören zur Standardausstattung des eigenen Arbeitsplatzes. Bei argen Problemen mit dem Schreiben möchte ich nicht nur die Lektüre der schon in diesem Abschnitt erwähnten Bücher empfehlen, sondern zusätzlich noch hinweisen auf die mit zahlreichen Beispielen versehenen DUDEN-Taschenbücher (DT), insbesondere die zur Zeichensetzung (DT 1), zum richtigen Fremdwörtergebrauch (DT 9) oder zu fehlerfreiem Deutsch (DT 14).

10.2 Grundformen wissenschaftlichen Schreibens

Zu den Grundformen wissenschaftlichen Schreibens (vgl. auch KRUSE 1995, S. 111-154) gehört das möglichst präzise und differenzierte *Beschreiben*, d.h. die genaue Darstellung von Sachverhalten, Beobachtetem, Wahrgenommenem. Zudem erfordert es das *Zusammentragen* von Informationen, Daten, schriftlichen und mündlichen Aussagen über Objekte, Sachverhalte oder Ereignisse, die man dann *vergleichen* und hinsichtlich Unterschieden und Ähnlichkeiten *kontrastieren* kann. Aussagen, Daten und Informationen müssen kritisch auf ihre Richtigkeit *geprüft* und eventuell an Quellen *verifiziert* werden. Sich widersprechenden Informationen ist nachzugehen. Gegenstände der Untersuchung und Dokumente, die man verarbeiten möchte, müssen verstanden und *interpretiert* werden. Handelt es sich um eine größere Menge von Informationen, Daten oder Aussagen können bzw. müssen diese auf ausgewählte Aspekte hin *geordnet* werden. Es gibt unzählige Systematisierungsmöglichkeiten, je nach den Gesichtspunkten, die in der Untersuchung eine Rolle spielen. – Man kann seinen Gegenstand auch *analysieren und kategorisieren*, d.h. ihn in seine abstrakten Eigenschaften und Bezüge zergliedern. Diese können u.U. als Gliederungspunkte eingesetzt werden. Begriffe sind differenziert zu beschreiben und explizit zu *definieren*. Weiterhin ist es erforderlich, Untersuchungs-*Hypothesen zu bilden*, d.h. Behauptungs-/Protokoll-/Aussagesätze aufzustellen, die in ihrer semantischen Bedeutung eindeutig und aussagekräftig sind, sich in ihren syntaktischen Verknüpfungen untereinander logisch nicht widersprechen und den jeweiligen Bedingungs- und Geltungsrahmen für diese Sätze nennen. Ein solches Bündel von Sätzen kann man als *Theorie* oder *Modell* bezeichnen, das (Wirkungs-)Zusammenhänge behauptet und nun überprüft werden soll, ob es den Widerlegungsversuchen standhält. Will man eine Fragestellung empirisch untersuchen, so müssen nun verwendete *Begriffe operationalisiert* werden, d.h. es müssen im vorhinein *Indikatoren* bestimmt und Regeln aufgestellt werden wie beobachtete, erfragte oder gemessene Ereignisse bewertet und eingestuft werden sollen, z.B. welche konkreten Verhaltensweisen auf so etwas wie „Umweltbewußtsein" schließen lassen und welches Verhalten auf ein höheres Umweltbewußtsein schließen läßt als ein anderes (vgl. DIEKMANN 1995, S. 182-190). Aber nicht nur in empirischen Untersuchungen müssen sie *Bewertungen* vornehmen. Gleiches gilt für geisteswissenschaftliche Verfahren, wo Sie Sachverhalte nach definierten Kriterien bewerten müssen oder „Quellen", z.B. hinsichtlich ihrer Zuverlässigkeit. Solche Werte und Kriterien lassen sich nicht logisch als „wahr" oder „falsch" ableiten. Sie lassen sich nur setzen und sollten in wissenschaftlichen Texten beschrieben und begründet werden, d.h. nicht einfach als gegeben und nicht hinterfragbar vorausgesetzt werden. Aufgestellte Behauptungen sollten *belegt* werden (s. S. 206ff.), am besten durch Verweis auf glaubwürdige Autoren und Quellen bzw. empirische Daten. Insofern sind Bezüge zum Denken und Forschen anderer herzustellen, indem ihre Behauptungen durch vorhandene und für andere nachprüfbare wissenschaftliche Literatur gestützt werden. Selbstverständlich darf man auch Behauptungen aufstellen, die sich noch nicht belegen lassen. Allerdings muß man solche mit Argumenten schlüssig und für andere nachvollziehbar *begründen*, so etwa die Auswahl der herangezogenen Quellen oder die angewendete Untersuchungsmethode. Zu den Idealen wissenschaftlicher Forschung gehört außerdem, daß man methodisch sauber arbeitet und *systematisch*, d.h. planvoll vorgeht. Schließlich mündet jede Untersuchung in ein Zusammenfassen der Ergebnisse, die hinsichtlich ihres Stellenwertes abzuwägen sind. Letztendlich kommen noch etliche Prüf- und Korrekturgänge hinzu, bis ein Text abgabe- bzw. publikationsreif ist.

Sie sehen, daß sich wissenschaftliches Schreiben aus einer Vielzahl einzelner Tätigkeiten zusammensetzt, die hier erst einmal genannt werden sollten. Im Kapitel 11 wird dieser Prozeß ausführlicher und anschaulicher beschrieben. Schon an dieser Stelle sei dem Irrtum vorgebeugt, daß die obige analytische Beschreibung von Tätigkeiten in dieser Reihenfolge zu erledigen sei! Da wissenschaftliche Arbeit Denkarbeit und viele Entscheidungsprozesse, Anpassungen oder gar Revisionen vorheriger Zwischenergebnisse erfordert, müssen die einzelnen Grundformen je nach Situation und Erfordernis des öfteren angewandt werden und das in einer anderen Abfolge als der hier beschriebenen.

10.3 Schreiben will geübt sein

Wichtig ist vor allem eines: *Schreiben, schreiben und immer wieder schreiben!* Und dies vom Beginn des Studiums an, denn wissenschaftliches Schreiben lernt man durch ebensolches. Sollten Sie Schreibschwierigkeiten haben, so empfiehlt VON WERDER (vgl. 1993, 1995), daß Sie erst einmal über diese Probleme schreiben. Das müssen keine ellenlangen Ausarbeitungen werden. Es geht lediglich darum, daß Sie wieder zu schreiben anfangen. Außerdem rät er dazu, ein Journal zu führen, eine Art Lern- oder Studientagebuch, in das Sie Ihre Gedanken und Ideen, Ihre Anmerkungen zu Gelesenem und Gehörtem eintragen mögen. – Bei KRUSE (1995, S. 162; Auslassungen: F. R.) sind Fragen aufgereiht, die Ausgangsfragen sein könnten bei der *Themensuche für schriftliche Arbeiten,* die sich jedoch m.E. ebenso vorzüglich für das Journal eignen:

> „Was hat mich in letzter Zeit überrascht?
> Was müßte ich wissen?
> Was sollte ich wissen?
> [...]
> Was für ein Wissen habe ich, das für andere nützlich sein könnte?
> Wen würde ich es gerne wissen lassen?
> Was geschieht im Moment nicht, müßte aber geschehen?
> [...]

Was habe ich gelesen, gehört, gedacht, das mich verwirrt?
Wie hat sich das Verhalten der Menschen verändert?
Wie hat sich das verändert, woran Menschen glauben?
Was macht mich wütend, traurig, glücklich, besorgt, ängstlich, zufrieden?"

Ihr Journal sollten Sie regelmäßig auswerten. Daraus ergeben sich wichtige Aufschlüsse darüber, welche Fragen nun beantwortet sind und an welchen Problemen man weiterarbeiten könnte. Wichtig ist von Werder, daß Sie Ihre innere Sprache kennenlernen, mit der Sie Ihre Fragen und Hypothesen, Ihre Gedanken und Erfahrungen formulieren. Diese innere Sprache muß beim Niederschreiben transformiert werden in eine öffentliche äußere Sprache, die während des Studiums um die Syntax des wissenschaftlichen Diskurses und die Semantik der Fachsprachen erweitert wird (vgl. VON WERDER 1995, S. 9). Dabei sollten Sie sich in der Anfangsphase nicht zu sehr Ihrem wissenschaftlichen „Ideal" unterwerfen, das etwas Besonderes hervorbringen will und das in perfekter Form, sondern das Schnellschreiben und andere grundlegende Schreibtechniken einüben wie beispielsweise das Erzählen, das Beschreiben, das Erfinden und Erkunden, das Assoziieren, Visualisieren, Definieren, Gliedern und Argumentieren.

Lutz von Werder rät außerdem dazu, *Lesen und Schreiben miteinander zu verbinden.* Angelesene Gedanken sollten Sie beim Exzerpieren in eigene Sprache umsetzen (= paraphrasieren). Vorbildliche Texte sollten Sie daraufhin analysieren, was Ihnen an der Darstellungsweise so gefällt. Ahmen Sie ruhig (zu Übungszwecken) diesen Stil nach. Sollten bestimmte Wissenschaftlerinnen und Wissenschaftler Sie beeindrucken, versuchen Sie hinter deren „Geheimnisse" zu kommen, z.B. durch die Lektüre ihrer Biographien.

10.4 Unterschiedliche Typen schriftlicher Leistungsnachweise

Die nun folgenden schriftlichen Ausarbeitungsformen (Protokoll, Bericht, Thesenpapier, schriftliches Referat, Klausur, Prüfungsarbeit) sind – in unterschiedlichem Maß – *Vorstufen* eigenständiger wissenschaftlicher Arbeit. Zumindest in Seminar- und Prüfungsarbeiten soll gezeigt werden, daß die Studentin bzw. der Student

- die Techniken wissenschaftlicher Arbeit kennt und richtig anzuwenden weiß sowie
- eine (selbst-)gestellte Aufgabe – unter Verwendung von Literatur bzw. nach Durchführung einer kleinen empirischen Untersuchung – strukturiert auf die gestellten Fragen bzw. Hypothesen hin bearbeiten kann.

So wachsen die Anforderungen von den ersten schriftlichen Referaten im Grundstudium bis zu der Abschlußarbeit, in der der Nachweis erbracht werden soll, daß der Studierende bei genügendem Zeit- und Mittelaufwand in der Lage wäre, ein größeres wissenschaftliches Projekt (z.B. eine Doktorarbeit) zu bewältigen.

> ! Für alle hier behandelten Schriftformen gilt vorweg:
>
> Erkundigen Sie sich bitte nach den in Ihrer Institution üblichen, auch formalen Standards (Mindestlänge und maximale Seitenzahl, Seitenränder, Zeilenabstand, Umfang des Literaturverzeichnisses) für die von Ihnen abzugebende Arbeit; und dies *vorher* und *direkt* bei dem späteren Gutachter, besonders wenn sie benotet werden soll. Die Wünsche der einzelnen Hochschullehrerinnen und -lehrer sind höchst unterschiedlich, auch was die Zitierform und den Quellenbeleg angeht.
>
> Bis auf die Klausuren gilt jedoch, daß die Arbeiten sauber getippt sein sollen (PC/Schreibmaschine, möglichst neues Farbband); kleinere Fehler dürfen Sie handschriftlich verbessern. Was Sie abzugeben gedenken, sollten Sie mindestens zweimal durchgelesen haben: Einmal in bezug auf den Inhalt und ein weiteres Mal auf Rechtschreibung, Interpunktion und grammatische Korrektheit.

10.4.1 Das Protokoll

Die Aufgabe dieser besonderen Berichtsform besteht im Wissenschaftsbetrieb darin, Verlauf, Inhalte, Ergebnisse, konträre Positionen von Gesprächen, Gremiensitzungen oder Konferenzen verbindlich festzuhalten. Denjenigen, die Bereitschaft erklärt haben, bestimmte Aufgaben zu erledigen, dient es als Unterlage für ihren Auftrag. Argumentationen bzw. Beschlüsse sind auch nach längerer Zeit nachlesbar, so auch für neue Mitglieder, die sich einzuarbeiten haben. Abwesende haben durch das Protokoll die Möglichkeit, den Verlauf bzw. die Ergebnisse nachzuvollziehen. Im *Seminarprotokoll* kommt es darauf an, den Verlauf bzw. die Ergebnisse von Seminarsitzungen zu sichern, um später über ein schriftliches Dokument für die Weiterarbeit zu verfügen. Grundsätzlich unterscheidet man folgende Protokollarten:

- *Wortgetreues Protokoll.* Hier wird die Sitzung entweder mitstenographiert (z.B. in den Parlamenten) oder mit einem Tonbandgerät aufgenommen. Der Wortlaut wird später auf Papier übertragen.
- *Gedächtnisprotokoll.* Eine wichtige Form, wenn nicht offiziell mitprotokolliert wird, für sich selbst Ablauf und Ergebnisse bestimmter Gespräche im nachhinein schriftlich festzuhalten. Es hat natürlich geringere Beweiskraft als ein gemeinsam verabschiedetes Protokoll.
- *Versuchs- bzw. Beobachtungsprotokoll.* Bei Experimenten oder Beobachtungen, beispielsweise Unterrichtshospitationen, werden, je nach Forschungsfrage, die wahrgenommenen Daten nach bestimmten methodischen Anweisungen protokolliert und in Beobachtungsbögen eingetragen.
- *Verlaufs- bzw. Verhandlungsprotokoll.* Das Wichtigste, wie etwa gegensätzliche Auffassungen oder erreichter Konsens, wird in komprimierter Form chronologisch dargestellt, also in der Reihenfolge, in der sich das Geschehen zugetragen hat.
- *Ergebnis- bzw. Beschluß-Protokoll.* Hier werden kurz und prägnant die zentralen Argumente der Redebeiträge (Pro und Contra) inhaltlich zusammengefaßt und strukturiert wiedergegeben, also nicht unbedingt in der Reihenfolge, in der die Argumente tatsächlich vorgetragen wurden. Beschlüsse allerdings werden ungekürzt im Wortlaut wiedergegeben, bei Abstimmungen wird auch das Abstimmungsergebnis mitgeteilt.
- *Seminarprotokoll.* Dies wird in der Regel eine Mischung sein aus Verlaufs- *und* Ergebnisprotokoll. Besonderer Zweck des Seminarprotokolls ist es, für die Teilnehmer die wichtigsten Äußerungen, kontroverse Auffassungen, offen gebliebene Fragen etc. festzuhalten. Für die weiteren Seminarsitzungen ist es eine Arbeitshilfe, indem die Besprechung und Verabschiedung des Protokolls noch einmal den Verlauf und die Ergebnisse der vorherigen Sitzung in Erinnerung rufen, speziell die Punkte, die konträr waren bzw. die Fragen, die weiterer Klärung bedürfen. Für Nicht-dabei-Gewesene besteht durch das Protokoll die Möglichkeit, sich über den Ablauf und die Ergebnisse der Sitzung zu informieren. Später sind die Protokolle u.U. eine Hilfe zur Rekapitulation und Prüfungsvorberei-

tung. Darüber hinaus soll das Protokollschreiben an sich und damit das Beschreiben, das Unterscheidenkönnen von Wichtigem und Unwichtigem sowie das Zusammenfassen eingeübt werden.

Sämtliche Protokollarten beginnen mit formalen Angaben, etwa zu der Gruppe (Seminarbezeichnung, Arbeitsgruppe, Gremium), die da zusammengekommen war, mit den Namen der Sitzungsleiterin bzw. des -leiters sowie des Protokollanten oder der Protokollantin, dem Termin (Datum, Beginn und Ende der Zusammenkunft), dem Ort (Anschrift, Gebäude, Raum) und den Themen bzw. den Tagesordnungspunkten. Bei etlichen Protokollen wird auch die An- bzw. Abwesenheit von Teilnehmerinnen und Teilnehmern festgehalten, was in Seminarprotokollen nicht nötig ist. Statt dessen werden das laufende Semester, Lehrveranstaltungsnummer und -titel sowie der Name des Dozenten angegeben.

Die *Aufgabe* der Protokollantin/des Protokollanten besteht darin,

- *schon vor der Sitzung* geklärt zu haben, welcher Protokolltyp gewünscht wird (dementsprechend wird mitgeschrieben),
- *während der Sitzung* besondere Aufmerksamkeit und Sorgfalt aufzuwenden und sich auf das Zuhören und Mitschreiben zu konzentrieren,
- dementsprechend eigene Redebeiträge einzuschränken,
- sofort nachzufragen, wenn man etwas nicht mitbekommen hat,
- Nebensächlichkeiten und Unwichtiges wegzulassen,
- sich eigener Wertungen zu enthalten sowie sachliche Genauigkeit und Objektivität walten zu lassen,
- *nach der Sitzung* mögliche Unklarheiten oder Lücken in den Notizen durch Fragen zu klären,
- aus den Notizen bald das Protokoll zu erarbeiten, damit keine Erinnerungslücken auftreten,
- es in getippter Form termingerecht vorzulegen und
- bei Änderungswünschen das Protokoll zu überarbeiten.

Ein Protokoll wird in der Gegenwartsform (Präsens) geschrieben, um den dokumentarischen Abbildcharakter zu verstärken. Außerdem wird die indirekte Rede verwendet, d.h. wiedergegebene Redebeiträge werden in den Konjunktiv gesetzt (Ausnahme ist natürlich das Wortlautprotokoll), da das Protokoll nur wiedergibt, was gesagt wurde, ohne Anspruch darauf, ob die gemachte Aussage richtig ist. Deshalb: „Eine Kommilitonin entgegnet, daß bei den historisch-systematischen Untersuchungen geisteswissenschaftlich orientierter Pädagogen der realgeschichtliche Bezug fehle." Jeder Gesprächsbeitrag mit neuem Inhalt wird zusammengefaßt und beginnt auf einer neuen Zeile. Der Übergang zu einem weiteren Tagesordnungspunkt/anderem Thema wird durch eine Leerzeile kenntlich gemacht.

10.4.2 Der Bericht

Es gibt unterschiedliche Berichtsformen, wie Jahres- oder Rechenschaftsberichte, Berichte über besondere Vorkommnisse (zur Sicherung des Hergangs, z.B. nach einem Unfall) oder über Vorträge, Tagungen etc. In einem Bericht wird das Wesentliche zu einem Sachverhalt eingehend und möglichst sachlich dargestellt, und zwar in der Vergangenheitsform, dem Präteritum. Ein Bericht sollte, je nach den Adressaten, Angaben machen, die auch mit den sogenannten *W-Fragen* generiert werden können (Wer? Was? Wo? Wann? Wie? Womit?). Die Fragen nach dem „Warum" oder „Weshalb" führen von den objektiven Sachverhalten weg, sind schon Interpretationen oder nachträgliche Begründungen. Dennoch werden sie in einigen Berichtsformen, besonders in *Praktikumsberichten*, ausdrücklich gewünscht, um die Reflexionsfähigkeit der Praktikantin bzw. des Praktikanten erkennen zu können. Wesentliche Grundform des Berichtes ist wie beim Protokoll das *Beschreiben*. Im Unterschied zum Protokoll, das bewertungsneutral zu verfassen ist, dürfen Berichte u.U. auch begründete Bewertungen enthalten. Diese sollten jedoch nicht mit dem „objektiven" Teil vermischt, sondern in eigenen Absätzen dargestellt werden. Für den sozialpädagogischen Praktikumsbericht geben BADRY (vgl. 1993, S. 48f.) und WERDER (vgl. 1993, S. 179-182) hilfreiche Hinweise. – Ähnlich wie beim Protokoll sollten im Berichtskopf die formalen Angaben zu dem Berichtsanlaß zu finden sein, z.B. der Praktikumsort und -zeitraum usw.

10.4.3 Das Thesenpapier

Eine These ist ein möglichst kurzer, eventuell provokanter Behauptungssatz, der des Beweises oder einer Begründung bedarf. Ein Thesen*papier* wiederum setzt sich aus mehreren Thesen zu einem Thema zusammen, ist demnach weder eine Stichwortsammlung noch eine Gliederung. Thesen werden auf- und möglichst schriftlich zur Verfügung gestellt, um eine Diskussion anzuregen und in Gang zu bringen bzw. um zentrale Aussagen zusammenzufassen und über sie zu informieren. Thesen sollten sprachlich klar und verständlich sowie *inhaltlich zugespitzt* sein. Dazu ein berühmtes Beispiel, die elfte „Feuerbach-These" von Karl Marx:

„Die Philosophen haben die Welt nur verschieden *interpretiert,* es kömmt drauf an, sie zu *verändern.*" So lautet diese 1845 verfaßte These zu Ludwig Feuerbach (Marx, Karl: 1. ad Feuerbach. In: Marx, Karl/Engels, Friedrich: Studienausgabe in 4 Bänden. Hrsg. von Iring Fetscher. Bd. 1: Philosophie. – Frankfurt am Main 1966, S. 139-141, Zitat: S. 141).

Natürlich darf das Thesenpapier nicht schon alles vorwegnehmen, sonst geht die Spannung der mündlichen Begründungen verloren und eine Diskussion kommt gar nicht erst auf. Verkaufen Sie jedoch bitte keine faktischen Banalitäten als Thesen: Die Tatsache, daß alle Menschen sterblich sind, kann nicht diskutiert werden.

Für den strukturierten Aufbau des Thesenpapiers gibt es mehrere Möglichkeiten:

1. Der ersten These folgt deren Begründung. Es folgt die zweite These und die dazugehörige Begründung usf.
2. Auf These 1 folgen eine Begründung und eine Schlußfolgerung. Daran schließt sich These 2, deren Begründung sowie eine weitere Schlußfolgerung an usf.
3. Beim Vergleich verschiedener Auffassungen kann der These 1 eine Antithese 1 gegenübergestellt werden usw. Sollten Sie zwei Auffassungen nebeneinander darstellen wollen, sollten Sie die von Ihnen gewählte Reihenfolge für alle Thesen und Antithesen durchhalten.

Inhaltlich kann es sich um Ihre Auffassungen, die anderer Personen oder einen Vergleich Ihrer und anderer Meinungen handeln. Welches wessen Position ist, muß dann klar erkennbar sein. Fremde Auffassungen sollten namentlich gekennzeichnet werden. Beispiel:

> „Schule, die sich nicht um Bildung bemüht, betreibt den Meuchelmord der Schule." *(Theodor Ballauff)* Vor allen anderen Aufgaben, Funktionen, Reglements und Prozeduren hat sich die Schule um die Bildung der ihr anvertrauten Schüler [...] zu bemühen. (Winkel, Rainer: Was macht eine Schule zu [k]einer guten Schule? In: Was ist eine gute Schule? Hamburg 1989, S. 26-31; Zitat: S. 26; Auslassung: F. R.)

Zu den Formalia: Ein Thesenpapier von zwei Schreibmaschinenseiten ist fast schon zu lang. Thesenpapiere für Seminare sollten vorweg die auch für Seminarprotokolle üblichen Angaben nennen, also Semesterangabe, Seminarnummer und -titel, Name der Dozentin, Name des Thesenverfassers, Datum.

Wenn Ihr Thesenpapier zur Diskussion ansteht, müssen Sie gut vorbereitet sein, Ihre Thesen mündlich überzeugend zu erläutern und auch zu verteidigen. Dafür sollten Sie natürlich noch „Trümpfe in der Hinterhand" haben, die *nicht* im Thesenpapier stehen und die Sie erst in der Diskussion ausspielen.

10.4.4 Die Seminararbeit/das schriftliche Referat

Damit sind in erster Linie bei einem Prüfer einzureichende schriftliche Ausarbeitungen gemeint, in denen der Stoff eines mündlichen Referates oder ein selbst gestelltes bzw. zur Bearbeitung vorgeschlagenes Thema bearbeitet wird. Diese Arbeiten dienen vorwiegend Übungszwecken, werden aber z.T. auch als Klausurersatz *bewertet*, und sind in diesen Fällen Bestandteil der Prüfungsnote. Ein weit verbreiteter Irrtum besteht darin, daß es sich bei dem schriftlichen Referat lediglich um die getippte Fassung eines vorgetragenen handele. Während Vorträge weniger komplex sein müssen, damit ihnen die Zuhörer folgen können, sollte das schriftliche Referat anspruchsvoller ausformuliert sein. Außerdem müssen die formalen Regeln der Paraphrase, der Zitation und des Quellenbelegs korrekt angewendet werden. Seminararbeiten sind daher gute Möglichkeiten, das eigenständige wissenschaftliche Arbeiten sowie die sprachlichen und formalen Anforderungen wissenschaftlichen Schreibens einzuüben. Nutzen Sie deshalb solche Gelegenheiten! Wenn Sie eine erste Gliederung zum Thema gemacht haben, sollten Sie vor der Abfassung noch einmal Rücksprache mit dem Dozenten nehmen, damit das Thema nicht zu breit angelegt und die beste Literatur herangezogen wird. Neue Erkenntnisse müssen Sie mit Ihrer Arbeit nicht produzieren, aber Sie sollten die Forschungslage recherchiert und die beste Literatur zu dem Thema verarbeitet haben. In den nichtreproduzierenden Teilen sollte erkennbar sein, daß Sie sich *eigene* Gedanken zum Thema gemacht haben und diese argumentativ entfalten. Da der Umfang maximal bei 25 Schreibmaschinenseiten liegt – bei mindestens 1½ zeiligem Abstand und ausreichend breitem Loch- und Korrekturrand (ca. 2,5 cm links und 4 cm rechts) –, sollten Sie sich auf das stark eingegrenzte Thema konzentrieren und nicht zuviel Literatur verarbeiten. Wie dabei genauer vorzugehen ist, wird im 11. Kapitel ausführlich beschrieben. – Auch diese Form schriftlicher Ausarbeitung beginnt mit formalen Angaben (Semesterangabe, Seminartitel, Name des Dozenten, Thema der Arbeit, Name der Referentin, eventuell mit Matrikelnummer).

10.4.5 Die Klausurarbeit

Klausuren sind (hand-)schriftliche Prüfungsteile, die in einer bestimmten Stundenzahl unter Aufsicht und meist ohne Hilfsmittel zu schreiben und dann abzugeben sind. Bei Täuschungsversuchen wird die Klausur meist als „nicht bestanden" bewertet. Es gibt Klausuren zum Erwerb von (Leistungs-)Scheinen, die Aufschluß darüber geben sollen, inwieweit die Teilnehmer den Stoff einer Lehrveranstaltung reproduzieren können. Diese bestehen dann aus Aufgaben oder Fragen, wobei die Aufgaben gelöst bzw. die Antworten entweder selbst formuliert oder angekreuzt werden sollen. Daneben gibt es Klausuren als schriftliche Bestandteile der Zwischen- und Abschluß-Prüfung, wie sie die jeweiligen Prüfungsordnungen vorsehen, die auch die Einzelheiten nennen zum Verfahren. An manchen (Fach-)Hochschulen erhalten alle Prüflinge dieselben drei Themenvorschläge für ein zu prüfendes Fach, von denen eines von jedem auszusuchen und zu bearbeiten ist. An Universitäten dürfen sich jedoch die Kandidatinnen und Kandidaten meist individuell zu dem Prüfungsbereich einen breiteren Themenkomplex aussuchen, aus dem der Erstgutachter drei engere Themenstellungen entwickelt, die der Kandidatin/dem Kandidaten vorher nicht bekannt sein sollen.

Da manchmal nicht nur eine Klausur vorzubereiten ist, sollten Sie mit Ihren Vorbereitungen rechtzeitig beginnen. In der Woche vor der Klausur sollten Sie den „Stoff" nur noch wiederholen und keinen neuen mehr hinzulernen. Hilfreich ist der Einsatz von Visualisierungstechniken, weil Bilder in ihren Strukturen und Komponenten im Kopf besser behalten werden als Texte. Am Tag vor der Klausur sollten Sie etwas ausspannen, damit Sie die Nacht gut schlafen. Ihre zu Schaubildern und Schemata verdichteten Unterlagen sollten Sie sich 60 bis 90 Minuten vor der Prüfung das allerletzte Mal ansehen, um sie zu festigen.

In der Klausursituation selbst geht es darum, daß Sie zu einem der drei engeren Themen Stellung nehmen, jedoch *nicht* im Sinne eines Besinnungsaufsatzes. Sie sollen fundierte Kenntnisse zu dem Themenbereich nachweisen, indem sie diese aus dem Kopf heraus möglichst prägnant und argumentativ zu Sätzen verbinden und *leserlich* niederschreiben. Wichtig ist dabei,

- daß Sie das zum Thema Gehörige von Unwichtigerem scheiden,
- daß Sie nicht wie eine „Faktenschleuder" alles, was Sie gelernt haben, willkürlich aneinanderreihen,
- sondern, daß Sie aus Ihren Gedanken und Ihrem Wissen themenbezogen dasjenige auswählen, das der Aufgabenstellung entspricht, und es derart strukturiert darlegen, daß ein „roter Faden" erkennbar wird.

Konzentrieren Sie sich dabei völlig auf das gewählte bzw. vorgegebene Thema und analysieren Sie dessen Elemente gründlich. Lassen Sie ruhig etwas weg, was nicht unmittelbar dem Gedankengang dient. Fertigen Sie *vor* der Niederschrift auf jeden Fall eine differenzierte Gliederung an. Wenn Sie Ihre Gliederung kontrollieren, bemerken Sie u.U. Widersprüche, Brüche oder Lücken in der von Ihnen geplanten Argumentation oder Ungleichgewichte der einzelnen geplanten Abschnitte. Diese (vorläufige) Gliederung ist dann bei der Niederschrift Ihr „Ariadne-Faden", an dem Sie Ihre Gedankengänge entwickeln. Außerdem dient die *Gliederung als Kontrollinstrument*,

- daß Sie beim Thema bleiben
- die einzelnen Aspekte der Aufgabenstellung angemessen berücksichtigen
- wie Sie im Wettlauf gegen die Zeit liegen und
- falls Sie nicht fertig geworden sein sollten – dient sie dem Prüfer als Dokument, worauf Sie in Ihrer Argumentation hinauswollten.

Eine besondere Klippe stellt der „Einstieg" ins Thema dar. SEIDENSPINNER (vgl. 1994, S. 22-28) stellt den *begrifflich orientierten Einstieg* neben den *problemorientierten* und den *chronologischen.* Bei letzterem ist Vorsicht geboten, weil er rasch langweilig wird und wenig Eigenleistung erfordert, wenn man beispielsweise mit einem legislativen Prozeß beginnt, etwa der „Ablösung des Jugendwohlfahrtgesetzes durch das Kinder- und Jugendhilfegesetz". Beim *problemorientierten* Einstieg stellen Sie das *Ausgangsproblem* kurz dar und hernach die Lösungs- und dazugehörigen Theorieansätze. Ein dritter Einstieg wäre der *begrifflich orientierte*, bei dem Sie erst einmal die Begriffe entwickeln, diskutieren und definieren, mit denen Sie dann an das Thema herangehen.

Manche Klausurkandidaten lernen vorher ganze Passagen auswendig. Wichtiger scheint mir, während der Klausur einen klaren Verstand zu bewahren, die Zeit nicht aus den Augen zu verlieren, sich möglichst rasch für eines der Themen zu entscheiden, es zu analysieren und eine Gliederung zu entwickeln, die Sie anschließend zur Grobskizze erweitern. Liegt letztere vor, fällt die Niederschrift nicht mehr schwer. Stilistische Fragen sind hier nicht ganz so bedeutend wie bei den zu Hause anzufertigenden Typen schriftlicher Leistungsnachweise, doch sollten Sie schon ganze Sätze schreiben und nicht nur Stichwörter (es sei denn, es handelt sich um eine veranstaltungsbezogene Lernzielkontrolle). Die Struktur der Arbeit sollte nicht nur durch Zwischenüberschriften erkennbar sein, sondern auch durch Absätze. Jeder neue Themenaspekt beginnt auf einer neuen Zeile.

Vermeiden Sie

- *extreme Umgangssprache* und *Illustriertenstil* („Sie ging seit ihrem 13. Lebensjahr auf den Strich"),
- *subjektive Glaubensbekenntnisse* („Ich dagegen glaube an das Gute im Menschen") und
- *Anbiederungen an Prüfer oder deren Vorlieben* („Ihr Buch gilt als das beste") ebenso wie
- *Sprachnebel* („Es ist keine Purifikation des Zentralbegriffes intendiert, keine Ausblendung jener Bedeutungskomponenten, die eine negative Bewertung beinhalten, zugunsten eines eigentlichen, mit der Primärbedeutung identifizierten Gehaltes") oder
- *Dogmatismen* („Im Zentrum des Unterrichts *muß* der Mensch stehen").

Versuchen Sie statt dessen

- präzise zu formulieren
- sachlich und logisch zu argumentieren
- Probleme differenziert darzustellen
- Begriffe sauber herauszuarbeiten und zu definieren
- Behauptungen zu begründen oder durch den Namen des Wissenschaftlers zu stützen, der die Behauptung aufgestellt hat.

Die *äußere Form* ist nicht so wichtig wie bei den anderen schriftlichen Arbeiten, doch auch nicht unwichtig. Einige Flüchtigkeits- oder Zeichensetzungsfehler allein wird kein Gutachter zu einem schlechten Urteil kommen lassen. Aber es beeinflußt die Gutachter schon, wenn die Handschrift kaum entzifferbar ist, wenn „wild" verbessert wird, krakelig durchgestrichen, zwischen die Zeilen geschmiert oder ständig mit Sternchen und anderen Zeichen z.T. nicht eindeutig angezeigt wird, daß irgendwo noch Einschübe existieren, die irgendwo noch dazwischen gehören. Die falsche Verwendung von Fremdwörtern und grobe Orthographiefehler, z.B. bei zentralen Begriffen, die man bei der vorbereitenden Lektüre garantiert gelesen haben müßte und jedes Mal falsch schreibt („Intregation" statt „Integration"), gehören auch zu der Sorte Fehler, die Gutachter nicht schätzen. Deshalb lesen Sie nach Möglichkeit zweimal Korrektur: im ersten Korrekturgang allein auf den Inhalt hin, im zweiten hinsichtlich Rechtschreibung, Grammatik, Zeichensetzung. Hierbei sollten Sie flüsternd (subvokalisierend) lesen, weil Ihnen dadurch kleine Unebenheiten des Textes und Schreibfehler eher auffallen.

Die (Prüfungs-)Klausurarbeit wird i.d.R. nach der Abgabe von zwei Gutachtern gelesen und benotet. Bei Nichtbestehen der Klausur muß der Kurs bzw. der Prüfungsteil wiederholt werden. – Besonders wegen des hohen Zeitdrucks ist es ratsam, sich intensiv vorzubereiten und sich im Klausurenschreiben zu üben. Das gilt vor allem für Kandidaten, die selten schriftlich arbeiten oder bei Streß unter Denkblockaden oder Schreibhemmungen leiden.

> ☞ Klausurenschreiben können Sie üben, indem Sie sich selbst ein (leichteres) Thema stellen bzw. stellen lassen, das in einer bestimmten Zeit bewältigt werden soll.

10.4.6 Die Prüfungsarbeit

Als Prüfungsarbeiten gelten die Staats- und Zulassungsarbeiten für das Lehramt an Schulen (Wissenschaftliche Hausarbeiten) sowie die hochschulinternen Diplom- oder Magisterarbeiten. Sie dienen dem Nachweis der selbständigen Bearbeitung eines Themas, müssen aber keine neuen wissenschaftlichen Ergebnisse zeitigen. In der Examensarbeit geht es darum, ein auch für Dritte erkennbares, abgegrenztes wissenschaftliches Thema zu erschließen und Lösungen zu einer Fragestellung zu erarbeiten. Im Schwierigkeitsgrad sind sie zwischen Seminararbeit (s. 10.4.4) und Doktorarbeit angesiedelt.

Für die Beurteilung von Prüfungsarbeiten sind Kriterien wichtig, die die Prüfer jedoch selten nennen und die meist auch in Büchern über das Schreiben wissenschaftlicher Arbeiten fehlen (Ausnahmen:

KNAPP 1993, S. 145f.; LOHSE 1997, S. 249-261). Sie sollten die von Ihnen ins Auge gefaßten Prüfer dennoch darauf ansprechen, zumal jeder unterschiedlich gewichtet. In Anlehnung an KNAPP (vgl. 1993, S. 145f.) seien hier folgende Kriterien genannt, weil diese teilweise auch als Bewertungsraster für andere Formen wissenschaftlicher Texte (Aufsätze, Monographien) verwendet werden können:

1. **Thema/Zielsetzung.** Thematische Abgrenzung sinnvoll? Begründung der Themenwahl durchdacht? Zielsetzung angegeben? Anspruchsniveau ./. Schwierigkeitsgrad der Themenstellung? Zielsetzung erreicht?
2. **Aufbau und Anlage der Arbeit.** Zielsetzung klar verfolgt? Differenzierte Gliederung? Gründliche Durchdringung der Themenschwerpunkte? Zusammenfassung einzelner Arbeitsergebnisse bzw. zu Themenschwerpunkten?
3. **Methodenbeherrschung und -reflexion.** Aussagen zur Methode? Systematischer Einsatz der Kategorien Beschreiben, Erklären, Anwenden? Bei empirischen Arbeiten: Einhalten der Standards empirischer oder qualitativer Sozialforschung? Bei didaktischen Arbeiten oder anderen mit Praxisbezug: Theoretische Durchdringung der Praxisschritte? Kritische Methodenreflexion?
4. **Sachlich-fachlicher Gehalt.** Wissenschaftliche Aussagen und deren Grundlegung? Klärung von Begriffen? Fachwissen? Auseinandersetzung mit einschlägiger, anspruchsvoller Literatur? Bloß Zitate aneinandergereiht oder eigene Gedankengänge erkennbar? Werden Sachverhalte mit Quellenangaben belegt? Behauptungen mit guten Argumenten untermauert? Erkennbare Trennung eigener und fremder Gedanken? Originalität der Arbeit? Kreative Ansätze? Wird Wesentliches von Unwichtigem unterschieden? Erfolgt eine problemorientierte, kritische Auseinandersetzung mit dem Thema? Wenn Frage- oder Themenstellung praxisrelevant: Problembewußtsein hinsichtlich deren Planung, Durchführung und Evaluation?
5. **Sprachstil.** Angemessene Fachsprache? Begriffliche Schärfe und gedankliche Klarheit? Differenzierte und präzise Wortwahl? Verständliche Darstellung? Sprachlich korrekt (Rechtschreibung, Interpunktion, Grammatik)? Flüssiger, anregender Schreibstil?
6. **Formales.** Angemessener Umfang der Arbeit? Paraphrase, Zitation und Quellenbelege formal in Ordnung? Literaturverzeichnis (relevante Literatur benutzt? Bei sozialwissenschaftlicher Themenstellung: neueste Quellen benutzt? Literaturangaben korrekt und in einheitlicher Form aufgenommen?)?

Natürlich ist die inhaltliche Qualität der Arbeit wichtiger als die formale oder ihr äußeres Erscheinungsbild. Das werden Ihnen alle Prüfer versichern. Doch formale Unzulänglichkeiten lenken Gutachterin wie Gutachter von den möglicherweise hohen inhaltlichen Qualitäten ab, weil sie ständig Formalia zu korrigieren haben. Das gibt meist einen Abzug in der Note. Ist die Arbeit obendrein fachlich „dünn", geben Sie der Gutachterin bzw. dem Gutachter die Möglichkeit, einer inhaltlichen Auseinandersetzung auszuweichen und stärker auf den Formfehlern herumzureiten. – Es gibt mehrere Gerichtsurteile, nach denen die formale Seite einer Arbeit in die Bewertung eingehen darf (vgl. THEISEN 1993, S. 129).

10.5 Das Belegen und Zitieren

Zu den wichtigsten Formalia wissenschaftlicher Arbeit gehört der Quellenbeleg sowie das richtige Zitieren. Denn behaupten und niederschreiben kann man viel – Papier ist bekanntlich geduldig. Wenn Sie Erfahrungen oder Erkenntnisse anderer Wissenschaftler verwenden und darauf aufbauen, gehört es zu den guten Manieren des Wissenschaftsbetriebs, das Übernommene zu belegen mit einem Literaturhinweis. Solche Literaturbelege sollen Herkunft und Urheberschaft der Aussage aufzeigen. Damit dokumentieren Sie einerseits, was von Ihnen stammt und was von anderen, andererseits machen Sie deutlich, daß Ihre Arbeit eingebunden ist in den aktuellen Forschungsstand einer Wissenschaftsdisziplin. Durch den Bezug auf andere können Sie Ihre Aussagen durch sinngemäße Anlehnung, die sog. *Paraphrase,* untermauern „(vgl. XYZ 1997)", weil Sie – nach kritischer Prüfung – der gleichen Meinung sind wie der anerkannte Wissenschaftler XYZ, oder dezidiert eine andere Auffassung vertreten, wobei Sie durch ein „(dagegen: OPQ 1989)" kundtun, daß Sie die Ausführungen von OPQ zur Kenntnis genommen und geprüft haben. Im letzteren Fall müssen Sie allerdings gute Argumente dafür haben, warum Sie zu anderen Ergebnissen kommen als OPQ. Mit den Belegen geben Sie außerdem dem Leser die Möglichkeit, die bei Ihnen gemachten Angaben anhand der Originalquellen selbst zu vertiefen und zu überprüfen. Die Nachprüfbarkeit ist ein wesentliches formales Kriterium für eine wissenschaftliche Arbeit.

Da keiner alle Voraussetzungen seiner Arbeit aus sich heraus schaffen kann, ist es in einem arbeitsteiligen System auch ökonomisch sinnvoll, das Rad nicht immer wieder aufs neue zu erfinden, sondern sich auf die verläßlichen Forschungsergebnisse anderer zu stützen. Peinlich wird es allerdings, wenn

- Argumentationen falsch referiert
- Aussagen sinnentstellend zitiert oder
- wesentliche Argumente übersehen werden.

Die Zitationsregeln sind – wie die Tischsitten – zwar in Büchern wie diesem niedergeschrieben, haben allerdings nur den Rang einer Soll-Erwartung. Ihre Nichteinhaltung wird nicht mit Bußgeldern geahndet, doch mit feineren Sanktionsmitteln: Sie werden vom Wissenschaftsbetrieb „geschnitten", wenn Sie sich nicht an die Spielregeln halten. Da formale Dinge viel leichter zu kritisieren sind als inhaltliche, tun Sie der „scientific community" nicht den Gefallen, in so belanglosen Dingen gegen das Althergebrachte zu rebellieren. Wenn Sie die im folgenden dargestellten Anforderungen einhalten, sind Sie formal schon weiter als viele arrivierte Wissenschaftler.

10.5.1 Allgemeine Regeln des Zitierens und Paraphrasierens

A) Als erstes muß unterschieden werden zwischen einer unverfälschten, sinngemäßen Anlehnung (Paraphrase) an eine Quelle und einem wortwörtlichen Zitat. *Grundsätzlich gilt, daß Zitate und Paraphrasen mit der Seitenzahl aus dem als Vorlage verwendeten Primärdokument belegt werden müssen. Zitate müssen originalgetreu sein. Wenn Sie kurze Zitate in ihren fortlaufenden Text einbauen, sind sie immer mit An- und Abführungszeichen („Gänsefüßchen") als solche zu kennzeichnen;* das gilt auch für Zitate, die Sie aus einer anderen Sprache übersetzen, wobei Sie dies angeben sollten (s. unten I). Handelt es sich um ein längeres Zitat (mehr als 40 Wörter), so wird dieses Zitat als eigener Absatz etwas eingerückt und meist in kleinerer Schrifttype und engerem Zeilenabstand formatiert. Ein solches *Blockzitat,* das nicht zu umfangreich sein sollte, wird ebensowenig in Anführungszeichen gesetzt (s. unten) wie eine sinngemäße, in eigene Worte gefaßte Umschreibung eines Zitats (= Paraphrase). Beide, Zitat und Paraphrase, *müssen* mit einer Quellenangabe *einschließlich der entsprechenden Seitenzahl(en)* belegt werden, wobei der dazugehörige Beleg zur Paraphrase meist mit einem „vgl." (= vergleiche) eingeleitet wird.

Kurzes Zitat aus der Monographie von Klaus Mollenhauer: Vergessene Zusammenhänge. Weinheim; München: Juventa, 1983, in den eigenen Text eingebaut:

Doch es bleibt uns nichts anderes übrig: „Sofern wir mit Kindern leben, müssen wir – es geht gar nicht anders – mit ihnen *unser* Leben führen. Das ist zwar eine Trivialität, aber gleichsam die erste und ernsteste pädagogische Tatsache" (Mollenhauer 1983, S. 20). Dabei kann das Vor-Leben anderer Personen ...

Blockzitat (weil mehr als 40 Wörter) aus der Monographie von Hermann Giesecke: Das Ende der Erziehung. – 3. Aufl. – Stuttgart: Klett-Cotta, 1987:

Das Verhältnis der Generationen, also zwischen Kindern und Erwachsenen, genauer: der darin vermutete Unterschied an Reife, Wissen und Erfahrung, galt bisher als entscheidende Voraussetzung des Erziehungsverhältnisses. Aber dieses Verhältnis hat sich so verändert, daß pädagogisch bedeutsame Wechselwirkungen zwischen den Generationen nur noch sehr eingeschränkt stattfinden, dafür die Sozialisationswirkungen der Gleichaltrigengruppe eine kaum noch zu überschätzende Bedeutung bekommen haben. (Giesecke 1987, S. 11)

Als Paraphrase, also starke Anlehnung an den Text von Giesekke, könnte vielleicht formuliert werden:

Entscheidender Ausgangspunkt für das Erziehungsverhältnis war der angenommene Reife-, Wissens- und Erfahrungsunterschied zwischen Erwachsenen und Kindern. An die Stelle der pädagogisch relevanten Interdependenz der Generationen ist weitgehend die nicht zu unterschätzende sozialisatorische Bedeutung der Peer-group getreten (vgl. Giesecke 1987, S. 11).

B) Zitate müssen in Inhalt und Form immer genau sein, also wortwörtlich mit Druckfehlern, veralteten Worten und Schreibweisen (erlaubte Eingriffe s. 10.5.2). Das bedeutet beispielsweise, daß eine Anpassung älterer Zitate an die Regeln der neuen amtlichen Rechtschreibung zu unterbleiben hat. Bei historischen Quellen folgen Sie der Ihnen vorliegenden Ausgabe. (Das entbindet Sie aber nicht von der Pflicht, die Qualität dieser Ausgabe quellenkritisch zu prüfen, z.B. darauf, ob nicht im Laufe der Zeit Zitatverfälschungen vorgenommen wurden, die nicht nur die Schreibweise betreffen. Hat man Unterschiede entdeckt, kann man sich von wissenschaftlichen

Bibliothekaren oder anderen Experten beraten lassen, welcher Edition man folgen soll.) All das, was im Zitat steht und von Ihnen in der gleichen Form wiedergegeben werden kann, das gilt z.B. für Unterstreichungen, wird in gleicher Weise wie im Original wiederholt und muß nicht näher erläutert werden. Müssen Sie etwas ändern, z.B. eine kursive Hervorhebung in eine Unterstreichung umwandeln, müssen Sie das angeben. Wollen Sie bei ungewöhnlichen Schreibweisen deutlich machen, daß es sich nicht um einen Tippfehler Ihrerseits handelt, kann man ein Ausrufezeichen in Klammern „(!)“ oder ein „[sic!]“ einfügen. Es handelt sich dann aber um einen Zitatzusatz (s. F), der zu kennzeichnen ist.

Beispiel für letzteres:

Jeder kennt die uebeln [!] Folgen der heftigen Leidenschaften. Er sieht und fuehlt, daß sie den Verstand blenden, den Willen zum Sklaven machen, daß sie durch die Befriedigung beynahe unbezwinglich werden, daß sie dem Leben und der Gesundheit, der Ehre, dem gemeinen Wesen und der Glueckseligkeit der Andern schaden; und doch bringen es nur wenige durch diese Bewegungsgruende [sic!] dahin, sich von ihnen loszureissen. (GELLERT 1774, S. 212; Einfügungen: F. R.)

Quellenangabe: Gellert, Christian Fürchtegott: Gellerts moralische Vorlesungen. Carlsruhe: Schmieder, 1774 (Sammlung der besten deutschen prosaischen Schriftsteller und Dichter; Achter Theil).

C) *Zitate sollten immer aus erster Hand sein.* Finden Sie bei Autor X ein Zitat von Verfasserin Y, das gut in Ihre Arbeit passen würde, dann haben Sie, wenn Sie diese Passage zitieren wollen, die (Sorgfalts-)Pflicht, die entsprechende Literatur von Y in einer Bibliothek zu suchen (die Quelle und Seite ist ja bei X hoffentlich richtig angegeben), das Zitat an der Originalliteratur zu überprüfen und von letzterer zu übernehmen. D.h., der Autor X, dem Sie dieses Zitat eigentlich verdanken, taucht in der dazugehörigen Belegangabe Ihrer Arbeit nicht auf. Läßt sich die Originalliteratur nicht auftreiben, sollten Sie das Zitat besser nicht übernehmen, denn Sekundärzitationen sind riskant. (Denken Sie an das „Stille-Post“-Spiel!) Wenn Sie das Risiko dennoch eingehen wollen, erhält die Belegangabe folgende Form „Y zitiert nach X 1987, S. 54“ oder in kürzester Form: „Y zit. n. X 1987, 54“. – Was allerdings vorkommen, aber genauso problematisch sein kann, ist ein *Zitat im Zitat,* das im

Kurzzitat durch einfache An- und Abführungszeichen (Apostrophe) kenntlich gemacht wird. *Zitate im Zitat müssen quellenmäßig nicht belegt werden. Auch die Umwandlung der Gänsefüßchen in Apostrophe muß nicht deklariert werden.*

Vorlage (Zeitschriftenaufsatz von Annette Stroß: „Gesundheitserziehung" zwischen Pädagogik und Medizin. In: Zeitschrift für Pädagogik 41(1995), S. 169-184):

Einer der herausragenden Vertreter der „medicinischen Volksaufklaerung", der Nürnberger Arzt J. K. OSTERHAUSEN, bemängelt im Jahre 1798: „Meine erste Einwendung ist: *daß mehrere dieser Schriften von Nichtaerzten geschrieben sind*" (ebd., S. 42).

Ihr Zitat (mit Zitat im Zitat):

„Einer der herausragenden Vertreter der ‚medicinischen Volksaufklaerung', der Nürnberger Arzt J. K. OSTERHAUSEN, bemängelt im Jahre 1798: ‚Meine erste Einwendung ist: *daß mehrere dieser Schriften von Nichtaerzten geschrieben sind*'" (Stroß 1995, S. 171f.).

D) *Zitate sollten zweckentsprechend sein,* d.h. in den Zusammenhang der Darstellung passen und das belegen, was man untermauern will.

10.5.2 Spezielle Regeln, die bestimmte erlaubte Veränderungen von Zitaten betreffen

Veränderungen von Zitaten wie Auslassungen, Einfügungen, grammatische Anpassungen oder Übersetzungen müssen sehr vorsichtig vorgenommen werden. Es dürfen Ihnen keine Sinn- oder gar Wahrheitsverfälschungen unterlaufen. Sämtliche Eingriffe sind kennzeichnungspflichtig. Sollten Sie mit Ihrem Zeichensatz eckige Klammern darstellen können, sollten Sie diese generell für sämtliche Zitatveränderungen verwenden, weil Zitate auch runde Klammern beinhalten können und im bibliothekarischen Bereich Zusätze und Kommentare in eckige Klammern gefaßt werden.

E) Auslassungen (= Ellipsen) dürfen auf keinen Fall den Sinn des Zitats verfälschen oder gar ins Gegenteil verkehren (man denke an ein ausgelassenes „nicht"!). Auslassungen werden mit drei Punkten gekennzeichnet. Z.B. so: „...“ oder so: „(...)“ oder am besten so: „[...]“, je nachdem, über welchen Zeichensatz Ihre Schreibmaschine/Ihr Drucker verfügt. Bei der Quellenangabe wird geschrieben: „Auslassung: d. Verf.“ oder besser: „Auslassung: N. N.“, wobei N. N. für Ihre Namenskürzel steht, was eindeutiger und darum vorzuziehen ist.

Vorlage (Ellen Key: Das Jahrhundert des Kindes. – 14. Auflage. – Berlin: Fischer 1908, S. 143):

Schläge rufen die Tugenden des Sklaven, nicht die des freien Menschen hervor. Schon Walter von der Vogelweide wusste, dass „wer zu Ehren kommen mag, dem ist ein Wort mehr als ein Schlag“. Prügel überliefern den Schwächeren, den Wehrlosen in die Hand des Stärkeren, und noch nie hat ein Kind in seinem Herzen geglaubt, was es mit seinen Lippen bejahte, wenn der Erzieher versuchte, es zu überzeugen, dass er es aus Liebe schlage, es schlage, weil er m ü s s e ! Das Kind ist ein zu scharfsinniges Wesen, um nicht zu wissen, dass es kein solches „Muss“ giebt, und dass die Liebe sich in besserer Weise äussern könnte!

Ihr Blockzitat mit zwei Auslassungen könnte folgendermaßen aussehen:

> Schläge rufen die Tugenden des Sklaven, nicht die des freien Menschen hervor. [...] Prügel überliefern den Schwächeren, den Wehrlosen in die Hand des Stärkeren, und noch nie hat ein Kind [...] geglaubt, was es mit seinen Lippen bejahte, wenn der Erzieher versuchte, es zu überzeugen, dass er es aus Liebe schlage, es schlage, weil er m ü s s e ! Das Kind ist ein zu scharfsinniges Wesen, um nicht zu wissen, dass es kein solches „Muss“ giebt, und dass die Liebe sich in besserer Weise äussern könnte! (Key 1908, S. 143; Auslassungen: F. R.)

F) Einfügungen (= Interpolationen) und Erläuterungen im Zitat sind Textzusätze des Zitierenden, die als solche in Klammern gesetzt und als Einfügung gekennzeichnet werden müssen.

Beispiel für eine erläuternde Einfügung, ohne die das (Block-) Zitat nicht verständlich wäre. Vorlage: „Peter stört“ von Jürgen Henningsen:

Sie [die hermeneutische Methode; F. R.] hat keinen archimedischen Punkt außerhalb dessen, was dem Konsensus einer Zeit als „pädagogisch" gilt, von dem aus sie dieses „Pädagogische", was auch immer dies sei, als solches in Frage stellen könnte: Sie ist der Geschichtlichkeit unterworfen wie keine andere Methode sonst. (HENNINGSEN 1984, S. 65; Einfügung: F. R.)

Manche halten es für überflüssig, die Einfügung zweimal zu kennzeichnen. Dann wäre der Text „Einfügung: F. R." am Zitatende eher verzichtbar als die Initialen bei der eingefügten Stelle. Mir ist wichtig, daß eindeutig ist, von wem die Einfügung stammt, was mit den Initialien klarer ist als mit dem Zusatz: „d. Verf."

G) Grammatische Anpassungen des Zitats sowie Umstellungen von Wörtern im Zitat werden durch Klammern um die geänderten Buchstaben bzw. die eingefügten Wörter gekennzeichnet. Bei Umstellungen wird der ursprüngliche Platz der umgestellten Worte mit Auslassungspunkten kenntlich gemacht.

Vorlage (Gisela Clausen: Schenken und Unterstützen in Primärbeziehungen. Frankfurt a. M. [u.a.]: Lang, 1991, S. 83):

.... Ein Sympathiegeschenk beginnt also erst dort, wo die Pflicht aufhört. ...

Sie wollen die in einem größeren Zusammenhang stehende Aussage von Gisela Clausen kritisieren und dazu das Zitat als Beleg verwenden:

Implizit normierend wird die Arbeit Clausens, wenn sie in der Abwägung von Freiwilligkeit und Pflicht zu dem Schluß kommt, daß „[e]in Sympathiegeschenk […] also erst dort [beginnt], wo die Pflicht aufhört." (Clausen 1991, S. 83; Umstellung und Anpassung: N. N.)

Umstellung und Anpassung hätten in diesem Fall übrigens vermieden werden können durch einen Doppelpumkt nach dem Wort „kommt".

Müssen in anderen Fällen noch kompliziertere Umstellungen und grammatische Anpassungen vorgenommen werden, sollten Sie sich besser für die Paraphrase entscheiden (s. A).

H) *Hervorhebungen,* die schon im Zitat gegeben sind, werden in der eigenen Arbeit möglichst in gleicher Form wiedergegeben. Dann muß dazu auch keine Erläuterung gegeben werden. Ist die im Original gegebene Hervorhebung in der dort vorliegenden Form für Sie technisch nicht umsetzbar, schreiben Sie z.B. in die Belegangabe „Hervorhebung im Original kursiv". – Vom Zitierenden *neu ins Zitat gebrachte Hervorhebungen* müssen in der Belegangabe ausdrücklich als eigene kenntlich gemacht werden („Hervorhebung: N. N."). *(Hier zeigt sich wieder der Vorteil von „N. N.". Bei „d. Verf." ist nicht eindeutig klar, von wem die Hervorhebung stammt: Vom Autor der verwendeten Quelle oder der Verfasserin der Seminararbeit.)*

I) *Wenn Sie Primärdokumente in fremden Sprachen verwenden und daraus zitieren wollen, können Sie Zitate übersetzen (lassen).* Dies ist sicher im Sinne der Leser, wenn es sich um eine weniger geläufige Fremdsprache handelt als Englisch. Wenn Ihre Arbeit viele Übersetzungen von Zitaten beinhaltet, sollten Sie an geeigneter Stelle – z.B. dem Vorwort oder dem ersten Zitat – die Übersetzung einmal ausdrücklich anmerken („Dieses und sämtliche weiteren Zitate aus dem Schwedischen übersetzte Kalle Blomquist"). Sollten Sie und möglicherweise verschiedene andere Personen diverse Zitate übersetzt haben, so muß jeweils im Beleg angegeben werden, von wem die Übersetzung stammt („Übersetzung: N. N."). Die Angabe der Übersetzerin oder des Übersetzers ist nicht erforderlich, wenn Sie aus einem schon *in deutscher Ausgabe vorliegenden* Buch zitieren!

10.5.3 Verschiedene Belegverfahren

Zitate und Paraphrasen sind mit der genauen Seitenzahl aus der Originalquelle zu belegen. In älteren Werken finden Sie statt einer Seitenzahl manchmal ein „passim" (= da und dort, allenthalben). Bitte ahmen Sie dies nicht nach! Es mag sein, daß die zitierte Bezeichnung in dem ganzen Buch vorkommt und „passim" durchaus berechtigt erscheint, doch meist wird ja zu Beginn des Werks der Terminus eingeführt und definiert, so daß diese Seitenzahl für den Leser Ihrer Arbeit anzugeben wäre. Steht das Zitat in der Ihnen vorliegenden Schrift, aus der Sie zitieren möchten, auf Seite 123 unten und 124 oben, schreibt man: „S. 123f." (und zwar mit Punkt nach dem „f") oder lediglich die Zahl: „123f.". Das „f." bedeutet „folgende" und damit die Seite 124.

Zitate mit „ff." darf es eigentlich nicht geben. Sie wären zu lang oder durch Auslassungen zu sehr aus dem Sinnzusammenhang gerissen. Hier wäre eine Paraphrase, also eine sinngemäße Anlehnung angebracht, die – bei Verwendung des Systems „Autor Jahr" („Harvard-Notation") – mit „(vgl. XYZ 1997, S. 123-129)" besser belegt ist als mit der Angabe „S. 123ff.". Nur bei globalen Hinweisen auf passende und weiterführende Literatur kann die Seitenzahl völlig weggelassen werden. Doch auch hier ist Vorsicht geboten: Ihre Arbeit soll sich nicht ausnehmen wie eine Zitaten- oder Paraphrasensammlung, bei der jeder Satz mit einem Verweis auf andere existierende Schriften endet. Das ist allenfalls für das Exposé oder einen Promotionsantrag angebracht, weil der Gutachter als „Experte" abschätzen kann, welche Schriften Ihnen schon bei der Vorbereitung Ihres Projektes bekannt sind und ob s.E. Fragestellung, Methode und Material eine Bearbeitung des Themas in angemessener Zeit zulassen. Für Ihre wissenschaftliche Arbeit selbst sollen jedoch nicht die Dokumente anderer wie in einer Bibliographie aneinandergereiht werden, sondern es sollen die für Ihre Fragestellung relevanten Gedanken und Inhalte Dritter von Ihnen lediglich einbezogen werden in *Ihre* Überlegungen und *Ihren* Text. Dieses wird nicht dadurch deutlich, daß Sie Ihre Arbeit mit globalen Hinweisen ohne Seitenzahlen „pflastern", sondern indem Sie die Literatur geistig verarbeiten und somit nur zweckentsprechende Zitate und Paraphrasen (jeweils mit Seitenangaben) in Ihren Text einbauen, sozusagen als „Fundament und zentrale Eckpfeiler", nicht jedoch dergestalt, daß alle „Steine" von anderen stammen und Sie nur die Verbindungssätze schreiben, sozusagen den „Mörtel" liefern.

Da es *verschiedene* Verfahren der Quellenangabe (Voll- bzw. Kurzbelegform in Anmerkungen/sog. „Harvard-System") gibt, sollen diese im folgenden dargestellt werden. Welches Verfahren Sie verwenden, steht Ihnen nicht immer frei, deshalb muß jeder wissenschaftlich Arbeitende flexibel auf die jeweiligen Anforderungen reagieren können: Manchmal machen Ihnen „Ihre" Gutachter bestimmte Vorschriften, später sind es die unterschiedlichen Manuskriptregeln diverser Herausgeber, Zeitschriftenredaktionen und Verlage, die Ihre Arbeit für eine Veröffentlichung akzeptieren sollen. Wie Sie Ihre Quellenangaben machen, hängt davon ab,

- ob Sie am Ende der Arbeit ein Literaturverzeichnis anlegen wollen bzw. sollen oder nicht; sowie
- ob Sie mit *Anmerkungen* (Fuß- bzw. Endnoten) arbeiten möchten oder nicht.

Literaturverzeichnis oder keines? Oftmals wird ein Literaturverzeichnis von Gutachtern oder Verlagen gefordert. THEISEN (vgl. 1993, S. 179) erachtet es sogar als zwingend notwendig für jede wissenschaftliche Arbeit. Das ist übertrieben, denn vom Literaturverzeichnis allein ist die wissenschaftliche Leistung nicht abhängig. Für ein Literaturverzeichnis spricht, daß die verwendete Literatur am Ende der Arbeit übersichtlich alphanumerisch aufgelistet ist und dem Leser/Gutachter einen kompletten Überblick bietet über das verarbeitete Schrifttum. – Ein Literaturverzeichnis ist zudem für denjenigen, der selbst weiteres Schrifttum für seine Arbeit sucht, schneller „auszuschlachten" als Quellenangaben, die auf den einzelnen Seiten zu finden sind. Und „Experten" (was Gutachter ja sein sollten) überblicken schnell, ob die für die Fragestellung relevante Literatur verarbeitet wurde oder entscheidende fehlt. Insofern ist ein Literaturverzeichnis auf jeden Fall eine Hilfe für die Leser Ihres Textes.

Wenn ein Literaturverzeichnis erstellt wird, sind darüber hinaus keine vollständigen bibliographischen Angaben in den Anmerkungen nötig. Insofern bietet sich – parallel zu der Entscheidung *für* ein Literaturverzeichnis – die an für die Belegform „Autor – Jahr" im Text. Diese Kurzbelegform, z.B. „(Müller 1988, S. 123)", wie sie auch dieses Buch favorisiert, wird als „Harvard-System", „Harvard-Notation" oder „amerikanische Zitierweise" bezeichnet und erspart eine Menge an Anmerkungen und Schreibarbeit (s. unten), weil die Titelangaben zu den verwendeten Schriften nur einmal, nämlich im Literaturverzeichnis, vollständig getippt werden müssen. Dazu müssen Sie die Literaturangaben standardisiert erfassen (s. S. 229-241), entweder von Hand auf Karteikarten/Zetteln oder maschinell mit dem PC – und anschließend in eine alphanumerische Reihenfolge bringen (s. S. 259-262). – Im Gegensatz zu dem Belegverfahren, das ausschließlich mit Anmerkungen arbeitet, kommt es beim Erstellen von Literaturverzeichnissen häufiger vor, daß Literaturangaben fehlen.

Anmerkungen oder keine? Zudem ist vorgegeben bzw. müssen Sie entscheiden, ob Sie mit *Anmerkungen* arbeiten wollen bzw. dürfen oder nicht. Wenn Sie mit Anmerkungen arbeiten werden, ist zu entscheiden bzw. vorgeschrieben, welche Form diese haben sollen:

- *Fußnoten* (auf der gleichen Seite unten, meist in kleinerer Schrifttype und/oder engerem Zeilenabstand) *oder*
- *Endnoten* (am Ende [eines Kapitels] Ihrer Arbeit bzw. z.T. erst am Ende eines Sammelwerks; meist in kleinerer Schrifttype und/oder engerem Zeilenabstand)

Wenn Sie mit Fuß- oder Endnoten arbeiten, verweisen hochgestellte Ziffern im Text eindeutig auf die betreffende Fuß- bzw. Endnote. Die Arbeit mit Fußnoten hat den Vorteil, daß die Leser die Belege bzw. nähere Erläuterungen auf der gleichen Seite finden und der Text selbst nicht so zerrissen wird durch die z.T. längeren Quellenbelege im Text selbst. Deshalb lesen sich Arbeiten mit Fußnoten angenehmer als Arbeiten mit Endnoten oder „amerikanischer Zitierweise". *Aber:* Fußnoten auf der Schreibmaschine in Reinschrift zu schreiben, kann für Ungeübte schweißtreibend sein, weil meist schwer abzuschätzen ist, wieviel Platz man unten lassen muß für die jeweiligen Fußnoten dieser Seite.

Zitatbelege als *Endnoten* sind dagegen eine Mühsal für den sorgfältigen Leser, denn dieser muß ständig nach hinten blättern und wird dadurch aus dem Lesefluß gebracht. Wird Ihre Arbeit dagegen ein kurzes Referat sein oder insgesamt nur wenige Endnoten benötigen, kann die Entscheidung für Endnoten (am Ende eines jeden Kapitels) durchaus richtig sein.

Wer mit Fuß- oder Endnoten arbeiten will und über einen PC verfügt, ist einerseits gut beraten, eine Textverarbeitungssoftware mit *automatischer* Fußnoten-/Endnotenverwaltung einzusetzen, weil bei Textumstellungen die Numerierung automatisch angepaßt wird (vgl. SESINK 1994, S. 237-240). Bei der Arbeit *mit gekürzten Anmerkungen* durch die Verwendung von „a.a.O." (= am angegebenen Ort) und „ebd." (= ebenda) ist bei Textlöschungen und -umstellungen größte Sorgfalt geboten, weil jede verwendete Quelle bei ihrem ersten Auftreten die vollständige bibliographische Angabe in Langform erfordert (s. unten).

Die markanten Unterschiede bei den Belegverfahren. Wenn Sie mit Literaturverzeichnis arbeiten,

- können Sie mit dem „Harvard-System (Autor Jahr)" im Text (vgl. Abbildung 27) *oder* in den Anmerkungen arbeiten. Die Verwendung dieser amerikanischen Zitierweise *in Fuß- oder Endnoten* widerspricht eigentlich ihrem Ziel, die Zahl der Anmerkungen zu reduzieren. Üblicherweise verweisen Name und Jahreszahl im Text (bzw. in der Anmerkung) auf das Literaturverzeichnis, wo die vollständige Literaturangabe zu finden ist. Die Seitenzahl nennt die Seite der angegebenen Quelle, der das Zitat entnommen ist. Bei Arbeiten mit der „Harvard-Notation" muß der interessierte Leser immer wieder zum Literaturverzeichnis blättern, um etwas über die verwendete Quelle zu erfahren. Dies hemmt den Lesefluß.

Abbildung 27: **Musterseite für eine Arbeit mit der Belegform „(Autor Jahr)" im Text und einem Literaturverzeichnis** *(mit mehreren Varianten für die Hervorhebung des Namens, der auf das Literaturverzeichnis verweist, sowie für die Angabe der Seitenzahl)*

Der Stellenwert empirischer Forschung im sozialwissenschaftlichen Erkenntnisprozeß ist abhängig „von wissenschaftstheoretischen Grundannahmen über die Natur unseres [Untersuchungs-]Gegenstandes und unser Verhältnis zu ihm" (MAYNTZ/HOLM/HÜBNER 1972, S. 24; Einfügung: F. R.). ... weiterer Text, weiterer Text, weiterer Text, weiterer Text, weiterer Text, weiterer Text, weiterer Text, weiterer Text, weiterer Text, weiterer Text, ...

> Genügen aber nicht unser Alltagswissen und kluge Intuition, um Zusammenhänge zu erkennen, Probleme des sozialen Miteinanders zu lösen und die Folgen sozialer Veränderungen abzuschätzen? Gelegentlich ist zu hören, daß aufwendige Untersuchungen unser Wissen nicht wesentlich über das hinaus vermehrten, was ohnehin bekannt sei,

so fragt einleitend DIEKMANN (1995, 23). ... weiterer Text, weiterer Text, weiterer Text, weiterer Text, weiterer Text, weiterer Text, weiterer Text, weiterer Text, ... Dagegen steht Poppers Auffassung (vgl. 1971, S. 31ff.), daß Theorien konfrontiert werden müssen mit der Wirklichkeit. ... weiterer Text, weiterer Text, weiterer Text, weiterer Text, ...

Diekmann (1995: 23) illustriert die Notwendigkeit von empirischer Sozialforschung beispielsweise an folgender empirisch geprüfter Hypothese: „Je höher die Beförderungsrate in einer Organisationseinheit (z.B. einer Abteilung einer Firma), desto größer ist die Zufriedenheit der Arbeitskräfte in dieser Organisationseinheit." Er zeigt anhand einer Untersuchung von Stouffer aus dem Jahre 1949 (!) und dem spieltheoretischen Modell von Boudon, daß – entgegen der eigentlichen Erwartung – der Zusammenhang zwischen Beförderungsrate und Zufriedenheit u-förmig verläuft: Die Aufsteiger sind zufrieden, doch je mehr andere befördert werden, desto unzufriedener werden die Nichtbeförderten (vgl. **Diekmann** 1995; 24). ... weiterer Text, weiterer Text, weiterer Text, weiterer Text, weiterer Text, ...

Alphabetisches Literaturverzeichnis am Ende der Arbeit (mit der Variante Jahreszahl in Klammern nach den Namen)

...

DIEKMANN, ANDREAS (1995): Empirische Sozialforschung. Grundlagen, Methoden, Anwendungen. – Reinbek: Rowohlt

...

MAYNTZ, RENATE/HOLM, KURT/HÜBNER, PETER (1972): Einführung in die Methoden der empirischen Soziologie. – Dritte Aufl. – Opladen: Westdeutscher Verlag
...
Popper, Karl R. (1971): Logik der Forschung [1934]. – 4., verb. Aufl. – Tübingen: Mohr
...

Je nachdem, welche Darstellungsmöglichkeiten Ihre Schreibmaschine bzw. Ihr Drucker bieten bzw. welche Form der Zeichendarstellung Ihnen von Manuskriptregeln vorgeschrieben werden, wählen Sie *eine* oder gar keine der oben dargestellten Formen der Hervorhebung des Verfassernamens und behalten Sie sie für diese Arbeit konsequent bei. Namen in GROSSBUCHSTABEN sind auch mit der Schreibmaschine möglich, die Unterstreichung sollten Sie sich für andere Hervorhebungen im Text aufsparen. Für den PC-Ausdruck empfehle ich **Fettdruck** ausschließlich für Überschriften, *Kursiv* für Hervorhebungen im Text und KAPITÄLCHEN für die amerikanische Form des Quellenbelegs (Bei „ß" im Namen gibt es allerdings Schwierigkeiten mit der Darstellung – manche ersetzen es durch „SZ", andere korrekterweise durch „SS".). Ob Sie jeweils ein Komma, ein Semikolon oder einen Doppelpunkt nach der Jahreszahl bzw. ein „S." vor die Seitenzahl zu tippen haben, ist den Manuskriptregeln zu entnehmen oder bleibt Ihnen überlassen. Auf jeden Fall sollte dies für ein komplettes Manuskript *einheitlich* gehandhabt werden (also nicht so wie in meinen Beispielen), wobei ein „S." mit der Suchfunktion der Textverarbeitungssoftware schneller wieder entfernt werden kann als nachträglich überall eingefügt, wenn ein Verlag das „S." wünscht.

- Wenn Sie den Lesefluß verbessern wollen und mit *Fußnoten* arbeiten dürfen, sollten Sie dies tun. Falls Sie allerdings sehr viel Literatur verarbeiten, kann dies dazu führen, daß Sie -zig Fußnoten auf der Seite haben und wenig Text. Auch in der Fußnote können Sie mit dem „Harvard-System (Autor Jahr)" arbeiten oder, wenn Sie dem Leser das Blättern ersparen wollen, mit einer Kurztitelangabe, z.B.: „[31] Lenzen, Mythologie der Kindheit ... 1995, S. 22." In diesem, besseren Fall hat jeder Leser eine Vorstellung von der Quelle. Die vollständige bibliographische Angabe findet sich dann im Literaturverzeichnis.

Abbildung 28: **Musterseite für Arbeiten mit Fußnoten und Literaturverzeichnis: *Die Fußnoten in Kurzbelegform***
(mehrere Darstellungsformen, das Literaturverzeichnis nach DIN 1505, Teil 2)

Der Stellenwert empirischer Forschung im sozialwissenschaftlichen Erkenntnisprozeß ist abhängig „von wissenschaftstheoretischen Grundannahmen über die Natur unseres [Untersuchungs-]Gegenstandes und unser Verhältnis zu ihm“[1]. ... weiterer Text, weiterer Text, weiterer Text, weiterer Text, weiterer Text, weiterer Text, weiterer Text, weiterer Text, ...

> Genügen aber nicht unser Alltagswissen und kluge Intuition, um Zusammenhänge zu erkennen, Probleme des sozialen Miteinanders zu lösen und die Folgen sozialer Veränderungen abzuschätzen? Gelegentlich ist zu hören, daß aufwendige Untersuchungen unser Wissen nicht wesentlich über das hinaus vermehrten, was ohnehin bekannt sei,

so fragt einleitend Diekmann.[2] ... weiterer Text, weiterer Text, weiterer Text, weiterer Text, weiterer Text, weiterer Text, weiterer Text, weiterer Text, weiterer Text, ... Dagegen steht Poppers[3] Auffassung, daß Theorien konfrontiert werden müssen mit der Wirklichkeit. ... weiterer Text, weiterer Text, weiterer Text, weiterer Text, weiterer Text, ...

Diekmann illustriert die Notwendigkeit von empirischer Sozialforschung beispielsweise an folgender empirisch geprüfter Hypothese: „Je höher die Beförderungsrate in einer Organisationseinheit (z.B. einer Abteilung einer Firma), desto größer ist die Zufriedenheit der Arbeitskräfte in dieser Organisationseinheit.“[4] Er zeigt anhand einer Untersuchung von Stouffer aus dem Jahre 1949 (!) und dem spieltheoretischen Modell von Boudon, daß – entgegen der eigentlichen Erwartung – der Zusammenhang zwischen Beförderungsrate und Zufriedenheit u-förmig verläuft: Die Aufsteiger sind zufrieden, doch je mehr andere befördert werden, desto unzufriedener werden die Nichtbeförderten.[5] ... weiterer Text, weiterer Text, weiterer Text, weiterer Text, weiterer Text, weiterer Text, ...

---

1 Mayntz; Holm; Hübner: *Einführung in die Methoden* ... 1972, S. 24; Einfügung: F. R.

2 DIEKMANN: Sozialforschung ..., 1995, S. 23.

3 POPPER: Logik der Forschung ... [4]1971: S. 31ff. [Die hochgestellte 4 vor der Jahreszahl 1971 ist eine übliche Form um eine „vierte Auflage“ des Buches darzustellen. Die Form hat allerdings den Nachteil, daß aus ihr nicht hervorgeht, ob es sich um einen unveränderten Nachdruck oder eine geänderte Fassung handelt.]

4 Diekmann: *Sozialforschung* ..., 1995, 23.

5 vgl. ebd., 24. [s. die Ausführungen zur Verwendung von „a.a.O.“ und „ebd.“ auf S. 230].

Die Varianten der Hervorhebung der Namen in den Fußnoten sollen die verschiedenen typographischen Möglichkeiten darstellen. Nicht alle sind mit jedem Drucker realisierbar. Entscheiden Sie sich für *eine* der Varianten und behalten Sie diese für *sämtliche* Fußnoten und das Literaturverzeichnis bei. Anmerkungstexte, so auch Literaturangaben in Fuß- oder Endnoten, werden grundsätzlich mit einem Punkt abgeschlossen.

Alphabetisches Literaturverzeichnis am Ende der Arbeit (Jahreszahl diesmal nicht hinter den Namen; alle Angaben exakt nach DIN 1505, Teil 2)

DIEKMANN, Andreas: *Empirische Sozialforschung : Grundlagen, Methoden, Anwendungen.* Reinbek : Rowohlt, *1995*

...

MAYNTZ, Renate; HOLM, Kurt; HÜBNER, Peter: *Einführung in die Methoden der empirischen Soziologie.* 3. Aufl. Opladen : Westdeutscher Verlag, 1972

...

POPPER, Karl R.: *Logik der Forschung.* 4., verb. Aufl. Tübingen : Mohr, 1971

...

Zur Zeichenformatierung bei der Umsetzung von DIN 1505, T. 2: Nachnamen in KAPITÄLCHEN, Vornamen bleiben in Grundschrift (erster wird ausgeschrieben, andere abgekürzt). Der Sachtitel wird bei selbständiger Literatur *kursiv* formatiert; bei unselbständiger bleibt der Aufsatztitel in Grundschrift, aber der *Zeitschriftenname* bzw. *der Sachtitel des Sammelwerkes* wird kursiviert (s. S. 224).

Wenn Sie *ohne* Literaturverzeichnis arbeiten wollen/sollen,

- können Sie mit Fuß- *oder* Endnoten arbeiten. Bei Fußnoten- oder Endnotensystemen *ohne Literaturverzeichnis* wird selten eine Quellenangabe vergessen. Die Arbeit ohne Literaturverzeichnis hat den Vorteil, daß Sie die verwendeten Quellen in der Reihenfolge angeben, in der Sie sie verwenden. Der Nachteil liegt darin, daß Sie gleiche Literaturangaben u.U. mehrfach tippen müssen, wenn Sie sie wiederholt verwenden. Das bedeutet bei kompletten bibliographischen Angaben in Langform deutlich mehr Schreibarbeit und größeren Platzbedarf, wenn Sie nicht mit „a.a.O." oder „ebd." arbeiten wollen, was einerseits nicht mehr leserfreundlich ist und andererseits Probleme bei Textumstellungen und -löschungen bereiten kann.

Abbildung 29: **Musterseite für Arbeiten ohne Literaturverzeichnis: Fußnoten in Vollbelegform (1. Auftreten) und anschließender Kurzbelegform** *(zwei Varianten des Kurzbelegs)*

Der Stellenwert empirischer Forschung im sozialwissenschaftlichen Erkenntnisprozeß ist abhängig „von wissenschaftstheoretischen Grundannahmen über die Natur unseres [Untersuchungs-]Gegenstandes und unser Verhältnis zu ihm“[1]. ... weiterer Text, weiterer Text, weiterer Text, weiterer Text, weiterer Text, weiterer Text, weiterer Text, weiterer Text, ...

> Genügen aber nicht unser Alltagswissen und kluge Intuition, um Zusammenhänge zu erkennen, Probleme des sozialen Miteinanders zu lösen und die Folgen sozialer Veränderungen abzuschätzen? Gelegentlich ist zu hören, daß aufwendige Untersuchungen unser Wissen nicht wesentlich über das hinaus vermehrten, was ohnehin bekannt sei,

so fragt einleitend Diekmann.[2] ... weiterer Text, weiterer Text, weiterer Text, weiterer Text, ... Dagegen steht Poppers[3] Auffassung, daß Theorien konfrontiert werden müssen mit der Wirklichkeit. ... weiterer Text, weiterer Text, weiterer Text, weiterer Text, weiterer Text, ... Diekmann illustriert die Notwendigkeit von empirischer Sozialforschung beispielsweise an folgender empirisch geprüfter Hypothese: „Je höher die Beförderungsrate in einer Organisationseinheit (z.B. einer Abteilung einer Firma), desto größer ist die Zufriedenheit der Arbeitskräfte in dieser Organisationseinheit.“[4] Er zeigt anhand einer Untersuchung von Stouffer aus dem Jahre 1949 (!) und dem spieltheoretischen Modell von Boudon, daß – entgegen der eigentlichen Erwartung – der Zusammenhang zwischen Beförderungsrate und Zufriedenheit u-förmig verläuft: Die Beförderten sind zufrieden, doch je mehr andere befördert werden, desto unzufriedener werden die Nichtbeförderten.[5] ... weiterer Text, weiterer Text, weiterer Text, weiterer Text, weiterer Text, weiterer Text, ...

---

1 Renate Mayntz/Kurt Holm/Peter Hübner: Einführung in die Methoden der empirischen Soziologie. 3. Aufl. Opladen: Westdeutscher Verlag 1972, S. 24; Einfügung: F. R.

2 DIEKMANN, Andreas: Empirische Sozialforschung. Grundlagen, Methoden, Anwendungen. Reinbek: Rowohlt 1995, S. 23.

3 POPPER, K. R: Logik der Forschung [1934]. 4. verb. Aufl. Tübingen: Mohr 1971, S. 31ff.

4 Diekmann, Sozialforschung, a.a.O., 23. [Kürzeste *vertretbare* Form ab dem 2. Auftreten. Es besteht die Gefahr, daß bei Textumstellungen die Kurz- vor die Langform gerät oder die Langform bei einer Textlöschung verlorengeht.]

5 vgl. *A. Diekmann*: Empirische Sozialforschung, a.a.O., S. 24. [Empfohlene Kürzung der Vollbelegform ab dem 2. Auftreten. – Auch üblich: „vgl. ebenda, S.

24": Letzteres geht nur bei direkt aufeinander folgenden Fußnoten zu einundderselben Quelle. Mit der Verwendung von „ebd." ist die Gefahr verbunden, daß bei Textumstellungen oder -erweiterungen der Bezug zu der vorangehenden Fußnote verlorengeht, auf die sich das „ebenda" bezog.]

Bei der ersten Nennung ist *auf jeden Fall* die Vollbelegform anzugeben, da kein Literaturverzeichnis erstellt wird. Bei Autoren- und Herausgebernamen ist zumindest die Vornamensabkürzung anzugeben. Die Form der Namen („Vorname[nsabkürzung] Nachname" oder „Nachname, Vorname[nsabkürzung]") sollte hier lediglich die vier Möglichkeiten demonstrieren. Entscheiden Sie sich für *eine* der Varianten und behalten Sie diese für sämtliche Fußnoten Ihrer Arbeit konsequent bei.

! Quellenangaben können Sie also *entweder*

- unten auf jeder Seite (in Form von Fußnoten) *oder*
- am Schluß eines Kapitels bzw. Ihrer Arbeit (in der Form der Endnote) ausweisen *oder*
- im Text in der Form des „Harvard-Systems" (Autor Jahr).

Im letzten Fall ist ein Literaturverzeichnis an Ende Ihrer Arbeit zwingend erforderlich.

10.5.4 Welche Bestandteile gehören zu einer Titelangabe?

Vorab: Es gibt zahlreiche Varianten bei der Anführung bibliographischer Angaben, den sogenannten *Zitierregeln.* Sie stellen Konventionen dar, also mehr oder weniger verbindliche Übereinkommen mit traditionellen Relikten, die z.T. kritisch zu reflektieren sind. Neben den zahllosen Manuskriptregeln von Zeitschriften und Verlagen, die bei der Annahme von Manuskripten natürlich auch auf die Einhaltung ihrer Gepflogenheiten Wert legen, gibt es verbindlichere Versuche, eine gewisse Einheitlichkeit zu stiften: so die Norm DIN 1505 (besonders Teil 2: „Titelangaben von Dokumenten: Zitierregeln" vom Januar 1984), die jedoch nicht vollständig mit der Schreibmaschine realisiert werden kann, weil KAPITÄLCHEN für die Namen und *Kursivsatz* für einige Sachtitel vorgesehen sind (s. Kasten S. 220). Die folgenden Ausführungen orientieren sich in der *Ansetzung und der Interpunktion* weitgehend an dieser DIN-Norm, ohne ihr sklavisch zu folgen. Abweichungen werden aber begründet. Darüber hinaus werde ich versuchen, argumentativ den Wert mancher Angaben bzw. Vorschriften zu erläutern bzw. zu hinterfragen. So hilft m.E. die Aufnahme der Internationalen-Standard-Buch-Nummer (ISBN) wenig, solange ein und dieselbe ISBN für die erste und für die „4. verbesserte und stark erweitere Auflage“ verwendet werden, Verlage also nicht konsequent Neuauflagen mit neuen ISBN-Nummern ausstatten. Dieses Buch besitzt sogar zwei ISBN-Nummern (s. Titelblatt-Rückseite).

Manche Ratgeber gehen so weit, daß sie alles bis in die kleinsten Einzelheiten, z.B. die Interpunktion, vorschreiben und regeln wollen. Das ist bei den vielen Besonderheiten, die in der Praxis auftreten können, aber nicht möglich. Ob ein Semikolon oder ein Schrägstrich zwischen zwei Verfassernamen gehört, ob nur der Vorname des jeweils ersten Verfassers nachgestellt wird und die Vornamen der Ko-Autoren nicht, ist und bleibt Geschmacksache. Wichtig ist, daß manche Entscheidungen einfach zweckmäßiger sind (z.B. die Vornamen zumindest des ersten Verfassers in Literaturverzeichnissen nachzustellen, weil so wenigstens eine grobe Alphabetisierung des Literaturverzeichnisses mit der Sortierfunktion des Textverarbeitungsprogramms vorgenommen werden kann). Noch wichtiger ist natürlich, daß die Verfassernamen stimmen, also keine Tippfehler die Namen verfälschen. Durch solche Fehler kann die Suche nach einem Dokument für die Rezipienten Ihrer Arbeit zur Qual werden.

Da Ihr Rückgriff auf Materialien und Gewährsleute nachprüfbar sein soll, sollten Sie die Titelangaben in einer Form machen, in der die Literatur in Bibliotheken und Archiven auffindbar wird. Hierzu ist erst einmal wichtig, zwischen *selbständig* und *unselbständig* erschienenen Schriften zu unterscheiden. Letztere sind solche, die *in* selbständigen Schriften veröffentlicht sind. Das erkennt man daran bzw. kennzeichnet man selbst durch ein *„In:“* in der Mitte der bibliographischen Angabe, wobei die auf das „In:“ folgenden Angaben diejenigen zu der selbständigen Schrift sind, die für das Auffinden des Dokuments weit wichtiger sind als die Angaben vor dem „In:“. Denn selbständige Literatur, z.B. ein Buch als Ganzes, wird in einer Bibliothek in deren Alphabetischen Katalog (AK) mit einer Katalogkarte aufgenommen, während *Aufsätze* in Sammlungen, in Sammelwerken oder Zeitschriften dort *nicht* nachgewiesen werden (s. S. 126). Deshalb sind die nach dem „In:“ folgenden Angaben besonders wichtig für die Suche.

Zwei Beispiele für Angaben zu unselbständiger Literatur (Zeitschriftenaufsätze) nach verschiedenen Konventionen:

EHRENSPECK, Yvonne: Der „Ästhetik"-Diskurs und die Pädagogik. In: *Pädagogische Rundschau* 50 (1996), S. 247-264
(so nach DIN 1505, Teil 2)

Thiel, Felicitas: „Pädagogik und Politik", in: Vierteljahrsschrift für wissenschaftliche Pädagogik, 72. Jg. (1996), H. 4, S. 440-454.
(so nach der Manuskriptregel eines Verlags)

Selbständig erschienene Werke sind Bücher, Zeitungen und Zeitschriften als Ganze. Dazu gehören im einzelnen:

- *anonyme Werke* (= Bücher, bei denen kein Verfasser angegeben und ermittelbar ist)
- *Monographien* (= von einem Autor allein geschrieben)
- gemeinschaftlich erarbeitete Werke von mehreren Verfassern
- *Sammlungen* mit Werken *eines* Autors (das können auch mehrere Bände sein)
- von einer oder mehreren Personen veranlaßte, bearbeitete oder herausgegebene *Sammelwerke*
- von einer oder mehreren Körperschaften (= Institutionen wie Forschungsinstitute, Behörden, Vereine etc.) veranlaßte, bearbeitete oder herausgegebene *Urheberwerke*
- *Zeitungen* und *Zeitschriften*, die als fortlaufende Sammelwerke angesehen werden, sowie
- *Loseblattsammlungen*, deren Aktualität durch einzusortierende Ergänzungslieferungen und auszutauschende Textteile erhalten wird.

Mindestangaben für selbständig erschienene Schriften

Für bibliographische Angaben zu selbständiger Literatur sind *mindestens* erforderlich:
- 1-3 Verfasser- bzw. Herausgebername(n) und die dazugehörigen Vornamen(sabkürzungen)
- der komplette Sachtitel
- der Erscheinungsort und
- das Erscheinungsjahr.

Sind es ein, zwei oder drei *Verfasser*, die gemeinschaftlich ein Buch geschrieben haben, so werden diese allesamt angegeben. Nach der

Norm DIN 1505, Teil 2, sollen sogar alle beteiligten Personen angegeben werden. *Bibliothekarisch* dagegen wird bei vier und mehr Autoren eine Schrift wie ein „anonymes Werk" behandelt, das unter dem *Sachtitel* in den Alphabetischen Katalog aufgenommen wird (§ 17 RAK-WB) (s.a. S. 128f.)! Nur der erste bzw. ein auf dem Titelblatt möglicherweise besonders hervorgehobener Verfasser erhält zusätzlich eine Katalogkarte. Aus diesem Grund *können Sie* (müssen es aber nicht!) nach dem 1. Verfasser die anderen durch „[u.a.]" ersetzen, müssen aber in jedem Fall *den Sachtitel genau angeben,* weil dieses Werk seinen Haupteintrag für den Alphabetischen Katalog unter seinem Sachtitel erhält. Anstelle des „[u.a.]" (die eckigen Klammern signalisieren eine von Ihnen vorgenommene Änderung) ist auch das gleichbedeutende „[et al.]" (= et alii) in Gebrauch, insbesondere in angloamerikanischen Literaturangaben.

Vorlage: Ein Sammelwerk mit den sechs Verfassernamen: Gunter Gebauer, Dietmar Kamper, Dieter Lenzen, Gert Mattenklott, Christoph Wulf, Konrad Wünsche

Ihre Mindestangabe: Gebauer, G. [u.a.]: Historische Anthropologie. Reinbek 1989.

Zudem entfallen generell sämtliche Titel und Berufsbezeichnungen der Verfasser (wie „Graf", „Ministerialrätin", „Prof.", „Dr.", „Dipl.-Päd.", „M. A.", „Abteilungsleiter" usw.), selbst wenn sie auf dem Titelblatt angegeben sind. *Verwandtschaftsbezeichnungen* wie das schottische „Mac" oder „Mc" bleiben vorangestellt (alphabetische Einsortierung unter „M"). *Präfixe* (z.B. „v.", „von", „van" „de") werden angegeben. Bei deutschen Staatsangehörigen wird gemäß RAK-WB § 314 das Präfix *im Literaturverzeichnis* dem Familiennamen und Vornamen nachgestellt (bis auf wenige, besonders komplizierte Ausnahmen wie „auf dem", „von der" oder „zur"): Aus „Rosemarie v. Schweitzer" wird für die Literaturangabe: „Schweitzer, Rosemarie v.", aus „Hartmut von Hentig" „Hentig, Hartmut von". Dagegen wird aus dem amerikanischen Psychoanalytiker Lloyd de Mause: „DeMause, Lloyd" (als amerikanischer Staatsbürger ist er in unseren nach RAK geführten Bibliothekskatalogen unter „D" zu finden).

Eine andere Frage: *Soll der Vorname ausgeschrieben oder abgekürzt werden?* Antwort: Beides ist im Wissenschaftsbereich üblich. ECO (vgl. 1993, S. 85) plädiert mit guten Gründen für den ausgeschriebenen Vornamen und in der Tat gibt es etliche Namensgleichheiten (– Eco nennt u.a. die beiden Philosophen Pietro und Paolo Rossi –), so daß der ausgeschriebene Vorname erst erkennen läßt, um welchen Autor es sich tatsächlich handelt. Manche Verfasser, um ihre Singularität bemüht, geben auch noch ihren zweiten Vornamen (als Abkürzung) an, was bei Namen wie „Meier“ oder „Schulz“ für die Suche und Unterscheidung auch zweckmäßig ist. (So gibt es Schriften des Didaktikers „Schulz, W.“, eines Drogenexperten „Schulz, W.“ und eines Kulturtheoretikers „Schulz, W. K.“.) Die Norm DIN 1505, Teil 2, schlägt vor, den ersten Vornamen eines jeden Verfassers auszuschreiben, die restlichen abzukürzen. Das hilft bei unserem Beispiel auch nicht völlig, denn alle drei haben den Vornamen „Wolfgang“. Würden Schriften der ersten beiden in *einer* Arbeit verarbeitet, also völlige Namensgleichheit vorliegen, müßte im Text und im Literaturverzeichnis deutlich gemacht werden, daß es sich einmal um „Schulz [I]“ und einmal um „Schulz [II]“ handelt. Die „[I]“ bekommt derjenige, der im Text zuerst als Beleg angeführt wird. Bei Gleichheit *nur des Nachnamens* wird im Text unterschieden zwischen „W. Schulz“ und „W. K. Schulz“, was in der alphabetischen Reihung des Literaturverzeichnisses gleichermaßen deutlich wird (Schriften von „Schulz, Wolfgang“ vor denen von „Schulz, Wolfgang K.“).

Im internationalen, insbesondere im angloamerikanischen Bereich werden die Vornamen meist abgekürzt (was allerdings mit der Ausweitung des Wissenschaftssektors und bei der Suche im Internet zunehmend Probleme bereiten wird). Weil abgekürzt wird und z.T. selbst aus der Vorlage des Originalaufsatzes und der ganzen Zeitschrift samt deren Register der Vorname eines Verfassers *nicht* hervorgeht, hat man teilweise erhebliche Schwierigkeiten, die Vornamen tatsächlich herauszufinden. Insofern ist die von Prüfern erhobene Forderung nach Einheitlichkeit der Form der Titelangaben *eher durch die Abkürzung der Vornamen zu erreichen.* Auf der anderen Seite helfen ausgeschriebene Vornamen bei der Suche und der eindeutigen Zuordnung der Werke zu ihren Verfassern. – In Ihre Literaturkartei bzw. -datenbank sollten Sie auf jeden Fall die Vornamen komplett aufnehmen. Kein Problem mit dieser Frage haben übrigens diejenigen, die über ein gutes Literaturverwaltungssystem (z.B. LIDOS) verfügen, in das die vollständigen Vornamen eingegeben werden, bei der *Ausgabe* jedoch zwischen verschiedenen Zitierformen gewählt werden kann, so auch welchen mit der Abkürzung der Vornamen.

Der *Sachtitel* = *Haupttitel* wird i.d.R. vollständig ausgeschrieben, während der Untertitel abgekürzt oder völlig weggelassen werden kann. – Der *Erscheinungsort* ist wichtig, weil aus ihm das wahrscheinliche Erscheinungsland abzuleiten ist für die Ermittlung in (National-)Bibliographien. Als Erscheinungsort gilt der Firmensitz des Verlags, der zumeist aus den Angaben des Titelblattes hervorgeht, *ersatzweise* der Ort der herausgebenden Körperschaft (z.B.: ein Ministerium in Bonn) und als letzter Notnagel der Ort der Druckerei. Ist überhaupt keine Ortsangabe zu finden, so schreibt man „[o.O.]" (= ohne Ort), nicht das veraltete „[s. l.]" (= sine loco), das die Norm DIN 1505 noch vorschlägt. *Sind mehrere Erscheinungsorte aufgeführt, so wird nur der erste genommen* (vgl. NORM DIN 1505, Teil 2, S. 4, 3.7).

> *Vorlage:* Springer Verlag Berlin Heidelberg New York London Paris Tokyo Hong Kong Barcelona Budapest
>
> *Ihre Angabe:* Berlin (obwohl der Hauptsitz dieser Fima in Heidelberg ist)

Das richtige *Erscheinungsjahr* ist wichtig für die vollständige Ermittlung einer bibliographischen Angabe, z.B. in (National-)Bibliographien. Das Jahr ist i.d.R. auf der Titelblatt*rückseite* oder in dem Kleingedruckten am Ende eines Buches zu finden. Dort stehen jedoch öfter auch mehrere Jahreszahlen, von denen diejenige der vorliegenden Ausgabe (meist die neueste) herausgefunden werden muß.

> *Vorlage:* „2. verbesserte Auflage November 1995
> [...]
> Reinbek bei Hamburg, Juni 1994
> Copyright © 1994 by Rowohlt Taschenbuch Verlag GmbH, [...]"
>
> *Ihre Angabe:* 1995 (keine Monatsangabe!)

Wäre für dieses Beispiel keine neuere Jahreszahl für die zweite Auflage auf der Titelblattrückseite ersichtlich (z.B. bei einem unveränderten Nachdruck), wird die Jahreszahl aus dem Copyright-Vermerk übernommen (erkennbar an dem ©).

Bei *mehrbändigen* Werken kommt es vor, daß die Einzelbände in unterschiedlichen Jahren erschienen sind. Dann schreibt man nach Titel und Untertitel beispielsweise „3 Bde." und als Erscheinungsjahre: „1991-1993". Besser ist allerdings eine genaue Zuordnung der Jahreszahlen zu den Bandnummern: „Bd. 1: 1991; Bd. 2: 1992; Bd. 3: 1993". Fehlt die Jahreszahl, so ergänzen Sie „[o.J.]" (= ohne Jahresangabe). Haben Sie einen ziemlich sicheren Anhaltspunkt für den Erscheinungstermin, z.B. aus einer Datumsangabe des Vorwortes („im Dezember 1989"), so fügen sie beispielsweise in einer eckigen Klammer hinzu: „[o.J.; ca. 1990]".

Herausgeberwerke. Bei *Urheberwerken,* also solchen, die von Institutionen erarbeitet oder veranlaßt *und* herausgegeben wurden, z.B. einem Verein oder einer Behörde, oder bei *Sammelwerken*, die von einer oder mehreren Personen herausgegeben wurden, ist in erster Linie *der genaue Sachtitel* wichtig für das Auffinden des Werkes in einer Bibliothek (dies gilt zumindest immer noch für Bestände, die nach den Preußischen Instruktionen [PI] katalogisiert wurden und werden). Zu den Mindestangaben gehören außerdem der erstgenannte *Erscheinungsort* sowie das *Erscheinungsjahr.* Person(en) als Herausgeber bzw. Körperschaft(en) sollten jedoch auch genannt werden, wobei angegebene Verfassernamen bei der Zusammenstellung von Literaturangaben Vorrang haben vor den Herausgeber- und Mitarbeiternamen (s. viertes der folgenden Beispiele). *Herausgeberwerke* werden durch ein „(Hrsg.)" [so DIN 1505, T. 2], durch ein „(Hg.)" bzw. – für englischsprachige Bücher – mit „(ed.)" bzw. „(eds.)" (für „editor" resp. „editors") kenntlich gemacht. Hinsichtlich „Hrsg." bzw. „Hg." sollten Sie sich für eine Form entscheiden und diese in Ihrer Arbeit einheitlich anwenden.

Beispiele für Werke mit Herausgebern:

Scheuerl, Hans (Hrsg.): Die Pädagogik der Moderne. – München 1992

Statistisches Bundesamt (Hg.): Datenreport 1994. – Durchges. u. aktualis. Nachdruck 1995. – Bonn 1995

Wulf, Christoph (ed.): Education in Europe. – Münster 1995

Schleiermacher, Friedrich *(= Verfasser)*: Pädagogische Schriften. Bd. 1: Die Vorlesungen aus dem Jahr 1826. Unter Mitwirk. von Theodor Schulze hrsg. von Erich Weniger *(= nachrangiger Herausgebervermerk).* – Frankfurt/M. 1983.

Mindestangaben für unselbständig erschienene Schriften

Bei *unselbständig erschienener Literatur* (also Aufsätzen) sind mindestens notwendig:

- Verfassername(n), Vornamen(sabkürzung)
- zumindest die ersten sinntragenden Worte des Aufsatztitels einschließlich eines Substantivs
- es folgt ein *„In:"*, um zu signalisieren, daß es sich um eine unselbständige Schrift handelt
- dann folgen die Angaben zur Sammlung bzw. Sammelwerksbezeichnung (zumindest der genaue Sachtitel, der erste Erscheinungsort und das Erscheinungsjahr – s. oben) *oder* der Zeitschriftentitel (nebst Jahrgangs- bzw. Bandangabe, dem Erscheinungsjahr und ggf. der Heftnummer) und zu guter Letzt
- die Seiten- bzw. Spaltenangaben als Von-bis-Angabe (z.B. „S. 361-398", „Sp. 276-288").

Abkürzungen. Werden Zeitschriftentitel (am besten nach DIN 1502) und andere Sachtitelangaben abgekürzt (z.B. bei Werkausgaben: „KrV" oder Enzyklopädien: „In: EE, Bd. 1, S. 12-34"), muß für den Anhang der Arbeit ein Abkürzungsverzeichnis erstellt werden, das die Titel in Langform ausweist („EE = Enzyklopädie Erziehungswissenschaft", „KrV = Kant, Kritik der reinen Vernunft"). Übliche, oft gebräuchliche Abkürzungen wie „z.B.", „Aufl." für „Auflage", „Sp." für „Spalte" müssen dort aber nicht aufgelistet werden.

Die oben genannten Elemente für selbständig und unselbständig erschienene Schriften sind unverzichtbar. Allerdings sollte Ihre Arbeit mustergültige Titelangaben machen (s. Abschnitt 10.5.5), die einem Leser Ihrer Arbeit die Nachprüfung nicht unnötig erschwert. Hierbei kann jede Mehrangabe hilfreich sein: „Blankertz, Theorien ... 1969" (solche Angaben kommen tatsächlich in Lexika vor!) kann mit Hilfe der „Deutschen Bibliographie" gefunden werden (sofern der Name richtig geschrieben ist, das Wort „Theorien" tatsächlich vorkommt und die Jahreszahl stimmt!). Diese Beispielangabe als Erstangabe in einer Fußnote Ihrer Arbeit wäre jedoch unzureichend, da der Leser nicht einmal erfährt, worum es inhaltlich gehen könnte. Zudem kann man froh sein, daß der Autor nicht „Müller" heißt! Bei der in diesem Buch vorgeschlagenen Mindestform „Blankertz, H.: Theorien und Modelle der Didaktik. München 1969" weiß man schon viel mehr, und die Dokumentsuche gelingt.

„Henningsen: Peter ... In: Einführung ... 1984" wäre nur über langwierige Recherchen auffindbar, aber: „Henningsen, J.: Peter stört. In: Einführung in pädagogisches Sehen und Denken. München 1984" ist für *gekürzte* Literaturangaben ausreichend (wenngleich nicht mustergültig, weil die Seitenangaben fehlen!) und in Bibliothekskatalogen direkt ermittelbar, weil der Sachtitel des Sammelwerks komplett und richtig angegeben ist.

„Probst: Lernstrukturen ... In: ZfPäd. (1989), S. 565ff." ist sofort umsetzbar, wenn man weiß, daß es sich bei „ZfPäd." um eine in der Erziehungswissenschaft bekannte Zeitschriftenabkürzung für die „Zeitschrift für Pädagogik" handelt. Aber weiß das jeder Leser? Besser ist die ausgeschriebene Form, da sonst für den Anhang der Arbeit noch ein Abkürzungsverzeichnis erstellt werden muß.

In Verfahren mit Fuß- oder Endnoten begegnen einem oft *gekürzte Literaturangaben* mit „a.a.O." (= am angegebenen Ort) oder „ebd." (= ebenda), womit eine Menge Schreibarbeit und Platz für zweite und weitere Belege aus der gleichen Quelle gespart werden kann. Die Verwendung von „a.a.O." sollte unbedingt mit dem Verfassernamen, einem Substantiv des Titels und der Seitenzahl gekoppelt sein. Die älteren Abkürzungen „loc. cit." (= loco citato), „ed. cit." (= editione citata), „op. cit." (= opere citato"), „ib.", „ibid." (= ibidem = ebenda) und „item" (= ebenso) sollten Sie nicht mehr verwenden.

Beispiel für gekürzte Literaturangaben – beim 1. Auftreten:

Lenzen, Dieter: Mythologie der Kindheit. Reinbek 1985, S. 110.

Beim 2. Bezug auf dieses Werk und darauffolgenden Bezügen:

Lenzen, Mythologie ..., a.a.O., S. 135.

Bezieht man sich bei einer *unmittelbar* folgenden Fuß-/Endnote auf das gleiche Werk, wird z.T. das noch kürzere: „Ebd., S. 136." eingesetzt.

! Wenn Sie mit einem Textverarbeitungsprogramm mit Anmerkungsverwaltung arbeiten, müssen Sie, wenn Sie mit „a.a.O." bzw. „ebd." arbeiten, bei Textumstellungen und -streichungen besondere Vorsicht walten lassen: Durch Umstellungen kann sich auch die Reihenfolge der Fuß-/Endnoten ändern, so daß die Kurzform mit „a.a.O." schließlich vor dem längeren Erstbeleg auftaucht. Bei Textlöschungen müssen Sie darauf achten, ob damit auch Anmerkungen mit Vollbelegform entfernt werden.

Oft fehlen einige Literaturbelege; das betrifft allerdings eher die Verfahren mit Literaturverzeichnis. Bitte gehen Sie bei der Endredaktion (s. Abschnitt 11.9) sicher, daß alle Quellenangaben vorhanden und richtig sind. Sonst müssen Sie diese Angaben noch einmal in der Bibliothek überprüfen (s. S. 121f.).

10.5.5 Mustergültige Literaturangaben

Wichtig ist die Vollständigkeit und Korrektheit der gemachten Quellenangaben. Zu den Mindestangaben ist schon einiges im Abschnitt 10.5.4 ausgeführt. In diesem Abschnitt wird dafür plädiert, daß Sie noch weitere Bestandteile wie den Verlagsnamen oder Reihentitel angeben und dies in einer standardisierten Reihenfolge. Dies hängt mit der maschinellen Verarbeitung von Literaturangaben zusammen und deren Eingabe in spezielle Datenbankfelder. Natürlich kann man analog einem Grundsatz der „Preußischen Instruktionen" das Titelblatt wie ein Zitat möglichst getreu übernehmen, handelt sich damit aber den Nachteil ein, daß z.B. die maschinelle Sortierung zum Problem wird oder der Leser lange suchen muß. – Manche Manuskriptanweisungen und auch Bücher zu den Techniken wissenschaftlichen Arbeitens messen den Interpunktionszeichen mehr Bedeutung zu als den inhaltlichen Problemen. Was soll man z.B. machen, wenn die Manuskriptregel einen Punkt nach dem Titel verlangt, der Titel eines Aufsatzes jedoch mit einem Fragezeichen endet? – Schreiben Sie dann „?."? – Bitte nicht. – Ob Sie beispielsweise zwischen mehreren Verfassern einen Schrägstrich *oder* ein Semikolon verwenden, ist Geschmacksache. Ob Sie „(Hrsg.)" oder „(Hg.)" als Kürzel für Herausgeber verwenden, ist den meisten Prüfern egal, doch *vergessen* dürfen Sie diese Angabe nicht, weil sonst das Finden der Quelle u.U. erschwert ist. Allerdings sollten Sie die von Ihnen gewählte Form für diese Arbeit konsequent durchhalten. Was die Interpunktion, also die Zeichensetzung zwischen den einzelnen Bestandteilen der Quellenangabe angeht, so schlage ich Ihnen vor, daß Sie sich an der Interpunktion der Norm DIN 1505, Teil 2, orientieren, die sich zum großen Teil in der Einheitsaufnahme der Deutschen Bibliothek wiederfindet (und die bei vielen Büchern auf der Titelblatt*rückseite* abgedruckt ist). Schauen Sie sich die folgenden Beispiele an und achten Sie auch auf die Interpunktion und meine Kommentierungen.

Selbständig erschienene Literatur

Grundsatzentscheidung: Entweder *alle* beteiligten Personen in ihren jeweiligen Funktionen aufnehmen (so DIN 1505, Teil 2) *oder* 1-3 Verfasser werden angegeben, ab 4 und mehr Verfassern wird nur der 1. angegeben und die weiteren durch „[u.a.]" ersetzt.

Verfasserwerke (= 1-3 Autoren):

Grundform nach DIN 1505, Teil 2:

- NAME, Vorname(n) (ggf. Semikolon NAME, Vorname(n) des 2. Verfassers ggf. Semikolon NAME, Vorname(n) des 3. Verfassers usf.) Doppelpunkt
- *Sachtitel* (wenn *Untertitel* folgt, kommt vor diesem ein freistehender Doppelpunkt) Punkt
- ggf. Ausgabebezeichnung (= Band- und/oder Auflagenangabe) Punkt
- erstgenannter Erscheinungsort (die anderen fallen weg) freistehender Doppelpunkt
- Verlagsname in Kurzform („Rowohlt Taschenbuch Verlag GmbH" → „Rowohlt") Komma
- Erscheinungsjahr (der Ihnen vorliegenden Ausgabe)
- ggf. runde Klammer auf Reihenbezeichnung einschl. Bandnr. in der Reihe Klammer zu

Mustergültige Beispiele nach DIN 1505, Teil 2:

LEONHARD, Hans-Walter: *Pädagogik studieren.* Stuttgart : Kohlhammer, 1992

Es handelt sich um eine Erstauflage. Erste Auflagen werden als solche niemals angegeben.

Beispiel mit 2 Verfassern:

MATURANA, Humberto R.; VARELA, Francisco J.: *Der Baum der Erkenntnis.* 2. Aufl. München : Goldmann, 1991 (Goldmann 11460)

Beispiel mit 3 Verfassern:

WATZLAWICK, Paul; BEAVIN, Janet H.; JACKSON, Don D.: *Menschliche Kommunikation : Formen, Störungen, Paradoxien.* 7. Aufl. Bern: Huber, 1985

Beispiel mit mehr als 3 Verfassern (diesmals – s. a. S. 225 – nach DIN 1505, Teil 2, mit allen Autorennamen: Gunter Gebauer, Dietmar Kamper, Dieter Lenzen, Gert Mattenklott, Christoph Wulf, Konrad Wünsche):

GEBAUER, Gunter; KAMPER, Dietmar; LENZEN, Dieter; MATTENKLOTT, Gert; WULF, Christoph; WÜNSCHE, Konrad: *Historische Anthropologie : Zum Problem der Humanwissenschaften heute oder Versuche einer Neubegründung*. Reinbek : Rowohlt, 1989 (rowohlts enzyklopädie 486)

Herausgeberwerke

- entweder einheitlich in der oben für Verfasser dargestellten Form, nur daß hinter dem Vornamen/der Vornamensabkürzung die Funktion der Person – z.B. „Hrsg." – in Klammern folgt – so möchte es die Norm DIN 1505, Teil 2 (= *Form A*)

Beispiel zur Form A:

LENZEN, Dieter (Hrsg.); SCHRÜNDER, Agi (Mitarb.): *Enzyklopädie Erziehungswissenschaft : Handbuch und Lexikon der Erziehung in 11 Bänden und einem Registerband.* Stuttgart : Klett, 1995

- oder einheitlich in (der bibliothekarisch korrekteren) *Form B:*

Sachtitel (ggf. freistehender Doppelpunkt, wenn Untertitel folgt) Schrägstrich „hrsg. von" Vor- und Nachnamen des/r Herausgeber/s Punkt Gedankenstrich (ggf. Bandangabe: Einzelbandtitel, eventuell hrsg. von Einzelbandhrsg. und/oder Ausgabebezeichnung, z.B. Auflage Punkt Gedankenstrich) Erscheinungsort(e) freistehender Doppelpunkt Verlagsname Komma Erscheinungsjahr ggf. Klammer auf Reihenbezeichnung einschl. Bandziffer Klammer zu

Gleiches Beispiel in der Form B (nach RAK-WB):

Enzyklopädie Erziehungswissenschaft : Handbuch und Lexikon der Erziehung in 11 Bänden und einem Registerband / hrsg. von Dieter Lenzen unter Mitarb. von Agi Schründer. – Stuttgart ; Dresden : Klett, 1995

Die *Form B* ist die bibliothekarisch korrektere Form und hat daher den Vorteil, gleich deutlich zu signalisieren, daß im Alphabetischen

Katalog von Bibliotheken unter dem *Sachtitel* gesucht werden muß. Bei der *Form A* gerät allerdings der Kurzbeleg nach dem „Harvard-System" i.d.R. kürzer: „(vgl. LENZEN/SCHRÜNDER 1995)" statt „(vgl. ENZYKLOPÄDIE ERZIEHUNGSWISSENSCHAFT 1995)".

Bei der Erstellung des Literaturverzeichnisses (s. Abschnitt 11.7) kann man die Vorteile beider Formen nutzen, indem man folgende *Form C* wählt: Durch die Wiederholung und Hervorhebung der Kurzbelegform „Autor Jahr" vor dem Beginn jeder Titelangabe wird das Auffinden der entsprechenden Titelangabe im Literaturverzeichnis erleichtert. Ob dies durch Fettdruck geschehen muß, wie dies in der Norm DIN 1505, Teil 3, realisiert wird, ist wieder eine Geschmacksfrage. Allerdings wird die Titelangabe durch Anwendung von Form C länger. – Wie dies aussehen könnte, siehe folgendes *Beispiel:*

Im Text stünde „(vgl. KNIGGE-ILLNER/KRUSE 1994)" und im Literaturverzeichnis:

Knigge-Illner/Kruse 1994 (weiter in Form A [hier exakt nach DIN 1505, Teil 2]) KNIGGE-ILLNER, Helga (Hrsg.); KRUSE, Otto (Hrsg.): Studieren mit Lust und Methode : Neue Gruppenkonzepte für Beratung und Lehre. Weinheim : Deutscher Studien Verl., 1994

oder

Knigge-Illner/Kruse 1994 (*weiter in der Form B [Einheitsaufnahme der Deutschen Bibliothek nach RAK]*) **Studieren mit Lust und Methode:** neue Gruppenkonzepte für Beratung und Lehre / hrsg. von Helga Knigge-Illner und Otto Kruse. – Weinheim : Deutscher Studien Verlag, 1994

Diese Form C, die bei Verwendung des Systems „Autor Jahr" das Auffinden von Titelangaben im Literaturverzeichnis erleichtert, wird von einigen Gutachtern und Verlagen zu einer weiteren Variante abgewandelt, nennen wir sie *Form D.* Diese Form basiert im wesentlichen auf der Form A. Lediglich die Jahreszahl wird von hinten weiter nach vorne gezogen. Sie steht dann in Klammern gleich nach den Verfasser- bzw. Herausgebernamen.

Beispiel für Form D:

Knigger-Illner, Helga/Kruse, Otto (Hrsg.) (1994): Studieren mit Lust und Methode. Neue Gruppenkonzepte für Beratung und Lehre. Weinheim: Deutscher Studien Verlag

Das Vorziehen der Jahreszahl erleichtert tatsächlich das schnelle Auffinden. Allerdings machen die Vornamen und das „(Hrsg.)" ein wenig des Vorteils wieder zunichte. Die hier gewählte kursive Hervorhebung ist bei der raschen Orientierung im Literaturverzeichnis sicherlich weniger hilfreich als eine **halbfette**, *die die Norm DIN 1505, T. 3, empfiehlt.*

Sonderfälle

Es gibt noch einige Dokumenttypen, die Sonderfälle darstellen. Zu ihnen gehören z.B. die sog. *Hochschulschriften;* damit sind Dissertationen und Habilitationsschriften gemeint, nicht aber Magister-, Diplom- oder Hausarbeiten. Die letzten drei gelten als nicht zitierbar. Während für Dissertationen eine Veröffentlichungspflicht besteht, jene jedoch nicht ohne die Druckgenehmigung der Fakultät bzw. des Fachbereichs vervielfältigt werden dürfen (was mit Auflagen zur Textänderung verbunden sein kann), werden die anderen Prüfungsarbeiten i.d.R. weder überarbeitet noch veröffentlicht. Der Hauptgrund für die Fragwürdigkeit von Zitaten aus Prüfungsarbeiten besteht jedoch nicht in deren Qualität, sondern ihrer geringen Verbreitungszahl und damit schwieriger oder gar ausgeschlossener Erreichbarkeit für andere. (Studienabschluß-Arbeiten unterliegen dem Datenschutz, solange der Geprüfte nicht sein Einverständnis zur Offenlegung der Arbeit erklärt.) Da jedoch auch Dissertationen und Habilitationsschriften teils in geringen Auflagen, teils auf Mikrofilm veröffentlicht und unter den Hochschulen getauscht werden, ist es für die Leser eine u.U. wichtige Information, daß es sich um eine sog. Hochschulschrift handelt. Diese wird folgendermaßen in eine Literaturangabe gebracht:

Angaben bei Hochschulschriften:

- Name, Vornamen(sabkürzung) <u>Doppelpunkt</u>
- *Sachtitel* <u>freistehender Doppelpunkt,</u> wenn *Untertitel* folgt, sonst <u>Punkt</u>
- Ort der Universität, nicht des Druckers <u>Komma</u>
- Universität (gibt es nur eine in der Stadt, reicht einheitlich: „Univ.", ansonsten die nähere Bezeichnung, z.B. „Humboldt-Univ.") <u>Komma</u>
- Art d. Hochschulschrift (abgekürzt: „Diss. bzw. „Habil-Schr.") <u>Komma</u>

  Erscheinungsjahr, ersatzweise: Jahr der Disputation bzw. Habilitation, ggf. bei Besonderheiten (Mikroform, Internetspeicherung) Hinweis auf die Sonderform in eckigen Klammern, z.B. „[3 Mikrofiche]"

Beispiel für eine Dissertation zum Dr. phil., die im Jahre 1994 an der Freien Universität Berlin angenommen wurde und im gleichen Jahr als Mikrofiche-Ausgabe veröffentlicht wurde:

GEHRMANN, Axel: *Schule in der Transformation : Eine empirisch-vergleichende Untersuchung an vier Gesamtschulen im Berliner Bezirk Treptow (1991-1993) vor dem Hintergrund von 30 Jahren Bildungsforschung in der Bundesrepublik Deutschland.* Berlin, Freie Univ., Diss., 1994 [7 Mikrofiches].

Da kein Verlagsname angegeben ist (hier erweist sich, daß die Verlagangabe sinnvoll ist), wird man diese Dissertation nur in Universitätsbibliotheken einsehen können bzw. muß sie über Fernleihe (s. S. 145) zu seinem Bibliotheksstandort bestellen. Aus Verbreitungsgründen veröffentlichen deshalb viele Wissenschaftler ihre Arbeit gegen Zahlung eines Druckkostenzuschusses in einem (Dissertations-)Verlag. In diesen Schriften wird i.d.R. ein Hinweis veröffentlicht, daß es sich um eine Dissertation oder Habilitationsschrift handelt. Dies anzugeben ist in Ihrer Titelangabe solcher Verlagserscheinungen nicht zwingend notwendig. Es kann jedoch ein Hinweis auf eine besondere Qualität der Arbeit sein, die ja begutachtet wurde.

Beispiel für eine Habilitationsschrift, die in einem Verlag veröffentlicht wurde. Die Informationen in der Klammer sind nicht zwingend erforderlich, weil die Arbeit in einem Verlag publiziert wurde:

BERKING, Helmuth: *Schenken: Zur Anthropologie des Gebens.* Frankfurt/M.: Campus, 1996 (Zugl.: Berlin, Freie Univ., Habil-Schr., 1993).

„Graue Literatur" ist eine Sammelbezeichnung für Schriften, die z.B. im Rahmen von Forschungsprojekten entstehen und/oder auf Tagungen und Kongressen diskutiert und verteilt werden, und (noch) *nicht über den Buchhandel zu beziehen sind.* Auch bei dieser Dokumentsorte muß man sich fragen, ob sie zitiert werden sollte, denn die Erreichbarkeit der Originalliteratur kann erschwert oder gar nicht gegeben sein (z.B. bei einer Aktenanalyse). Das muß mitbedacht werden; andererseits werden ja gerade in Forschungsprojekten neue Ergebnisse erzielt und dann auf Kongressen diskutiert, so daß man nicht immer auf dieses Material verzichten kann oder will. Klar ist, daß bei diesem Dokumenttyp, der nicht über den Buchhandel lieferbar ist, in besonderer

Weise *die Bezugsquelle* interessiert, weil viele Bibliotheken solche Materialien nicht sammeln.

Drei Beispiele für nicht über den Buchhandel lieferbare, sog. „graue Literatur“:

BAUMERT, Jürgen [u.a.]: *Zur institutionellen Stratifizierung im Hochschulsystem der Bundesrepublik Deutschland.* Berlin : Max-Planck-Institut für Bildungsforschung, 1987 (Forschungsbereich Schule und Unterricht Nr. 16)

BRUHN, Manfred: *Schenkkultur deutscher Unternehmen im Business-to-Business-Bereich : Ergebnisse einer Unternehmensbefragung.* Oestrich-Winkel : European Business School, 1994 (Arbeitspapiere des Instituts für Marketing Nr. 16)

DIEPOLD, Peter (Hrsg.); RUSCH-FEJA, Diann (Hrsg.): *Elektronische Informationsdienste im Bildungswesen (2. GIB-Fachtagung 17.-18. November 1994 in Berlin).* Berlin : Gesellschaft Information Bildung, 1995

Die Namen solcher Organisationen sollten ausgeschrieben werden, weil es eine Menge doppelter Akronyme gibt, wodurch Verwechselungsgefahr besteht. Die Adresse wird nicht angegeben, weil sie über konventionelle Adreßbücher oder Datenbanken (online, CD-ROM) ermittelbar ist.

Festschriften sind Sammelwerke, die zu einem Jubiläum oder anderen besonderen Anlaß für eine Institution oder einen angesehenen Wissenschaftler herausgegeben werden. Meist sind es Aufsätze seiner Schüler oder anderer Wissenschaftler, die sich ihm besonders verbunden fühlen. Während die inhaltliche Konzeption eines solchen Bandes meist diffus bleibt, können einzelne Beiträge qualitativ hochwertig und beachtenswert sein. Oftmals enthält der Sammelband biographische Angaben zu der geehrten Person und wird mit einer Bibliographie seiner Schriften abgeschlossen. Deshalb ist der besondere Hinweis darauf, daß es sich um eine Festschrift für XYZ handelt, u.U. wichtig. Der Hinweis wird i.d.R. wie ein Untertitel behandelt.

Beispiel für eine Festschrift:

BAECKER, Dirk [u.a.] (Hrsg.): *Theorie als Passion : Festschrift für Niklas Luhmann zum 60. Geburtstag*. Frankfurt/M : Suhrkamp, 1987

Unselbständig erschienene Schriften (Aufsätze)

Grundsatzentscheidung: Entweder *alle* beteiligten Personen in ihren jeweiligen Funktionen aufnehmen (so DIN 1505, Teil 2) *oder* 1-3 Verfasser werden angegeben, ab 4 und mehr Verfassern wird nur der 1. angegeben und die weiteren durch „[u.a.]" ersetzt.

Beispiel für einen Aufsatz aus einem Sammelwerk (mit einem Verfasser):

WINKLER, Michael: Erziehung. In:

– weiter nach Form A (DIN 1505, T. 2), ergänzt um Seitenangaben (Anfangs- und Endseite) für den Aufsatz –:

KRÜGER, Heinz-Hermann (Hrsg.); HELSPER, Werner (Hrsg.): *Einführung in Grundbegriffe und Grundfragen der Erziehungswissenschaft.* 2. Aufl. Opladen : Leske + Budrich, 1996, S. 53-69.

oder in der (bibliothekarischen) Form B – ebenfalls mit Seitenangaben:

WINKLER, Michael: Erziehung. In: *Einführung in Grundbegriffe und Grundfragen der Erziehungswissenschaft*/Heinz-Hermann Krüger; Werner Helsper (Hrsg.). – 2. Aufl. – Opladen : Leske + Budrich, 1996, S. 53-69.

oder in der von der Norm DIN 1505, Teil 2 und 3, empfohlenen Form C:

Winkler 1996 WINKLER, Michael: Erziehung. In: KRÜGER, Heinz-Hermann (Hrsg.); HELSPER, Werner (Hrsg.): *Einführung in Grundbegriffe und Grundfragen der Erziehungswissenschaft.* 2. Aufl. Opladen : Leske + Budrich, 1996, S. 53-69.

oder in der auf den Varianten B und C basierenden Form D:

WINKLER, Michael (1996): Erziehung. In: Einführung in Grundbegriffe und Grundfragen der Erziehungswissenschaft. hrsg. von Heinz-Hermann Krüger und Werner Helsper. – 2. Aufl. – Opladen: Leske + Budrich, S. 53-69.

Beispiele für Zeitschriftenaufsätze:

> **Körner 1995** KÖRNER, Jürgen: Das Psychoanalytische einer pyscho-analytisch-pädagogischen Fallgeschichte. In: *Zeitschrift für Pädagogik* 41 (1995), H. 5, S. 709-717 *(So nach DIN 1505, Teil 2 und 3)*

Bei Angaben zu Zeitschriftenaufsätzen wird kein Erscheinungsort und auch kein Verlagsname angegeben. Ausnahme: Bei Zeitschriften, die an mehreren Orten in unterschiedlichen Ausgaben produziert werden wie die Zeitschrift „Science" (New York bzw. Paris), oder bei Sonder- oder Beiheften, die nicht regelmäßig erscheinen und eher den Charakter eines in sich abgeschlossenen Sammelwerkes haben.

Dazu ein Beispiel mit zwei Verfassern in Form B:

> DEWE, Bernd; RADTKE, Frank-Olaf: Was wissen Pädagogen über ihr Können? Professionstheoretische Überlegungen zum Theorie-Praxis-Problem in der Pädagogik. In: OELKERS, Jürgen (Hrsg.); TENORTH, H.-Elmar (Hrsg.): *Pädagogisches Wissen.* Weinheim: Beltz, 1991 (Zeitschrift für Pädagogik, 27. Beiheft), S. 143-162

Beispiel in Form C mit zwei Verfassern:

> **Glaser/Bassok 1989** GLASER, Robert; BASSOK, Miriam: Learning theory and the study of instruction. In: *Annual Review of Psychology* 40 (1989), pp. 631-666
>
> *Bei Titelangaben englischer Zeitchriften werden Namen, Verben und Adjektive groß-, Artikel, Pronomen und Konjunktionen kleingeschrieben (Ausnahme: als erstes Wort auch groß).*

Vorlage mit 5 Verfassernamen: „B. Blanz, B. Geisel, M. Laucht, G. Esser und M. H. Schmidt" (Die Vornamen sind im ganzen Heft nicht ermittelbar. Obwohl M. H. Schmidt als Ärztlicher Direktor benannt wird, ist die Reihung der Namen nicht alphabetisch. Insofern kann davon ausgegangen werden, daß B. Blanz mit Absicht an 1. Stelle genannt wird. Die Vermutung bestätigt sich indirekt, weil nur B. Blanz am Ende des Beitrags mit Adresse als Kontaktperson angegeben wird). Ihr Zitatbeleg im Text könnte lauten „(Blanz [u.a.] 1986, S. 25)". Dazu die Literaturangabe in Form D:

BLANZ, B. [u.a.] (1986): Zur Rolle des Vaters in der Entwicklung von Kindern im Schulalter. Ergebnisse einer epidemiologischen Studie. In: *Zeitschrift für Kinder- und Jugendpsychiatrie* 14 Jg., H. 1, S. 5-31

oder in Form C und nach DIN 1505, Teil 2 und 3 (alle Personen werden aufgenommen):

Blanz, B. [u.a.] 1986 BLANZ, B; GEISEL, B.; LAUCHT, M.; ESSER, G.; SCHMIDT, M. H.: Zur Rolle des Vaters in der Entwicklung von Kindern im Schulalter. Ergebnisse einer epidemiologischen Studie. In: *Zeitschrift für Kinder- und Jugendpsychiatrie* 14 (1986), H. 1, S. 5-31

Zeitungsartikel gelten nur dann als zitationsgeeignet, wenn sie in Zeitungen mit überregionaler Bedeutung veröffentlicht und von angesehenen Journalisten bzw. Wissenschaftlern verfaßt wurden. Der Ruf dieser Personen sowie die Qualität der Redaktion muß allgemein anerkannt sein, wie dies für namentlich gekennzeichnete Beiträge auf den Wissenschaftsseiten von „ZEIT" oder „FAZ" gilt. Bei Meldungen und Berichten mit den Kürzeln von Presseagenturen ist wegen möglicher Bearbeitungen und Kürzungen durch die Redaktion wirklich Vorsicht geboten. Suchen Sie besser in den Quellen, auf die sich auch solche Pressemeldungen meist beziehen.

Beispiel für eine Titelangabe zu einem Zeitungsartikel, wie es die Norm DIN 1505, Teil 2, vorschlägt. Die Datumsangabe erfolgt dabei in Klammern in der standardisierten Folge „JJJJ-MM-TT" (Jahr-Monat-Tag)":

von Randow 1996 RANDOW, Gero von: Der berechnende Blick. Sehen heißt Konstruieren, und das Grüne im Gras ist ein Frosch. Entsteht im Kopf ein Abbild der Welt? In: *Die Zeit,* Nr. 33 (1996-08-09), S. 29.

Diese Literaturangabe stünde in Ihrem Literaturverzeichnis unter „R", müßte also nach der alphabetischen Sortierung durch den PC nachträglich noch einmal an die richtige Stelle verschoben werden.

In vielen Manuskriptregeln von Herausgebern und Verlagen werden die Literaturangaben aus Platzgründen nicht in solch ausführlicher

Form vorgeschrieben, z.T., weil manche Angaben dann mühsam gesucht werden müßten. Die hier als Muster dargestellten Literaturangaben lassen sich verkürzen, wie es schon im Abschnitt 10.5.4 dargestellt wurde. Um es ganz deutlich zu sagen: Ich plädiere nicht für diese Verkürzung der Titelangaben. In die eigene Literaturkartei bzw. -datenbank gehören möglichst vollständige Angaben. Wenn jedoch ein Verlag für bestimmte Erzeugnisse bei sehr literaturintensiven Beiträgen aus Umfangsgründen meint, die Literaturangaben kürzen zu müssen, so scheint am ehesten entbehrlich der Verlagsname, danach der Untertitel sowie der ausgeschriebene Vorname. Letzterer wird dann abgekürzt. Bedenken Sie jedoch, daß alle genannten Angaben Hilfen bei der Suche sein können, alle *nicht* vorhandenen Angaben eventuell nachträglich gesucht werden müssen, wenn ein Prüfer/Herausgeber/Verleger dies wünscht.

Aus diesem Grund folgen hier noch drei Beispiele für übliche Formen der Hervorhebung und Kürzungen, die ohne größere Mühe bibliographisch zu ermitteln sind:

FATKE, R./FLITNER, A.: Was Kinder sammeln. In: *Bindungen und Besitzdenken beim Kleinkind*. München 1984, S. 233ff. (= Sammelwerk, unter dem Sachtitel „Bindungen ..." nachzuschlagen)

BLANZ, B. [u.a.] (1986): Zur Rolle des Vaters ... In: *Zeitschrift für Kinder- und Jugendpsychiatrie*, 14. Jg., H. 1, S. 5ff.

LUHMANN, N. 1974: Einführende Bemerkungen zu einer Theorie symbolisch generalisierter Kommunikationsmedien. In: Z. f. Soziol. 3. Jg., S. 236ff.

Bei der Verwendung von Zeitschriftenabkürzungen ist aber ein Abkürzungsverzeichnis zu erstellen (s. 11.8)!

Zusammenfassung

Schwierigkeiten beim Schreiben, die Studierende, aber auch Wissenschaftler haben, lassen sich nur überwinden, indem man diese Tätigkeit immer wieder ausübt. Falls Sie an Schreibhemmungen leiden, verzichten Sie erst einmal auf zu hohe Selbstansprüche, die wie eine „Schere im Kopf" wirken, und beginnen Sie mit dem Schreiben, z.B. in das vorgeschlagene Journal. Neben Hinweisen zur Verständlichkeit und differenziertem, präzisen Sprachstil wurden in diesem Kapitel zahlreiche Grundformen des wissenschaftlichen Schreibens behandelt wie das Belegen oder Begründen von Behauptungen. Diese Tätigkeiten können eingeübt werden in den schriftlichen Leistungsnachweisen, die Studierende zu erbringen haben und die als Vorstufen für größere wissenschaftliche Projekte gelten. Insbesondere die Technik des Zitierens und die verschiedenen Formen des Quellenbelegs müssen Ihnen nach einer gewissen Anlaufzeit vertraut sein. Deshalb sollten Sie bei Ihrer Lektüre auch einmal darauf achten, welche Formen Ihres Erachtens vorbildliche sind. (Wie ein Literaturverzeichnis aussehen sollte und was dabei zu beachten ist, finden Sie in Kapitel 11.7.)

📖 Zum Thema „Schreiben im Studium" gibt es eine Reihe empfehlenswerter Bücher. An erster Stelle müssen hier Kruses „Keine Angst vorm leeren Blatt" (KRUSE 1995) und von Werders „Lehrbuch des wissenschaftlichen Schreibens" (VON WERDER 1993) empfohlen werden, die beide hervorragend geeignet sind, Schreibblockaden zu überwinden oder gar nicht erst aufkommen zu lassen. Wer keine „Angst vorm Schreiben" hat, aber noch genauer wissen will, wie man formulieren und argumentieren sollte, greife zu dem Buch „Schreiben im Studium" von BÜNTING/BITTERLICH/POSPIECH (vgl. 1996). Wer sich mit dem *professionellen* Schreiben in den Geistes- und Sozialwissenschaften auseinandersetzen will, dem sei das Buch von BECKER (vgl. 1994) ans Herz gelegt.

11 Die Vorbereitung und Durchführung eines größeren schriftlichen Projekts

Worum geht es im 11. Kapitel?

> In diesem Kapitel soll nun ein eigenes schriftliches Projekt, wie es beispielsweise eine Prüfungsarbeit darstellt, in all seinen Teilschritten von der Orientierung und Planung, über Recherche und Exposé bis zur Endkorrektur erläutert werden. Dazu werden die im Kapitel 10 eingeführten Tätigkeiten in der Darstellung vertieft. Manchmal geht die Arbeit nicht wie gewünscht voran, deshalb finden Sie auch Tips zur Vermeidung von „Arbeitsfallen". Aber auch Fragen wie zu der Betreuerwahl oder zu formalen Dingen wie zur Anlage von Literatur- und Inhaltsverzeichnissen werden beantwortet.

11.1 Planung oder Reise ins Blaue?

Zu Beginn des Kapitels 10 habe ich ausgeführt, daß Studierende die Vielzahl der Arbeitsgänge nicht kennen, die sich hinter der schriftlichen Bearbeitung eines Themas verbergen. Kruse gibt in der erweiterten Fassung seines Buches dazu einen Überblick (vgl. Abbildung 30). Es muß allerdings an dieser Stelle nachhaltig dem Irrtum vorgebeugt werden, daß diese analytische Strukturierung in der Praxis unbedingt in dieser Reihenfolge abzulaufen hätte! Nicht einmal idealtypisch kann diese Abfolge eingehalten werden, weil viele Entscheidungsprozesse und Arbeitsschritte Anpassungen oder gar Revisionen vorheriger Arbeitsergebnisse erfordern. Die Abfolge macht zwar analytischen Sinn, doch wer weiß schon zu Beginn seiner Arbeit, „wie ergiebig das Thema sein wird, wieviel Forschung schon vorhanden ist, welche Ziele man sinnvollerweise avisieren kann, mit wievielen Problemen man konfrontiert werden wird und ob man sie wird lösen können" (KRUSE 1995, S. 156).

ECO (vgl. 1993, S. 140f.) beschreibt dieses Paradox augenzwinkernd, indem er ausführt, daß am Anfang jeder schriftlichen Arbeit der Titel – also das Thema – festgelegt wird, dann die Einleitung und das Inhaltsverzeichnis geschrieben werden müssen; dennoch mache dies jeder Wissenschaftler zu guter Letzt! Doch wie bei den Vorbereitungen für eine längere Reise, *müsse* man ein Ziel auswählen und ansteuern wollen, sich einen Überblick verschaffen und sich informieren, Etappen festlegen usw., auch wenn man sich dann verfährt und hinterher woanders ankommt. Wenn die Abschluß-Arbeit keine „Reise ins Blaue" werden soll, (bei der man sein blaues Wunder erleben kann,) sei es notwendig, einen klar umrissenen *Arbeitsplan* bestehend aus Titel, Inhaltsverzeichnis und Einleitung zu entwickeln, bevor man die anderen Teile bearbeitet (und zu guter Letzt den Titel revidiert, das Inhaltsverzeichnis anpaßt sowie die Einleitung neu schreibt).

Abbildung 30: **Überblick über notwendige Arbeitsschritte in umfangreicheren wissenschaftlichen Schreibprojekten**

Orientierungs- und Planungsphase

1. Themensuche und erste Planung
2. Thema erkunden: eigenes Wissen aktivieren, Befragungen, weitere Informationsquellen
3. Erste Literatursuche
4. Thema eingrenzen
5. Projektart festlegen
6. Festlegen von Fragestellung/Methodik und Vorgehensweise
7. Exposé

Recherche und Materialbearbeitung

8. Systematische Literatursuche: Bibliographieren
9. Beschaffen der Literatur in verschiedenen Bibliotheken, Buchläden oder Archiven (Fernleihe)
10. Quellen- oder Datensammlung
11. Lesen und Exzerpieren/Auswerten der Literatur/Quellen entsprechend Methodik und Fragestellung

Strukturieren des Materials

12. Strukturieren des Materials: ordnen, klären, differenzieren, belegen
13. Erarbeiten einer Gliederung

Rohfassung

14. Formulieren der Rohfassung
15. Rückwirkende Veränderung der Struktur

Überarbeitung

16. Edieren nach rotem Faden: Vollständigkeit, Überleitungen, Konsistenz, „Tempo des Textes"
17. Edieren nach wissenschaftlichen Standards: Logik, Begrifflichkeit, Anmerkungsapparat, Quellen- und Literaturverzeichnisse
18. Edieren nach sprachlichen Gesichtspunkten: Satzstruktur, Ausdruck, Adjektive, Metaphern

Korrektur

19. Korrekturlesen (evtl. durch Dritte): Eliminieren grammatikalischer und orthographischer Fehler, Überprüfen von Verweisen, Zitaten, Quellen
20. Reinschrift
21. Endkorrektur

(Quelle: KRUSE 1995, S. 157f.)

> Ja, mach' nur einen Plan,
> sei nur ein großes Licht
> und mach dann noch 'nen zweiten Plan
> gehn tun sie beide nicht ...,

heißt es bei Brecht im „Lied von der Unzulänglichkeit menschlichen Strebens". Dieses Gefühl kennen auch viele Studierende, die trotz ernsthafter Planungsanstrengungen schon bei kleineren Vorhaben gescheitert und nun der Auffassung sind, daß Planung überflüssig sei. Wie in Kapitel 6 ausgeführt, hängt dies zum einen mit mangelnder Erfahrung zusammen, den individuellen Zeitaufwand für einzelne Arbeitsschritte richtig einzuschätzen und zum anderen mit unrealistischen Planungen, hier meistens einem zu breit angelegten Thema oder einer unpräzisen Themenstellung. Werkeln Sie bitte nicht einfach vor sich hin in der vagen Hoffnung, daß das Material schon eine Fragestellung vorgebe und sich Ihr Thema bei der Bearbeitung einstelle. Angesichts der Materialfülle in den Bibliotheken kann man ohne Ende recherchieren und lesen oder endlos am eigenen Text feilen. Ohne Plan werden Sie viel mehr Zeit aufwenden müssen, wobei Ihr Arbeitsergebnis durch den größeren Zeitaufwand nicht unbedingt besser sein wird, als wenn Sie sachlich und zeitlich ein Ziel ansteuern.

11.2 Die Orientierungs- und Planungsphase

11.2.1 Die Themenwahl und das Exposé

Sich selbst ein Thema für eine wissenschaftliche Arbeit zu stellen, fällt vielen schwer, besonders wenn es daran geht, das Thema für eine Prüfungsarbeit auszuwählen. Denken Sie möglichst frühzeitig, d.h. schon nach der Vorprüfung, über mögliche Aufgabenstellungen nach und beachten Sie dabei Ihre methodischen Stärken sowie Ihre (eher theoretisch oder praktisch ausgerichteten) Interessen. *„Das Thema soll den Interessen des Kandidaten entsprechen"*, lautet die erste von vier Faustregeln ECOs (vgl. 1993, S. 14) zur Themenwahl. Wenn Sie Ihren Gegenstand frei wählen dürfen, so sollten Sie auf Ihre bisherigen Studien achten und das Thema aus einem Bereich aussuchen, in dem Sie schon ausgiebig studiert haben und für den Sie die notwendigen Vorkenntnisse mitbringen. Dürfen Sie Ihre Aufgabe selbst bestimmen, sollten Sie diese Freiheit auch wahrnehmen, denn so können Sie Ihre bisherigen Interessengebiete kontinuierlich ausbauen und müssen sich nicht – noch dazu unter Zeitdruck – in eine völlig neue Thematik einarbeiten, was zudem mehr Zeit in Anspruch nehmen dürfte als Ihnen zur Verfügung steht. Fragen, mit denen Sie vielleicht bei der Themenwahl fündig werden, stehen auf S. 193f..

Ob Sie nun Ihre Aufgabenstellung frei wählen können oder sie Ihnen vorgegeben wird: In beiden Fällen geht es erst einmal darum, das Thema zu analysieren und in seine Bestandteile zu zerlegen. Dieser Reflexionsprozeß muß weiter intensiviert werden, indem eine erste Literatursuche erfolgt, bei der es darum geht, einen *Überblick* zur Struktur des Gegenstandes und zur Materiallage zu gewinnen. Diese Ausgangsbibliographie, die Sie sich in Form von Literaturkarteikarten oder auf dem PC als eigene Text-Datei bzw. als Datenbank anlegen sollten (s. S. 88ff.), ist erst einmal wichtiger als die sofortige Lektüre der gefundenen Texte. Finden Sie wenig oder gar nichts, haben Sie entweder in den falschen Bibliotheken oder Datenbanken gesucht, beherrschen die Techniken des Recherchierens nicht ausreichend – oder Sie haben eine Forschungslücke ausgemacht. Für eine Prüfungsarbeit würde ich allerdings davon abraten, ein Thema zu wählen, für das die Materiallage allzu „dünn" ist, weil zur Bearbeitung eines solchen Themas echte Forschungsarbeit vonnöten wäre und die braucht mehr Zeit.

Auf der anderen Seite gibt es auch ganz praktische Dinge zu überlegen. So hat es beispielsweise keinen Zweck, über Schülerbeurteilungen anhand von Schülerakten eine Arbeit schreiben zu wollen, wenn man von der zuständigen Behörde keine Erlaubnis zur Akteneinsicht erhält. Ob Sie nun eine Aktenanalyse durchführen, Interviews auswerten oder einen Literaturbericht schreiben wollen, hat nicht nur methodische Konsequenzen, sondern beinhaltet auch praktisch zu lösende Aufgaben („Wie erhalte ich die Erlaubnis, an die gewünschten Akten heranzukommen?“ „Wie ist der Datenschutz in meiner Arbeit zu gewährleisten?“ „Wie finde ich geeignete Interviewpartner?“ „Sind die Bücher erreichbar, die ich brauche?“ etc.). Faustregel 2 lautet deshalb bei ECO (1993, S. 15): „*Die Quellen, die herangezogen werden müssen, sollen für den Kandidaten auffindbar sein,* d.h. sie müssen ihm tatsächlich zugänglich sein.“

Manche Studierende wollen gern ein „exotisches“ Thema bearbeiten. Hierzu stellt sich die Frage, die auch viele Wissenschaftler angeht: Kann jemand, der kein „Latein“ beherrscht, verläßlich mit lateinischen Handschriften als Quellen arbeiten, können europäische Ethnographen ohne Kenntnis der Landessprache über einen Stamm in Neuguinea zuverlässige Informationen sammeln? – ECO (1993, S. 70) geht sogar soweit, daß er übersetzte Quellen, etwa Übertragungen aus dem Französischen, nur als Hilfsmittel gelten läßt, als Prothesen „wie das künstliche Gebiß oder eine Brille“, so daß s.E. *Sprachkenntnisse* erforderlich sind, um die Quellen im Original zu lesen. Dementsprechend lautet seine dritte Faustregel: „*Der Kandidat soll mit den Quellen umgehen können,* d.h. sie müssen seinem kulturellen Horizont entsprechen“ (ECO 1993, S. 15).

Wenn Sie eine ungefähre Vorstellung von Ihrem Thema gewonnen haben, sollten Sie sich Gedanken machen

- zu einer präzisen Themeneingrenzung, die später meist durch den Untertitel ihrer Arbeit deutlich wird,
- zu Ihrer Fragestellung und – damit zusammenhängend –
- zur Methodik und dem Typ der Arbeit, die Sie vorhaben. KRUSE (vgl. 1995, S. 170) unterscheidet, je nach dem Schwerpunkt der Tätigkeit, theoretisch/logische Projekte von solchen, die auf Lesen, auf selbst erhobenen empirischen Daten, auf einer Quellenauswertung, auf eigener Erfahrung bzw. auf praktischer Anwendung beruhen.

Bleibt es bei dem ins Auge gefaßten Thema, ergeben sich meist schon Fragen, die auch über die W-Fragen (Wer? Was? Wie? ...) systematisch generiert werden können (s. S. 111). Genieren Sie sich dabei nicht: Es gibt keine „dummen“ Fragen; nur wer welche stellt, kann (Forschungs-)Fragen finden. Aus diesen sich ergebenden bzw. erzeugten Fragestellungen suchen Sie diejenigen heraus, die Sie für wesentlich und interessant halten oder die Sie – trotz Ihrer Vorkenntnisse – nicht sofort beantworten können. Diese könnten die „Forschungs"-Fragen darstellen, denen Sie weiter nachgehen. *Wichtig ist die Berücksichtigung des Zeit- und Themenrahmens.* Da die Bearbeitungszeit für Prüfungsarbeiten begrenzt ist, müssen Sie auch sehr genau überlegen, wie das Thema einzugrenzen ist und ob es in der gewählten Form in der Kürze der Zeit zu bearbeiten ist. Dazu sollten Sie aber schon – dank Ihrer Vorarbeiten und Vorkenntnisse – einen hinreichenden Überblick über die Materiallage haben (z.B.: „Was für einschlägige Literatur zum Thema gibt es?"). Mit der Fragestellung und der Materiallage verbunden ist auch die Reflexion der Projektart und der methodischen Vorgehensweise. Wer meint, mit einer empirischen Arbeit der Literaturrecherche und vor allem dem Lesen von Literatur entgehen zu können, um ausschließlich seinen Interview-Leitfaden zu entwickeln, seine Probanden zu befragen und die Interviews anschließend darzustellen, der hat sich geirrt, weil er sein methodisches Vorgehen zu begründen und seine Untersuchungsergebnisse mit denen ähnlicher Untersuchungen zu vergleichen hat. Dazu muß man theoretische Literatur und vergleichbare empirische Untersuchungen recherchiert und gelesen haben sowie interpretieren können. Außerdem sollten Sie sich für empirische Projekte während des Studiums fundierte Methodenkenntnisse angeeignet haben. Wer kein Interesse an Empirie hat, noch nie mit einem Datenanalyse-Programmpaket (z.B. SPSS) gearbeitet hat oder einer Inhaltsanalyse-Software, sollte (zu diesem Zeitpunkt) keine empirische Arbeit beginnen. Insofern gilt Faustregel 4: „*Die methodischen Ansprüche des Forschungsvorhabens müssen dem Erfahrungsbereich des Kandidaten entsprechen*" (ECO 1993, S. 15).

Haben Sie

- Ihr Thema gefunden und so eingegrenzt, daß es in der Ihnen zur Verfügung stehenden Zeit zu bearbeiten ist,
- die Material- und Forschungslage recherchiert,
- über die Art der Arbeit entschieden (z.B. Literaturarbeit oder empirisches Projekt),
- Ihre Fragestellung entwickelt und das dazu notwendige methodische Vorgehen reflektiert,

dann sollten Sie Ihr *Exposé* schreiben (vgl. Abbildung 31), das bestehen sollte aus

- dem Arbeitstitel,

- einer provisorischen Einleitung, in der der Ausgangspunkt, die spezielle Fragestellung, die Materiallage und die Zielsetzung der Arbeit erläutert werden,
- der vorläufigen Gliederung (= dem Inhaltsverzeichnis) und
- einem realistischen Zeitplan, der auch Zeitpuffer für Unvorhergesehenes einkalkuliert.

Abbildung 31: **Analytischer Leitfaden für mögliche Bestandteile eines Exposés**

Stand der Forschung: Welche Erkenntnisse liegen bisher vor und wie soll sich der eigene Beitrag auf diese Erkenntnisse beziehen?
Problem: Welches theoretische, praktische, empirische, soziale, politische Problem ist Ausgangspunkt der Arbeit?
Erkenntnisinteresse: Was motiviert Sie zu dieser Arbeit?
Eigene theoretische Position: Auf der Basis welcher Theorie wollen Sie die Fragestellung bearbeiten?
Fragestellung: Wie lautet die Forschungsfrage, auf die die Arbeit eine Antwort liefern soll?
Zielsetzung: Zu welchem Ziel soll die Arbeit führen?
Methodisches Vorgehen: Welche Arbeitsschritte und welche Vorgehensweisen sollen zu einer Lösung führen?
Vorarbeiten: Welche bisher geleisteten Arbeiten können in die neue Arbeit eingehen? Wie ist die Arbeit dadurch vorstrukturiert?
Quellenlage: Welche Quellen gibt es und welche sollen bearbeitet werden?
Umfang der Material- oder Literaturrecherchen: Welche Grenzen sollen in der Literatur- oder Quellenarbeit eingehalten werden?
Vorläufige Analyse- oder Auswertungsgesichtspunkte der Quellen: Wie sollen die Quellen ausgewertet werden?
Zeitplan: Bis wann sollen die wichtigsten Etappen der Arbeit getan sein? Wann wird sie vollendet sein? Welche äußeren Faktoren können dabei eine Rolle spielen?
Benötigte Mittel: Welche Sachkosten, Personalkosten, Reisemittel und Anforderungen an Beratung und Anleitung werden anfallen?

(Quelle: KRUSE 1995, S. 177f.)

Schreiben Sie Ihr Exposé in der festen Absicht, daß es lediglich der Orientierung und Planung dient. Diesen „Aufriß der Arbeit" sollten Sie dem Ihnen zugewiesenen Gutachter bzw. der von Ihnen gewählten Gutachterin schriftlich zur Kenntnis bringen. Hat er bzw. sie das Exposé gelesen, so sollten Sie in einem ausführlichen Gespräch zu einem vereinbarten Termin dessen/deren Meinung zum Thema, zur Themeneingrenzung, zur Materiallage, zur Fragestellung und zum methodischen Vorgehen einholen. KRUSE (vgl. 1995, S. 159) weist zu Recht darauf hin, daß es Pflicht der Hochschullehrer ist (und kein Gnadenakt!), angenommene Arbeiten auch wirklich zu betreuen. Lassen Sie sich nicht einfach abwimmeln, auch nicht mit Lob! Stellen Sie fest, ob „Ihr" Hochschullehrer Ihren Entwurf gelesen und sich eigene Gedanken zu ihm gemacht hat. Überlegen Sie sich vor dem Termin Fragen und schreiben Sie sich diese auf, zu all den inhaltlichen Punkten Ihres Exposés, in denen Sie selbst noch unsicher sind. Haken Sie nach, wenn Sie Antworten nicht verstanden haben!

11.2.2 Die Betreuerwahl

Völlig ungeschminkt berichtet KRÄMER (vgl. 1995a, S. 2f.) von den derzeitigen Zuständen in den Massenfächern an unseren Hochschulen. An einigen werden Thema und Betreuer zugelost, da hat man keine Wahl. Steht Ihnen die Wahl Ihrer Betreuerin oder Ihres Betreuers frei, so sollten Sie sich Ihre Entscheidung reiflich überlegen, eventuell bei wissenschaftlichen Mitarbeitern, Hochschulassistentinnen bzw. Akademischen Räten sich erkundigen oder Kandidaten fragen, die ihre Arbeit schon hinter sich haben, wie sie die Betreuung empfunden haben.

> Denn kein Hochschullehrer ist wie der andere. Einige kümmern sich um ihre Schützlinge wie um ihre Kinder, andere kennen deren Namen nicht. Einige halten Fußnoten für den Inbegriff der Wissenschaft, anderen sind Formalien egal. Einige bestehen auf einer erschöpfenden Würdigung der Literatur, andere schätzen Kreativität – die Charaktere sind hier wie überall im Leben sehr verschieden. (KRÄMER 1995a, S. 3)

11.2.3 Die Gliederung der Arbeit

Ganz grob gliedert sich eine solche schriftliche Arbeit in drei Teile: *Einleitung, Mittelteil und Schluß*. An den Anfang gehört eine *Einleitung*, in der das Thema erläutert und seine Eingrenzung begründet wird. Ihre Funktion ist die Einführung des Lesers in die Arbeit. An ihr Ende gehört eine *Zusammenfassung* der Ergebnisse samt deren Bewertung. Und dann gibt es einen mehr oder minder breiten und differenzierten *Mittel- oder Hauptteil*, in dem die Hypothesen entfaltet und belegt werden, die einzelnen Aspekte Ihres Gegenstandes in gesonderten Kapiteln abgehandelt werden. Bringen Sie dazu die stichwortartig analysierten Bestandteile des Themas bzw. Ihre Fragen in eine geordnete Reihenfolge. Dies ergibt die erste Grobskizze. Wenn Sie diese Ordnung dann in Überschriften umformulieren, haben Sie schon eine *erste Gliederung*. Mit der sollten Sie auf jeden Fall noch *einmal* in die Sprechstunde der Professorin gehen, die sich zur Betreuung bereit gefunden hat bzw. zu dem Hochschullehrer, der Ihnen zugewiesen wurde. – Da es terminlich nicht immer einfach ist, die stark belasteten Dozenten zu erreichen, können Sie die Arbeit in der Zwischenzeit natürlich nicht ruhen lassen, besonders wenn die Bearbeitungszeit schon läuft. Dennoch hat dieses Gespräch seinen Sinn, da vor Abgabe der Arbeit noch gegengesteuert werden kann, z.B. wenn das Thema zu breit angelegt ist. Nach dieser Diskussion sollten Sie die Ihnen schlüssigen Änderungen Ihres Konzeptes vornehmen und die Gliederung dementsprechend überarbeiten. – Wenn der ganze Text „steht" und die Überschriften der einzelnen Kapitel formuliert sind, wird die Gliederung zu einem Inhaltsverzeichnis umgestaltet (s. Abschnitt 11.8).

11.3 Die gründliche Recherche und Materialbearbeitung

Als nächstes ist eine weitere, gründliche Literatursuche erforderlich, und zwar nicht nur im Sachkatalog Ihrer Bibliothek (s. S. 130f.), sondern zusätzlich in den bibliographischen Auskunftsmitteln und nach Möglichkeit auch über CD-ROM-/Online-/Internet-Datenbanken (s. S. 136-143 und Anhang). Die Titel der gefundenen Literaturreferenzen, die Schlagwortvergabe und eine möglicherweise vorhandene Zusammenfassung (Autorenreferat, Abstract) sind Anhaltspunkte für eine erste Entscheidung, ob es sich lohnt, die nachgewiesene Quelle tatsächlich in einer Bibliothek aufzuspüren. Auch in dieser Phase ist es wichtig, Ihre Arbeitsbibliographie zu vervollständigen und Standorthinweise (Bibliothekssigel, Signatur) ebenfalls zu notieren. Da Sie keine Literatur anschaffen sollten, bevor Sie nicht durch *Relevanzprüfung* (s. S. 145-148) festgestellt haben, daß Sie dieses Buch kaufen sollten, müssen Sie nun feststellen, welche Bibliothek die Monographie, das Sammelwerk bzw. den Jahrgang der entsprechenden Zeitschrift besitzt. Notfalls müssen Sie eine Aufsatzkopie bzw. das Buch über *Fernleihe* bestellen.

Haben Sie die Literatur vor sich, sollten Sie den Aufsatz nur kopieren bzw. das Buch lediglich dann ausleihen oder im Lesesaal bearbeiten, wenn Sie nach der Relevanzprüfung *in bezug auf Ihr Thema* sicher sind, daß es sich um eine für Ihre Arbeit relevante Quelle handelt. Besonders wichtige, noch liefer- und bezahlbare Bücher zu Ihrem Thema sollten Sie notfalls kaufen, da Ihnen das Bibliotheksexemplar nur für die Ausleihzeit zur Verfügung steht. Zudem müssen bei eigenen Büchern und Kopien nicht unbedingt Exzerpte angefertigt werden, sondern Sie können mit Markierungen, Randnotizen, Buchstreifen oder Post-it-Haftnotizzetteln arbeiten, auf denen Sie Aspekte oder Stichworte zu bedeutsamen Textstellen notieren. Im übrigen ist die für relevant erachtete Literatur *nicht etwa komplett durchzulesen* – dafür haben Sie gar keine Zeit –, sondern *auszugsweise in bezug auf Ihre Fragestellung*. Für *empirische Untersuchungen* müssen zu diesem Zeitpunkt ähnliche veröffentlichte Untersuchungen und Literatur zum methodischen Vorgehen gefunden und verarbeitet werden. Das gelesene und ausgewertete Material wird nach den Aspekten der einzelnen geplanten Kapitel diesen zugeordnet. Einige Ratgeberautoren schlagen dazu vor, eine nach Schlagworten geordnete *Fundstellenkartei* zu führen, in der Sie die Belegangaben in Kurzform zu bestimmten Stich- bzw. Schlagworten notieren, um sich selbst das Wiederauffinden der Textstellen zu erleichtern. Für die Fundstellenkartei selbst, auch Schlagwort- oder Quellenkartei genannt, könnte beispielsweise eine solche Karteikarte folgendermaßen aussehen:

Fundstellenkartei (s.a. Materialsammlung)
Rückriem/Stary/Franck 1995, S. 150f. Kruse 1995, S. 182 Theisen 1993, S. 110-112 !! Theisen o.J., S. 167f. Badry/Knapp/Stockinger 1993, S. 110 Kunz 1986, S.52f.

Wenn Sie die entsprechenden Bücher nicht selbst besitzen, sollte es zu jedem Kurzbeleg auf der Karteikarte eine entsprechende *Literaturkarte* geben, die die komplette bibliographische Angabe festhält (jedoch ohne die oben notierten Seitenzahlen). Fundstellenhinweise kann man auch mit geeigneter Datenbank- oder Textverarbeitungs-Software in

Listenform auf einem Computer sammeln, z.B. mit der „Kartei" in MS-Windows.

POENICKE (1988, S. 24f.) empfiehlt eine „dynamische Projektablage" mit Hilfe eines Pultordners, in dem Notizen, Definitionskarten, Fundstellenhinweise, Exzerptauszüge den einzelnen geplanten Kapiteln zugeordnet werden. Gleiches könnte mit seitlich geschlossenen Hängemappen (mit Leinenfröschen [sic]) realisiert werden. Ändern Sie die Gliederung Ihrer Arbeit, sollten Sie auch Ihre Projektablage ändern. Die beiden vorgeschlagenen Ablage-Systeme sind ohne allzuviel Aufwand anpassungsfähig.

11.4 Die Rohfassung

„Aller Anfang ist schwer." KRÄMER (vgl. 1995a, S. 4f.) wählt den Vergleich mit dem Automotor, der erst einmal auf Betriebstemperatur kommen muß, um Höchstleistungen zu bringen. Aus diesem Grund rät er, Anlaufzeiten zu minimieren und *täglich* an der Arbeit weiterzuschreiben. Es sei für die Kreativität des Schreibprozesses besser, eine Woche kontinuierlich zu arbeiten und dann vielleicht eine Pause einzulegen, als jeden zweiten Tag zu pausieren (um Geld zu verdienen oder Lehrveranstaltungen zu besuchen). Nehmen Sie für die Zeit der Rohfassung „Urlaub" von anderen Verpflichtungen und setzen Sie sich an Ihren Schreibtisch. Wer beständig an seinem Thema arbeitet, spannt zudem sein Unterbewußtsein ein, denn die Hirnzellen lösen Probleme z.T. auch im Schlaf. Das bekannte Beispiel von der geträumten Schlange, die die Entdeckung des Benzolrings bei Kekulè von Stradonitz beförderte, ist kein Einzelfall! Doch muß man mit seiner Arbeit und deren Fragestellungen schon eng verbunden sein, bis das funktioniert. Dieses „Warten auf eine Eingebung" kann quälend sein, wie es beispielsweise Albert Schweitzer schildert:

> In seiner Autobiographie „Aus meinem Leben und Denken" sowie später in seinem Bericht über „Die Entstehung der Lehre der Ehrfurcht vor dem Leben" gibt er sogar ein genaues Datum an. Er schreibt hier, wie ihm im September 1915 bei einer Fahrt auf dem Ogowe-Fluß nach einer Zeit langen vergeblichen Nachdenkens über die Möglichkeit einer Erneuerung der Kultur zum ersten Mal, ganz plötzlich, „wie ein Traum", die Idee der Ehrfurcht vor dem Leben gekommen sei: „Auf einer Sandbank, zur linken, wanderten

vier Nilpferde mit ihren Jungen in derselben Richtung wie wir. Da kam ich, in meiner großen Müdigkeit und Verzagtheit plötzlich auf das Wort ‚Ehrfurcht vor dem Leben', das ich, soviel ich weiß, nie gehört oder gelesen hatte. Alsbald begriff ich, daß es die Lösung des Problems, mit dem ich mich abquälte, in sich trug" [...]. „Das eiserne Tor hatte nachgegeben; der Pfad im Dickicht war sichtbar geworden." (BOLLNOW 1988, S. 92; Auslassung: F. R.)

Als weiterere wichtige Produktionsfaktoren neben dem Unbewußten nennt KRÄMER (1995a, S. 5) „Elan und Begeistung" für die eigene wissenschaftliche Arbeit. Beides kommt vielleicht erst mit der Zeit, zumal dann, wenn man Thema und Betreuer nicht frei wählen konnte. Doch auch Auftragsarbeiten können einen fesseln, wenn man erst einmal einen Zugang zum Untersuchungsgegenstand gefunden hat. – Auf der anderen Seite kommt es während des Schreibens an der Rohfassung immer wieder zu mehr oder minder schweren „Krisen", in denen man an sich und seinem Thema zweifelt und nicht weiterkommt. Im Abschnitt 11.5 sind einige typische „Arbeitsfallen" dargestellt, die auch Wissenschaftlerinnen und Wissenschaftler für diese Arbeitsphase kennen.

Fangen Sie mit der *Einleitung* an, mit dem festen und auch ernstgemeinten Vorsatz, diese zuletzt noch einmal zu schreiben. Zum Schluß sind Sie so eingearbeitet und haben auch einen besseren Überblick, wo Sie wirklich angekommen sind auf Ihrem Erkenntnisweg, daß die zweite Fassung der Einleitung schnell geschrieben ist. Das Wissen um die Vorläufigkeit der ersten Fassung soll Ihnen einerseits die „Angst vor dem leeren Blatt" nehmen, denn viele tun sich mit dem Schreibanfang schwer, und läßt Sie andererseits hoffentlich ohne allzugroße „innere Zensur" Ihr Werk beginnen. In diesem Arbeitsstadium sollten Sie mit der Hilfe Ihrer Gliederung als „rotem Faden" Ihren Text möglichst kontinuierlich herunterschreiben, ohne Tippfehlern und Stil allzugroße Beachtung zu schenken (vgl. auch ECO 1993, S. 190). Das (Wieder-)Lesen der passenden Fundstellen und das Schreiben sollten Sie miteinander verbinden, d.h. gelesene Passagen, die in die Thematik und Argumentation Ihrer Arbeit passen, an geeigneter Stelle als Paraphrase bzw. Zitat in Ihren Text einbauen (s. S. 207-213), so lange der Eindruck noch frisch ist. Außerdem wird der Schreibprozeß nicht durch allzu lange Lesephasen unterbrochen, und die Abwechslung verhindert Monotonie.

Ihre Arbeit muß *nicht* chronologisch von vorne nach hinten entstehen. Wenn Sie mit einem Kapitel Ihrer Arbeit nicht weiterkommen, weil Ihnen z.B. ein bestimmtes vorbestelltes Buch noch fehlt, so schreiben Sie an dem Kapitel weiter, das Ihnen z.Z. am meisten Freude bereitet bzw. an demjenigen, zu dem Ihnen ergiebiges Material vorliegt. Solch ein Arbeitsvorgehen läßt sich mit einem PC einfacher bewerkstelligen, weil die Rohfassung jederzeit überarbeitet werden kann, z.B. Umstellungen vorgenommen oder redaktionelle Anmerkungen als sogenannte „verborgene Texte" eingebaut werden können (die in der Tat durch Zeichenformatierung auf dem Bildschirm bzw. beim Ausdruck unterdrückt werden können – z.B.: ###zu undifferenziert! Noch mal mit Meier/Kunze vergleichen!### oder: ###Zitat überprüfen, Seitenzahl ■ fehlt!###), und nach denen gezielt gesucht werden kann (Suche: „###").

Natürlich ergeben sich mit der weiteren Bearbeitung immer wieder Abweichungen von den ersten Entwürfen. Konzentrieren Sie sich auf Ihre Fragestellung sowie auf Ihr Thema in seiner Eingrenzung, damit Sie nicht vom „Pfad" abkommen. Um den Überblick zu bewahren, ist es hilfreich, Visualisierungstechniken einzusetzen (s. S. 173) und mit Hilfe von (Haft-)Notizzetteln an einer (Pin-)Wand o. ä. die Reihenfolge der Gliederung, dazu wesentliche Fragen und Thesen der Arbeit zu veranschaulichen und bei Änderungen in der Reihenfolge die Zettel entsprechend umzugruppieren.

11.5 Arbeitsfallen

Neben den Störungen durch andere und eigenen Arbeitsvermeidungsstrategien gibt es jedoch auch „Arbeitsfallen", die den meisten Wissenschaftlerinnen und Wissenschaftlern vertraut sind. Ich habe ja schon mit MEDAWAR (vgl. 1984, S. 22) darauf hingewiesen, daß für das Studieren und wissenschaftliche Arbeiten ein hohes Maß an Durchhaltevermögen und Frustrationstoleranz aufzubringen ist, weil viele wissenschaftliche Wege Irrwege sind. Heidegger verglich den Denk- und Forschungsprozeß mit Holzwegen: Neues wird nur derjenige erkunden, der die breiten Wanderwege meidet und andere Wege sucht, manchen Weg auch mehrfach geht. Daß es ein „Holzweg" war, stellt sich erst im nachhinein heraus. Keiner gerät absichtlich auf einen solchen. Hinterher ist man um einen Irrtum oder positiver: um eine Erfahrung reicher.

MOSER und MICKLER (vgl. 1994, S. 125-129) beschreiben drei „Arbeitsfallen", die alle wissenschaftlich Arbeitenden kennen:

- den „Toten Punkt“
- das „Verlaufen“ und
- das „Festrennen“.

Beim „Toten Punkt“ einer Arbeit hat man den Eindruck des „rien ne va plus“: Man glaubt nicht mehr an seinen Forschungsgegenstand, an die Qualität und den Sinn dieser Arbeit. Vor allem zweifelt man an sich selbst, an den eigenen Fähigkeiten. Neben der nicht empfehlenswerten Radikallösung des Abbruchs der Arbeit gibt es eine Palette von Möglichkeiten, etwa den Kontakt zum Betreuer der Arbeit oder zu anderen Fachleuten zu suchen bzw. einen Termin bei der Studienberatung wahrzunehmen. Oft hilft es schon, wenn man sich den Frust von der Seele spricht. Dazu braucht man jemanden, der gut zuhören kann und dem man vertraut. Häufig kommen einem bei solchen Monologen neue Ideen. Zumindest wird der Zuhörer, der nicht unbedingt von der „Sache“ etwas verstehen muß, einen emotional stärken. Manchmal hilft es auch, dieses Kapitel nicht zu Ende zu schreiben und ein anderes Kapitel zu beginnen. Eine gute Planung des Arbeitsvorhabens bietet einige Gewähr dafür, daß sich solche toten Punkte nicht häufen oder sogar vermieden werden (s. Kapitel 6).

Beim „Verlaufen“ hat man den Blick für das eigene Thema verloren. Es scheint auszuufern, die Arbeit scheint einen zu überfordern und so wurstelt man an Nebenthemen herum, die einen vom eigenen (thematischen) Weg abbringen. Oft erlebt man die eigene Fragestellung als unbedeutender als die der Randthemen, die eigentlich ausgegrenzt werden könnten. Wenn Sie sich „verlaufen“ haben, ist es sinnvoll, sich auf den Ausgangspunkt Ihrer Arbeit zu besinnen sowie Ihren Arbeitsplan mit Fragestellung und Zielsetzung der Arbeit hervorzuholen, um zu sehen, was man schon erledigt hat und wo man genau steht. Zudem sind auch hier Kontakte zu Fachleuten und emotional stärkenden Menschen eine wichtige Hilfe.

Läßt Sie ein Problem oder ein eher unwichtiger Teilbereich nicht los, so haben Sie sich „festgerannt“. Das Problem bzw. der besagte Teilbereich gewinnt immer mehr an Bedeutung, obwohl einem selbst klar ist, daß es sich um einen „Nebenkriegsschauplatz“ handelt. Dennoch beißt man sich fest und grübelt und liest und grübelt und liest ... Man will dieses Problem der eigenen Arbeit lösen und steigert manchmal den Aufwand bis zur Erschöpfung. – Hier hilft nur noch der Abbruch dieses Teils der Arbeit und das Fortfahren an anderer Stelle. – Sollten Sie immer wiederkehrende Lern- und Arbeitsstörungen (s. S. 69) bei sich selbst bemerken, so sollten Sie entsprechende Angebote der Studienberatung nutzen, um aus dem Teufelskreis herauszufinden.

> ☞ Bei den drei genannten Arbeitsfallen ist die Konzentration auf folgende Frage wichtig: Was ist unverzichtbar für die Bearbeitung des Themas bzw. Gegenstandes, die richtige, angemessene und fachlich vertretbare Darstellung eines Problems? (vgl. DÖRING 1995, S. 25)

11.6 Die Überarbeitung

Steht die Rohfassung, sollten Sie *auf jeden Fall* Ihr Manuskript überarbeiten. Wichtig ist, daß auch für Dritte in der Arbeit ein „roter Faden" erkennbar wird. Wechseln Sie also die Perspektive und fragen Sie sich, ob die Arbeit aus der Sicht der Adressaten (vor allem der späteren Gutachter!) verständlich ist. Dabei kommt es erst einmal auf die Konsistenz der Beweisführung an, also ein systematisches und für andere nachvollziehbares Vorgehen, das Schließen von etwaigen Argumentationslücken, das Schreiben von überblicksartigen Einleitungen in die einzelnen Kapitel sowie das Zusammenfassen der Kapitelergebnisse am Ende eines jeden Hauptkapitels. Sollten einige Textteile in Ihrem Manuskript wie Fremdkörper wirken, sollten Sie erwägen, diese Passagen völlig zu streichen. Wenn sie Ihnen unverzichtbar erscheinen, passen sie vielleicht an anderer Stelle besser. Auch dies ist mit einem Textverarbeitungsprogramm kein Problem. Zudem gibt es die Möglichkeit, Abschnitte aus dem Text herauszunehmen und als längere Fuß- bzw. Endnote zu verwenden oder sie in einem „Exkurs" mit eigener Überschrift, also in einer kleineren „Abschweifung", doch im Text zu belassen. Danach sollten Sie, wie es Ihnen eingangs geraten wurde, noch einmal den *Titel* Ihrer Arbeit überdenken und eventuell im *Untertitel* Differenzierungen vornehmen, das *Inhaltsverzeichnis* dem derzeitigen Stand anpassen und die *Einleitung* neu schreiben.

In einem weiteren Schritt ist es wichtig, die Arbeit *in wissenschaftlicher Hinsicht* zu überprüfen, z.B. ob zentrale Begriffe eingangs definiert und sämtliche Behauptungen mit Quellenangaben oder schlüssigen Argumenten belegt wurden. Da viele Wissenschaftler immer noch auf totaler Widerspruchsfreiheit wissenschaftlich gemachter Aussagen beharren, wäre eventuell auch dieses logische Problem zu reflektieren.

Ob Sie das mit Wittgensteins Tractatus logico-philosophicus (§5.43: „Alle Sätze der Logik sagen dasselbe. Nämlich nichts.“) pauschal erledigen oder es mit einer mehrwertigen Logik versuchen, hängt von Ihrem Problem ab. – Alle Zitate müssen noch einmal auf ihre Zweckmäßigkeit und Richtigkeit geprüft werden (s. S. 207ff.). Die wissenschaftlichen Standards der Quellenangabe (s. Abschnitt 10.5), des Literatur- und anderer Verzeichnisse sollten jetzt angewendet und eingehalten werden. Fehlende Belege, die mit Blockaden (■) im Text kenntlich gemacht wurden, müssen nun aufgelöst werden. Dazu ist vielleicht auch noch Nacharbeit in der Bibliothek erforderlich.

Stimmt die Arbeit nun im wissenschaftlichen Sinne, so sollte eine weitere Überarbeitung *in sprachlicher Hinsicht* erfolgen. Sätze sollten auf ihre grammatische Vollständigkeit und Richtigkeit geprüft werden. Vollgestopfte Sätze sind durch Kürzungen zu entrümpeln und Bandwurm-Sätze in mehrere zu teilen. Wichtig ist nun,

- daß die Begriffe und Metaphern stimmen
- Holprigkeiten, die durch lautes Lesen auffallen, geglättet werden
- daß Sie Vollverben verwenden und
- einige „anregende Zusätze“ (s. S. 185ff.).

Ein weiteres Problem kann im Umfang der Arbeit liegen. Wegen der Menge zu begutachtender Arbeiten lehnen manche Prüferinnen und Prüfer zu lang geratene Texte ab. (Das geht den Studierenden aber nicht alleine so. Auch ein Autor oder Beiträger für Zeitschriften oder Sammelwerke unterliegt Umfangsbeschränkungen, so daß das Manuskript bei der Überarbeitung u.U. gekürzt werden muß.) Fast jedem fällt es schwer, den Text, den er sich meist mühsam abgerungen hat, zu straffen und vielleicht ganze Teile davon in den „Papierkorb“ zu werfen. Dennoch ist dieser Vorgang bei fast jeder Arbeit erforderlich, weil der Text dadurch meistens leserfreundlicher wird. Wesentliches Kriterium ist daher, den eigenen Text mit den Augen eines Fremden (z.B. des Gutachters) zu lesen und von den Zielen der Arbeit und den Überschriften ausgehend, die eigene Arbeit auf generierte Fragen hin zu lesen (s. S. 156) und gnadenlos alle Abschweifungen für Kürzungen vorzumerken, aber auch eventuelle Lücken oder fehlende Übergänge anzumerken. Je nachdem, wieviele Seiten gekürzt werden müssen, werden dann die verzichtbaren Teile abgeschätzt und wird das Löschen mit *den* Textstellen begonnen, die am überflüssigsten sind. Hierbei ist der PC wieder eine große Arbeitshilfe, weil zum einen diese Textteile in anderen Dateien aufbewahrt werden können, zum anderen, weil der aktuelle Umfang besser abgeschätzt werden kann.

11.7 Das Literaturverzeichnis

Wenn Sie mit einem Anmerkungssystem (Fuß- *oder* Endnoten) arbeiten, in dem die von Ihnen verwendeten Quellen zumindest einmal in Vollbelegform genannt werden, so brauchen Sie *kein* Literaturverzeichnis. (Es sei denn, es wird eines gewünscht oder Sie wollen unbedingt eines beigeben.) – Zum „Harvard-System (Autor Jahr)" dagegen gehört ein vollständiges Literaturverzeichnis, in dem – alphanumerisch geordnet – alle bibliographischen Angaben zu den Schriften stehen sollten, die von Ihnen zur Verfertigung Ihrer Arbeit herangezogen wurden. Wenn Sie die Literaturangaben maschinell mit dem PC sortieren wollen, empfiehlt es sich, die Literatur beginnend mit den Verfassernamen und nachgestellt deren Vornamen(sabkürzungen) zu erfassen. Bei der Arbeit mit einem PC-Textverarbeitungsprogramm kann man entweder das Literaturverzeichnis in einer Extra-Datei speichern, also mit einer Text-Datei (Text) *und* einer zweiten Text-Datei (Literaturangaben) arbeiten oder aber mit einer Text-Datei und zwei Ausschnitten bzw. „Fenstern" auf dem Bildschirm. Bei der Verwendung von *zwei* Dateien kann man schneller mit der Suchfunktion (Suche: XYZ) feststellen, ob eine Titelangabe schon für das Literaturverzeichnis erfaßt wurde oder nicht. Der Vorteil *einer* Datei besteht dagegen darin, daß die Länge des Gesamtmanuskriptes besser abgeschätzt werden kann, was wichtig sein kann, wenn der Umfang der Arbeit begrenzt ist.

> ☞ Beim Verfassen Ihres Textes sollten Sie auf jeden Fall immer dann, wenn eine neue Quelle in Ihrem Text Berücksichtigung findet, in die ebenfalls geladene Literatur-Datei oder in das andere Fenster wechseln und die Titelangabe *sofort* dort eingeben. So gehen Sie sicher, daß später keine Angabe in Ihrem Literaturverzeichnis fehlt.

Zur Form und Reihung

Jede Literaturangabe beginnt auf einer neuen Zeile. Ratsam ist eine Formatierung, bei der die 2. und alle folgenden Zeilen zu dieser Titelangabe um einen halben Zentimenter oder mehr nach rechts eingerückt sind. (Wenn durch den Einzug zuviel Platz verlorengehen sollte, kann man diese Formatierung jederzeit wieder ändern.) Diese Gestaltung des Literaturverzeichnisses erleichtert jedoch die Nachprüfung der Sortierfolge, welche sich in erster Linie nach den Nachnamen der angegebenen Verfasser bzw. Herausgeber samt ihren nachgestellten Vornamen(sabkürzungen) richtet.

Verwenden Sie zwei Veröffentlichungen eines Verfassers, die beide im gleichen Jahr erschienen sind, so müssen Sie im Text *und* im Literaturverzeichnis eine eindeutige Zuordnung zu der Titelangabe vornehmen, indem Sie an die Jahreszahl ein kleines „a“ bzw. „b“ usf. anhängen. Solches ist auch bei mehrbändigen Werken üblich, deren Bände alle im gleichen Jahr erschienen sind. Im Text würde der erste auftretende Bezug also lauten: „... (vgl. LUHMANN 1995a, S. 23).“

Beispiel für die Reihung nach der Norm DIN 1505, Teil 3:

Luhmann, Niklas (Hrsg.): ...	1981	*vor*
Luhmann, Niklas (Interviewter): ...	1985	*vor*
Luhmann, Niklas: ...	1995a	*vor*
Luhmann, Niklas (Hrsg.): ...	1995b	*vor*
Luhmann, Niklas: ...	1997	

Gibt es Ko-Autoren oder Mitherausgeber, so folgen diese nach den Schriften, die „Luhmann“ allein verantwortet (s. oben). Und zwar zuerst die mit nur *einer* weiteren beteiligten Person, *dann* die mit zwei Ko-Autoren oder Mitherausgebern und zuletzt die mit drei und mehr Beteiligten, wobei diese durch „[u.a.]“ ersetzt werden *können*.

nach DIN 1505, Teil 3, ginge die Beispielreihe folgendermaßen weiter:

Luhmann, Niklas; Fuchs, Peter: ...	1989
Luhmann, Niklas; Schorr, Karl-Eberhard (Hrsg.): ...	1986
Luhmann, Niklas; Schorr, Karl-Eberhard: ...	1988
Luhmann, Niklas; Schorr, Karl-Eberhard (Hrsg.): ...	1990
Luhmann, Niklas [u.a.]: ...	1985

Verwenden Sie Schriften von zwei völlig gleichnamigen Verfassern, wie es weiter oben an dem Beispiel „Schulz, Wolfgang“ aufgezeigt wurde, so müssen beide im Text und im Literaturverzeichnis mit zusätzlichen römischen Ziffern ausgewiesen werden: „Schulz [I]“ und „Schulz [II]“. Liegt nur beim Familiennamen Namensgleichheit vor, unterscheidet man beim System „Autor Jahr“ solche Personen durch die Angabe der Vornamensabkürzung im Text:

„... Text Text (vgl. S. Freud 1971, S. 52) ... weiterer Text ... (vgl. A. Freud 1985, S. 7) ...“

Da umfangreiche Körperschaftsnamen (z.B.: „Arbeitsgruppe Bildungsbericht am Max-Planck-Institut für Bildungsforschung 1994“) bei dem „Harvard-System“ sehr lange Klammerausdrücke erfordern, kann man sich hierbei sehr gut mit der in Abschnitt 10.5.5 dargestellten *Form C* behelfen. Im Text schreiben Sie dann:

„... Text (vgl. „AG BILDUNGSBERICHT" 1994, S. 98) ... Text ..." und im Literaturverzeichnis:

„AG Bildungsbericht" 1994 ARBEITSGRUPPE BILDUNGSBERICHT AM MAX-PLANCK-INSTITUT FÜR BILDUNGSFORSCHUNG: *Das Bildungswesen der Bundesrepublik Deutschland.* Vollst. überarb. u. erw. Neuausg. Reinbek : Rowohlt, 1994 (rororo sachbuch 9193).

Wenn Sie bei der Eingabe für das Literaturverzeichnis mit dem Nachnamen des Verfassers beginnen, müssen Sie die Titelangaben für die Rohfassung nicht ständig in die vorgeschriebene Feinordnung bringen. Denn für die Endfassung müssen Sie ihre Titelangaben nach den unten erläuterten Kriterien wahrscheinlich noch einmal von Hand nachsortieren, wenn Sie zu bestimmten Autorennamen mehr als ein Werk verwendet haben.

Sind keine Verfasser- oder Herausgebernamen ermittelbar (anonyme Werke), so werden auch Sachtitel als Quellenbeleg angegeben und im Literaturverzeichnis in diese Reihung einbezogen, wobei „der, die, das" und unbestimmte Artikel zu Beginn des Titels unberücksichtigt bleiben:

„... Text (vgl. FORSCHUNG '74 1973). ...Text ..."
und im Literaturverzeichnis in der Form A:

FORSCHUNG '74: Berichte aus Wissenschaft und Technik. Frankfurt/M.: Fischer, 1973

Wenn wir nun alle oben erläuterten Aspekte berücksichtigen, dann sieht die Sortierfolge *in Form C* beispielsweise folgendermaßen aus:

Blankertz 1991 ...
Blankertz; Meyer 1982 ...
Blankertz [u.a.] 1990 ...
BMBW 1990 Der Bundesminister für Bildung und Wissenschaft (Hrsg.): ...
DGfE 1994 Deutsche Gesellschaft für Erziehungswissenschaft (Hrsg.): ...
Grundschule ... 1995 Die Grundschule von morgen ... *(= anonymes Werk)*
Gudjons 1995 ...
von Hentig 1996 HENTIG, Hartmut von: ...

Körner 1995 ...
Kreft; Mielenz 1996 ...
Luhmann 1992a ...
Luhmann 1992b ...
Luhmann; Schorr 1986 ...
Luhmann; Schorr 1990 ...
...
Zysset 1983 ...

☞ Achten Sie bei den Titelangaben auf eine einheitliche Form der Ansetzung, was beispielsweise die Reihenfolge der Namen, Vornamen(sabkürzung) angeht, die chronologische Reihenfolge der Erscheinungsjahre als Sortierkriterium, eine einheitliche Reihenfolge der einzelnen Bestandteile einer Titelangabe (z.B.: Namen, Sachtitel, Ausgabebezeichnung, Erscheinungsort, evtl. Verlagsname, Erscheinungsjahr) und die Interpunktion zwischen diesen Bestandteilen. Bedenken Sie schon bei der Titelaufnahme in Ihre Literaturkartei oder Literaturdatenbank, daß jede fehlende Angabe Ihrerseits möglicherweise zusätzliche Bibliotheksarbeit erfordert, indem Sie Ihre Angaben dort noch einmal überprüfen müssen.

11.8 Weitere Verzeichnisse und das Erstellen eines Anhangs

Nachdem nun die schriftliche Arbeit steht, ist es sinnvoll, sich noch einmal die Gliederung der Arbeit und die einzelnen Kapitel anzuschauen sowie die Überschriften daraufhin zu prüfen, ob die darunter folgenden Ausführungen auch tatsächlich durch die Überschrift repräsentiert werden. Je nach dem Umfang der Arbeit müssen Sie sich, wenn Sie dies noch nicht getan haben, auch darüber Gedanken machen, welche Abschnitte eher Unterkapitel darstellen und welches Ihre Hauptkapitelüberschriften sein sollen. Nachdem Sie die Überschriften überarbeitet haben, gibt es bei der Arbeit mit einem der üblichen PC-Textverarbeitungsprogramme die Möglichkeit, die Kapiteltitel entsprechend der Ebene differenziert zu formatieren, so daß beispielsweise jedes Hauptkapitel auf einer neuen Seite anfängt und eine fette 14-Punkt-Überschrift hat, während die Unterkapitel nach zwei Leerzeilen beginnen mit entsprechend kleinerer Schriftgröße bei diesen Zwischenüberschriften. Vielleicht brauchen Sie sogar noch eine dritte Ebene für noch kleinere Abschnitte Ihrer Arbeit. Viele handelsübliche Textverarbeitungsprogramme beinhalten ein Programmmodul, mit dem ein Inhaltsverzeichnis *automatisch* erstellt werden kann. Wenn Sie bei der Formatierung der Überschriften die verschiedenen Ebenen berücksichtigt haben, können vom Programm außer den Seitenzahlen auch die entsprechenden Dezimalziffern der Gliederung errechnet werden. Ein solches Inhaltsverzeichnis mit Seitenzahlen ist aber nur für Arbeiten erforderlich mit mehr als 20 Seiten. Hat die Arbeit einen geringeren Umfang, kann man jedoch auf der ersten Seite zu dem Titel der Arbeit und einem möglichen Untertitel auch einen Gliederungsüberblick hinzufügen, der nur die Gliederungsebene 1 umfaßt.

Gliederungsbeispiel mit sehr allgemein gehaltenen Überschriften

Darüber hinaus kann es erforderlich sein, daß Sie im Anhang z.B. den von Ihnen erstellten Fragebogen oder Ihre Tabellen und Abbildungen dokumentieren oder ein Abkürzungsverzeichnis erstellen müssen, z.B. wenn Sie die Zeitschriftentitel abgekürzt haben. Für Studien(abschluß)-arbeiten sind keine Register erforderlich. Doch für Prüfungsarbeiten fordern die Prüfungsordnungen i.d.R. eine eidesstattliche Erklärung, daß die Arbeit von einem selbst ohne Hilfe Dritter verfertigt wurde und keine anderen als die angegebenen Quellen Verwendung fanden. Oft ist auch ein tabellarischer Lebenslauf beizufügen. Solche Unterlagen gehören in den Anhang.

11.9 Die Endkorrektur

Als nächstes ist ein *gründliches* Korrekturlesen erforderlich, das nicht nur der Beseitigung von Rechtschreib- und Tippfehlern gilt. Hierbei kann die Rechtschreibkontrolle durch Textverarbeitungsprogramme eine Hilfe sein, doch *Vorsicht!* Niemals die *vollautomatische* Rechtschreibkontrolle verwenden, weil Sie sich dadurch sinnentstellende Fehler einhandeln können. Das gilt insbesondere seit dem Beschluß, die Rechtschreibung zu reformieren. Im *halbautomatischen* Verfahren fährt der Computer die ihm unbekannten Wörter nacheinander an und fragt, ob das Wort so bleiben oder geändert werden soll. Schauen Sie sich dazu den jeweiligen Kontext an. *Zitate sind von der Änderung der Rechtschreibung auszunehmen,* denn sie sollen originalgetreu sein (s. S. 208f.). Sollten Sie größere Rechtschreibschwierigkeiten haben, prüfen Sie im Zweifelsfall die dem Computer unbekannten Wörter mit dem Duden oder einem anderen Rechtschreibwörterbuch auf die richtige Schreibweise. Wenn Sie eine *falsche* Orthographie bei der Rechtschreibkontrolle in dem PC-Wörterbuch abspeichern, bringen Sie Fehler in das Rechtschreibprogramm und diese fehlerhaften Worte werden gar nicht mehr angezeigt. Auf jeden Fall ist *zusätzlich* ein konventionelles Korrekturlesen erforderlich, um auch grammatische Fehler auszuräumen. Da man in eigenen Texten jedoch etliches übersieht, weil einem alles schon so vertraut ist und beim Lesen eine unbewußte Fehlerkorrektur abläuft (s. S. 152), ist es am besten, wenn *zusätzlich* ein Dritter, der des Deutschen mächtig ist, die Endfassung sorgfältigst Korrektur liest. Die von Ihrem Probeleser gefundenen „Fehler" sollten Sie aber selbst noch einmal prüfen, bevor Sie Ihre Arbeit korrigieren, damit Sie sich nicht neue Fehler einhandeln. *Besondere Vorsicht bitte bei Zitaten!* Es kommt immer wieder vor, daß jemand die Anführungszeichen übersieht und in Zitaten Verfälschungen vornimmt, z.B. auch mit der automatischen Rechtschreibkontrolle (s. oben). Deshalb sollten zum Schluß Zitate noch einmal überprüft werden und vor allem das Vorhandensein und die Richtigkeit aller Quellenangaben im Text, in den Fuß- bzw. Endnoten und im Literaturverzeichnis. Wenn die Endfassung nun steht, ist die Zielgerade erreicht: Der gespeicherte *Text* wird mit entsprechend breiten Korrekturrändern formatiert. Mit der Trennhilfe wird die Silbentrennung durchgeführt, und wenn die Seiten noch einmal mit dem Seitenlayout überprüft und eventuell von Hand noch einige Stellen nachgetrennt wurden, dann kann die Formatierung für den Blocksatz erfolgen. Nun sieht Ihre Arbeit schon fast wie ein gesetzter Text aus.

Ist Ihre Examensarbeit mit der Schreibmaschine geschrieben, zumal von einer anderen Person, müssen Sie noch einmal eine gründliche Endkorrektur vornehmen, d.h. die oben beschriebenen Prozesse noch einmal wiederholen. Da zumindest die professionellen Schreibbüros mit PCs arbeiten, ist die anschließende Fehlerbeseitigung relativ einfach – wenn die Fehler aufgefallen sind. KRÄMER (vgl. 1995a, S. 182) empfiehlt nachhaltig, daß jede Arbeit noch einmal daraufhin geprüft wird, ob

- die Numerierung von Kapiteln, Abbildungen, Tabellen konsistent erfolgte,
- Kapitelüberschriften und solche zu kleineren Abschnitten identisch sind mit den im Inhaltsverzeichnis genannten (was gegeben ist, wenn Sie mit der automatischen Verzeichniserstellung des Textverarbeitungsprogramms arbeiten),
- zudem die Seitenangaben im Inhaltsverzeichnis und die internen Querverweise in der Arbeit stimmen,
- die verwendeten Quellen komplett, einheitlich aufgenommen und in richtiger Sortierfolge im Literaturverzeichnis zu finden sind,
- keine Kapitelüberschriften einsam und ohne Textzeilen unten auf der Seite stehen. (Sonst ist manueller Seitenwechsel erforderlich, der wiederum Textverschiebungen auf anderen Seiten nach sich ziehen kann, weshalb eine erneute Layoutkontrolle mit Seitenansicht am Monitor durchgeführt werden sollte.)

Danach kann die endgültige Fassung ausgedruckt werden. Doch selbst wenn man die Arbeit selber getippt hat, ist noch einmal eine Enddurchsicht erforderlich. Die ausgedruckten Seiten sind noch einmal auf Vollständigkeit und gutes Druckbild zu kontrollieren. Kleinere Fehler darf man jetzt auch von Hand korrigieren. Sie zeigen dem Gutachter, daß Sie auch die Endfassung noch einmal Korrektur gelesen haben.

Muß die wissenschaftliche Arbeit als Examensarbeit in mehrfacher Ausfertigung im Prüfungsbüro eingereicht werden, wird das „Typoskript" in einem Copy-Shop in entsprechender Zahl vervielfältigt. Die meisten Gutachter wollen für Prüfungsarbeiten ein einseitig bedrucktes Exemplar, um die (Rück-)Seiten für größere Notizen zu nutzen. Außerdem sollte die Arbeit die vom Gutachter gewünschte Breite der Korrekturränder beachten. *Bevor* die Arbeit gebunden wird, vergewissern Sie sich – und das in jedem Exemplar –, ob alle Seiten lagerichtig und lükkenlos vorhanden, keine Blätter doppelt sind oder vertauscht wurden. Noch entdeckte Fehler sollten Sie auch jetzt noch handschriftlich korrigieren, von Hand einzutragende Sonderzeichen und Formeln in die Exemplare schreiben, mögliche Abbildungen in die Exemplare einkleben und vor allem die am Schluß einzubindende, eidestattliche, besser: ehrenwörtliche Erklärung unterschreiben. Dann können die Exemplare gebunden und beim Prüfungsbüro eingereicht werden.

Zusammenfassung

Sie haben gesehen, wieviele Arbeitsschritte erforderlich sind, bis eine wissenschaftliche Arbeit abgeschlossen ist. Wichtig ist eine sorgfältige Planung und thematische Eingrenzung der Arbeit, damit Sie sich nicht verzetteln. Von der Vorbereitung bis zum Abschluß Ihres Projektes sollten Sie möglichst systematisch vorgehen. Dies verhindert zusätzliche Unsicherheit und ständige Nachbesserungen. Andererseits sollten Sie auch bedenken, daß sich im Laufe des Arbeitsprozesses Überraschungen ergeben können, die Änderungen des Konzeptes notwendig werden lassen. Deshalb sind der rechtzeitige Beginn sowie eingeplante Zeitpuffer enorm wichtig, damit Sie nicht zu sehr unter Druck geraten, wenn die Arbeit termingerecht abgegeben werden muß. Vor allem ist eine kontinuierliche, tägliche Weiterarbeit erforderlich, weil Sie sonst immer wieder neue Anwärmphasen brauchen. Doch auch ohne Druck kann es passieren, daß die Arbeit nicht so voranschreitet, wie Sie sich das wünschen. Dann sollten Sie ggf. die Tips aus dem Abschnitt 11.8 „Arbeitsfallen“ noch einmal lesen.

> 🕮 Zum Thema „Wie schreibe ich eine Abschluß-Arbeit?“ gibt es m.E. ein besonders empfehlenswertes Buch: Das von KRÄMER (1995a) verfaßte „Wie schreibe ich eine Seminar-, Examens- und Diplomarbeit“, das insbesondere empirisch Arbeitenden noch weiterführende Tips gibt für die Darstellung von Schaubildern und Tabellen.

12 Die mündliche Prüfung

Worum geht es im 12. Kapitel?

Zu guter Letzt geht es in diesem Kapitel um die verschiedenen Funktionen von Prüfungen und wie man sich speziell auf mündliche Prüfungen vorbereiten sollte. (Über die schriftlichen Prüfungsteile steht einiges in den Abschnitten 10.4.5 und 10.4.6.) Darüber hinaus finden Sie Hinweise darüber, wann, wie und welche Informationen Sie zu „Ihrem" Prüfer sammeln sollten. Der eigene Eindruck ist hier sicherlich wichtiger als Schauergeschichten, die Ihnen möglicherweise zu Ohren kommen. Am wichtigsten ist nach der Abstimmung und Festlegung der Themenkreise jedoch die rechtzeitige, gründliche Vorbereitung: Sie mindert das Risiko, das in jeder Prüfung steckt, denn eine gute Beherrschung des „Stoffs" erhöht auch die Selbstsicherheit. Außerdem weist Sie das Kapitel darauf hin, daß neben dem Inhaltlichen auch das äußere Erscheinungsbild und das Auftreten eine erhebliche Rolle spielen bei der Notengebung, die alles andere als „objektiv" ausfallen kann.

12.1 Die Funktionen von Prüfungen

Prüfungen sollen die Funktion haben, festzustellen, ob die Kandidaten

- sich den in der Ausbildungszeit vermittelten „Stoff" angeeignet haben und in welcher Qualität sie ihn wiedergeben können *(Lernkontrollfunktion)*,
- über bestimmte Fähig- und Fertigkeiten verfügen, um nun in den für erfolgreiche Absolventen vorgesehenen Ausbildungs- bzw. Aufgabenbereich aufzurücken resp. zu bestimmten Ämtern und Handlungen berechtigt zu sein *(Prognose- sowie Berechtigungsfunktion)*.

Wer beispielsweise die Führerscheinprüfung nicht bestanden hat, darf kein Auto steuern. Somit hat jede Prüfung auch Auslesefunktion, zumal die Prüfer die Anforderungen unterschiedlich hoch ansetzen und damit steuern können, ob viele oder wenige die Prüfung bestehen sollen *(Selektions- und Steuerungsfunktion)*. Insofern haben Prüfer

Macht. – Prüflinge dagegen belastet i.d.R. die Unsicherheit über den Verlauf und den Ausgang der Prüfung. Ist sie vorüber, haben die Kandidaten hoffentlich auch eine realistische Rückmeldung über ihren Lernerfolg erhalten *(Feedbackfunktion)*. Natürlich werden Prüfungen auch als Druckmittel gegen Schüler und Studierende eingesetzt *(Disziplinierungsfunktion)*.

Wenngleich empirische Untersuchungen aufzeigen, daß es um die gerechte Beurteilung sowie um die prognostische Gültigkeit von Prüferurteilen für den späteren Berufserfolg der Absolventen nicht gut bestellt ist, ist bisher kein besseres Verfahren zur Erteilung von Berechtigungen vorhanden. In der Sichtweise der Ethnologen kann man Prüfungen auch als *Initiationsriten* auffassen, mit denen eine Gesellschaft versucht, Übergänge von einer Lebensphase zu einer neuen zu markieren. Sie wären somit *auch* Mutproben wie letztere Bestandteil sind der Mannbarkeitsriten bei Stammesvölkern. Angst und Angstüberwindung gehören somit zu Prüfungen, und hinterher höre ich oft, daß es gar nicht so schlimm war! Doch nicht nur die Kandidaten haben eventuell Angst, auch für viele Prüfer ist die Prüfungssituation keine angenehme, denn sie stehen nicht nur unter der Beobachtung des Beisitzers und möglicherweise weiterer anwesender Personen, sondern befinden sich ebenfalls auf dem Prüfstand: Mit ihrem Wissen, ihrer Vorbereitung und Durchführung der Prüfung ebenso wie mit ihren Lehrveranstaltungen und ihren Fähigkeiten zur Stoffvermittlung, wenn sie ihre eigenen Studierenden prüfen.

Mündliche Prüfungen haben außerdem vieles gemeinsam mit einer Theateraufführung: Neben dem obligaten „Lampenfieber“ gibt es „Rollen“ wie die des Prüflings und des Prüfers. Wenngleich der Protokollführer (Beisitzer) meist eine Nebenrolle in dem Frage-und-Antwort-Spiel einnimmt, ist er zugleich Publikum *und* Kritiker der dramatischen Inszenierung wie möglicherweise weitere anwesende Personen, wenn die Prüfung „(hochschul-)öffentlich“ ist. Beim Staatsexamen ist der Kreis der Prüfer größer, wobei jedoch nicht der Vorsitzende, sondern i.d.R. der Fachprüfer das Prüfungsgespräch führt. Insofern ist er für seinen Prüfungsteil auch der Regisseur des Dramas.

12.2 Informationen sammeln zu möglichen Prüfern und dem Prüfungsablauf

Damit die Aufführung nicht zur Tragödie gerät, sollten Sie sich sehr genau über die Vorstellungen des Regisseurs hinsichtlich des Inhaltes und der Gestaltungsform der Veranstaltung informieren. Und dies nicht nur durch Hörensagen, sondern, wenn dies möglich ist, durch eigenen Augenschein: In vielen Fällen gibt es die Möglichkeit, an mündlichen Prüfungen als Zuschauer/-in teilzunehmen, sofern der Kandidat zustimmt. Solche Gelegenheiten sollten Sie *ein Semester vorher* unbedingt nutzen! Sie kennen dann jedenfalls die Art, wie der von Ihnen favorisierte oder Ihnen zugeteilte Prüfer *tatsächlich* vorgeht: Manche Prüfer wünschen sich ein Prüfungsgespräch in der Form des gemeinsamen Nachdenkens über ein Problem und mögliche Lösungsansätze. Andere bevorzugen Wissensabfrageprüfungen zu einem oder mehreren Themen oder gar der ganzen Breite des Faches; weitere wählen als Grundlage für Ihr Vorgehen in der Prüfung Gedankenexperimente von der Art: „Gesetzt den Fall, Sie seien mit folgender Situation konfrontiert, wie würden Sie handeln?" und testen im Dialog die Problemwahrnehmungs- und -lösefähigkeit der Kandidatin; wieder andere lassen den Prüfling das Gelernte herunterbeten und schalten sich selten in den Monolog ein, aus welchen Gründen auch immer.

Wenn Sie selbst die Möglichkeit haben, an einer Prüfung als Beobachter(in) teilzunehmen, so sollten Sie Ihre Wahrnehmung auf den Prüfer konzentrieren. Wenn eine Teilnahme nicht möglich ist, sollten Sie durch Befragung von ehemaligen Prüflingen dieses Prüfers folgende Informationen sammeln (möglichst, wenn diese Eindrücke noch frisch sind, jedoch ein Semester vor Ihrer eigenen Prüfung):

- Wirkt er unsicher, aufgeregt oder ungeduldig?
- Ist er aufmerksam und der Kandidatin/dem Kandidaten positiv zugewandt?
- Stellt er seine Fragen für Sie klar und verständlich?
- Wie reagiert er, wenn die Kandidatin/der Kandidat nicht weiterweiß?
- Worauf kommt es dem Prüfer in der Prüfung offenbar besonders an?
- Hat er Lieblingsthemen und -ansichten und wenn ja, welche sind das?
- Hält er sich an die im Vorgespräch vereinbarten Themenbereiche oder verwechselt er gar Themen mit denen anderer Prüflinge?
- Zensiert er streng oder eher milde? ...

Solches sollten Sie selbst durch Beobachtung herausfinden oder aber gleich nach den Prüfungen (des vorigen Semesters) erfragen, wenn sich die Erfolgreichen noch sehr genau erinnern. Lassen Sie sich jedoch nicht direkt vor Ihrer Prüfung durch mögliche Horror-Geschichten verrückt machen!

Wer selbst durch die Möglichkeit einer Teilnahme als Beobachter profitiert hat, wird diese Chance sicherlich wiederum anderen einräumen. Im übrigen werden in der Prüfung nicht nur Wissensbestände getestet, sondern Problemlösefähigkeiten, sprachliches Differenzierungsvermögen, Selbstsicherheit, Streßbelastbarkeit u.a.m. Deshalb sollten Sie nicht nur den Prüfungs„stoff" beherrschen, sondern sich vorher auch – durch Perspektivenwechsel – in die Person der Prüferin bzw. des Prüfers versetzen und sich Gedanken zu den „Essentials" der gewählten Themen sowie zu der Funktion der Ihnen bevorstehenden Prüfung machen:

- Welches sind die Fragen, die *Sie,* wenn Sie Prüfer(in) wären, zu „Ihren" Themenbereichen stellen würden?
- Was sind die Hauptfragen des Faches, was sind die üblichen, anerkannteren Erklärungsansätze (die „herrschende Lehre")?
- *Erst danach:* Welche Außenseiterpositionen gibt es dazu? Wie sind die üblichen paradigmatischen Ansätze vom Standpunkt der abweichenden Argumentation zu beurteilen? (Und umgekehrt)
- Welchen Nutzen kann man aus den einzelnen Theoremen für die Praxis ziehen und welche nicht?

Prüfungen sind auch Verwaltungsakte, d.h., die formalen Dinge sind in Prüfungsordnungen geregelt. Lesen Sie sich nicht nur zu Beginn Ihres Studiums, sondern auch ca. ein Jahr sowie ein Semester vor Ihrer Prüfung die für Sie geltende Studien- und Prüfungsordnung genau durch, und wenn Sie Fragen haben, suchen Sie sich kompetente Personen (Ihre Prüferin, Ihren Prüfer selbst, Sachbearbeiter in den Prüfungsbüros), die Ihnen wirklich korrekte und präzise Auskünfte geben können.

12.3 Die Meldung zur Prüfung und die Vorbereitungsphase

Nachdem Sie etliche Informationen und Scheine gesammelt sowie alle Voraussetzungen zur Prüfungsmeldung, wie sie aus der Studien- und Prüfungsordnung hervorgehen, erfüllt haben, melden Sie sich zur Prüfung an. Wenn Sie freie Prüferwahl haben, sollten Sie, nachdem Sie Erkundigungen eingezogen haben, sich für die Prüfer entscheiden, bei denen Sie schon Lehrveranstaltungen besucht haben, die Ihnen sympathisch sind und von denen Sie annehmen, daß Sie ihnen auch nicht unsympathisch sind. *Denn für die Notengebung ist Sympathie leider nicht unerheblich:* Diejenigen, die man mag, sieht man wesentlich unkritischer und bewertet sie besser. Natürlich muß mit der Prüferwahl auch die der Themen einhergehen, weil nicht jeder Prüfer jedes Lerngebiet prüfen darf oder will. Mit Ihren Themenvorstellungen, die sich nach Ihren Studienschwerpunkten und den von Ihnen besuchten Lehrveranstaltungen richten sollten, melden Sie sich zur Sprechstunde des dafür in Frage kommenden Prüfers an, um sich mit ihm über die vorzubereitenden Themen sowie die dazu heranzuziehende Literatur abzustimmen. Bei diesem Gespräch sollten Sie den Prüfer fragen, worauf er in Prüfungen besonderen Wert legt. Ist er einverstanden, die Prüfung zu übernehmen, wird er dieses durch seine Unterschrift quittieren. Die abgesprochenen Themen und die zugrundegelegte Literatur sollten Sie schriftlich festhalten und dem Prüfer als eine erste schriftliche Information zuschicken.

Durch die kurze Vorbereitungszeit bei den schriftlichen wie mündlichen Prüfungen ist es ratsam, schon vor der Meldung zur Prüfung auf die methodische Vorbereitung aller Studienunterlagen allergrößten Wert zu legen. Etliche Professorinnen und Professoren veranstalten für ihre Kandidaten ein *Prüfungskolloquium*, an dem Sie aktiv teilnehmen sollten. Darüber hinaus sollten Sie rechtzeitig mit dem verteilten Lernen beginnen, d.h. die vereinbarte Literatur (wiederzu-)beschaffen, vom Umfang her in kleinere Portionen aufzuteilen und das Wichtigste zuerst anzugehen. Besonders relevant ist es hierbei wiederum, rechtzeitig zu beginnen und Zeitpuffer für Unvorhergesehenes einzuplanen. Ebenso positiv wie die Teilnahme an einem Prüfungskolloquium ist die gemeinsame Vorbereitung mit anderen, die gleiche oder sehr ähnliche Themenstellungen gewählt haben (s. Zusammenarbeit mit anderen – Kapitel 4). In vielen Prüfungsordnungen ist auch die *Gruppenprüfung* möglich oder gar verbindlich, in der zwei oder mehr Studierende zugleich und zu den gleichen Themen geprüft werden. Allerdings verlängert sich die Prüfungszeit dadurch, was nicht nur eine längere Anspannung für alle Beteiligten bedeutet: Mancher Prüfungsstoff gibt zeitlich gar nicht soviel her, so daß zwangsläufig andere Themen geprüft werden. Weiß jemand nicht weiter, wird meist der nächste Kandidat befragt. Daraus kann unbeabsichtigt eine Konkurrenzsituation der Prüflinge entstehen, manchmal profiliert sich tatsächlich jemand auf Kosten der anderen.

Egal, ob Sie nun als Einzelkämpfer oder zu mehreren die Arena betreten, ein bißchen Lampenfieber gehört dazu und zeigt, daß der Körper auf Hochtouren läuft; vermeiden Sie jedoch durch eine rechtzeitige Vorbereitung Streß, der das Denken blockieren könnte. Wenn Sie sich gut vorbereitet haben, minimieren Sie nicht nur das Risiko, das in jeder Prüfung steckt. Eine durchdachte methodische Vorbereitung gibt Ihnen Sicherheit, steigert das Selbstwertgefühl und Sie haben außerdem ein gutes Gewissen, weil Sie alles getan haben, was Ihnen möglich war. Insofern haben Sie sich nichts vorzuwerfen, falls doch etwas „schief" laufen sollte. Und träumen Sie vor der Prüfung auch einmal davon, wie Sie sich nach den Strapazen belohnen werden.

12.4 Die mündliche Prüfung

Ihre inhaltlichen Vorbereitungen sollten mindestens drei Tage vor dem Prüfungstermin abgeschlossen sein. Dann sind nur noch Wiederholungen und Prüfungssimulationen angebracht, die letzten am frühen Abend vor der Prüfung. Danach sollten Sie sich noch etwas entspannen, damit Sie gut und ausreichend schlafen. Je nachdem, ob Sie Probleme mit dem Aufstehen haben, sollten Sie sichergehen, daß Sie rechtzeitig geweckt werden und nicht verschlafen. – „Was soll ich anziehen?", ist eine nicht nur von Studentinnnen häufig gestellte Frage. Ihre Kleidung sollte sauber, bequem und nicht zu auffällig sein. Bedenken Sie, daß der äußere Eindruck die Prüfer unbewußt beeinflußt (dazu gehören auch Frisur, Fingernägel, Körperhaltung u.a.). Inwieweit Prüfer auf Äußeres Wert legen und wie stark sie sich davon beeinflussen lassen, ist leider aus deren eigenem Äußeren nicht direkt ableitbar. Da Prüfungen und damit zu vergebende Berufschancen eine Errungenschaft des Bürgertums sind, orientieren Sie sich eher an dem bürgerlichen Ideal als am „Dernier cri" einer Subkultur.

Gefrühstückt haben sollten Sie nach Möglichkeit auch. Machen Sie sich dann so rechtzeitig auf den Weg, daß ein verpaßter Bus oder eine ausgefallene Straßenbahn Sie nicht aus der Ruhe bringt. Falls Sie keine genaue Ortskenntnis besitzen, wären Sie gut beraten, diesen Weg vorher einmal zur gleichen Zeit zurückzulegen und schon zu wissen, hinter welcher Tür die Prüfung stattfinden wird, wo eine Toilette ist etc. Gut ist, wenn Sie so rechtzeitig am Prüfungsort ankommen, daß Sie noch einige Zeit vor dem Gebäude auf- und abgehen und frische Luft schöpfen können.

Wenn Sie dann hereingerufen werden, treten Sie ein und begrüßen Sie (die Damen zuerst) mit leichtem Händedruck und freundlich lächelndem Blickkontakt die Prüfer und Beisitzer (nicht aber das Publikum). Versuchen Sie durch Ihre Körperhaltung und verbindliche Umgangsformen einen sympathischen Eindruck zu erwecken. Ansonsten konzentrieren Sie sich auf die Fragen des jeweiligen Prüfers, der nach einer gewissen Anlaufphase, in der das Thema und seine Aspekte noch einmal umrissen werden, Ihnen meistens erst einmal Gelegenheit geben wird, Ihr Lampenfieber zu überwinden, indem er leichte Fragen stellt. Wenn Sie eine Fragestellung nicht verstanden haben, sollten Sie um die Wiederholung der Frage bitten. (Manche tun dies auch, weil sie noch keine Antwort wissen, um Zeit zu gewinnen. Das kann man einmal machen, aber nicht bei jeder Frage.) Wichtig ist, daß Sie sich eine Uhr so bereit legen, daß Sie die Zeit im Auge behalten. Manche Kandidaten verschießen in ihrer Aufgeregtheit ihr Pulver zu schnell, andere verzögern die Situation aus Angst vor unangenehmen Fragen. Nutzen Sie die Ihnen zur Verfügung stehende Zeit, um Ihr Wissen und Können nachzuweisen! Wenn Sie dieses mit Freude und Engagement tun, werden Sie überzeugen. Viel Erfolg!

Zusammenfassung

Eine mündliche Prüfung will strategisch gut vorbereitet sein. Wenn Sie freie Prüferwahl haben, sollten Sie sich nach Ihren Interessen und Studiengebieten entsprechende Prüfer suchen, bei denen Sie schon Lehrveranstaltungen besucht haben, die Ihnen nicht unsympathisch sind und denen Sie es offenbar auch nicht sind. Da Sie Ihre Unterlagen auf mögliche Themenkreise immer wieder bearbeitet haben, kennen Sie sich inhaltlich schon so gut aus, daß Sie dem Prüfer Vorschläge unterbreiten können, die er vielleicht noch – auch hinsichtlich neuerer Literatur – eingrenzt oder ausweitet. Sofort nach diesem Gespräch müssen Sie sich einen Überblick über den Arbeitsaufwand verschaffen, sich die ausstehenden Schriften besorgen und rechtzeitig und systematisch mit Ihren Vorbereitungen beginnen. Tägliches, verteiltes sowie streßfreies Lernen ist eine wesentliche Voraussetzung dafür, daß Sie dieses Pensum schaffen und Zeit für Wiederholungen und Prüfungssimulationen haben. Schön wäre es, wenn Sie sich thematisch gemeinsam mit anderen auf die Prüfungen vorbereiten könnten.

🕮 Wer sich noch weiter mit dem Thema „Prüfungsvorbereitung und mündliche Prüfung“ beschäftigen möchte, lese das Buch von ADL-AMINI (vgl. 1992). Zur „Prüfung allgemein“ und zum Umgang mit Prüfungsangst und Nervosität habe ich eine Menge gelernt aus der Lektüre des Buches „Prüfungsgespräche erfolgreich führen“ (GOURMELON/MAYER/MAYER 1992).

Literaturverzeichnis

ADL-AMINI, Bijan (1992): So bestehe ich meine Prüfung. Lerntechniken, Arbeitsorganisation und Prüfungsvorbereitung. – 4., erw. Aufl. – Weinheim: Beltz.

ANDERSON, John R. (1988): Kognitive Psychologie. Eine Einführung. – Heidelberg: Spektrum der Wissenschaft-Verlagsgesellschaft.

BADRY, Elisabeth (1993): Bericht, Protokoll und Thesenpapier. In: Badry, Elisabeth/Knapp, Rudolf/Stockinger, Hans Gerhard: Arbeitshilfen für Studium und Praxis der Sozialarbeit und Sozialpädagogik. – 2. überarb. Aufl. – Neuwied: Luchterhand, S. 45-64.

BADRY, Elisabeth/KNAPP, Rudolf/STOCKINGER, Hans Gerhard (1993): Arbeitshilfen für Studium und Praxis der Sozialarbeit und Sozialpädagogik. – 2. überarb. Aufl. – Neuwied: Luchterhand.

BECKER, Howard S. (1994): Die Kunst des professionellen Schreibens. Ein Leitfaden für die Geistes- und Sozialwissenschaften. – Frankfurt/M.: Campus (Campus: Studium; 1085).

BERGER, Peter L./LUCKMANN, Thomas (1992): Die gesellschaftliche Konstruktion der Wirklichkeit. Eine Theorie der Wissenssoziologie. – Neuausg. – Frankfurt/M.: Fischer (Fischer TB; 6623).

BOLLNOW, Otto F. (1988): Die Ehrfurcht vor dem Leben als ethisches Grundprinzip. In: Bollnow, Otto F.: Zwischen Philosophie und Pädagogik, Aachen: Weitz 1988, S. 92-114.

BROMME, Rainer/BAMBOW, Riklef (1993): Verbesserung der mündlichen Präsentation von Referaten. In: *Das Hochschulwesen,* 41. Jg., H. 6, S. 289-295.

BUDDRUS, Volker/STURZENHECKER, Benedikt (1987a): Papiertiger Uni. Hintergründe für den Studieneinstieg in sozialen Wissenschaften. – Baltmannsweiler: Schneider-Verl. Hohengehren.

BUDDRUS, Volker/STURZENHECKER, Benedikt (1987b): Den Tiger Uni reiten. Ideen für Fortgeschrittene, die trotz alledem weiterstudieren wollen. – Baltmannsweiler: Schneider-Verl. Hohengehren.

BÜNTING, Karl-Dieter/BITTERLICH, Axel/POSPIEL, Ulrike (1996): Schreiben im Studium. Ein Trainingsprogramm. – Berlin: Cornelsen Scriptor.

BUZAN, Tony (1991): Kopftraining: Anleitung zum kreativen Denken. Tests und Übungen. – 9. Aufl. – München: Goldmann (Goldmann TB; 10926).

BUZAN, Tony (1994): Nichts vergessen! Kopftraining für ein Supergedächtnis. – 5. völlig überarb., aktualis. u. erw. Aufl. – München: Goldmann (Goldmann TB; 10385).

DAHMER, Hella/DAHMER, Jürgen (1991): Effektives Lernen. Anleitung zum Selbststudium, Gruppenarbeit und Examensarbeit. – 3., durchges. Aufl. –

Stuttgart; New York: Schattauer (UTB für Wissenschaft: Uni-Taschenbücher; 635).

DIEKMANN, Andreas (1995): Empirische Sozialforschung. Grundlagen, Methoden, Anwendungen. – Reinbek: Rowohlt (rowohlts enzyklopädie; 551).

DITROCCHIO, Federico (1995): Der große Schwindel. Betrug und Fälschung in der Wissenschaft. – 2. Aufl. – Frankfurt/M.: Campus.

DÖRING, Klaus W. (1995): Lehren in der Weiterbildung. – 5. Aufl. – Weinheim: Deutscher Studien Verl.

Duden Fremdwörterbuch (1990). – bearb. vom Wiss. Rat d. Dudenred. unter Mitw. von Maria Dose ... und zahlr. Fachwissenschaftlern. – 5., neu bearb. u. erw. Aufl. – Mannheim: Dudenverl.

ECO, Umberto (1993): Wie man eine wissenschaftliche Abschlußarbeit schreibt. – 6. durchges. Aufl. – Heidelberg: C. F. Müller (UTB für Wissenschaft: Uni-Taschenbücher; 1512).

FESTINGER, Leon (1978): Theorie der kognitiven Dissonanz [1957]. – Bern: Huber.

FISCHER, Ernst Peter (1985): Die Welt im Kopf. – Konstanz: Faude.

FLICK, Uwe (1995): Qualitative Forschung. Theorie, Methoden, Anwendung in Psychologie und Sozialwissenschaften. – Reinbek: Rowohlt (rowohlts enzyklopädie; 546).

FLITNER, Andreas (1992): Reform der Erziehung. Impulse des 20. Jahrhunderts. Jenaer Vorlesungen. Mit einem Beitrag von Doris Knab. – München: Piper (Serie Piper; 1546).

FORGAS, Joseph P. (1987): Sozialpsychologie. Eine Einführung in die Psychologie der sozialen Interaktionen. – München: Psychologie Verl. Union.

GAEHTGENS, Felix/MÜLLER, Patrick (1995): Wege zur Integration. Internet & Hostanbindungen. In: *Cogito*, H. 6, S. 4-10.

GALLIO, Claudio (Hrsg.) (1995): Freie Laufbahn. Berufe für Geisteswissenschaftler. – Mannheim: Bollmann.

GOURMELON, Andreas/MAYER, Michael/MAYER, Thomas (1992): Prüfungsgespräche erfolgreich führen. – Stuttgart: TRIAS.

GRUND, Uwe/HEINEN, Armin (1995): Wie benutze ich eine Bibliothek? Basiswissen, Strategien, Hilfsmittel. – München: Fink (UTB für Wissenschaft: Uni-Taschenbücher; 1834).

HACKER, Rupert (1992): Bibliothekarisches Grundwissen. – 6., völlig neubearb. Aufl. – München: Saur.

HALLER, Hans-Dieter (1992): ... an die Tür des Geistes klopfen. Lernen und Problemlösen. In: *ManagerSeminare*, Nr. 7, S. 42-48.

HEIDTMANN, Frank (1978): Wie finde ich pädagogische Literatur? – 2., erw. Aufl. – Berlin: Berlin Verl. (Orientierungshilfen; 2).

HELDMANN, Werner (Hrsg.) (1998): Studieren heute. Erwartungen der einzelnen Studienfächer an ihre Studienanfänger. – Bad Honnef: Bock.

HENNIGER, Wolfgang (Hrsg.) (1993): Uni-Start. Das Orientierungsbuch für Studienanfänger. – 5., völlig überarb. u. aktualis. Aufl. – Frankfurt/M.: Cornelsen Scriptor.

HENNINGSEN, Jürgen (1984): Peter stört. In: Flitner, Andreas/Scheuerl, Hans (Hrsg.): Einführung in pädagogisches Sehen und Denken. Texte. – Überarb. Neuausg. – München: Piper, S. 46-66 (Serie Piper; 322).

HOLLMANN, Detlef/FRANK, Andrea/RUHMANN, Gabriele (1995): Wenn die Worte fehlen ... In: Handbuch Hochschullehre. – Loseblatt-Samml. – Bonn: Raabe 1994ff., A 3.5 (Juni 1995), S. 1-16.

HÜHOLDT, Jürgen (1995): Wunderland des Lernens. Lernbiologie, Lernmethodik, Lerntechnik. – 10. neubearb. Aufl. – Bochum: Verl. f. Didaktik.

HÜLSHOFF, Friedhelm/KALDEWEY, Rüdiger (1984): Mit Erfolg studieren. Studienorganisation und Arbeitstechniken. – 2., aktual. Aufl. – München: Beck.

JUNNE, Gerd (1993): Kritisches Studium der Sozialwissenschaften. Eine Einführung in die Arbeitstechniken. – 3., überarb. Aufl. – Stuttgart: Kohlhammer (Urban-TB; 224).

KAZEMZADEH, Foad/SCHAEPER, Hildegard (1984): Wer findet sich im Studium zurecht? Ergebnisse einer Untersuchung von Studenten in der Eingangsphase des Studiums. – Hannover: HIS GmbH (HIS-Hochschulplanung; 52).

KAZEMZADEH, Foad [u.a.] (1987): Studierfähigkeit. Eine Untersuchung des Übergangs vom Gymnasium zur Universität. – Hannover: Hochschulinformationssystem GmbH (HIS-Hochschulplanung; 63).

KEBECK, Günther (1994): Wahrnehmung. Theorien, Methoden und Forschungsergebnisse der Wahrnehmungspsychologie. – Weinheim: Juventa.

KLIX, Friedhart (1993): Erwachendes Denken. Geistige Leistungen aus evolutionspsychologischer Sicht. Heidelberg; Berlin; Oxford: Spektrum, Akadem. Verl.

KNAPP, Rudolf (1993): Mündliche und schriftliche Prüfungen. In: Badry, Elisabeth/Knapp, Rudolf/Stockinger, Hans Gerhard: Arbeitshilfen für Studium und Praxis der Sozialarbeit und Sozialpädagogik. – 2. überarb. Aufl. – Neuwied; Luchterhand, S. 137-146.

KOTRE, John (1996): Weiße Handschuhe. Wie das Gedächtnis Lebensgeschichten schreibt. – München: Hanser.

KRÄMER, Walter (1992): Statistik verstehen. Eine Gebrauchsanweisung. – Frankfurt/M: Campus (Reihe Campus; 1062).

KRÄMER, Walter (1994): So überzeugt man mit Statistik. – Frankfurt/M: Campus (Reihe Campus; 1084).

KRÄMER, Walter (1995a): Wie schreibe ich eine Seminar-, Examens- und Diplomarbeit. – 4. erw. u. aktualis. Aufl. – Stuttgart: G. Fischer (UTB für Wissenschaft: Uni-Taschenbücher; 1633).

KRÄMER, Walter (1995b): So lügt man mit Statistik. – 6., überarb. u. erw. Aufl. – Frankfurt/M.: Campus (Reihe Campus; 1036).

KRETZENBACHER, Heinz L. (1990): Rekapitulation. Textstrategien der Zusammenfassung von wissenschaftlichen Fachtexten. – Tübingen: Narr.

KRUSE, Otto (1995): Keine Angst vor dem leeren Blatt. Ohne Schreibblockaden durchs Studium. – 4. erw. Aufl. – Frankfurt/M.: Campus (Campus: Studium; Bd. 1074).

KRUSE, Otto (Hrsg.) (1998): Handbuch Studieren. Von der Einschreibung bis zum Examen. – Frankfurt/M.: Campus (campus concret; 32).

KUNZ, Armin (1986): Der Weg zum erfolgreichen Studium. Studenten lernen studieren – Organisation und Methoden geistiger Arbeit. – Heidelberg: Decker's Verl. Schenck.

LANGER, Inghard/SCHULZ V. THUN, Friedemann/TAUSCH, Reinhard (1990): Sich verständlich ausdrücken. – 4. neugestaltete Aufl. – München: Reinhardt.

LEHRL, Siegfried [u.a.] (1992): Gehirn-Jogging. Geist und Gedächtnis erfolgreich trainieren. – 6. neubearb. Aufl. – Wehrheim: MEDITEG.

LEITNER, Sebastian (1995): So lernt man lernen. Angewandte Lernpsychologie – ein Weg zum Erfolg. – 20. Aufl. – Augsburg: Weltbild.

LENZEN, Dieter (Hrsg.) (1997): Erziehungswissenschaft. Ein Grundkurs. – 3. Aufl. – Reinbek: Rowohlt (rowohlts enzyklopädie; 531).

LENZEN, Dieter/ROST, Friedrich (1998): Die neuere Fachsprache der Erziehungswissenschaft seit dem Ende des 18. Jahrhunderts. In: Wiegand, Herbert Ernst/Hoffmann, Lothar (Hrsg.): Fachsprachen – Language for Special Purposes – 1. Halbbd. – Berlin: de Gruyter (Handbücher zur Sprach- und Kommunikationswissenschaft; 14.1), S. 1313-1321.

LENZEN, Dieter (1999): Orientierung Erziehungswissenschaft. Was sie kann, was sie will. – Reinbek: Rowohlt (rowohlts enzyklopädie; 55605).

LOHSE, Heinz (1997): Bewertung von Diplomarbeiten. In: Engel, Stefan/Weitzik, Andreas (Hrsg.): Die Diplomarbeit. – Stuttgart: Schäffer-Poeschel, S. 249-261.

MATURANA, Humberto R./VARELA, Francisco J. (1991): Der Baum der Erkenntnis. Die biologischen Wurzeln des menschlichen Erkennens. – 2. Aufl. – München: Goldmann (Goldmann TB; 11460).

MEDAWAR, Peter B. (1984): Ratschläge für einen jungen Wissenschaftler. – München: Piper.

MENNE, Albert (1991): Einführung in die formale Logik. – 2. Aufl. – Darmstadt: Wissenschaftliche Buchgesell.

METZIG, Werner/SCHUSTER, Martin (1993): Lernen zu lernen. Lernstrategien wirkungsvoll einsetzen. – 2. überarb. u. erg. Aufl. – Berlin: Springer.

MOCKER, Ute/MOCKER, Helmut/WERNER, Matthias (1993): PC-Einsatz in den Geisteswissenschaften. EDV-Anwendungen für das Studium sinnvoll nutzen. – München: Beck/dtv (Beck-dtv TB; 50155).

MOSER, Thomas/MICKLER, Werner (1994): Der Teufel steckt oft im Detail: Arbeitsorganisation. In: Nitsch, Jürgen [u.a.]: Der rote Faden. Eine Einführung in die Technik wissenschaftlichen Arbeitens. – Köln: bps-Verl., S. 119-132.

NITSCH, Jürgen [u.a.] (1994): Der rote Faden. Eine Einführung in die Technik wissenschaftlichen Arbeitens. – Köln: bps-Verl. (Betrifft: Psychologie & Sport: Sonderband; 22).

NORM DIN 1505 (1984/1995): Titelangaben von Dokumenten. Teil 1: Titelaufnahme von Schrifttum (Vornorm Mai 1984); Teil 2: Zitierregeln (Norm

Januar 1984); Teil 3: Verzeichnisse zitierter Dokumente, Literaturverzeichnisse (Norm Dezember 1995); Teil 4: Titelaufnahmen von audiovisuellen Materialien (Entwurf Februar 1995). – Berlin: Beuth.

POENICKE, Klaus (1988): Wie verfaßt man wissenschaftliche Arbeiten? Ein Leitfaden vom 1. Studiensemester bis zur Promotion. – 2. neu bearb. Aufl. – Mannheim; Wien; Zürich: Dudenverl. (Duden-Taschenbücher; 21).

POPPER, Karl R. (1995): Lesebuch. Ausgewählte Texte zu Erkenntnistheorie, Philosophie der Naturwissenschaften, Metaphysik, Sozialphilosophie. – Hrsg. v. David Miller. – Tübingen: Mohr (UTB für Wissenschaft: Uni-Taschenbücher; 2000).

PRAUSE, Gerhard/RANDOW, Thomas v. (1985): Der Teufel in der Wissenschaft. Wehe, wenn Gelehrte irren: Vom Hexenwahn bis zum Waldsterben. – Hamburg: Rasch und Röhring.

ROBERTS, Karlene H./ROST, Detlef H. (1974): Analyse und Bewertung empirischer Untersuchungen. – 2. überarb. u. erw. Fassung – Weinheim: Beltz.

ROST, Friedrich (1994): Pädagogische Bibliographien, Thesauri und Register. In: Horn, Klaus-Peter/Wigger, Lothar (Hrsg.): Systematiken und Klassifikationen in der Erziehungswissenschaft. – Weinheim: Deutscher Studien Verl., S. 191-214 (Beiträge zur Theorie und Geschichte der Erziehungswissenschaft; 15).

ROTH, Gerhard (1997): Das Gehirn und seine Wirklichkeit. Kognitive Neurobiologie und ihre philosophischen Konsequenzen. – Frankfurt/M.: Suhrkamp (suhrkamp taschenbuch wissenschaft; 1275).

RÜCKRIEM, Georg/STARY, Joachim/FRANCK, Norbert (1995): Die Technik wissenschaftlichen Arbeitens. – 9. Aufl. – Paderborn: Schöningh (UTB für Wissenschaft: Uni-Taschenbücher; 724).

SADER, Manfred/WEBER, Hannelore (1996): Psychologie der Persönlichkeit. – Neubearb. – Weinheim: Juventa.

SCHNEIDER, Wolf (1987): Deutsch für Profis. Wege zu gutem Stil – 4. Aufl. – München: Goldmann (Goldmann STERN-Bücher; 11536).

SCHNEIDER, Wolf (1994): Deutsch fürs Leben. Was die Schule zu lehren vergaß. Reinbek: Rowohlt (Rowohlt TB Sachbuch; 9695).

SCHNEIDER, Wolf (1996): Deutsch für Kenner. Die neue Stilkunde. – München: Piper 1996 (Serie Piper; 2216).

SCHRÄDER-NAEF, Regula (1993a): Keine Zeit? Zeit-Erleben und Zeit-Planung. – Weinheim: Beltz Quadriga.

SCHÄDER-NAEF, Regula (1993b): Informationsflut. Gezielt suchen, kritisch bewerten, rationell speichern. – 3. überarb. u. erg. Aufl. – Weinheim: Beltz Quadriga.

SCHRÄDER-NAEF, Regula (1994): Rationeller Lernen lernen. Ratschläge und Übungen für alle Wißbegierigen. – 18. Aufl. – Weinheim; Basel: Beltz (Beltz Weiterbildung).

SCHREIBER, Klaus (1990): Ausgewählte Bibliographien und andere Nachschlagewerke 1974 – 1989. Generalregister zur gleichnamigen Rubrik in der Zeitschrift für Bibliothekswesen und Bibliographie. – Frankfurt/M.: Klostermann.

SEIDENSPINNER, Gundolf (1994): Wissenschaftliches Arbeiten. – 9. Aufl. Neuausg. – München: mvg-Verl.

SEIFFERT, Helmut (1991a): Einführung in die Wissenschaftstheorie. Erster Band: Sprachanalyse – Deduktion – Induktion in Natur- und Sozialwissenschaften. – 11. Aufl. – München: Beck (Beck'sche Reihe; 60).

SEIFFERT, Helmut (1991b): Einführung in die Wissenschaftstheorie. Zweiter Band: Geisteswissenschaftliche Methoden: Phänomenologie – Hermeneutik und historische Methode – Dialektik. – 9. Aufl. – München: Beck (Beck'sche Reihe; 61).

SEIFFERT, Helmut (1992): Einführung in die Wissenschaftstheorie. Dritter Band: Handlungstheorie – Modallogik – Ethik – Systemtheorie. – 2., überarb. Aufl. – München: Beck (Beck'sche Reihe; 270).

SEIFFERT, Helmut (1997): Einführung in die Wissenschaftstheorie. Vierter Band: Wörterbuch der wissenschaftstheoretischen Terminologie. – München: Beck 1997 (Beck'sche Reihe; 1200).

SESINK, Werner (1994): Einführung in das wissenschaftliche Arbeiten ohne und mit PC. – 2. völlig überarb. u. aktualis. Aufl. – München: Oldenbourg.

STANDOP, Ewald (1994): Die Form der wissenschaftlichen Arbeit. – 14. Aufl. vollst. neu bearb. u. erw. von Matthias L. G. Meyer. – Heidelberg: Quelle & Meyer (UTB für Wissenschaft: Uni-Taschenbücher; 272).

STARY, Joachim/KRETSCHMER, Horst (1994): Umgang mit wissenschaftlicher Literatur. Eine Arbeitshilfe für das sozial- und geisteswissenschaftliche Studium. – Frankfurt/M.: Cornelsen Scriptor.

STATISTISCHES BUNDESAMT (Hrsg.) (1997): Datenreport 1997. Zahlen und Fakten über die Bundesrepublik Deutschland. – München: Bonn aktuell.

STOBER, Dieter (1990): Quo vadis magister? – Weinheim: Deutscher Studien Verl.

STRÖKER, Elisabeth (1994): Probleme der Bestimmung und Abgrenzung von Wissenschaft. In: *Ethik und Sozialwissenschaften,* 5. Jg., S. 423-432.

TEPPERWEIN, Kurt (1992): Die ›Kunst‹ mühelosen Lernens. Neue Lernmethoden machen es Ihnen leicht. – 3. Aufl. – München: Goldmann (Goldmann TB; 10459).

THEISEN, Manuel René (1993): Wissenschaftliches Arbeiten. – 7., überarb. u. aktualis. Aufl. – München: Vahlen (WiSt-Taschenbücher).

THEISEN, Manuel René (o.J.): ABC des wissenschaftlichen Arbeitens. – 2. Aufl. – München: Beck/dtv (Beck-dtv; TB 5631) [1995].

THIEME, Kurt H. (1995): Das ABC des Selbstmanagements. Von Anti-Streß-Techniken bis Zeitplanung. – Wiesbaden: Gabler.

VESTER, Frederic (1980): Neuland des Denkens. Vom technokratischen zum kybernetischen Zeitalter. – Stuttgart: Deutsche Verlags-Anstalt.

VESTER, Frederic (1996): Denken, Lernen, Vergessen. Was geht in unserem Kopf vor, wie lernt das Gehirn, und wann läßt es uns im Stich? – 23., neu überarb. Aufl. – München: dtv (dtv-TB; 30003).

VIEBAHN, Peter (1990): Psychologie des studentischen Lernens. Ein Entwurf der Hochschulpsychologie. – Weinheim: Deutscher Studien Verlag (Blickpunkt Hochschuldidaktik; 88).
WAGNER, Wolf (1992): Uni-Angst und Uni-Bluff. Wie studieren und sich nicht verlieren. – Vollst. überarb. Neuausg. – Berlin: Rotbuch.
WEIDENMANN, Bernd (1998): Lernen – Lerntheorie. In: Lenzen, Dieter (Hrsg.): Pädagogische Grundbegriffe. – Bd. 2, 5. Aufl. – Reinbek: Rowohlt, S. 996-1010 (rowohlts enzyklopädie; 488).
WEISBERG, Robert W. (1989): Kreativität und Begabung. – Heidelberg: Spektrum der Wissenschaft.
WERDER, Lutz von (1993): Lehrbuch des wissenschaftlichen Schreibens. – Berlin; Schibri-Verl.
WERDER, Lutz von (1994): Wissenschaftliche Texte kreativ lesen. – Berlin; Schibri-Verl.
WERDER, Lutz von (1995): Grundkurs des wissenschaftlichen Schreibens. – Berlin; Schibri-Verl. (Innovative Hochschuldidaktik; 10).
WESTMEYER, Hans (1994): Gibt es einen Grundkonsens bei der Bestimmung von Wissenschaft? In: *Ethik und Sozialwissenschaften*, 5. Jg., S. 475-477.
ZIELKE, Wolfgang (1988): Handbuch der Lern-, Denk- und Arbeitstechniken. So rationalisieren Sie Ihre geistige Arbeit. – München: mvg.-Verl. (mvg-Paperback; 368).
ZIELKE, Wolfgang (1991): Schneller lesen – intensiver lesen – besser behalten. – 4. Aufl. – München: mvg-Verl. (mvg-Paperback; 292).
ZIMBARDO, Philip G. (1995): Psychologie. – 6. neu bearb. u. erw. Aufl. – Berlin: Springer.

Anhang

Datenbank-Recherche auf einer CD-ROM

Beispiel anhand der CD-ROM „CD Bildung“ (DOS-Version)
Bibliographische Daten zur Erziehungswissenschaft und zu pädagogischen Praxisfeldern (6. Ausgabe: März 1999)

Inhalt

Die CD-ROM-Datenbank „CD Bildung“ umfaßt bibliographische Daten des Zeitraums 1980 bis Mitte 1998 = über 400.000 Literaturnachweise (– allerdings mit etlichen Dubletten –) zu sämtlichen Bereichen des Bildungswesens. Die Daten wurden von 39 Informations- und Dokumentationsstellen zur Verfügung gestellt und teilweise bearbeitet. Es sind vor allem deutschsprachige Aufsätze und Monographien berücksichtigt worden (Anteil fremdsprachiger Veröffentlichungen ca. 18 %). 30 % der Referenzen sind mit einem Abstract versehen.

Folgende Gegenstandsbereiche des Bildungswesens sind vertreten:

- Bildung und Erziehung, Erziehungswissenschaft und Bildungsforschung
- Bildungswesen: Struktur, Organisation, Politik, Verwaltung
- Frühkindliche und vorschulische Erziehung
- Jugend-, Familien- und Medienpädagogik
- Elementarbereich
- Schulwesen, Schulpädagogik
- Berufliche Bildung und Ausbildung
- Lehrerbildung, Lehrerberuf
- Hochschule
- Fernstudium, Fernunterricht
- Erwachsenenbildung, Weiterbildung
- Sonderpädagogik, Behinderung, Rehabilitation
- Sozialpädagogik, Jugendhilfe, Sozialarbeit

Start der CD-ROM

Aufgerufen wird die CD mit dem Befehl **<fis>** und dem Betätigen der **RETURN-Taste.** Es erscheint der Eröffnungsbildschirm, von dem man durch Drücken einer beliebigen Taste in den Suchbildschirm wechselt.

Suchbildschirm : Suchformat – detailliert

F1: Hilfe F2: Liste F3: Anzeige F4: Suche F9: Parameter F10: Ende	
1.1	Suchformat - detailliert
Schlagwörter	Hier steht der Suchbalken zu Beginn. Er läßt sich mit der Cursortaste ↓ nach unten und dann mit der Cursortaste ↑ nach oben bewegen
Freitext	
Jahr	
Autor	
Herausgeber	
Institution	
Titel	
Quelle	
Zeitschrift	
Reihe	
Sprache	
Dokumenttyp	
Abstract	
Standort	
Erfaßt von	
Verknüpfung:	Gesamt:

bzw.

Suchbildschirm: Suchformat – vereinfacht

F1: Hilfe F2: Liste F3: Anzeige F4: Suche F9: Parameter F10: Ende	
1.1	Suchformat-vereinfacht
Schlagwörter	Hier steht der Suchbalken zu Beginn. Er läßt sich mit der Cursortaste ↓ nach unten und dann mit der Cursortaste ↑ nach oben bewegen
Freitext	
Personen/ Institutionen	
Jahr	
Sprache	
Dokumenttyp	
Standort	
Erfaßt von	
Verknüpfung:	Gesamt:

Funktionstasten

ESC	**jeweils 1 Funktionsschritt zurück**
F1	**Hilfefunktion**. Ist man in Suchformaten, erscheinen Hilfetexte jeweils zu dem Feld, in dem der Suchbalken aktuell steht. Ansonsten werden allgemeine Hilfetexte des Software-Herstellers eingeblendet. Zurück kommt man mit ESC
F2	**Listenanzeige** der Indizes, nach denen gesucht werden kann. Es wird jeweils die Liste zu dem Feld angezeigt, in dem der Cursor/Suchbalken steht. Bei manchen Suchfeldern kann man zwischen Wortindex = „Wörter" und ganzen Zeilen = „Felder" wählen. (Zur Suche über den Index s. weiter unten.)
F3	**Anzeige** der gefundenen Literaturhinweise (erst nach der Suche aktiviert)
F4	**Suche.** Menü zum Sichern, Laden und Löschen von Suchanfragen. Die eigentliche Suche wird mit der RETURN-Taste gestartet.
F9	**Parameter.** Mit ihr können Einstellungen wie Sucheinstellungen (z.B. Suchformat – detailliert, Suchformat-vereinfacht, genaue Suche, erweiterte Suche), Arbeitssprache, Bildschirmfarbe etc. verändert werden.
F10	**Programmende.** Mit F10 wird das Programm verlassen.
Alt-C	Gesamte aktuelle **Suchanfrage löschen**
Alt-H	Aufruf Menü **„Sucheinstellungen"**, **Änderungen** mit der **Cursortaste →**
Strg-Leertaste	**Auswahl/Markierung** (Erfolgte Markierung ist an einem Häkchen am Dokument zu erkennen)
Entf	**Löschen der Auswahl/Markierung** (Häkchen rechts oben verschwindet)

Trunkierungszeichen für eine maskierte Suche

?	für *ein* beliebiges Zeichen an der Stelle, wo Sie das Fragezeichen in das Suchwort einbauen
*	für eine beliebige Zeichenfolge vor bzw. ab der Stelle, wo Sie das Sternchen in das Suchwort eingegeben haben

+ bzw. **und** bzw. **and**	Beide, mit „und“, „and“ oder dem + verbundenen Begriffe sollen im gleichen Dokument enthalten sein (Schnittmenge)
, bzw. **oder** bzw. **or**	Entweder der eine *oder* der andere Begriff sollen im Dokument vorhanden sein
# bzw. **nicht** bzw. **not**	der darauf folgende Begriff soll nicht im Dokument enthalten sein
alle bzw. **all**	sucht alle Dokumente, die in diesem Feld mindestens *einen* Eintrag haben
keine bzw. **none**	sucht alle Dokumente, die in diesem Feld *keinen* Eintrag haben

Klammersetzung verändert das Suchergebnis!

„Unterricht und Erziehung oder Bildung“ sucht alle Dokumente, die

- Unterricht und Erziehung
- Unterricht, Erziehung und Bildung
- nur Bildung enthalten.

Unterricht und (Erziehung oder Bildung) sucht dagegen alle Dokumente, die

- Unterricht *und* Erziehung, sowie die, die
- Unterricht *und* Bildung enthalten.

Bereichsoperatoren

<	wenn Sie in numerischen Feldern einen kleineren Wert als den einzugebenden suchen, (z. B. Literatur *vor* 1985 = Eintrag „<1985“ in Suchfeld Jahr)
>	wenn Sie in numerischen Feldern einen größeren Wert als den einzugebenden suchen, (z. B. Literatur *nach* 1985 = Eintrag „>1985“ ins Suchfeld Jahr)
<=	Wert kleiner oder gleich
>=	Wert größer oder gleich
.. bzw. **bis** bzw. **to**	Von-bis-Suche in den Indexlisten des Feldes, in dem der Suchbalken steht

Zu den Sucheinstellungen allgemein

Nach dem Start sollte man schauen, ob das **Suchformat detailliert** eingestellt ist. Falls dieses der Fall ist, **F9 drücken,** dann **„Sucheinstellungen"** auswählen oder mit **Alt-H** und dann der **Cursortaste →** auf **vereinfacht** umstellen. **Auch die anderen Parameter beachten** (z. B. Suche „genau" = Es werden nur Dokumente gesucht, die den Suchbegriff auch tatsächlich beinhalten bzw. „erweitert" = Es werden auch Dokumente mit synonymen Benennungen mitgesucht)!

Suche über Indexlisten

Suchwörter können über **F2 Listen** in das Recherchemenü übernommen werden. (Vorteil: Die Recherche ergibt auf jeden Fall ein Ergebnis, die Trefferzahl ist schon aus der Liste ersichtlich.) **Bewegung in den Listen** entweder mit den **Cursortasten ↓ bzw. ↑** oder indem Sie einfach in die aufgeklappte Liste die gesuchte Buchstabenfolge eintippen. Ist das gewünschte Wort vorhanden und erreicht, können Sie mit dem Tippen aufhören und das Wort mit der RETURN-Taste in die Suchmaske übernehmen. Wollen Sie mehrere Wörter aus der aufgeklappten Liste übernehmen, müssen Sie die Wörter **erst** (mit **Strg-Leertaste) auswählen** (sichtbar an einem kleinen ✓ vor den ausgewählten Wörtern) und **dann mit der RETURN-Taste** in das Recherchemenü übernehmen. Hier sind dann noch Nachbearbeitungen möglich, z. B. das Ersetzen von ODER durch UND oder das Einsetzen von Klammerungen, Trunkierungen etc.

Verknüpfung der Suchfelder untereinander

Standardmäßig sind die Suchfelder untereinander durch das logische UND verknüpft. Änderung der Verknüpfung sind im Menü **F4** möglich oder durch **<Alt-V>**, und dann der Leertaste vor dem Feld, dessen Verknüpfung geändert werden soll.

Suchstrategie speichern und gespeicherte laden

Mit **F4** wird das Untermenü aktiviert, mit dem Suchanfragen gespeichert und gespeicherte geladen werden können.

Suchfragen löschen

- Suchfeld löschen: **<ESC-Taste>**
- gesamte Suche löschen: **<Alt-C>**

Suche starten

Nach der Eingabe von Suchwörtern oder Zeichenfolgen **RETURN-Taste drücken.**

Die Trefferzahlen werden pro Feld, in das Sie etwas eingetragen haben, rechts außen angezeigt, das Gesamtergebnis ist rechts unten ersichtlich.

Beispielrecherche

Pädagogische/erziehungswissenschaftliche Wörterbücher/Lexika ab 1985 in Deutsch

F1: Hilfe F2: Liste F3: Anzeige F4: Suche F9: Parameter F10: Ende

1.1		Suchformat-vereinfacht
Schlagwörter	(Lexikon oder Wörterbuch) und (Pädagogik oder Erziehungswissenschaft)	111
Freitext (= Schlagwörter, Titel, Abstract)		
Personen/ Institutionen		
Jahr	>= 1985	316.182
Sprache	Deutsch	327.906
Dokumenttyp		
Standort		
Erfaßt von		

Verknüpfung: Gesamt: 49

Gefundene Dokumente anzeigen

Mit **F3** werden Dokumente in einer **Kurzform** angezeigt. Mit der **Leertaste** kann man zwischen zwei Kurzformaten wechseln.

Wechsel von Kurz- auf Langanzeige der Dokumente und umgekehrt

mit **RETURN-Taste** oder mit **F2.** (Mit der **Leertaste** kann man zwischen drei verschiedenen Langanzeigen wechseln.)

Auszug aus der Liste zu obiger Beispielrecherche (Die gesuchten Wörter sind unterstrichen):

Dokument	25
Herausgeber:	Lenzen, Dieter (Hrsg.); Rost, Friedrich (Mitarb.)
Titel:	Paedagogische Grundbegriffe. 1. Aggression bis Interdisziplinaritaet.
Quelle:	Reinbek: Rowohlt Taschenbuch-Verl. (1989) 798 S.
Reihe:	Rowohlts Enzyklopaedie. 487
Sprache:	deutsch
Dokumenttyp:	Handbuch/Nachschlagewerk
ISBN/ISSN:	3-499-55487-9
Standort:	DIPF
Schlagwörter:	Paedagogik; Woerterbuch; Terminologie

Dokument	26
Herausgeber:	Lenzen, Dieter (Hrsg.); Rost, Friedrich (Mitarb.)
Titel:	Paedagogische Grundbegriffe. 2. Jugend bis Zeugnis.
Quelle:	Reinbek b. Hamburg: Rowohlt Taschenbuch-Verl. (1989) 849 S.
Reihe:	Rowohlts Enzyklopaedie. 488
Sprache:	deutsch
Dokumenttyp:	Handbuch/Nachschlagewerk
ISBN/ISSN:	3-499-55488-7
Standort:	DIPF
Schlagwörter:	Paedagogik; Woerterbuch; Terminologie

Dokument	27
Autor:	Boehm, Winfried
Titel:	Woerterbuch der Paedagogik. 14., ueberarb. Aufl.
Quelle:	Stuttgart: Kroener (1994) X, 759 S.
Reihe:	Kroeners Taschenausgabe. 94
Sprache:	deutsch
Dokumenttyp:	Monographie
ISBN/ISSN:	3-520-09414-2
Standort:	KMK
Schlagwörter:	Paedagogik; Woerterbuch

Bewegungen/Blättern in der Anzeige

mit den Cursortasten ↓↑ Blättern in der Kurzanzeige, mit → bzw. ← Blättern in der Langanzeige von Dokument zu Dokument

Datensätze markieren/Markierung löschen

- einzelne Markierung: mit **Strg-Leertaste** markieren bzw. schon markiertes Dokument wieder löschen. Letzteres ist auch mit **Entf**-Taste möglich.
- alle Markierungen aufheben: **F4, „Datensatzmarkierung", Entf**-Taste
- markierte oder nichtmarkierte Datensätze löschen: **F4, „Datensatzmarkierung"**, entsprechendes Untermenü wählen.

Datensätze sortieren/Sortierung aufheben

Anzeigen sind nach Erscheinungsjahr abwärts sortiert, also neueste Dokumente werden zuerst angezeigt. Sortierungen können nach anderen Feldern (z.B. Autorenalphabet [letzteres ist nur im Langformat möglich]) vorgenommen werden.

- Anwahl der Sortierung: **F4**, Untermenü „Sortieren" anwählen oder mit **Alt-R** aufrufen
- voreingestellte Sortierkriterien werden sichtbar, mögliche andere Optionen durch Drücken der **Leertaste**
- Auswahl der Optionen durch Positionierung des Dialogbalkens auf der entsprechenden Option und Bestätigung mit **RETURN**
- Abbruch des Sortiervorgangs mit **Strg-Pause/Unterbr**

Datensätze ausdrucken

- Aktuellen Datensatz drucken: **F4**: Aktion wählen, dort mit **Alt-K** oder mit **Cursortaste** ↓ Dialogbalken auf **„Aktuellen Datensatz drucken"** setzen und mit **RETURN** bestätigen
- Mehrere Dokumenthinweise: **F4**: Aktion, dann **„Drucke..."** auswählen. Es öffnet sich ein Dialogfenster mit verschiedenen Optionen. Mit der **Leertaste** können Sie die Optionen für diejenige Einstellung abrufen, in der gerade der Dialogbalken steht.
- Änderungen des Ausgabeformats der voreingestellten Langanzeige sind folgendermaßen möglich: Im Dialogfenster „Drucke" (s.o.) bei **„Ausgabefelder"** können mit der **Leertaste** alle möglichen Felder angezeigt werden. Abwahl erfolgt mit **Leertaste**, erneute Auswahl bei Irrtum auch wieder mit der **Leertaste**. Welche Felder ausgedruckt werden, ist am ✓ ersichtlich.

Daten exportieren

- Das Exportfenster funktioniert prinzipiell wie das Druckfenster.
- Zusätzlich **muß ein „Ausgabetyp“ bestimmt werden**, der das Format der exportierten Daten bestimmt. Neben ASCII stehen eine Reihe von Standardformaten zur Auswahl (mit der **Leertaste** können die zur Verfügung stehenden Optionen betrachtet werden).
- Für die Exportdatei muß ein **Dateiname** vergeben werden!

Einstellungen für Ausdruck und Datenexport speichern bzw. wieder laden

- F4 „Einstellungen speichern“ bzw. „Einstellungen laden“

Zurück ins Suche-Fenster wechseln

- ESC drücken

Arbeit mit der CD-ROM „CD Bildung“ beenden

- **F10** drücken. Nach der Abfrage mit der **RETURN-Taste** das „Weiter“ bestätigen.

Informationsmittel und Adressen zur Pädagogik/Erziehungswissenschaft

Stand: Februar 1999
(Diese Informationssammlung ist über die Internet-Adresse: ***http//www.fu-berlin.de/ewifis*** verfügbar und wird dort ständig gepflegt und aktualisiert.)

1 Fachspezifische Nachschlagewerke
1.1 Allgemeinpädagogische Enzyklopädien, Lexika, Wörter- und Handbücher
1.2 Enzyklopädien, Lexika, Wörter- und Handbücher zu einzelnen Fachrichtungen / Gegenstandsbereichen der Pädagogik / Erziehungswissenschaft
1.2.1 Vergleichende Erziehungswissenschaft
1.2.2 Historische Pädagogik / Bildungsgeschichte
1.2.3 Kleinkind- / Vorschulpädagogik
1.2.4 Schulpädagogik / Unterrichtswissenschaft
1.2.5 Sonderpädagogik / Integrationspädagogik
1.2.6 Sozialpädagogik
1.2.7 Berufs- / Wirtschaftspädagogik
1.2.8 Erwachsenenbildung / -pädagogik
1.2.9 Sozialisation
1.2.10 Familien-, Kinder- und Jugendforschung
1.2.11 Medienpädagogik
1.2.12 Nachschlagewerke / Handbücher zu weiteren speziellen Gegenstandsbereichen
1.3 Sprachwörterbücher
1.4 Personen-, Biographiennachweise

2 Konventionelle Literaturauskunftsmittel
2.1 Fachbibliographien zur Pädagogik / Erziehungswissenschaft
2.1.1 Abgeschlossene allgemeinere Fachbibliographien
2.1.2 Laufende allgemeinere Fachbibliographien
2.1.3 Abgeschlossene Fachbibliographien zu speziellen Fachrichtungen / Gegenstandsbereichen der Pädagogik / Erziehungswissenschaft
2.1.4 Laufende Fachbibliographien zu speziellen Fachrichtungen/ Gegenstandsbereichen der Pädagogik/Erziehungswissenschaft
2.2 Fachspezifisch relevante Formalbibliographien/ -dokumentationen

1 Fachspezifische Nachschlagewerke

1.1 Allgemeinpädagogische Enzyklopädien, Lexika, Wörter- und Handbücher

BÖHM, W.: *Wörterbuch der Pädagogik.* Begr. von W. Hehlmann. – 14., überarb. Aufl. – Stuttgart: Kröner 1994.

HIERDEIS, H./HUG, T. (Hrsg.): *Taschenbuch der Pädagogik.* 4 Teile – 5. Aufl. – Baltmannsweiler: Schneider Hohengehren 1997 [auch als „CD-ROM der Pädagogik" erhältlich, s. 4.2].

HUSÉN, T./POSTLETHWAITE, T. N. (eds.): *The international encyclopedia of education. Research and studies.* 10 Vols. and Supplementary Vol. 1 + 2. Oxford [u.a.]: Pergamon 1985-1990.

KELLER, J. A./NOVAK, F.: *Kleines Pädagogisches Wörterbuch.* – Völlig überarb. u. aktualis. Neuausg. – Freiburg: Herder 1996.

KÖCK, P./OTT, H.: *Wörterbuch für Erziehung und Unterricht. 3100 Begriffe aus den Bereichen Pädagogik, Didaktik, Psychologie, Soziologie, Sozialwesen.* – 5., völlig neubearb. u. erw. Aufl. – Donauwörth: Auer 1994.

LENZEN, D. (Hrsg.): *Enzyklopädie Erziehungswissenschaft.* – 12 Bde. – Stuttgart: Klett-Cotta 1982-1986 [Reprint: 1995].

LENZEN, D. (Hrsg.): *Pädagogische Grundbegriffe.* – 2 Bde. 5. Aufl. – Reinbek: Rowohlt 1998.

MEYERS LEXIKON-REDAKTION (Hrsg./Bearb.). In Zusammenarb. mit EBERLE, G./HILLIG, A.: *Meyers Kleines Lexikon Pädagogik. Ein Sachlexikon zum Thema Ausbildung, Schule und Erziehung.* – Mannheim: Meyers Lexikonverl. 1988.

REINHOLD, G./POLLAK, G./HEIM, H. (Hrsg.): *Pädagogik-Lexikon.* – München: Oldenbourg 1999.

ROTH, L. (Hrsg.): *Pädagogik. Handbuch für Studium und Praxis.* – München: Ehrenwirth 1991.

SCHAUB, H./ZENKE, K. G.: *Wörterbuch Pädagogik.* – 2. Aufl. – München: Deutscher Taschenbuch Verl. 1997.

SCHRÖDER, H.: *Grundwortschatz Erziehungswissenschaft. Ein Wörterbuch der Fachbegriffe von „Abbilddidaktik" bis „Zielorientierung".* – 2., erw. u. aktual. Aufl. – München: Ehrenwirth 1992.

1.2 *Enzyklopädien, Lexika, Wörter- und Handbücher zu einzelnen Fachrichtungen/Gegenstandsbereichen der Pädagogik/Erziehungswissenschaft*

1.2.1 *Vergleichende Erziehungswissenschaft*

POSTLETHWAITE, T. N. (ed.): *The encyclopedia of comparative education and national systems of education.* – Oxford: Pergamon 1988.

POSTLETHWAITE, T. N. (ed.): *International encyclopedia of national systems of education.* – 2nd ed. – Oxford: Pergamon 1995.

RUST, V.D. (ed.): *Education and the values crisis in central and eastern europe.* – Frankfurt/M.: Lang 1994.

SCHRIEWER, J./HOLMES, B. (eds.): *Theories and methods in comparative education.* – 3rd ed. – Frankfurt/M.: Lang 1992.

1.2.2 *Historische Pädagogik / Bildungsgeschichte*

BALLAUFF, T./SCHALLER, K.: *Pädagogik. Eine Geschichte der Bildung und Erziehung.* – 3 Bde. – Freiburg: Alber 1969-1973.

BERG, C. [u.a.] (Hrsg.): *Handbuch der deutschen Bildungsgeschichte.* – München: Beck [Bisher erschienen: Bd. I: 15. bis 17. Jahrhundert: Von der Renaissance und der Reformation bis zum Ende der Glaubenskämpfe. – 1996; Bd. III: 1800-1870. Von der Neuordnung Deutschlands bis zur Gründung des deutschen Reiches. – 1987; Bd. IV: 1871-1919. Von der Reichsgründung bis zum Ende des ersten Weltkriegs. – 1991; Bd. V: 1919-1945. Die Weimarer Republik und die nationalsozialistische Diktatur. – 1989; Bd VI: 1945 bis zur Gegenwart, Tlbd. 1: Bundesrepublik Deutschland. – 1998; Tlbd. 2: Deutsche Demokratische Republik und neue Bundesländer. – 1998].

EGGERSDORFER, F. X./ETTLINGER, M./RAEDERSCHEIDT, G. (Hrsg.): *Handbuch der Erziehungswissenschaft.* – Teile I-V = 10 Bde. – München: Kösel u. Pustet 1928-1938.

ELZER, H.-M.: *Begriffe und Personen aus der Geschichte der Pädagogik.* Hrsg. v. F. J. Eckert und K. Lotz. – Frankfurt/M.: Lang 1985.

KLEINAU, E./OPITZ, C. (Hrsg.): *Geschichte der Mädchen- und Frauenbildung.* – 2 Bde. – Frankfurt/M.: Campus 1996.

NOHL, H./PALLAT, L. (Hrsg.): *Handbuch der Pädagogik.* – 5 Bde. und 1 Ergänzungsband. – Langensalza: Beltz 1928-1933.

PAULSEN, F.: *Geschichte des gelehrten Unterrichts.* – 2 Bde. – Berlin: Veit 1919/1921.

Rach, A.: *Sachwörter zur deutschen Erziehungsgeschichte.* – 2., erg. u. verb. Aufl. – Weinheim: Beltz 1967.
Rein, W. (Hrsg.): *Enzyklopädisches Handbuch der Pädagogik.* – 2. Aufl., 10 Bde. und e. systematisches Inhaltsverzeichnis. – Langensalza: Beyer u. Mann 1903-1911.
Roloff E. M. (Hrsg.): *Lexikon der Pädagogik.* – 5 Bde. – Freiburg: Herder 1913 – 1917.
Schmid, K. A. (Bearb.): *Enzyklopädie des gesamten Erziehungs- und Unterrichtswesens.* – 11 Bde. – Gotha: Besser 1859-1878.
Spieler, J. (Hrsg.): *Lexikon der Pädagogik der Gegenwart.* – 2 Bde. – Freiburg i. Br.: Herder 1930/1932.

1.2.3 Kleinkind-/Vorschulpädagogik

Fthenakis, W. E. (Hrsg.): *Handbuch der Elementarerziehung.* – Losebl.-Ausg. – Seelze-Velber: Kallmeyer 1988ff.
Goodwin, W. L./Driscoll, L. A. (eds.): *Handbook for measurement and evaluation in early childhood education.* – San Francisco: Jossey-Bass Publ. 1980.
Meisels, S. J. (ed.): *Handbook of early childhood intervention.* – Cambridge: Cambridge Univ. Pr. 1990.
Nitz, C./Hennig, E.: *Praxis der Vorschulerziehung.* – 4 Bde. – Seelze: Friedrich 1988.
Nuba, H. (ed.): *Ressources for early childhood. A handbook.* – New York: Garland 1994.
Schüttler-Janikulla, K. (Hrsg.): *Handbuch für ErzieherInnen in Krippe, Kindergarten, Vorschule und Hort.* – Neuausg. Losebl.-Ausg. – München: mvg-Verl. 1997.
Spodek, B.: *Handbook of research in early childhood education.* – London: Collier 1982.
Tietze, W. (Hrsg.): *Früherziehung. Trends, internationale Forschungsergebnisse, Praxisorientierungen.* – Neuwied: Luchterhand 1996.
Woodill, G. A. (ed.): *International handbook of early childhood education.* – New York 1992.
Zimmer, J. (Hrsg.): *Erziehung in früher Kindheit.* – Stuttgart: Klett-Cotta 1985 (= Enzyklopädie Erziehungswissenschaft; Bd. 6).

1.2.4 Schulpädagogik/Unterrichtswissenschaft

Brunner, R./Zeltner, W.: *Lexikon zur pädagogischen Psychologie und Schulpädagogik.* – München: Reinhardt 1980.

FLECHSIG, K.-H.: *Kleines Handbuch didaktischer Modelle.* – Eichenzell: Neuland 1996.

HAARMANN, D. (Hrsg.): *Handbuch Grundschule.* – 2 Bde. – Weinheim: Beltz 1992.

HAMEYER, U./FREY, K./H. HAFT (Hrsg.): *Handbuch der Curriculumforschung. Übersichten zur Forschung 1970-1981.* – Weinheim: Beltz 1982.

HINTZ, D./PÖPPEL, K. G./REKUS, J.: *Neues schulpädagogisches Wörterbuch.* – 2. überarb. Aufl. – Weinheim: Juventa 1995.

KECK, R. W./SANDFUCHS, U. (Hrsg.): *Wörterbuch der Schulpädagogik. Ein Nachschlagewerk für Studium und Schulpraxis.* – Bad Heilbrunn: Klinkhardt 1994.

MANNZMANN, A. (Hrsg.): *Geschichte der Unterrichtsfächer.* – 3 Bde. – München: Kösel 1983-1984.

MÄHLER, B./SCHRÖDER, S.: *Kleines Schullexikon für Lehrer in den neuen Bundesländern.* – Frankfurt/M.: Cornelsen 1991.

MEYER, E./WINKEL, R. (Hrsg.): *Grundlagen der Schulpädagogik.* – Bd. 1-5. – Baltmannsweiler: Schneider Hohengehren 1991-1992.

PETERSSEN, W. H.: *Handbuch Unterrichtsplanung. Grundfragen, Modelle, Stufen, Dimensionen.* – 8., überarb. u. stark erw. Aufl. – München: Oldenbourg 1998.

ROTH, L. (Hrsg.): *Handlexikon zur Didaktik der Schulfächer.* – München: Ehrenwirth 1980.

SCHANNEWITZKY, G.: *Zentralbegriffe der Didaktik. Ein Wörterbuch für die Aus- und Fortbildung von Lehrenden.* – Darmstadt: Winkler 1986.

TWELLMANN, W. (Hrsg.): *Handbuch Schule und Unterricht.* – 8 Bde. – Düsseldorf: Schwann 1981-1986.

1.2.5 Sonderpädagogik/Integrationspädagogik

BACH, H. [u.a.] (Hrsg.): *Handbuch der Sonderpädagogik.* – 12 Bde. – Berlin: Marhold 1977-1991.

DENNERLEIN, H./SCHRAMM, K. (Hrsg.): *Handbuch der Behindertenpädagogik.* – 2 Bde. – München: Kösel 1979.

DUPUIS, G./KERKHOFF, W. (Hrsg.): *Enzyklopädie der Sonderpädagogik, der Heilpädagogik und ihrer Nachbargebiete.* – Berlin: Marhold 1992.

EBERWEIN, H. (Hrsg.): *Handbuch Integrationspädagogik.* – 5. Aufl. – Weinheim: Beltz 1999.

HANSEN, G. (Hrsg.): *Sonderpädagogik konkret.* – Bad Heilbrunn: Klinkhardt 1994.

REYNOLDS, C. R./MANN, L. (eds.): *Encyclopedia of special education.* – 3 Vols. – New York: Wiley 1987.

WANG, M./REYNOLDS, M. C./WALBERG, H. J. (eds.): *Handbook of special education. Research and practice.* – 3 Vols. – Oxford: Pergamon 1988.

1.2.6 Sozialpädagogik

BÖHNISCH, L./GÄNGLER, H./RAUSCHENBACH, T. (Hrsg.): *Handbuch Jugendverbände*. – Weinheim: Juventa 1991.

BUCHKREMER, H.: *Handbuch Sozialpädagogik*. – 2. überarb. Aufl. – Darmstadt: Wiss. Buchgesell. 1995.

DEINET, U./STURZENHECKER, B. (Hrsg.): *Handbuch offene Jugendarbeit*. – Münster: Votum 1998.

DEUTSCHER VEREIN FÜR ÖFFENTLICHE UND PRIVATE FÜRSORGE (Hrsg.): *Fachlexikon der sozialen Arbeit*. – 4., vollst. überarb. Aufl. – Stuttgart: Kohlhammer 1997.

EYFERTH, H./OTTO, H.-U./THIERSCH, H. (Hrsg.): *Handbuch zur Sozialarbeit/Sozialpädagogik*. – Studienausgabe. – Neuwied: Luchterhand 1987.

HELMING, E.: *Handbuch Sozialpädagogische Familienhilfe*. – Stuttgart: Kohlhammer 1997.

KERKHOFF, E. (Hrsg.): *Handbuch Praxis der Sozialarbeit und Sozialpädagogik*. – 2 Bde. – Düsseldorf: Schwann 1981.

KREFT, D./MIELENZ, I. (Hrsg.): *Wörterbuch soziale Arbeit*. – 4., vollst. überarb. u. erw. Aufl. – Weinheim: Beltz 1996.

SCHWENDTKE, A. (Hrsg.): *Wörterbuch der Sozialarbeit und Sozialpädagogik*. – 4., überarb. u. erw. Aufl. – Heidelberg: Quelle & Meyer 1995.

STIMMER, F. (Hrsg.): *Lexikon der Sozialpädagogik und der Sozialarbeit*. – 3. Aufl. – München: Oldenbourg 1998.

1.2.7 Berufs- / Wirtschaftspädagogik

ARNOLD, R. (Hrsg.): *Taschenbuch der betrieblichen Bildungsarbeit*. – Baltmannsweiler: Schneider Hohengehren 1991.

ARNOLD, R./LIPSMEIER, A. (Hrsg.): *Handbuch zur Berufsbildung*. – Opladen: Leske + Budrich 1995.

ASHAUER, G. Unter Mitarb. v. J. BACKHAUS: *Fachbegriffe der Berufs- und Wirtschaftspädagogik*. – 4., überarb. u. erg. Aufl. – Stuttgart: Dt. Sparkassen Verl. 1990.

DEDERING, H. (Hrsg.): *Handbuch zur arbeitsorientierten Bildung*. – München: Oldenbourg 1996.

MAY, H. (Hrsg.): *Handbuch zur ökonomischen Bildung*. – 3., überarb.u. erw. Aufl. – München: Oldenbourg 1997.

1.2.8 *Erwachsenenbildung / -pädagogik*

DAHM, G. [u.a.] (Hrsg.): *Wörterbuch der Weiterbildung.* – München: Kösel 1980.

DEWE, B./FRANK, G./HUGE, W.: *Theorien der Erwachsenenbildung. Ein Handbuch.* – Weinheim: Beltz 1988.

HACKER, J./OLZOG, G. (Hrsg.): *Deutsches Handbuch der Erwachsenenbildung.* – Losebl.-Ausg. – München: Olzog 1985ff.

LANDESINSTITUT FÜR SCHULE UND WEITERBILDUNG (Hrsg.): *Im Netz der Organisation. Ein Handbuch für Menschen in Kultur- und Weiterbildungseinrichtungen.* – Soest: LSW 1991.

NUISSL, E. (Hrsg.): *Taschenbuch der Erwachsenenbildung.* – Baltmannsweiler: Schneider Hohengehren 1982.

PÄDAGOGISCHE ARBEITSSTELLE DES DEUTSCHEN VOLKSHOCHSCHUL-VERBANDES (Hrsg.): *Die Volkshochschule. Handbuch für die Praxis der Leiter und Mitarbeiter.* – Losebl.-Ausg. – Frankfurt/M.: DVV 1968ff.

PÖGGELER, F. (Hrsg.): *Handbuch der Erwachsenenbildung.* – 8 Bde. – Stuttgart: Kohlhammer 1974-1985.

SCHMITZ, E./TIETGENS, H. (Hrsg.): *Erwachsenenbildung.* – Stuttgart: Klett-Cotta 1984 (= Enzyklopädie Erziehungswissenschaft; Bd. 11).

TIPPELT, R. (Hrsg.): *Handbuch der Erwachsenenbildung/Weiterbildung.* – Opladen: Leske + Budrich 1994.

WIRTH, I. (Hrsg.) Unter Mitarbeit von H.-H. GROOTHOFF: *Handwörterbuch der Erwachsenenbildung.* – Paderborn: Schöningh 1978.

1.2.9 *Sozialisation*

HURRELMANN, K./ULICH, D. (Hrsg.): *Handbuch der Sozialisationsforschung.* – 5. Aufl. – Weinheim: Beltz 1999.

1.2.10 *Familien-, Kinder- und Jugendforschung*

BREYVOGEL, W. (Hrsg.): *Pädagogische Jugendforschung. Erkenntnis und Perspektiven.* – Opladen: Leske + Budrich 1989.

KELLER, H. (Hrsg.): *Handbuch der Kleinkindforschung.* – Berlin: Springer 1989.

KRÜGER, H.-H. (Hrsg.): *Handbuch der Jugendforschung.* – 2., erw. u. aktual. Aufl. – Opladen: Leske + Budrich 1993.

MARKEFKA, M./NAUCK, B. (Hrsg.): *Handbuch der Kindheitsforschung.* – Neuwied: Luchterhand 1993.

MARTIN, J./NITSCHKE, A. (Hrsg.): *Zur Sozialgeschichte der Kindheit.* – Freiburg: Alber 1986.
NAVE-HERZ, R./MARKEFKA, M. (Hrsg.): *Handbuch der Familien- und Jugendforschung.* – 2 Bde. – Neuwied: Luchterhand 1989.

1.2.11 Medienpädagogik

HIEGEMANN, S./SWOBODA, W. H. (Hrsg.): *Handbuch der Medienpädagogik. Theorieansätze, Forschungsgeschichte, Perspektiven.* – Opladen: Leske + Budrich 1994.
HÜTHER, J./SCHORB, B./BREHM-KLOTZ, C. (Hrsg.): *Grundbegriffe der Medienpädagogik. Wörterbuch für Studium und Praxis.* – 2., völlig neubearb. Aufl. – Ehningen bei Böblingen: Expert-Verl. 1990.
SCHILL, W./TULODZIECKI, G./WAGNER, W. R. (Hrsg.): *Medienpädagogisches Handeln in der Schule. Ein Handbuch.* – Opladen: Leske + Budrich 1992.

1.2.12 Nachschlagewerke/Handbücher zu weiteren speziellen Gegenstandsbereichen

BUNDESMINISTER FÜR BILDUNG UND WISSENSCHAFT (Hrsg.): *Grund- und Strukturdaten.* – Bad Honnef: Bock 1974ff. [jährlich, auch als Diskettendienst].
CALLIESS, J. [u.a.] (Hrsg.): *Handbuch Praxis der Umwelt- und Friedenserziehung.* – 3 Bde. – Düsseldorf: Schwann 1987/1988.
CHAMBLISS, J. J. (ed.): *Philosophy of education. An encyclopedia.* – New York: Garland 1996.
FRIEBERTSHÄUSER, B./PRENGEL, A. (Hrsg.): *Handbuch qualitative Forschungsmethoden in der Erziehungswissenschaft.* – Weinheim: Juventa 1997.
KÖRNER, W./HÖRMANN, G. (Hrsg.): *Handbuch der Erziehungsberatung. Anwendungsbereiche und Methoden der Erziehungsberatung.* – Göttingen: Hogrefe 1997.
KREUZER, K. J. (Hrsg.): *Handbuch der Spielpädagogik.* – 4 Bde. – Düsseldorf: Schwann 1983-1984

1.3 Sprachwörterbücher

Speziell allgemeinpädagogische Sprachwörterbücher gibt es bisher nicht. In dem Werk SCHAUB/ZENKE (1997) (s.o. 1.1) gibt es Übersetzungen von Stichwörtern ins Englische. Als Sprachwörterbücher für den Bereich Sozialwissenschaften können empfohlen werden:

KOSCHNICK, W. J.: *Standard dictionary of the social sciences. Standardwörterbuch für die Sozialwissenschaften.* – 2 Bde. Vol. 1: English – German; Bd 1: Englisch – Deutsch. München [u.a.]: Saur 1984. Bd. 2: Deutsch – Englisch; 2 Teile: A-L. M-Z. – München [u.a.]: Saur 1992.

KOSCHNICK, W. J.: *Kompaktwörterbuch der Sozialwissenschaften* 1/2. Deutsch - Englisch / Englisch - Deutsch. – 2 Bde. – Stuttgart: Schäffer-Poeschel 1997.

Berufspädagogik

WERNER, H./BENNETT, R./KÖNIG, I.: *Glossar zu Arbeitsmarkt und Berufsforschung.* Englisch-Deutsch/Deutsch-Englisch. – Nürnberg: IAB 1994.

Bildungstechnologie

UNESCO, INTERNATIONALES ERZIEHUNGSBÜRO (Hrsg.): *Glossar zur Bildungstechnologie.* Englisches Glossar, Deutsches Glossar. – Paris: UNESCO 1992.

Bildungsverwaltung

INTERNATIONALES INSTITUT FÜR RECHTS- UND VERWALTUNGSSPRACHE (Hrsg.): *Handbuch der Internationalen Rechts- und Verwaltungssprache. Bildungswesen*

- Deutsch-Englisch. – Köln [u a.]: Heymann 1981.
- Deutsch-Italienisch. – Köln [u a.]: Heymann 1981.

... Schul- und Hochschulwesen. Deutsch-Französisch. – Köln [u.a.]: Heymann 1989.

Sozialpädagogik

DEUTSCHER VEREIN FÜR ÖFFENTLICHE UND PRIVATE FÜRSORGE (Hrsg.): *Wörterbuch soziale Arbeit.* – 4 Bde. Deutsch-Englisch, Englisch-Deutsch; Deutsch-Französisch, Französisch-Deutsch. – Frankfurt/M.: Verl. d. Dt. Vereins ... 1988.

1.4 Personen-, Biographiennachweise

Biographische Kurzinformationen und Fundstellen ausführlicherer Angaben weist die CD-ROM „Internationaler Biographischer Index" (IBR) nach. Biographien über Pädagogen, aber auch Fest- und Gedenkschriften für Wissenschaftler bieten oft im Anhang bibliographische Angaben zu deren Werken, gelegentlich auch zu weiterer Sekundärliteratur über diese Person. – Als Hilfsmittel für einen biographischen Literaturnachweis ist in manchen Bibliotheken ein Personenkatalog vorhanden. Fehlt dieser bzw. sind keine Hinweise zu der betreffenden Person im Schlagwortkatalog zu finden, so kann man – sofern es sich um einen lebenden deutschen Wissenschaftler handelt – biographische Nachschlagewerke benutzen (z. B. „Kürschners Gelehrten-Kalender"; s. 2.2.3). Mittlerweile verfügen etliche Wissenschaftler über eine eigene Homepage, auf der neben biographischen Daten oft auch Publikationshinweise zu seinen Schriften zu finden sind.

Folgende Werke informieren u. a. zu „Klassikern der Pädagogik":

BÖHM, W.: *Wörterbuch der Pädagogik.* – Begr. von W. Hehlmann. 14., überarb. Aufl. – Stuttgart: Kröner 1994 [427 Personenartikel zu „Klassikern" und zu lebenden Erziehungswissenschaftlern].

ELZER, H.-M.: *Begriffe und Personen aus der Geschichte der Pädagogik.* – Hrsg. v. F. J. Eckert und K. Lotz. – Frankfurt/M.: Lang 1985.

FISCHER, W./LÖWISCH, D.-J. (Hrsg.): *Pädagogisches Denken von den Anfängen bis zur Gegenwart.* – Darmstadt: Wiss. Buchgesell. 1989.

HESSE, A.: *Die Professoren und Dozenten der preußischen Pädagogischen Akademien (1926-1933) und Hochschulen für Lehrerbildung (1933-1941).* – Weinheim: Deutscher Studienverlag 1995.

KNOOP, K./SCHWAB, M.: *Einführung in die Geschichte der Pädagogik. Pädagogen-Porträts aus vier Jahrhunderten.* – 3. Aufl. – Heidelberg: Quelle & Meyer 1994.

MÄRZ, F.: *Pädagogenprofile. Miniaturen großer Erzieher und bedeutender pädagogischer Denker.* – 2 Bde. – Donauwörth: Auer 1982/1984.

RACH, A.: *Biographien zur deutschen Erziehungsgeschichte.* – Weinheim: Beltz 1968.

SCHEUERL, H. (Hrsg.): *Klassiker der Pädagogik.* Bd. I: Von Erasmus bis Herbert Spencer; Bd. II: Von Karl Marx bis Jean Piaget. – München: Beck 1991.

CONNER, H. C./DERIENZO, D. F. (eds.): *Who's who in american education.* – New Providence: Marquis Who's who 1993.
International Who's who in education. – 3rd ed. – Cambridge: Intern. Biographical Centre 1987.
Leaders in education. A biographical directory. – 4th ed. – New York: Cattel Pr. 1971.

2 Konventionelle Literaturauskunftsmittel

2.1 Fachbibliographien zur Pädagogik / Erziehungswissenschaft

2.1.1 Abgeschlossene allgemeinere Fachbibliographien

AKADEMIE DER PÄDAGOGISCHEN WISSENSCHAFTEN DER DDR, DIREKTORAT FÜR PÄDAGOGISCHE INFORMATION [ab 1973: Zentralstelle für pädagogische Information und Dokumentation] (Hrsg.): *Pädagogik-Bibliographie* [ab 1977: aufgeteilt in Serie A und Serie B]. – Berlin: Akad. 1958-1990.
Bibliography of education. – 25 Jge. – Washington, D. C.: Bureau of Education 1907-1931.
FÖRSTER, C. (Bearb.): *Erziehungswissenschaft. Ein thematisches Bestandsverzeichnis. Auswahl.* – Berlin: BBF 1994.
MONROE, W. S.: *Bibliography of education.* – New York: Wilson 1897.
SCHMIDT, H./LÜTZENKIRCHEN, F. J. (Bearb.): *Erziehungswissenschaftliche Dokumentation. Reihe A: Der Inhalt neuerer pädagogischer Zeitschriften und Serien im deutschen Sprachgebiet. Zeitschriften-Nachweis 1947-1967.* – [Versch. Aufl.] Bd. 1-12. – Weinheim: Beltz 1969-1970.
SCHMIDT, H. (Bearb.): *Erziehungswissenschaftliche Dokumentation. Reihe B: Monographien. Hochschulschriften, selbständige und unselbständige Bibliographien. Beiträge aus Sammelwerken, Fachlexiken und Handbüchern der neueren Pädagogik im deutschen Sprachgebiet. – Bd.1.1945-12.1971/72.* – Weinheim: Beltz 1973-1975.
SCHMIDT, H. (Bearb.): *Pädagogischer Jahresbericht. Ständige Auswertung erziehungswissenschaftlicher und fachdidaktischer Zeitschriften des deutschen Sprachgebietes* (1972ff.: ... Zeitschriften, Sammelwerken und Monographien des deutschen Sprachgebiets). – Jg. 1.1968-15.1982. – Weinheim: Beltz 1968-1982.
SCHMIDT, H. [u.a.] (Hrsg.): *BIB-Report. Bibliographischer Index Bildungswissenschaft und Schulwirklichkeit. – Monatsberichte. German education index.* – Jg. 1-20. – Duisburg: Verl. für päd. Dokumentation 1974-1993.

SCHMIDT, H. [u.a.] (Bearb.): *ADIEU. Auswahldienst: Informationen für Erziehung und Unterricht. Zugleich Titelkompilation und Gesamtindex zum BIB-Report.* – 1976-1990. – Duisburg: Verl. für päd. Dokumentation 1977-1991.

SCHMIDT, H. (Bearb.): *Zentralblatt für Erziehungswissenschaft und Schule (ZEUS).* – Duisburg: Verl. für päd. Dokumentation 1985-1994.

2.1.2 Laufende allgemeinere Fachbibliographien

British Education Index. – 1.1954/58ff. – London (Leeds: Leeds University Press) 1961ff. [auch auf der CD-ROM „International ERIC" und online abfragbar, s. 3.1 und 3.2].

CARPENTER, D. R. [et al.] (eds.): *Education index. A cumulative author and subject index to a selected list of educational periodicals, books, and pamphlets.* – New York: Wilson 1955ff.

CENTRE NATIONAL DE LA RECHERCHE SCIENTIFIQUE (ed.): *FRANCIS* [vormals nur unter dem Titel:] *Bulletin signalétique. Sciences de l'éducation.* – 1ff. – Paris: Institut de l'Information Scientifique ... 1956ff.

Content Pages in Education. – Abingdon: Carfax 1986ff. (monatlich).

DOKUMENTATIONSRING PÄDAGOGIK (Hrsg.) [23ff.: Fachinformationssystem (FIS) Bildung/Gesellschaft Information Bildung (Hrsg.)]: *Bibliographie Pädagogik.* – Jg. 1ff. – Berlin (3-5: Weinheim: Beltz; 6-11: München-Pullach: Saur; 12-22: München: Saur; 23ff.: Berlin: VWB-Verl. für Wissenschaft und Bildung) 1966ff. [s. a. 3.2 „CD Bildung"].

EDUCATIONAL RESOURCES INFORMATION CENTER (ERIC) (ed.): *Resources in education (RIE). A monthly abstract journal announcing recent report literature related to the field of education.* – Vol. 1ff. – Phoenix: Oryx Pr. 1966ff. [auch auf CD-ROM und online, s. 3.1 und 3.2].

EDUCATIONAL RESOURCES INFORMATION CENTER (ERIC)/U.S. OFFICE OF EDUCATION (eds.): *Current index to journals in education (CIJE).* – Vol. 1.1969ff. – Phoenix: Oryx Pr. 1969ff. [auch auf CD-ROM und online abfragbar, s. 3.1 und 3.2].

SEKRETARIAT DER KMK (Hrsg.): *Dokumentationsdienst Bildung und Kultur* [bis 1983: ... Bildungswesen]. – 1977ff. – Neuwied: Luchterhand 1977ff.

UNIVERSITÄTSBIBLIOTHEK ERLANGEN-NÜRNBERG (Bearb.): *Sammelschwerpunkt Bildungsforschung. Neuerwerbungen.* – Erlangen: UB 1979ff. (vierteljährlich) [s. a. 3.1 „ELIS"].

2.1.3 *Abgeschlossene Fachbibliographien zu speziellen Fachrichtungen / Gegenstandsbereichen der Pädagogik / Erziehungswissenschaft*

Vergleichende Erziehungswissenschaft

ALTBACH, P. G./KELLY, D. H.: *Higher education in international perspective.* – London: Mansell 1985.

ALTBACH, P. G./KELLY, G. P./KELLY, D. H.: *International bibliography of comparative education.* – New York: Praeger 1981.

ARBEITSSTELLE FÜR VERGLEICHENDE BILDUNGSFORSCHUNG (Hrsg.): *Bibliographische Mitteilungen.* – Bochum: Arbeitsstelle 1973-1994.

SCHMIDT, H. (Hrsg.): *Vergleichende Erziehungswissenschaft 1945-1980. Bibliographie des deutschsprachigen Schrifttums zum Schul- u. Bildungswesen außerdeutscher Sprachgebiete.* – Duisburg: Verl. für päd. Dokumentation 1981 (= Beiheft 23 zum BIB-Report).

STENZEL, B.: *Zum Bildungswesen in Mittel- und Osteuropa – Literaturdokumentation (1994-1996).* In: Zeitschrift für erziehungs- und sozialwissenschaftliche Forschung, 14. Jg. (1997), H. 1, S. 137-160.

Historische Pädagogik

BASIKOW, U./BIERWAGEN, M. (Bearb.): *Archivbestände der Ehemaligen Deutschen Lehrerbücherei und der Pädagogischen Zentralbibliothek. Bestandsverzeichnis.* – Berlin: DIPF 1996.

BIEHL, J./HOPMANN, S./WULFF, R.: *Bibliographie zur Schleswig-Holsteinischen Schulgeschichte.* – Köln: Böhlau 1994.

DUDEK, P./RAUCH, TH./WEEREN, M.: *Pädagogik und Nationalsozialismus. Bibliographie pädagogischer Hochschulschriften und Abhandlungen zur NS-Vergangenheit in der BRD und DDR 1945-1990.* – Wiesbaden: Dt. Univ. Verl. 1995.

DŽAMBO, J.: *Erziehung, Bildung, Schule im Wandel der Geschichte: Eine Auswahlbibliographie.* – Bad Heilbrunn: Klinkhardt 1987.

FRIEDERICH, G./MÜLLER, H.: *Bibliographie zur südwestdeutschen Erziehungs- und Schulgeschichte.* – Bühl: Konkordia 1982.

HERRMANN, U./RENFTLE, S./ROTH, L.: *Bibliographie zur Geschichte der Kindheit, Jugend und Familie.* – München: Juventa 1980.

Schulpädagogik / Unterrichtswissenschaft

BECKERS, E./RICHTER, E.: *Kommentierte Bibliographie zur Reformpädagogik.* – St. Augustin: Richarz 1979.

HAGEMANN, C./ROICK, C. (Bearb.): *Europa im Unterricht. Bibliographie.* – 2. vollst. neu überarb. Aufl. – Bonn: Europe Union Verl. 1989.

HEINEMANN, M. (Hrsg.)/FROHSE, D. [u.a.] (Bearb.): *Titelsammlung zum Elementar- und Volksschulunterricht: Norddeutschland 1750-1890.* – Hannover: Univ., FB. Erziehungswiss. 1984.

IPFLING, H. J./LORENZ, U.: *Bibliographie Hauptschule.* – Regensburg: Roederer 1988.

SCHÄFER, U.: *Die Europäische Gemeinschaft und das Bildungswesen. Eine Bibliographie.* – Frankfurt/M.: DIPF 1991.

Sonderpädagogik

HESSISCHES INSTITUT FÜR BILDUNGSPLANUNG UND SCHULENTWICKLUNG (Bearb.): *Dokumentation Sonderpädagogik.* – Wiesbaden: HIBS 1987.

HÖRSTEN, H. V. [u.a.] (Hrsg.): *Dreijahresbibliographie Sonderpädagogik. Systematische Annotierung v. Aufsätzen, Beiträgen aus Sammelbänden und Monographien 1974-1976.* – Duisburg: Verl. für päd. Dokumentation 1979 (= BIB-Report; Beiheft 12).

Sozialpädagogik

DEUTSCHES JUGENDINSTITUT (Hrsg.): *Dokumentation zur Jugendforschung und Jugendarbeit.* – 1.1965-10.1975. – München: DJI 1966-1976. [Wurde fortgesetzt als:] *Bibliographie Sozialisation und Sozialpädagogik* 1.1976 (München: DJI 1977/78)-11.1986 (1987); 1987 (1988)-1989 (1990/91) [wird nun – stärker fokussiert – fortgesetzt unter dem Titel: „*Bibliographie Jugendhilfe 19..*"].

SCHNEIDER, H.: *Fachlichkeit, Qualität und neue Steuerungsmodelle – Institutionelle Herausforderungen in der Jugendhilfe. Eine annotierte Bibliographie.* – München: DJI 1998.

Berufs- / Wirtschaftspädagogik

BAUMANN, H.: *Bibliographie zur Berufspädagogik und Didaktik der Wirtschaftswissenschaften.* – Oldenburg: ZpB 1992.

Erwachsenenbildung / -pädagogik

KEIM, H./URBACH, D.: *Bibliographie zur Volksbildung 1933-1945.* – Braunschweig: Westermann 1970.

Sozialisation

SCHMAUCH, U.: *Kommentierte Bibliographie zum Thema weibliche Sozialisation in Schule und Gesellschaft.* – Wiesbaden: HIBS 1986.

Medienpädagogik

HORN, H.: *Neue Medien. Jugendlicher Medienkonsum und seine möglichen Folgen. Eine kommentierte Auswahlbibliographie.* – Bielefeld: Aisthesis 1989.

MÜLLER, W./LÖHR, P. (Hrsg.): *Medienpädagogik: Fernsehen. Eine Bibliographie internationaler Fachliteratur.* – München: Saur 1988.

WOLFF, U. (Bearb.): *Medien. Konsum, Rezeption, Auswirkungen bei Kindern und Jugendlichen. Eine Spezialbibliographie deutschsprachiger psychologischer Literatur.* – Trier: ZPID 1992.

Frauenforschung

LANGMAACK, K.: *Frauen im pädagogischen Diskurs. Eine interdisziplinäre Bibliographie 1988-1993.* – Frankfurt/M.: Helmer 1994.

SCHULTZ, B. [u.a.]: *Frauen im pädagogischen Diskurs: Eine interdisziplinäre Bibliographie 1984-1988.* – Frankfurt/M.: Helmer 1989.

Umwelterziehung

FRITSCH, H. (Bearb.): *Umwelterziehung.* – 2., erw. Aufl. – Stuttgart: IRB 1990.

PEGLAU, R. (Bearb.): *Bibliographie Umwelterziehung.* – 4., aktualis. Aufl. – Berlin: Umweltbundesamt 1987.

SCHREIBER, K.-F./BERNHARDT, K.-G./ZUCCHI, H. (Hrsg.): *Thema Umwelt – 1/1991.* – Osnabrück: Zeller 1991.

Weitere Fachbibliographien zu speziellen Gegenstandsbereichen

GERARDS, A. (Bearb.): *Pädagogische Diagnostik in der Schule. Eine Spezialbibliographie deutschsprachiger psychologischer Literatur.* – Trier: ZPID 1991.

GUGEL, G. *Friedenserziehung: Einführende Literatur und Materialien. Eine Literaturübersicht.* – 2., aktual. Aufl. – Tübingen: Verein f. Friedenspäd. 1992.

HELLER, K./MENACHER, P.: *Bibliographie Hochbegabung.* – 1.1987-1992. – Baden-Baden: Nomos 1993.

HENECKA, H. P. [u.a.]: *Bibliographie zur Soziologie und Pädagogik der Kindheit.* – Heidelberg: Quelle & Meyer 1989.

MAROTZKI, W. (Hrsg.): *Magdeburger Bibliographie zur Biographieforschung.* – 3. Aufl., Stand: Juni 1998 – Magdeburg: Univ. 1998.

SCHÄFER, U.: *Internationale Bibliographie zur Projektmethode in der Erziehung 1895-1982.* – 2 Bde. Teil 1: Systematischer Katalog, Teil 2: Register. – Berlin: VWB-Verl. für Wissenschaft und Bildung 1988.

SCHOENEBECK, H. VON: *Antipädagogik-Bibliographie. Kurz kommentiertes Verzeichnis antipädagogischer Literatur für Wissenschaft und Praxis mit 73 Titeln.* – 3. Aufl. – Münster: Freundschaft mit Kindern Förderkreis 1988.

SEVERIN, G.: *Bibliographie der Kunstpädagogik in Deutschland und Österreich 1933-1945. Monographien und Aufsätze.* – Berlin: HdK 1983.

TEISLER, G. (Hrsg.): *Bestandskatalog der deutschen Schulbücher im Georg Eckert-Institut – erschienen bis 1945: Lese- und Realienbücher, einschließlich Fibeln.* – Stand: 1.8.1997 – Hannover: Hahn 1997.

VIEREGG, H./SCHMEER-STURM, M. L. (Hrsg.): *Literaturschau Museum. Bibliographie zur Museologie mit dem Schwerpunkt Museumspädagogik.* – München: Verl. Reisen u. Bildung 1992.

WEINBERG, M. (ed.): *The education of poor and minority children. A world bibliography.* 1920- . – 2 Vols. – New York: Greenwood 1981/1986.

2.1.4 Laufende Fachbibliographien zu speziellen Fachrichtungen / Gegenstandsbereichen der Pädagogik / Erziehungswissenschaft

Historische Pädagogik/Bildungsgeschichte

DEUTSCHES INSTITUT FÜR INTERNATIONALE PÄDAGOGISCHE FORSCHUNG, BIBLIOTHEK FÜR BILDUNGSGESCHICHTLICHE FORSCHUNG (Hrsg.): *Bibliographie Bildungsgeschichte* 1994ff. – Baltmannsweiler: Schneider Hohengehren 1995ff. [inkl. Diskette – s. a. 3.3].

Vorschulpädagogik

CHARLES UNIVERSITY, CENTRAL LIBRARY (ed.): *Preschool education.* – 1976ff. – Prague: Charles University 1978ff.

Interkulturelle Pädagogik

Dokumentation Bücher/Zeitschriften in der Zeitschrift *„Informationsdienst zur Ausländerarbeit"*, 1979-1995. (vierteljährlich); ab 1996 in der Zeitschrift *„iza - Zeitschrift für Migration und soziale Arbeit"*, 1996ff. (vierteljährlich).

BERNING, H./GODEN, M.: *Interkulturelle Studien. Münsteraner Bibliographie* 1980-1993. – Münster: Universität 1993.

Sozialpädagogik

Bibliographie zur Sozialarbeit/Sozialpädagogik in der Zeitschrift *„Sozialwissenschaftliche Literatur Rundschau"*. – Bielefeld: KT-Verl. 1977ff. [1995ff.: Neuwied: Luchterhand] (halbjährlich).

DEUTSCHES JUGENDINSTITUT (Hrsg.): *Bibliographie Jugendhilfe* 1991ff. (jährlich als Supplementbd. der Zeitschrift „Diskurs").

DEUTSCHES ZENTRALINSTITUT FÜR SOZIALE FRAGEN (DZI): Zeitschriftenbibliographie in der Zeitschrift *„Soziale Arbeit"*. – Berlin: DZI 1951ff. (monatlich) [s. a. 4.2].

Berufs- / Wirtschaftspädagogik

BUNDESINSTITUT FÜR BERUFSBILDUNG (Bearb.): *Literaturinformationen zur beruflichen Bildung. Bibliographie.* – Berlin: BIBB 1979ff. (zweimonatlich) [auch auf CD-ROM – s. 3.2].

INSTITUT FÜR ARBEITSMARKT- UND BERUFSFORSCHUNG DER BUNDESANSTALT FÜR ARBEIT (Hrsg): *Literaturdokumentation zur Arbeitsmarkt- und Berufsforschung.* – o.O. [Nürnberg: IAB] 1972ff. [auch auf der CD-ROM „ProArbeit" – s. 3.2 und 4.2].

INSTITUT FÜR ARBEITSMARKT- UND BERUFSFORSCHUNG (Hrsg.): *Berufliche Erwachsenenbildung.* – Nürnberg: IAB 1984/1986/1987/1990/1993/1996.

Erwachsenenbildung / -pädagogik

DEUTSCHES INSTITUT FÜR ERWACHSENENBILDUNG (DIE) DES DEUTSCHEN VOLKSHOCHSCHUL-VERBANDES E.V. / PÄDAGOGISCHE ARBEITSSTELLE (Bearb.): *Bibliographie zur Erwachsenenbildung.* – Frankfurt/M.: DIE 1964ff. (jährlich) [s. a. 4.2].

COMENIUS-INSTITUT, EVANGELISCHE ARBEITSSTELLE FÜR ERZIEHUNGSWISSENSCHAFT E. V. (Bearb.): *Religionspädagogische Jahresbibliographie.* – 1986ff. – Münster: Comenius 1987ff. [ev. und kath. religionspädagogische Bibliographie; auch als Online- und Diskettendienst – s. 3.1, 3.2 und 4.2].

Weitere Fachbibliographien

DEUTSCHES INSTITUT FÜR INTERNATIONALE PÄDAGOGISCHE FORSCHUNG (Hrsg.): *Bibliographie zur Europäischen Dimension des Bildungswesens.* 1994ff. – Berlin: VWB-Verl. für Wissenschaft und Bildung 1996ff. (erscheint jährlich) [s. a. 3.1 „RTEE" und 4.2].

SCHÄFER, U.: *Die Europäische Gemeinschaft und das Bildungswesen.* – Berlin: VWB-Verl. für Wissenschaft und Bildung 1994 (Forts. s. o.).

STENZEL, B./BAMBEY, D. (Bearb.): *Bibliographie zur Entwicklung von allgemeiner und beruflicher Bildung in Mittel- und Osteuropa 1995-1997.* – Berlin: VWB-Verl. für Wissenschaft und Bildung 1997 (soll jährlich fortgesetzt werden).

2.2 *Fachspezifisch relevante Formalbibliographien / -dokumentationen*

2.2.1 Forschungsdokumentationen

AKADEMIE GEMEINNÜTZIGER WISSENSCHAFTEN ZU ERFURT, ABTEILUNG FÜR ERZIEHUNGSWISSENSCHAFT UND JUGENDKUNDE/HOFFMANN, A. (Hrsg.): *Erziehungswissenschaftliche Forschung. Bibliographie unter Einschluß der Grenzgebiete.* – H. (1)1924-36.1941. – Erfurt: Stenger 1926-1943.

COUNCIL OF EUROPE (ed.): *EUDISED European educational research yearbook 19..* . – 1993ff. – München: Saur 1995ff. (jährlich).

Empirische Sozialforschung 1968ff.: Eine Dokumentation. – München-Pullach: Saur 1969ff. [1983ff.: Frankfurt/M.: Campus].

INFORMATIONSZENTRUM SOZIALWISSENSCHAFTEN (Hrsg.): *Sozialforschung in der DDR.* – 3 Bde. – 1. Dokumentation unveröffentlichter Forschungsarbeiten. – Berlin: IZ 1992 (Sonderbd. Forschungsprojektdokumentation „Familie und Jugend". – Bonn/Berlin: IZ 1993.).

WEISHAUPT, H. [u.a]: *Bildungsforschung in der Bundesrepublik Deutschland*. – Bonn: BMBW 1991 (= BMBW-Schriftenreihe Studien zu Bildung und Wissenschaft; 98).

ZENTRALARCHIV FÜR EMPIRISCHE SOZIALFORSCHUNG (Hrsg.): *Daten der empirischen Sozialforschung. Datenbestandskatalog des Zentralarchivs mit Beschreibungen der Daten der empirischen Sozialforschung von 1945 bis 1990 und Daten der historischen Sozialforschung*. – Frankfurt/M.: Campus 1991.

2.2.2 *Hochschulschriften*

Neben der Reihe H der Deutschen Nationalbibliographie sind zu beachten:

BUTT, I./EICHLER, M. (Bearb.): *Bibliographie Bildung, Erziehung, Unterricht. / Bibliography of Education. Deutschsprachige Hochschulschriften und Veröffentlichungen außerhalb des Buchhandels 1966-1980*. – 8 Bde. – München: Saur 1994.

FRIEDERICH, G./HERRMANN, U. (Bearb.): *Bibliographie der deutschen erziehungswissenschaftlichen Hochschulschriften 1885-1945. Mit einer Bibliographie der Hochschulschriftenbibliographien*. – Weinheim: Beltz 1983.

FRIEDRICHS, J.: *Sozialwissenschaftliche Dissertationen und Habilitationen in der DDR 1951-1991*. – Berlin: de Gruyter 1993.

ROHLOFF, H.-J./FRANKE, L. (Bearb.): *Erziehungswissenschaftliche Hochschulschriften: Bibliographie der Dissertationen und Habilitationsschriften in Deutschland (BRD und DDR). 1945-1967*. – Weinheim: Beltz 1968.

2.2.3 *Bio-bibliographischer Wissenschaftler-Nachweis*

Kürschners Deutscher Gelehrten-Kalender 1996: Bio-bibliographisches Verzeichnis deutschsprachiger Wissenschaftler der Gegenwart. – 17. Ausgabe – Geistes- und Sozialwissenschaften. – Berlin: de Gruyter 1996.

2.2.4 Rezensionsbibliographien

ZELLER, O./ZELLER, W. (Hrsg.): *Internationale Bibliographie der Rezensionen wissenschaftlicher Literatur (IBR).* – Osnabrück: Zeller 1971ff. [auch auf CD-ROM erhältlich].

2.2.5 Zeitschriftenaufsatzbibliographien

Current Contents: Behavioral and social sciences. – 1ff. – Philadelphia: ISI 1969/70ff. (wöchentlich) [auch als Diskettendienst oder CD-ROM erhältlich bzw. online abfragbar].

ZELLER, O./ZELLER, W. (Hrsg.): *Internationale Bibliographie der Zeitschriftenliteratur aus allen Gebieten des Wissens (IBZ).* – Osnabrück: [Dietrich] Zeller 1897ff. – neue Serie 1965ff. [auch als CD-ROM].

2.2.6 Zeitschriftentitelbibliographien

COLLINS, M. E.: *Education journals and serials. An analytical guide.* – New York: Greenwood 1988.

2.2.7 Zeitungsdokumentation

DEUTSCHES INSTITUT FÜR INTERNATIONALE PÄDAGOGISCHE FORSCHUNG (Hrsg.): *Zeitungs-Dokumentation Bildungswesen.* – Berlin: VWB-Verl. für Wissenschaft und Bildung 1981ff. (14tägig) [Nachweis von relevanten Zeitungsartikeln zu pädagogischen, bildungstheoretischen und -politischen Themen aus überregionalen Zeitungen. s. a. 4.2 „Deutsches Institut ...“. Der Bestand ab 1995 ist auch über das DIPF online zu recherchieren (s. 3.1)].

2.2.8 Zitationsbibliographien

In der Annahme, daß Literatur nur zitiert wird, wenn sie einen besonderen Stellenwert für eine wissenschaftliche Arbeit hat, gehen „Sciences - - (SCI)“ bzw. „Social Sciences Citation Index (SSCI)“ davon aus, daß, mit einer bekannten Literaturangabe beginnend, weitere, *neuere* Literatur zum gleichen Thema gefunden werden kann, in der die Ausgangsarbeit verwendet wurde. Allerdings werden bisher im

SSCI vorwiegend englischsprachige Quellen ausgewertet, so daß dieser Index *deutschsprachige erziehungswissenschaftliche Literatur fast gar nicht erschließt*. Der SSCI ist auch online bzw. über CD-ROM recherchierbar.

Social Sciences Citation Index (SSCI): An international multidisciplinary index to the literature of the social, behavioral and related sciences. – Philadelphia: ISI 1973ff.

3 Pädagogisch/erziehungswissenschaftlich relevante Datenbanken

3.1 Online-Datenbanken. Kurzbeschreibungen

BRITISH EDUCATION INDEX
Datenbank, die auch Grundlage der gedruckten Ausgabe ist (s.o. 2.1.2). Dokumentnachweise aus über 250 ausgewählten englischsprachigen pädagogischen Zeitschriften ab 1972 (= über 100.000 Dokumentnachweise). Die Datenbank enthält darüber hinaus über 1.300 Hochschulschriften (British Education Theses Index). Verschlagwortet nach dem British Education Thesaurus. [Bestand auch auf der CD-ROM „International ERIC"].

ELIS = Erlangen Library Information System
enthält den Gesamtbestand der Universitätsbibliothek Erlangen-Nürnberg u.a. mit dem *Sondersammelgebiet Bildungsforschung* (Monographien, Sammelwerke, Zeitschriften). Neben den vollständigen Katalogdaten sind Schlagwörter aus der Schlagwortnormdatei zu den Büchern vergeben; es erfolgt keine Aufnahme und inhaltliche Erschließung von Aufsätzen. [Weitere Informationen s. 4.2 „UB Erlangen-Nürnberg"].

ERIC = Datenbanken des amerikanischen Educational Resources Information Center (ERIC)
Die Datenbank ist die Grundlage für die gedruckten Dienste CIJE und RIE (s. 2.1.2). Sie enthält Literaturhinweise aus mehr als 700 vorwiegend amerikanischen pädagogischen Fachzeitschriften und Nachweise von Forschungsreports ab 1966 bis heute. Derzeit ca. 950.000 Dokumentationseinheiten. Es besteht die Möglichkeit, viele Dokumente per Online ordering in Kopie zu bestellen. Die Datenbank gibt es auch auf zwei CD-ROMs (s. 3.2). ERIC ist auch über Internet recherchierbar (s. 4.2).

EUDISED = Europäische Forschungsprojekte im Bereich Bildungsforschung
Bisher noch kleine Datenbank zu europäischen Forschungsprojekten, verschlagwortet nach dem EUDISED-Thesaurus. Auch als gedruckter Dienst erhältlich (s. 2.2.1).

FORIS = Forschungsdokumentation Sozialwissenschaften
Umfassendste Datenbank zu sozialwissenschaftlichen Forschungsprojekten in der BR Deutschland, in Österreich und in der Schweiz. Sie enthält ca. 37.000 Projekte mit ausführlichen Angaben, u.a. zum Thema, dem Inhalt und dem methodischen Vorgehen laufender und abgeschlossener Forschungsarbeiten, in vielen Fällen auch Hinweise auf Arbeitspapiere und Ansprechpartner. Verschlagwortet nach der Schlagwortliste des IZ Sozialwissenschaften. Aktualisierung: dreimal im Jahr; Zuwachs ca. 5.000 Projekte pro Jahr. Online erreichbar über Internet, z. B. über DIMDI und STN (s. 4.2; auch auf der CD-ROM „WISO III", s. 3.2).

GEROLIT = Literaturdatenbank des Deutschen Zentrums für Altersfragen Berlin (DZA)
Das seit 1978 aufgebaute Literaturinformationssystem umfaßt ca. 82.000 Nachweise. GEROLIT dokumentiert den Bestand der Bibliothek des DZA (s. 4.2). Neben gerontologischer Fachliteratur wird Literatur verschiedener Disziplinen mit dem Bezug zu Themen des Alters und des Alterns nachgewiesen. GEROLIT ist eine Literaturdatenbank mit fachwissenschaftlichem und praxisbezogenem Schwerpunkt. Zur Zeit werden etwa 120 Fachzeitschriften systematisch ausgewertet. Update: alle zwei Monate (ca. 1.000 Neuveröffentlichungen pro Jahr).

Informationssystem Medienpädagogik (ISM)
Diese Online-Datenbank des DIPF umfaßt ca. 22.000 Dokumentationseinheiten (Stand: Oktober 1998). Sie ist Teil der medienpädagogischen Aufklärungskampagne „Kinder und Medien", die der Südwestfunk Baden-Baden in Kooperation mit der Landesanstalt für Kommunikation Baden Württemberg (LfK) im Sommer 1995 startete. Weitere Partner sind: Bundeszentrale für politische Bildung, die Bertelsmann Stiftung, das Deutsches Institut für Internationale Pädagogische Forschung (DIPF) sowie die Landesmedienanstalten der Länder Bayern, Hessen und Nordrhein-Westfalen. Die Datenbank ist online über das DIPF erreichbar (s. 4.2).

Online-Literaturdatenbank des Comenius-Instituts
Datenbank aus den Bereichen Religionspädagogik, kirchliche Bildungsarbeit und Erziehungswissenschaft. Laufende Auswertung von über 340

Zeitschriften sowie von Monographien, Aufsätzen aus Sammelwerken, Unterrichtsmodellen, Lehrplänen, Gesetzen und Schulbüchern. Derzeit ca. 160.000 Dokumentationseinheiten. Sie ist online verfügbar über das Comensius Institut (s. 4.2).

MATHDI = Online-Version des ZDM (Zentralblatt für Didaktik der Mathematik)
Die Datenbank umfaßt 73.000 Nachweise ab 1976 in den Bereichen Mathematik-Unterricht, Methoden und Didaktik der Mathematik, Informatik-Unterricht u.ä. Sie ist online erreichbar über STN (s. 4.2).

PSYNDEX
Diese in deutscher und englischer Sprache absuchbare Datenbank der ZPID (s. 4.2) weist fast vollständig die psychologische Literatur aus den deutschsprachigen Ländern sowie ausgewählte audiovisuelle Medien nach. Dokumentiert werden deutsch- und englischsprachige Publikationen von Autoren aus Deutschland, Österreich und der Schweiz. Derzeit mehr als 134.000 Nachweise (darunter über 900 Beschreibungen von AV-Medien). Jährlich werden etwa 9.500 Neuzugänge dokumentiert: Zeitschriften, Aufsätze, Bücher, Sammelwerksbeiträge, Reports und Dissertationen sowie psychologierelevante audiovisuelle Medien [auch auf CD-ROM, s. 3.2].

PSYTKOM = Datenbank deutschsprachiger psychologischer und pädagogischer Testverfahren
Etwa 3.725 z.T. ausführliche Beschreibungen von Tests, Skalen, Fragebögen etc. aus den Bereichen Psychologie, Psychiatrie und Pädagogik umfaßt diese, über DIMDI und ZPID (s. 4.2) erreichbare Datenbank.
RTEE = Europäische Dimension des Bildungswesens
Die Datenbank umfaßt mehr als 8.800 Literaturnachweise zu Publikationen der Organe und Institutionen der Europäischen Union sowie Beiträge zur Entwicklung der allgemeinen und beruflichen Bildung in der Europäischen Gemeinschaft. Sie wurde vom Deutschen Institut für Internationale Pädagogische Forschung (DIPF) (s. 4.2) im Rahmen einer Projektpartnerschaft (EU-Bildungsprogramm SOKRATES) entwickelt. Dokumentierter Zeitraum: 1947-1997. Sie wird fortgesetzt, der Schwerpunkt liegt auf den 80er und 90er Jahren. Liegen EU-Dokumente in mehreren Amtssprachen vor, so wurde i.d.R. die deutsche und englische Fassung dokumentiert, sonst in Französisch, Spanisch oder einer anderen europäischen Sprache. Ab 1994 haben alle Literaturnachweise Kurzreferate.

SOCIAL SCISEARCH

Die Datenbank entspricht dem „Social Science Citation Index". Sie enthält seit 1973 alle Gebiete der Gesellschafts- und Geisteswissenschaften mit besonderer Betonung der Sozialwissenschaften, der Sozialmedizin und der Psychologie. Es werden Literaturnachweise aus ca. 1.500 meist englischsprachigen Fachzeitschriften der Sozial- und Verhaltenswissenschaften komplett nachgewiesen sowie relevante Beiträge aus ca. 2400 anderen Zeitschriften. Die Datenbank umfaßt ca. 3 Millionen Zielinformationen. Aktualisierung: wöchentlich [Auszug auch auf CD-ROM verfügbar].

SOCIOLOGICAL ABSTRACTS

Diese amerikanische Datenbank umfaßt ca. 521.000 Dokumentationseinheiten, davon 60 % mit Abstracts. Sie ist seit 1963 in Betrieb und umfaßt die Fachgebiete Soziologie, Sozialpsychologie, Anthropologie, Wirtschaftswissenschaften, Erziehungswissenschaft, Philosophie und Statistik. Es werden ca. 2.000 Zeitschriften, Monographien, Rezensionen, Dissertationen u.a. berücksichtigt. Aktualisierung: zweimonatlich [Unter dem Titel „Sociofile" auch als CD-ROM veröffentlicht].

SOLIS = Soziologische Literatur

Diese Datenbank enthält in Auswahl über 217.000 Dokumentationseinheiten (davon 88 % mit Abstract) der Soziologie und benachbarter Fachgebiete ab 1945, darunter etwa 18.000 erziehungswissenschaftliche. Es werden Zeitschriften (50 %), Monographien und Beiträge in Sammelwerken (zus. 40 %) sowie Graue Literatur (10 %) ausgewertet. Verschlagwortet nach der Schlagwortliste des IZ Sozialwissenschaften. Zuwachs: ca. 12.000 pro Jahr. Aktualisierung: monatlich. Zugang wie FORIS [auch auf der CD-ROM „WISO III"; s. 3.2].

ZDB = Zeitschriftendatenbank (Zeitschriften, zeitschriftenartige Reihen, Schriftenreihen, Zeitungen und Serien)

Bibliothekarischer Standortnachweis für o.g. Materialarten mit der Möglichkeit, bei 22 wissenschaftlichen Bibliotheken Aufsatzkopien aus Zeitschriften online zu bestellen, die dort vorhanden sind. Die ZDB beinhaltete Mitte 1998 900.000 Titel mit Standortnachweisen zu über 3.500 Bibliotheken. Zugang über das DBI (s. 4.2). [Die ZDB ist auch auf CD-ROM verfügbar.]

Zeitungs-Dokumentation Bildungswesen

Relevante Zeitungsartikel zu pädagogischen, bildungstheoretischen und -politischen Themen aus überregionalen Zeitungen sind hier nachgewiesen. Der Bestand der unter dem gleichen Titel veröffentlichen gedruckten

Version (s. 2.2.7) ist jetzt bestandsmäßig ab 1995 über das DIPF online zu recherchieren (s. 4.2).

3.2 CD-ROMs. Kurzbeschreibungen

CD BILDUNG (vormals Literaturdokumentation Bildung)
Sie umfaßt sämtliche Bereiche des Bildungswesens (ca. 400.000 Dokumentationseinheiten des Zeitraums 1980 bis Mitte 1998) und wurde konvertiert aus den Daten von 39 Informations- und Dokumentationsstellen des Bildungsbereichs. Es sind vor allem deutschsprachige Aufsätze, seltener Monographien berücksichtigt, aber auch fremdsprachige. Das Sachregister umfaßt über 16000 Begriffe, unter denen – mittels der bekannten CD-ROM-Software CD-ANSWER – mehrdimensional gesucht werden kann. Es gibt auch eine WINDOWS- und eine Macintosh-Version sowie eine Online-Neuerscheinungsdatenbank. Bezug über das DIPF (s. 4.2).

CD-ROM der Pädagogik (hrsg. von Hierdeis, H./Hug, T. – Baltmannsweiler: Schneider 1996)
126 Beiträge von 114 Autorinnen und Autoren umfaßt dieses Handbuch auf CD-ROM, deutsch- und englischsprachige Abstracts aller Beiträge, flexible elektronische Recherchemöglichkeiten und Ausgabevarianten, Hyperlinkfunktionen und Hypertextnavigation, voll kompatibel zu der Buchausgabe (s. a. 1.1).

Education Index
ca. 300.000 Literaturhinweise u.a. aus 400 englischsprachigen Fachzeitschriften ab 1983. Inhaltliche Schwerpunkte: Allgemeine Pädagogik, Vorschulerziehung, Schule allgemein, Spracherziehung, Sonderpädagogik, Pädagogische Psychologie. Ein Update erfolgt monatlich.

ERIC (Educational Resources Information Center)
Auszug aus der gleichnamigen Online-Datenbank, erschienen auf zwei CDs, und zwar für den Zeitraum 1966 bis 1981 und ab 1982ff. Letztere wird 1x im Jahr aktualisiert. Auswertung von ca. 750, vorwiegend englischsprachigen Zeitschriften mit über 911.000 Dokumentnachweisen auf vorwiegend englischsprachige Literatur zu den Schwerpunkten: Beratung, Schul- und Unterrichtswesen, Leistungsmessung, Lehrerbildung, Vorschulerziehung, Sonderpädagogik, Berufsausbildung, Erwachsenenbildung. Update: vierteljährlich.

International ERIC
vereinigt die Online-Datenbanken der Länder Australien, Kanada, Großbritannien ab 1976. Sie umfaßt ca. 260.000 Literaturhinweise ab 1976 zu den Bereichen: Lehrerausbildung und -beruf, Curriculumentwicklung, multikulturelle Erziehung, Vorschulerziehung, Sonderpädagogik, Berufsausbildung, Bildungsverwaltung). Die CD wird vierteljährlich aktualisiert.

Literaturdokumentation Berufliche Bildung
Literaturdatenbank des BIBB mit derzeit 30.000 Hinweisen zum Bereich Berufliche Bildung. Jährlicher Zuwachs: ca. 3.000 Dokumentatationseinheiten. Inhaltliche Schwerpunkte sind: Berufliche Bildung, Berufsbildungspolitik, schulische und berufliche Berufsbildung, berufliche Weiterbildung und Umschulung und Berufsvorbereitung und -beratung. Update: 5x jährlich [Der Bestand ist auch auf der CD-ROM ProArbeit und auf der „CD Bildung"].

Medienpädagogik
Diese CD-ROM ist eine Light-Version der Literaturrecherche-Datenbank Informationssystem Medienpädagogik (ISM) des DIPF, die online zu erreichen ist (s. 3.1).

(The) OCLC Education Library
Über 561.000 Hinweise auf überwiegend englischsprachige Zeitschriftenaufsätze aus den USA zu den Sachgebieten: Erwachsenenbildung, Berufsausbildung, Vorschulerziehung, Schulverwaltung, Bildungspolitik, Hochschule, Pädagogische Psychologie. Die CD wird einmal im Jahr aktualisiert. (Die Datenbank ist auch über Internet recherchierbar, allerdings ist eine Zugangsberechtigung für FirstSearch erforderlich.)

ProArbeit
Eine Gemeinschaftsproduktion des Instituts für Arbeitsmarkt- und Berufsforschung, des Instituts der deutschen Wirtschaft und der Arbeitsgemeinschaft Berufsbildungsforschungsnetz. ProArbeit enthält die fünf Datenbanken Prodis, LitDokAB, FoDokAB, InstDokAB und LitDokBB, das sind Literatur- und Forschungsdatenbanken. Inhaltliche Schwerpunkte, beginnend mit 1980: Arbeitsmarkt- und Berufsforschung, Weiterbildung, Berufsvorbereitung, Qualifikationsverwertung. Update: halbjährlich.

PSYNDEXplus with Testfinder
Auf CD-ROM erhältliche Datenbank, erstellt von der Zentralstelle für Psychologische Information und Dokumentation an der Universität Trier (s. 4.2), zu den Sachgebieten: Psychologie, Psychiatrie, Philosophie und Sozi-

alwissenschaften. Sie enthält ca 130.000 Einträge und bietet bibliographische Einträge und Abstracts, ausführliche Beschreibungen psychologischer und pädagogischer Testverfahren. Die CD wird vierteljährlich aktualisiert.

WISO III
Die CD-ROM WISO III enthält zwei Datenbanken, und zwar FORIS und SOLIS (s. 3.1). FORIS enthält ca. 37.000 Forschungsprojekte der letzten 10 Jahre, SOLIS über 217.000 Dokumentnachweise zu überwiegend deutschsprachiger sozialwissenschaftlicher Literatur ab 1975, darunter auch Aufsätze. Etliche Dokumentationseinheiten sind mit einem Abstract versehen. Die CD wird 3x im Jahr aktualisiert.

3.3 Diskettendienste. Kurzbeschreibungen

Bildungsgeschichte
Mit der gedruckten Bibliographie gleichen Inhalts (s.a. 2.1.4) wird eine Diskette mitgeliefert, die in einer Allegro-Datenbank die ca. 1.500 bibliographischen Einheiten des jeweiligen Jahrgangs für mehrdimensionale Abfragen auf einem DOS-PC bereitstellt. Inhaltliche Schwerpunkte sind – sofern historische Aspekte eine Rolle spielen: Bildungspolitik, -verwaltung und -recht, Schul- und Hochschulwesen, historische Sozialisationsforschung, Mentalitäts-, Kultur- und Sozialgeschichte. Hersteller der Bibliographie ist die Bibliothek für bildungsgeschichtliche Forschung des DIPF (s. 4.2).

Case Management
WENDT, W. R. (Hrsg.): *Case Management* – Literaturdatenbank mit Recherchemöglichkeit auf Diskette. Stand: März 1998 – Freiburg: Lambertus 06/1998. 1 Diskette (ISBN 3-7841-1107-6) [halbjährl. Update bestellbar].
EG-LIT
Diskettenversion zur gedruckten „*Bibliographie zur Europäischen Dimension des Bildungswesens*“ des DIPF (s. 4.2). Ende 1997 eingestellt, wird nur als gedruckte Ausgabe weitergeführt (s. 2.1.4).

IAB
Für zur Zeit zehn thematische Bereiche bietet das Institut für Arbeitsmarkt- und Berufsforschung einen Diskettendienst mit Recherchemodul an. Das Angebot umfaßt eine thematische Auswahl aus den Beständen der Literaturdokumentation zur Arbeitsmarkt- und Berufsforschung zu folgenden Bereichen: Arbeitsorganisation; Personal und Arbeit; ältere Arbeitnehmer; Arbeitszeit, Arbeitszeitgestaltung und -politik; Arbeitsmarkttheorie und Lohntheorie; Frauenerwerbstätigkeit; Berufliche Erwachsenenbildung; Aus-

ländische Arbeitnehmer/innen; Behinderte in Ausblidung und Beruf; Akademikerbeschäftigung. Bezug über das IAB (s. 4.2).

Religionspädagogische Jahresbibliographie
Umfaßt ca. 2.000 Dokumentationseinheiten pro Jahrgang ev. und kath. religionspädagogische Literatur, die in eigene Datenbank einspielbar oder unter dem Datenbanksystem CICADE recherchierbar sind. Bezug über das Comenius-Institut, Münster (s. 4.2).

SOLIS
Für zur Zeit sieben thematische Bereiche bietet das IZ Sozialwissenschaften einen halbjährlichen Diskettendienst an. Das Angebot DD-F umfaßt pro Jahr ca. 500 Neuzugänge der Datenbank SOLIS zu folgenden Bereichen: Bildung, Familie, Frauen, Gesundheit, Lebensalter, Wissen. Bezug über das IZ (s. 4.2).

4 Fachspezifisch relevante (Internet-)Adressen

4.1 Konventionelle Adreßbücher

BODE, C. (Hrsg.): *Fachhochschulen in Deutschland.* – München: Prestel 1997

DEUTSCHE GESELLSCHAFT FÜR ERZIEHUNGSWISSENSCHAFT (Hrsg.)/KRAFT, M. (Red.): *Adreßbuch Erziehungswissenschaft 1998. Verzeichnis der Institutionen und des Personals erziehungswissenschaftlicher Forschung und Lehre.* – Opladen: Leske + Budrich 1998.

Deutscher Hochschulführer. Hrsg. in Zusammenarbeit mit der Hochschulrektorenkonferenz. – 56., neubearb. Aufl. – Stuttgart [u.a.]: Raabe 1996.

ERNST, U. (Hrsg.): *EUROMECUM. European Higher Education and Research Institutions.* – Losebl.-Ausg. – Stuttgart: Raabe 1993.

Handbuch der Universitäten und Fachhochschulen Deutschland, Österreich, Schweiz. – 8. Ausgabe – München [u.a.]: Saur 1998.

OECKL, A. (Hrsg.): *Taschenbuch des Öffentlichen Lebens. Deutschland 1998/99.* – 48. Jg. – Bonn: Festland 1998.

OECKL, A. (Hrsg.): *Taschenbuch des Öffentlichen Lebens. Europa und internationale Zusammenschlüsse 1998.* – 3. Aufl. – Bonn: Festland 1998.

GESELLSCHAFT FÜR MATHEMATIK UND DATENVERARBEITUNG (GMD) (Hrsg.): *Verzeichnis deutscher Informations- und Dokumentationsstellen. Bundesrepublik Deutschland und Berlin (West).* – 5. Ausgabe. – München [u.a.]: Saur 1990.

4.2 Adressen erziehungswissenschaftlich relevanter Informations- und Dokumentationsstellen / Datenbankanbieter

Deutschland

Arbeitsstelle für Interkulturelle Pädagogik. Dokumentation „Interkulturelle Bildungsforschung", Fachbereich Erziehungswissenschaft der Westfälischen Wilhelms-Universität, Georgskommende 33, Haus C, 48143 Münster, Tel.: (0251) 83-24299, Fax: (0251) 83-24184. – Dokumentationsschwerpunkt: Interkulturelle Bildung und Erziehung.
Homepage: http://www.uni-muenster.de/Erziehungswissenschaft/Projekte/Interkultur/intkult.html

Arbteitsstelle für vergleichende Bildungsforschung (AVB) am Institut für Pädagogik an der Ruhr-Universität Bochum, Universitätsstr. 150, 44801 Bochum, Tel.: (0234) 700-5751, Fax: (0234) 7094252. – Produzent der Datenbank „AVBDOK".
Homepage: http://www.ruhr-uni-bochum.de/www-public/bergmmcr/avb.htm

Bayerisches Staatsinstitut für Hochschulforschung und Hochschulplanung (IHF), Prinzregentenstr. 24, 80538 München, Tel.: (089) 21234-405. – Dokumentationsschwerpunkt: Hochschulwesen.
Homepage: http://www.ihf.bayern.de

Berliner Institut für Lehrerfort- und -weiterbildung und Schulentwicklung (BIL), Dokumentation, Seydelstr. 5, 10117 Berlin, Tel.: (030) 9026-6526, Fax: (030) 9026-5029. – Recherchen in hauseigenen Datenbanken zur Allgemeinen Didaktik, Fachdidaktiken, Pädagogik, Pädagogischen Psychologie und Soziologie.
Homepage: http://www.bil.be.schule.de/

Bundesinstitut für Berufsbildung (BIBB), Referat Informationsvermittlung (K4), Fehrbelliner Platz 3, 10707 Berlin, Tel.: (030) 8643-2230, Fax: (030) 8643-2607.– Das BIBB baut eine „Literaturdatenbank Be-

rufsbildung“ auf zum Bereich Berufsbildung(sforschung); derzeit 30.000 Nachweise ab 1986, jährlicher Zuwachs: ca. 3.000 (s. 3.1). Die Datenbank ist auch auf der CD-ROM ProArbeit zu finden (s. 3.2).
Homepage: http://www.bibb.de/

Comenius-Institut, Evangelische Arbeitsstätte für Erziehungswissenschaft e.V. (CI), Arbeitsbereich Information, Dokumentation, Bibliothek, Schreiberstr. 12, 48149 Münster, Tel.: (0251) 98101-0, Fax: (0251) 98101-50. – Religionspädagogik (auch katholische), kirchliche Bildungsarbeit; Auftragsrecherchen in eigener Datenbank mit 160.000 Dokumenteinheiten ab 1976 (s. a. 3.1 und 3.3).
Homepage: http://www.comenius.de

Deutsches Bibliotheksinstitut (DBI), Kurt-Schumacher-Damm 12-16. 13405 Berlin, Tel.: (030) 39077-130. – Online-Datenbankanbieter u.a. für MONO, GKS und ZDB (s. 3.1).
Homepage: http://www.dbi-berlin.de/

Deutsches Institut für Erwachsenenbildung (DIE) des Deutschen Volkshochschul-Verbandes e.V., Hansaallee 150, 60320 Frankfurt am Main, Tel.: (069) 95626-117, Fax: (069) 95626-174. – Auftragsrecherchen in der hauseigenen Datenbank ERWIN (65.000 Dokumente ab 1980; Zuwachs: 3.000 pro Jahr) zur Erwachsenenbildung; Hersteller der „Bibliographie zur Erwachsenenbildung“ (s. 2.1.4).
Homepage: http://www.die-frankfurt.de/

Deutsches Institut für Fernstudien an der Universität Tübingen (DIFF), Referat Dokumentation/Bibliothek, Konrad-Adenauer-Str. 40, Postfach 1569, 72005 Tübingen, Tel.: (07071) 979-106, Fax: (07071) 979-100. – Das DIFF führt Auftragsrecherchen durch in der hauseigenen Datenbank DIDOS mit über 9.500 Nachweisen ab 1988 zu allen Aspekten des Fernstudiums und -unterrichts.
Homepage: http://www.diff.uni-tuebingen.de/

Deutsches Institut für Internationale Pädagogische Forschung (DIPF), Bereich IuD, Schloßstr. 29, 60486 Frankfurt/M., Tel.: (069) 24708-0, Fax: (069) 24708-444. – Auftragsrecherchen in den hauseigenen Datenbanken OPAC (Bildungsforschung; Erziehungswissenschaft; ca. 100.000 Dokumentationseinheiten ab 1979), Medienpädagogik (ca. 22.000 Nachweise ab 1970; s.a. 3.1), ZEITDOK (Zeitungsdokumentation; ca. 101.000 Nachweise ab 1980; s.a. 2.2.7 und 3.1) pädagogische und psychologische Testverfahren (Testbibliothek); das DIPF ist maßgebend beteiligt an der Erstellung der „Bibliographie Pädagogik“ (s. 2.1.2) und der „CD Bildung“ (s. 3.2).
Homepage: http://www.dipf.de

Deutsches Institut für Internationale Pädagogische Forschung, Bibliothek für Bildungsgeschichtliche Forschung (DIPF-BBF), Warschauer Str. 34-38, 10243 Berlin, Tel.: (030) 293360-14, Fax: (030) 293360-25. – Die BBF des DIPF ist eine Spezialbibliothek mit Archiv für den Bereich Bildungsgeschichte, Geschichte der Pädagogik und bietet umfangreiche Serviceleistungen an. Die BBF gibt die „Bibliographie Bildungsgeschichte" incl. Diskette heraus (s. 2.1.4 und 3.3).
Homepage: http://www.bbf.dipf.de/bbf.htm

Deutsches Institut für Medizinische Dokumentation und Information (DIMDI), Weißhausstr. 27, 50939 Köln, Tel.: (0221) 4724-1. – Online-Datenbankanbieter für humanwissenschaftliche Datenbanken, u.a. FORIS, PsycINFO, PSYNDEX, PSYTKOM, SOCIAL SCISEARCH, SOCIOLOGICAL ABSTRACTS, SOLIS (s. a. 3.1).
Homepage: http://www.dimdi.de/

Deutsches Jugendinstitut (DJI), Bibliothek/Dokumentation, Nockherstr. 2, 81541 München, Tel.: (089) 62306-0. – Familienpädagogik; Kinder- und Jugendarbeit, -forschung, -hilfe, -politik, -schutz; Sozialpädagogik. Datenbank Jugendhilfe (80.000 Nachweise ab 1968). Das DJI erstellt die „Bibliographie Jugendhilfe" (s. 2.1.4).
Homepage: http://www.dji.de/

Deutsches Zentralinstitut für Soziale Fragen (DZI), Bernadottestr. 94, 14195 Berlin, Tel.: (030) 839001-0, Fax: (030) 8314750. – Sozialpädagogik, Sozialarbeit; Auftragsrecherchen in hauseigener Datenbank SOLIT (92.000 Nachweise seit 1979); Literaturausleihe der eigenen Bestände; gedruckte Bibliographie in der Zeitschrift „Soziale Arbeit" (s. 2.1.4).
Hompage: http://www.dzi.de

Deutsches Zentrum für Altersfragen e.V. (DZA), Manfred-von-Richthofen-Straße 2, 12101 Berlin, Tel.: (030) 786042-60, Fax: (030) 7854350, Email: dza@dza.de – Das DZA erstellt u. a. die Online-Datenbank GEROLIT (s. 3.1).
Homepage: http://www.dza.de

Fachinformationszentrum Karlsruhe, ZDM, Zentralblatt für Didaktik der Mathematik, Postfach 2465, 76012 Karlsruhe, Tel.: (07247) 8 08-240. – Dokumentationsschwerpunkt: Mathematikdidaktik; Hersteller der Online-Datenbank MATHDI (s. 3.1).
Homepage: http://www.fiz-karlsruhe.de

Forschungsinstitut für Arbeiterbildung e.V., Institut an der Ruhr-Universität Bochum (FIAB), Kirchplatz 2, 45657 Recklinghausen, Tel.: (02361) 57034. – Dokumentationsschwerpunkt: Arbeiterbildung; betriebliche Weiterbildung; gewerkschaftliche Bildungsarbeit.

Georg-Eckert-Institut für Internationale Schulbuchforschung, Celler Str. 3, 38114 Braunschweig, Tel.: (0531) 59099-0, Fax: (0531) 59099-99. – Datenbanken zum Schulbuch (Schulbuchforschung ca. 4.150 Nachweise ab 1988; Schulbuchtitel ca. 39.000; ausländische Schulbücher ca. 10.000).
Homepage: http://www.gei.de/

Gesellschaft Information Bildung (GIB) e.V., Arnimallee 10, 14195 Berlin, Tel.: (030) 838-5888 Fax: (030) 838-5889. – Verein zur Förderung der Kooperation im Bereich Information, Dokumentation und Neue Medien im Bildungsbereich. Mithrsg. der „Bibliographie Pädagogik"; Unterstützung des „Deutschen Bildungsservers" im Internet (http://dbs.schule.de/).
Homepage: http://www.educat.hu-berlin.de/gib

Goethe-Institut München, Infozentrum, Helene-Weber-Allee 1, 80637 München, Tel.: (089) 15921-467, Fax: (089) 15921-237. – Dokumentationsschwerpunkt: Deutsch als Fremdsprache.
Homepage: http://www.goethe.de/

Hessisches Landesinstitut für Pädagogik (HeLP), Walter-Hallstein-Str. 3, Europaviertel, 65197 Wiesbaden, Tel.: (0611) 8803-201, Fax: (0611) 8803-330. – hauseigene Datenbank HELIS (100.000 Nachweise ab 1976) zur Literatur für die Unterrichtspraxis (z.B. Unterrichtseinheiten); zu den Fachdidaktiken; Schul- und Sonderpädagogik; Unterrichtsforschung.
Homepage: http://www.bildung.hessen.de/anbieter/help/index.htm

Hochschul-Informationssystem (HIS), Goseride 9, 30159 Hannover, Tel.: (0511) 1220-0, Fax: (0511) 1220-250, Email: Helis@t-online.de – Dokumentationsschwerpunkt: Hochschulwesen, -didaktik.
Homepage: http://www.his.de/

Informationszentrum Sozialwissenschaften (IZ), Lennéstr. 30, 53113 Bonn, Tel.: (0228) 2281-0, Fax: (0228) 2281-120. – Datenbankproduzent von FORIS und SOLIS (s. 3.1); Herausgeber von gedruckten Diensten (soFID) und Diskettendiensten (s. 3.3); Informationsvermittlung aus den eigenen Datenbanken.
Homepage: http://www.bonn.iz-soz.de/

Institut für Arbeitsmarkt- und Berufsforschung (IAB) der Bundesanstalt für Arbeit, Arbeitsbereich Dokumentation und Information, Platenstr. 46, 90478 Nürnberg, Tel.: (0911) 179-3016 Fax: (0911) 179-3258. – Das IAB führt Auftragsrecherchen durch in seiner online nicht zugänglichen Literaturdatenbank LitDokAB. Sie enthält ab 1970 ca. 70.000 Nachweise zu den Themen Berufsforschung und -soziologie,

berufliche Erwachsenenbildung usw. Darüber hinaus führt das IAB eine Forschungsprojektdatenbank FODOKAB. Diese beiden (wie auch die IAB-Institutionendokumentation) sind auf der CD-ROM ProArbeit (s. 3.2), die zudem noch die „Literaturdatenbank Berufsbildung" des BIBB und die arbeitswissenschaftliche Datenbank PRODIS enthält. Darüber hinaus publiziert das IAB gedruckte Bibliographien und Diskettendienste.
Homepage: http://www.iab.de/index.htm

Institut für Film und Bild in Wissenschaft und Unterricht (FWU), Bavariafilmplatz 3, 82031 Grünwald, Tel.: (089) 6497-1, Fax: (089) 6497-222. – Dokumentationsschwerpunkt: AV-Medien für den Unterricht.
Homepage: http://www.fwu.nubb.dfn.de/webadm/index.html

Institut für Hochschulforschung Wittenberg (HoF), Collegienstraße 62, 06886 Lutherstadt Wittenberg, Tel.: (03491) 466254. – Dokumentationsschwerpunkt: Hochschulwesen.
Homepage: http://www.hof.uni-halle.de/

Institut für Pädagogik der Naturwissenschaften (IPN) an der Universität Kiel, Servicegebiet S 2: Information, Dokumentation, Kooperation (IDK), Olshausenstr. 62, 24118 Kiel, Tel.: (0431) 880-3114, Fax: (0431) 880-3110. – Kleine hauseigene Datenbanken zur Umwelterziehung, Chemiedidaktik, Bioethik.
Homepage: http://www.ipn.uni-kiel.de/

Institut Jugend Film Fernsehen (JFF), Pfälzer-Wald-Str. 64, 81539 München, Tel.: (089) 68989-0, Fax: ...-111. – Medienpädagogik.
Homepage: http://www.jff.de/

Internationales Zentralinstitut für das Jugend- und Bildungsfernsehen (IZI) beim Bayerischen Rundfunk, Rundfunkplatz 1, 80335 München, Tel.: (089) 5900-2991 Fax: (089) 5900-2379. – Kinder- und Jugendprogramm, Bildungsfernsehen, Medienpädagogik, AV-Medien.
Homepage: http://www.br-online.de/jugend/izi/index.htm

Knight Ridder Information GmbH., Ostbahnhofstr. 13, 60314 Frankfurt am Main, Tel.: (069) 444063, Fax: (069) 442084. – Online-Datenbankanbieter u.a. für BRITISH EDUCATION INDEX, DISSERTATION ABSTRACTS ONLINE, ERIC, PsycINFO, SOCIAL SCISEARCH, SOCIOLOGICAL ABSTRACTS (s. 3.1)
Homepage: http://www.knight-ridder.com/

Landesinstitut für Lehrerfortbildung, Lehrerweiterbildung und Unterrichtsforschung von Sachsen-Anhalt (LISA), Dez. 4: Bibliothek, Rie-

beckplatz 9, 06110 Halle, Tel.: (0345) 2042-333, Fax: (0345) 2042-319. – Landesinstitut im Aufbau.
Homepage: http://server1.schule.uni-halle.de/~lisa/index.htm

Landesinstitut für Schule und Weiterbildung (LSW), Paradieser Weg 64, 59494 Soest, Tel.: (02921) 683-1, Fax: (02921) 683-228. – Das LSW führt Auftragsrecherchen im eigenen Datenpool durch (230.000 Dokumentationseinheiten ab 1976, Zuwachs: ca. 10.000 pro Jahr) zu den Bereichen: Allgemeine Pädagogik; Bildungsplanung-, -politik, -verwaltung; Fachdidaktiken; Lehrerfort- und -weiterbildung; Schulpädagogik; Unterricht; Datenbank SODIS mit Bewertungen zum Einsatz von Software sowie Neuer Medien im Unterricht. Das LSW betreibt den m. E. vorbildlichen Landesbildungsserver „learnline".
Homepage: http://www.lsw.nrw.de/lswhome/index.html

Landesinstitut Mecklenburg-Vorpommern für Schule und Ausbildung (L.I.S.A.), Von-Flotow-Str. 20, 19059 Schwerin, Tel.: (0385) 760170, Fax: (0385) 711188. – Landesinstitut im Aufbau.
Homepage: http://www.uni-rostock.de/labi/lisa.htm

Max-Planck-Institut für Bildungsforschung, Bibliothek und wissenschaftliche Dokumentation, Lentzeallee 93, 14195 Berlin, Tel.: (030) 82406-0, Fax: (030) 8249939. – Neuerwerbungsliste zur Bildungsforschung als gedruckter Dienst; OPAC im Internet recherchierbar.
Homepage: http://www.mpib-berlin.mpg.de/

Pädagogisches Landesinstitut Brandenburg (PLIB), Bibliothek, Struveshof, 14974 Ludwigsfelde, Tel.: (03378) 803908. – Landesinstitut im Aufbau.
Homepage: http://schinkel.rz.uni-potsdam.de/u/PLIB/

Sächsisches Staatsinstitut für Bildung und Schulentwicklung – Comenius-Institut – Bibliothek, Dresdner Str. 78C, 01445 Radebeul, Tel.: (0351) 8324-430, Fax: (0351) 8324-414. – Landesinstitut im Aufbau.
Homepage: http://www.sn.schule.de/

Sekretariat der Ständigen Konferenz der Kultusminister der Länder in der Bundesrepublik Deutschland (KMK) – Referat Dokumentation und Bildungsinformation, Lennéstr. 6, 53113 Bonn, Tel.: (0228) 501-270, Fax: (0228) 501-229, Email: bibliothek@kmk.org – Das Referat erstellt Berichte und Dokumentationen im Auftrag der KMK für deren Tätigkeit und für die Zusammenarbeit der Länder mit inter- und supranationalen Organisationen (ER, UNESCO, OECD, EG). Für externe Besucher: Bibliotheks- und Archivnutzung, Recherchen in den verfügbaren Datenbanken für Rechtsnormen, schulrechtliche Entschei-

dungen, Parlamentsdrucksachen und Literatur in eingeschränktem Umfang möglich. Darüber hinaus gibt das Referat den „Dokumentationsdienst Bildung und Kultur" heraus (s. 2.1.2).
Homepage: http://www.kmk.org

Staatsinstitut für Schulpädagogik und Bildungsforschung (ISB) – Referat Literaturversorgung, Arabellastr. 1, 81925 München, Tel.: (089) 9214-3517, Fax: (089) 9214-3600. – Bildungsforschung, -planung, -politik, -verwaltung; Didaktik und Methodik; Lehrerbildung, Berufsbildung. Eigene Literaturdatenbank mit ca. 67.000 Nachweisen ab 1973; jährlicher Zuwachs: 3.200 Dokumentationseinheiten.
Homepage: http://www.ihf.bayern.de/www.isb.bayern.de/

STN International c/o Fachinformationszentrum Karlsruhe, Postfach 2465, 76012 Karlsruhe, Tel.: (07247) 808-555, Fax: (07247) 808-259. – Online-Datenbankanbieter vorwiegend für technisch-naturwissenschaftliche Datenbanken, aber auch für BIBLIODATA, FORIS, SIGLE, SOLIS, UFORDAT, ULIDAT (= Umweltdatenbanken), VADEMECUM (s. a. 3.1).
Homepage: http://www.fiz-karlsruhe.de

Thüringer Institut für Lehrerfortbildung, Lehrplanentwicklung und Medien (ThILLM), Heinrich-Heine-Allee 2-4, 99438 Bad Berka, Tel.: (036458) 56-0. – Landesinstiut im Aufbau.
Homepage: http://www.thillm.th.schule.de/

UNESCO-Institut für Pädagogik (UIP), Dokumentation und Information, Feldbrunnenstr. 58, 20148 Hamburg, Tel.: (040) 4480410, Fax: (040) 4107723.E-mail: uie@unesco.org – Alphabetisierung, Erwachsenengrundbildung, lebenslanges Lernen; hauseigene ISIS-Datenbank zu diesen Bereichen.

Universitätsbibliothek Erlangen-Nürnberg. Sondersammelgebiet Bildungsforschung, Universitätsstr. 4, 91054 Erlangen, Tel.: (09131) 85-4797/-2151, Fax: (09131) 85-9309. – Spezialbibliothek zum Schwerpunkt Bildung, Erziehungswissenschaft, Pädagogik, Schule, Unterricht; Hrsg. des gedruckten Dienstes „Sammelschwerpunkt Bildungsforschung – Neuerwerbungen" (s. 2.1.2); Katalogdaten im Erlangen Library Information System (elis) (s. 3.1), im OPAC der UB Erlangen – Nürnberg und im Bibliotheksverbund Bayern online recherchierbar. Auftragsrecherchen anhand von erziehungswissenschaftlich relevanten CD-ROMs.
Homepage: http://www.rrze.uni-erlangen.de/UB/ssgbi.htm

Zentralstelle für Psychologische Information und Dokumentation (ZPID) an der Universität Trier, Kohlenstr. 68, 54286 Trier, Tel.: (0651) 201-2877, Fax: (0651) 201-2071. – Datenbankhersteller von PSYNDEX (deutschsprachige psychologische Literatur) (s. 3.1 und 3.2) und PSYTKOM (s. 3.1). Führt auch Auftragsrecherchen im eigenen Bestand durch; veröffentlicht themenzentrierte gedruckte Bibliographien. U. a. interessant für den Bereich der Pädagogischen Psychologie.
Homepage: http://www.uni-trier.de/zpid/

Österreich

Bundesstaatliche Pädagogische Bibliothek beim Landesschulrat für Niederösterreich, Wipplingerstraße 28, A-1013 Wien, Tel.: (+43)(1) 53414-206, Fax: ...-275.

Dokumentationssystem Erwachsenenbildung BMUK (DOKEB), Mentergasse 11, A-1070 Wien, Tel. (+43)(1) 5262091-25, Fax: ...-25.

Universität Klagenfurt, Abteilung für Historische und Vergleichende Pädagogik (HPV), Universitätsstraße 65-67, A-9020 Klagenfurt, Fax: (+43)(463) 2700-100.

Institut für Interdisziplinäre Forschung und Fortbildung der Universitäten Innsbruck (IFF), Klagenfurt und Wien, Westbahnstraße 40/6, A-1070 Wien, Tel. (+43)(1) 5269688-21, Fax: ...-18.

Österreichisches Institut für Jugendforschung (ÖIJ), Glockengasse 4/3, A-1020 Wien, Tel.: (+43)(1) 2147871, Fax: ...-9.

Wiener Integrationsfonds, Archiv und Dokumentation (WIF), Mariahilferstraße 103, A-1060 Wien, Tel:. (+43)(1) 4000 / 81519.

Schweiz

Informationsstelle IDES, Zähringer Str. 21-25, CH-3001 Bern, Tel.: (+41) (031) 3095100
Homepage: http://edkwww.unibe.ch/d/IDES/

USA

ERIC Clearinghouse on Information & Technology; 4-194 Center for Science and Technology, Syracuse University, Syracuse, New York 13244-4100, 800-464-9107, Tel.: (315) 443-3640, Fax: (315) 443-5448. – (s. a. 2.1.2, 3.1 und 3.2).
Homepage: http://ericir.syr.edu/

4.3 *Internet-Einführungen, Bücher mit Kommentaren zu Internet-Adressen*

Da sich das Internet besonders schnell entwickelt und ändert, hat es wenig Sinn, Internet-Adressen in Büchern zu veröffentlichen. Nur für Neueinsteiger ist mancher kommentierte Hinweis hilfreich, so er denn noch stimmt. Trotz dieser Vorbemerkung folgen deshalb hier einige Buchhinweise für diejenigen Anfänger, denen die Hinweise in Kapitel 8.4.11 nicht ausreichen:

BABIAK, U.: *Effektive Suche im Internet. Suchstrategien, Methoden, Quellen.* – 2., aktualis. u. erw. Aufl. – Köln: O'Reilly 1998.

BUSCH, W. H.: *Internet für Lehrer.* – Frankfurt/M.: Campus 1998.

GOLDMANN, M./HOOFFACKER, G./MAINKA, S.: *Internet. Der Reiseführer zur Online-Welt.* – Reinbek: Rowohlt 1998.

HILDEBRAND, J.: *Internet-Ratgeber für Lehrer.* – 4., erw. Aufl. – Köln: Aulis Deubner 1998.

REIMANN, B.: *Internet für geisteswissenschaftliche Berufe. Auffinden, Auswahl, Gestaltung und Darbietung von Informationen im World-Wide-Web.* – Neuwied: Luchterhand 1999.

4.4 *Internet-Startseiten zum Bereich Pädagogik / Erziehungswissenschaft*

Die Service-Einrichtung „Erziehungswissenschaftlicher Fachinformationsservice" der Freien Universität Berlin hat eine umfangreiche Sammlung mit „Hyperlinks" (Verbindungsstellen) zusammengestellt, in der auch die Adressen aus 4.2 zu finden sind. Die Sammlung wird ständig überprüft, aktualisiert und ergänzt. Durch Klick auf die jeweilige Verknüpfungsstelle werden Sie mit der gewünschten Adresse verbunden. Allerdings müssen Sie erst einmal die Seite der SE EWIFIS aufrufen und können diese dann Ihrer Favoriten-Sammlung hinzufügen: Ihr Navigator oder Explorer merkt sich dann unsere Adresse und Sie können sie jederzeit erneut aufrufen.

Die Homepage-Adresse der SE EWIFIS lautet:
http://www.fu-berlin.de/ewifis

Weitere wichtige Einstiegspunkte, die alle auch auf den Seiten der SE EWIFIS zu finden sind:

- **Deutscher Bildungsserver, z.B. mit dem Online-Adreßbuch der DGfE, dem DBS-Adreßbuch (zum Selbsteintrag), einem Tagungskalender (in den auch eigene Veranstaltungen eingetragen werden können) etc.:**
  http://dbs.schule.de

- **Online-Datenbanken des Deutschen Instituts für internationale pädagogische Forschung (s. 4.2):**
  http://www.dipf.de/lars/html/start.htm

- **DINO, Wissenschaft, Erziehungswissenschaft:**
  http://www.dino-online.de/seiten/go14w.htm

- **Sharelook, Link-Sammlung Erziehungswissenschaft:**
  http://www.sharelook.de/Wissenschaft/Erziehungswissenschaften.html

- **Datenquellen zum europäischen Bildungswesen des Wissenschaftsforums Bildung und Gesellschaft e.V.:**
  http://www.b.shuttle.de/wifo

- **galaxy-Linksammlung 'Social Sciences':**
  http://www.einet.net/galaxy/Social-Sciences.html

Sachregister

Adjektive wurden konsequent nachgestellt.